GIANTS OF ENTERPRISE
Seven Business Innovators and the Empires They Built

影响美国历史的商业七巨头

[美] 理查德·S.泰德罗
(Richard S.Tedlow) 著

梅丽霞
笪鸿安
吕莉 译

中国人民大学出版社
·北京·

<<< 推荐序一
我用六个名词描述最初的美国商业史

财经作家 吴晓波

"本书描绘了美国人最擅长的活动——创业以及经营企业,介绍了那些冲破旧规则的束缚、创立新规则的人。"理查德·S.泰德罗用这种坚定而激荡的开场白,开始了他的叙述。在商学史写作上,一直没有出现像霍布斯鲍姆、托尼·朱特这样既能细致考据,又拥有雄浑笔力的大家,勉强要凑个数,哈佛商学院教授泰德罗大概算是一个。

《影响美国历史的商业七巨头》以人物评传的方式,讲述了美国商业史上的七位企业家,他们分别是:安德鲁·卡耐基(美国钢铁)、乔治·伊士曼(柯达)、亨利·福特(福特汽车)、托马斯·沃森(IBM)、查尔斯·郎佛迅(露华浓)、山姆·沃尔顿(沃尔玛)和罗伯特·诺伊斯(英特尔)。

这些人中,年纪最大的是卡耐基,出生于1835年,去世于1919年;最年轻的是诺伊斯,出生于1927年,去世于1990年。这漫长的150多年,见证了美国由孤悬大西洋西岸的前殖民地蜕变为第一超级大国的全部过程。

在泰德罗看来,企业家是美国梦的主要缔造者。他在书中的一个核心观点是:美国文化和制度把他们的一切变成了可能,同时,他们是如此重要,以至于他们可以改变这种文化和制度。

如果你问我,一部美国商业成长史,用一些关键词来涵盖的话,它们是什么?我的答案是:五月花号、西部牛仔、可口可乐、华尔街、福特T型车和硅谷。

美国最重要的文化特征是移民文化,以及在此基础上所形成的价值观。"美国是在农村诞生的。"泰德罗断言道。在独立战争结束的时候,北美大陆只有费城和纽约两个城市,人口不超过2.5万人。没有贵族,没有世家,美国之心在农村。

安德鲁·卡耐基是美国历史上的第一位首富,他出身"赤贫",十三岁时才随全家移民美国,这在他的祖国苏格兰是完全不可能发生的事情。"美国是人类历史上最大规模的自由移民潮的最大受益者",这一特征其实到今天都没有改变,美国每年新增人口中的37%是新移民。

如果说"新大陆"是一种意识形态,那么,因此而迸发出的牛仔精神、对快速变化的拥抱,以及对陌生技术和产品的尊重,便构成了新的美国式商业文明。

在泰德罗看来,他在书中所讲述的七个人"没有一个是具有代表性的"。他们的事业生涯中没有什么是必然的,他们出生、成长于各个角落或国家,信仰不同的宗教,投身不同的产业,他们创立企业的道路不同,学历也有差异。

任何一位精力充沛、怀有抱负的小伙子,无论他的教育背景如何寒酸,都有可能在商业立足,并继续向上高升……我们反复地看到他们伸开双臂接受甚至主动创造崭新的未来。正是这种导向未来的能力——新思维、新行动——让他人觉得不可思议,这也正回答了为什么他们是具有远见卓识的梦想家。

泰德罗试图在自己的书里证明,在美国,人们给予某些伟大的企业家与最杰出的政治家几乎同样的地位,而这在许多国家根本是令人难以置信的。在亨利·福特去世后,媒体将他与亚伯拉罕·林肯相提并论:林肯和福特意味着美国贯穿了世界,从木屋到白宫,从机器加工车间到工业帝国。

作为一位商学史教授，泰德罗把七个人物置于百年美国经济史的背景下进行描述。卡耐基、伊士曼和福特属于崛起期，那是美国由一个二流国家向最大经济体拓进的时期。当1873年卡耐基创办钢铁厂时，英国的钢铁产量超过了世界其他国家的总和；而到1900年，美国的钢产量已经是英国的两倍。汽车是由德国人发明的，而福特的T型车则让汽车成为中产家庭的标配，美国也因此成为了"车轮上的国家"。

进入20世纪上半叶，世界进入"美国时代"。创办《时代》的亨利·卢斯宣称，如果美国人对他们所拥有的传统和肩负的使命持真诚勇敢的态度，20世纪将是"属于美国的世纪"。到1960年代，全球前200大公司的70%的销售额来自美国公司，大约40%的全球经济活动是由美国企业家发起的。泰德罗以沃森的IBM和郎佛迅的露华浓为例，描述了这个激动人心的时代。

20世纪下半叶，被泰德罗称为"我们自己的时代"。在这一时期，美国由"快乐无忧的60年代"进入"冷静思考的70年代"，日本企业的强劲突起对美国构成了致命的威胁。到1980年，日本的汽车产量超过美国，前五大电视机公司的总部没有一家在美国，"美国似乎不再是一个自信的国家"。泰德罗通过沃尔顿和诺伊斯的故事，讲述了美国企业家在这一时期的自我拯救。

《影响美国历史的商业七巨头》到此戛然而止，让人意犹未尽。泰德罗没有续写接下来发生的互联网革命。美国企业家在工业制造领域失去的荣耀，被硅谷人在新科技战场上重新抢回。

泰德罗对美国企业家精神的描述，在理论的层面上受到了两位德国思想家的启发，他们是熊彼特和马克斯·韦伯。前者提出了创新精神和"创造性破坏"，后者以新教伦理论证了商业在人生意义上的正当性。

泰德罗试图回答一个问题：一个企业家能既是好人又是伟人

吗？他的答案是：这七个人都可称得上伟大，但用我们提到的好人的标准来衡量，结果就很有问题了。

在书中，我们的确可以读到很多阴暗甚至令人发指的细节。为了获得商业上的成功，一个人不得不做出苛刻的事。他们中有的人冷血无情，关闭一家万人工厂如同扔掉半根热狗；有的人为了获得一笔订单，无所不用其极。他们对权力的渴望，不输于任何一个独裁者。而即便站到成功的巅峰之后，他们仍然表现得像一个"变态"。创建了IBM的老沃森会设计一个以他为中心的庆祝会，他会在贺词正式发表以前检查每一句赞美他的话，然后在公开场合听到这些话时仍然会落下泪来。

但是，在对待财富的使用上，他们又不约而同地表现出了美国式的现代性。

在书中的七个人里，卡耐基和沃尔顿是农民，几乎没有受过正规教育，伊士曼、福特和沃森连高中都没有毕业。他们的成功几乎与所受的教育程度无关。然而，在成功后，他们却都成了公共教育事业最重要的捐助者。卡耐基捐建了数以千计的图书馆，并创办了卡耐基·梅隆大学；伊士曼和老沃森分别是麻省理工学院和哥伦比亚大学的主要捐助人；福特创办的福特基金会，迄今是全球最富有和重要的慈善机构。

《影响美国历史的商业七巨头》是一本关于美国企业家的图书，但是，它的创世纪特征，却能够引起中国读者极大的内心呼应。在卡耐基、福特和沃尔顿等人的身上，你可以清晰地看出一代中国草莽创业者的身影，他们的发家历程、内心挣扎和面对困境时的不惧应战，又哪里有什么国界和时代的差异。

2021年10月

<<< 推荐序二
一流企业家的"三观"

正和岛副总裁、总编辑　陈　为

人大出版社发来《影响美国历史的商业七巨头》书稿，得以先睹为快。就本书而言，读完之后，结合现实，有一点感想，与诸位朋友分享。

理查德·S. 泰德罗在书中记述了美国黄金时期七位生龙活虎的商业巨头：安德鲁·卡耐基、亨利·福特、山姆·沃尔顿……几乎每位在中国商界都有广泛的认知度。读完他们的商业人生，你会由衷地感慨：如果美国梦有颜色，那一定是黄金的颜色。美国梦由企业家所支撑，没有企业家的成就，就没有资本主义的创造性和推动力。这些企业家通过自己的不凡天赋与奋斗，在成就自己的同时，也为大众创建了一个更好的世界，他们与美国诸多杰出企业家一起绘就了美国梦的基色。

"七巨头"风采各异，所属产业亦有不同，但在他们与古往今来的一些卓越企业家身上，依稀能看到几处稀有却共有的特质。

一是宇宙观。

木心说，真正的大人物，都有宇宙观。先秦杂家称，"四方上下曰宇，往古来今曰宙"。宇即空间，宙即时间。有宇宙观，便是有时空观。有了透彻的时空观，便会依循"第一性"原理，便会逼近事与理、时与空的本原。《大学》中有言，"物有本末，事有终始。知所先后，则近道矣"。

空间是既定的，它给人带来护卫与安全感，却也带来限制与约束感。家庭、故乡、故土、家园，是空间感的原点，它们都让人依恋，却也限制自由，滋生反抗。企业家是天生不安分的人，所以他们要挣脱襁褓，冲决网罗，要破坏、奔走、流浪、飞跃。企业家中鲜有像哲人康德一样终生蜗居小镇的人，他们要下海冲浪，在风波风浪中感受痛苦与刺激，建立功业。

沈从文说，一个战士不是战死沙场，便是回到故乡。企业家的选择是从自己的精神原乡出走，奔赴沙场。从这个意义上来说，自由意志对于既定空间的反抗带来了熊彼特所说的"破坏性创新"，空间感的自觉让企业家借由自建的商业帝国创建出一个新的物理世界与精神家园。而时间感给人带来生命感，充沛的生命感又会激发崇高的使命感。时间永在流逝，逝者如斯，不舍昼夜。如何在时间的长河里留下身影印迹而非默默沉寂水底？这是每个有志者对自我的拷问。在生命的某个阶段，一旦使命觉醒，如神灵附体，他们便从此开始了颠沛流离而又喜不自禁的新生。

泰德罗在书中用了不少词句来描述这些自视不凡、雄心勃勃的主人公们的使命感。福特的使命是造一辆普通人的汽车；伊士曼为柯达公司确立的天赋使命就是"成为世界上最大的摄影器材制造商，否则就会倒闭"；沃森的使命是"将国际商业机器公司（IBM）打造成信息处理行业的巨人"。

丘吉尔说过："我们大家都是昆虫，不过，我的确认为，我是一只萤火虫。"在浩瀚的夜空下，万物各自生长。正是对发光与飞翔的渴望，让那些创造者们脱颖而出。

二是"信仰观"。

大企业家都是用好产品普度众生的人。在战场上开疆拓土的军事领袖是旧时代的舞台主角。进入现代化、世俗化社会，企业家成了和平年代的英雄，其中一些佼佼者更成为大众偶像，成为世人眼中"神一样的力量"。

福特用T型车造就了车轮上的美国,他逝世之时,被与美国最伟大的总统之一林肯并称;乔布斯用iPhone手机联通了各国人民,他往生之后,收获了罕见的来自全球粉丝的持续哀悼与纪念。这些现象都令本书作者泰德罗惊诧。其实可以预想,好戏还在后面——如果马斯克真正实现了带领人类移民火星的狂想,他无疑会被视为当代救世主。

这些企业家为何能收获世俗社会极高的声望与敬仰?恐怕是因为他们能唤醒和激发出员工超出想象的潜能,用产品向消费者传达爱与尊重,并极大地拓展世人行动的自由与想象力的边界。

商业是理智与感性的合流。企业家以做出好产品为本分,一流的企业家则以真善美的理念与实物激发共鸣、抚慰人心。在西方社会的语境中,现代科学与技术力有不逮,正需要信仰的光芒带来温暖与指引。最好的生意,其实也都有一定的宗教性。而最好的企业家,有意无意都在用产品和理念建造一座人间庙宇。打造这座庙宇的人,或许并不被大众顶礼膜拜,但他却用神奇之手描画出了人们的内心所求,并告诉他们:这就是你们心目中的"人间天堂"。

简而言之,美国很多优秀企业在"文化营销"上大放异彩,它们为自己的公司和产品注入情感和理念,这很值得我们的本土企业研究与学习。而真正的学习,不是模仿方法,而是深入商业的底层认知与本质内核,找到自己的文化之魂。

三是劳动观。

技术日进,时代日新,但真正的企业家仍需要像老农一样,手不离锄,脚不离地,一直耕耘在生意与生活的田间地头。如果将劳动视为一种美德、一种需要,便自然会带来一种现场感与切身感。企业家心中有信仰,脚下才有力量。取得一定成功的企业家,身上会被不断"贴金",如果企业家不能主动破除自我迷信,深入劳动一线，保持勤劳与自省，就会走向自负、僵化与失败。

很多优秀的企业家，终生都保持着一种让人感觉亲切又尊敬的人格特色。日本"经营之圣"稻盛和夫长期置身产品现场，为了做好京瓷产品，甚至抱着产品睡觉；他经常置身员工工作生活现场，参加公司"空巴"酒会，和员工把酒畅谈，凝心聚力；他宣称要心甘情愿做"客户的仆人"，为客户竭尽所能。中国台湾地区的"经营之神"王永庆强调的则是"切身感"。王永庆是卖米起家：别人卖米都是顾客上门来买，买的米还常掺有杂质；他却精心拣米，送米上门，还帮顾客免费清洗米缸。他很快借此胜出，并终生保持勤劳朴实的本色。有生之年，他坚持每天长跑，从不间断，在"苦其心志，劳其筋骨"中保持敏锐的体感。

"企业家中的企业家"任正非也是如此。他语言朴实，其中却包含着宏阔格局与深邃思想。功成名就、年事已高的他，经常独自一人出差，拉着皮箱辗转各地。听他身边的人讲，和熟悉的客人见面，他经常自己开车去接来客，做一位寻常司机。任正非从来不看那些管理大师的著作，在他看来，所谓的现代商业其实和农民种庄稼无异，"管理就是增强土地肥力，多打粮食"。

本书中所讲的福特等企业家也表现出了类似的特质。福特坦率又骄傲地把自己定位为农民英雄。他希望自己被当成普通大众、通过辛勤工作赚钱的英雄，而不是来自华尔街、靠资本运作赚钱的精英。他曾经问："你见过手上长出茧子的人是不诚实的吗？很少。当男人的手上有茧子、女人的手变得粗硬，你应该能肯定，诚实就在他们身上。和那些柔软白嫩的手相比，粗硬的手更能令人确定这一点。"

当然，要实现自我、成就事业，不能忽视时代因素。七位企业家之所以能完成自己的使命，除了个人的天分与努力，还有一点重要的是，他们是在一条激荡向前的河流中行舟。20世纪无疑是属于美国的世纪，据相关记载，到1960年代，全球前200大公司70%的销售额来自美国公司，大约40%的全球经济活动是由美国企业家发起的。在这样的背景下，七巨头勇立潮头，劈波斩浪，书写了关于个人与企业命运的传奇，是美国梦的代表与缩影。

如今，在21世纪的舞台上，中国的故事正在上演。中国经济的水域并不平静，却从不乏风浪之中的冒险启航者。

百舸争流中，会诞生多少直挂云帆济沧海的故事？会成就多少同样影响商业历史的天之骄子？会书写怎样精彩的"中国梦"？

我们期待，并祝福。

2021年11月

<<< 中文版序

二十年后的两个思考

理查德·S. 泰德罗

很高兴有机会为这本书写一篇新的序言。在这篇序言里，我想探讨两个主题：这本书要传达的基本思想是什么，时至今日这些思想是否还站得住脚？如果现在写这本书，我会加入哪几个商业巨子？

本书的基本思想

本书讨论了这样一个事实：美国自1776年建国以来一直是创业活动最活跃的国家。在创办新企业、推动企业成长方面，美国是最受欢迎的地方。美国的文化和制度对企业家精神的形成功不可没。在规范公司行为方面，政府一直不怎么主动干预，这种状态一直持续到美国进入进步时代（1900—1917年）特别是罗斯福新政（1933—1941年）之后。事实上，从1836年还是一个落后的农业国，到1913年在农业和制造业领域均成为全球领先者，在这期间美国甚至一直没有中央银行。

美国内战（1861—1865年）之后，随着工业领域超大规模企业的出现，确实有一些因素阻碍了美国商业文明的发展。在修建铁路网的过程中，罢工事件时不时会出现，有时还伴随着暴力冲突。随着制造企业规模的扩大，罢工也出现在制造业的工厂中。其中，最有名的是发生在卡耐基钢铁公司的霍姆斯泰德大罢工，本书关于卡耐基的一章中讲到了此次罢工事件。

另一个重要的事实是，在20世纪初，联邦政府开始积极地引导企业行为，远超之前的程度。《谢尔曼法》于1890年颁布，但是在随后的十年中并未严格执行。卡耐基吹嘘说，他从来不知道该法律的存在。然而，在整个20世纪乃至今天，反垄断法都被证明是一种有用的武器，司法部和联邦贸易委员会利用它来监管企业行为及行业整体结构。只是在商业史上的不同时期，反垄断法被用到的频率不同：有时反垄断案子很多，有时则很少。

在《影响美国历史的商业七巨头》一书中，我曾断言，书中所讲的七位企业家都"必须学会与政府打交道，因为作为监管机构、刑事或民事诉讼机构的政府，在努力地对企业进行监管"。对于卡耐基来说，情况却不是这样。他声称"我印象中从没有人跟我提起过《谢尔曼法》"。假如卡耐基在钢铁行业再干十年，而不是将卡耐基钢铁公司卖给 J. P. 摩根（因此才有了美国钢铁公司），他肯定不会发表此番言论。

我仍然相信，与其他任何发达国家相比，美国的商业活动更自由，更少受到政府干预、工会施压，以及政治压力的影响。在书中我指出，美国"给企业家提供了很大程度的自由"。这些话写于20年前。20年过去了，情况依然如此。

如果说汽车是上个世纪最有代表性的产品，那么计算机（变得更小、更便携）便是本世纪的代表性产品。看看那些正在改变我们生活的高科技公司——谷歌、微软、亚马逊、苹果、脸书以及其他许多著名公司，它们都在美国。埃隆·马斯克来自南非，途经加拿大来到美国，特斯拉以及他的其他公司都在美国。这不是偶然。美国仍存在这样那样的问题，但它是最适合企业家"有所作为"的地方。如今和未来是否依然如此——中国或其他哪个国家是否会取代美国成为最佳创业之地——我们拭目以待。在本世纪未来的几十年，世界为我们展现的是怎样一幅画卷，我们也拭目以待。

史蒂夫·乔布斯和奥普拉·温弗瑞

如果我今天重写这本书，我会把哪些商业巨头加进来？有两个人进入了我的脑海。

第一位是史蒂夫·乔布斯（Steve Jobs，1955—2011年）。他闻名全球，是一位真正的智者。2011年10月5日，他去世了。当时，苹果公司收到来自世界各地不计其数的唁电。那时，我是苹果大学（公司内部高管培训部）的一名教员。乔布斯去世引起的反响令我感到震惊。人们购买花束，放在苹果专卖店前。想想这是怎样的情景：人们给一位从未谋面的企业家买花，放在他公司的某一家专卖店前。乔布斯的一个女儿写道，"当他垂危时，几个素不相识的人来到家门口等着，想见他……他们或者在我家院子里徘徊或者遗憾而归。一个身穿纱丽的陌生人祈求和他说话。一位男子从大门进来，说他从保加利亚特地飞过来，就为见我父亲一面"。

一位企业家的生病和去世引发世人如此强烈的情感反响，在美国历史上还从未发生过。乔布斯的离世为何如此非同寻常？

发来唁电的人中，只有少数人跟乔布斯见过面。坊间流传着许多关于乔布斯的传说，最早的可以追溯到1976年4月1日乔布斯创立苹果公司。然而在人们的概念中，乔布斯不是一个温和、慷慨、特别友善的人。既然这样，为什么人们还会觉得和乔布斯如此亲近并在他身上投入如此多的情感？为什么人们会觉得乔布斯是他们中的一员，是他们的乔布斯？

因为乔布斯通过其产品触动了无数大众的心扉吗？因为他的产品设计中包含了骄傲和美感，因此购买者会感受到被尊重吗？（竞争对手的产品并没有体现这一点。）因为他留下了一个充满美好的产品系列吗？因为他先是与其他人联合创立了苹果，之后被赶出苹果,十几年后又被请回来将苹果从濒临破产的境地中挽救回来吗?其实,所有这些都是他的去世引起世人巨大情感反响的原因。

或许最重要的是,乔布斯本人便是对"超凡魅力"的诠释。我们很难对"超凡魅力"进行定义,和这一品质最接近的应该是"吸引力"。人们不愿意为其他人做的那些事,他们会愿意为乔布斯做。乔布斯常常说,他手下的员工(即使不喜欢乔布斯)在他的领导下发掘出了自己最出色的一面、实现了一生中最大的成就。在这个世界上,人们常常甘居平庸,但乔布斯只接受他所说的"不可思议的完美",差一点都不行。

如果要重写本书,我应该还会加上一位伟大的商业人士——奥普拉·温弗瑞(Oprah Winfrey, 1954—　)。在本书中,我强调了一个事实,即书中描述的企业家都已不在人世。这一点"相当重要":作为历史学家的我们会拥有"视角和背景的优势,我们知道发生了什么,我们知道结局如何"。我仍然坚信这种看法是对的。不过,我愿意将奥普拉·温弗瑞作为特例收录在书中,因为她迄今为止所取得的成就太重要了。奥普拉是第一位白手起家的非裔亿万女富翁,她被称为"全媒体女王"绝非偶然。

温弗瑞幼时的生活沉重而艰难。1954年,温弗瑞出生在密西西比州的一个小镇上,那个时代和那个地方种族压迫盛行。她由祖母抚养长大,直到9岁。很小的时候,她在教堂演讲时就表现出了脱俗的口才。教会的一位教众海蒂·梅(Hatti Mae)告诉奥普拉的祖母,这个孩子很有天赋。他们说得没错。

从9岁到14岁,温弗瑞和母亲生活在密尔沃基(Milwaukee)。母亲一直没有结婚,不能给温弗瑞及其同母异父的兄弟姐妹们提供有效的庇护。因为缺少保护,温弗瑞多次被几个不同的男人强奸。她说,她甚至开始认为"生活原本就是这样"。

但她后来的生活并不是这样。她进入了电视行业。1978年，在巴尔的摩，她成为一档脱口秀节目的女主持人。做完第一次电视节目后，她说："做完节目，我知道这就是我应该做的事情。我天生应该做这一行。感觉如同呼吸一样轻松自如，对我来说，做电视节目的过程很自然。"

温弗瑞在采访方面极具天赋。她能根据现有的信息最大限度地挖掘出被采访人身上潜藏的信息。慢慢地，她开始出名了。她在她的领域里充满魅力，正如乔布斯在他的领域里展现的魅力一样。她总是能把人们吸引到她身边来。接受温弗瑞采访的人，都能在节目中面对观众敞开心扉，而这些人本来都是不愿意多谈自己事情的人（即便面对最亲密的朋友，他们也对自己的私事极其保密）。

我们很容易忽略温弗瑞身上的商业才华。她成为亿万富翁并非偶然。她非常精明，善于最大限度地拓展自己的品牌影响力，同时懂得边界在哪里。多年以来，在出版行业，她也是一位重要人物。如果某位作者的书得到了温弗瑞的推荐，那么这就意味着该书找到了销量大增的捷径。当然，还有很多其他产品从温弗瑞的推荐中获益。在选择为其背书的产品或者人时，温弗瑞会很谨慎。

即使温弗瑞出生在一个经济条件优越的郊区白人家庭，她所取得的成就也已经足够引人注目了。然而，显然她并没有出身于这样的家庭。她是一位贫穷的单身母亲的孩子，而且是非裔美国人。她曾经说过，她超越了种族限制，因为所有人的内心都是一样的。她确实超越了种族限制，也跨越了性别差异，从这个角度看，她所取得的成就具有深远而重要的意义。基于以上所述及其他更多的原因，温弗瑞确实称得上一位商业巨头，她值得用一章来书写。

我不是研究中国商业史的学者。这本书能在中国出版，我深感荣幸，我希望能从中国读者的反馈中学习中国商业史。我认为，21

世纪的中美关系像极了本书中所描述的那个时期（19世纪中期直到20世纪末）美国和欧洲之间的关系。欧洲未能在两次世界大战之前以及之后创建能够吸引创业者的流畅、开放的大型市场——除了几次重要的例外情况。而美国做到了，流畅、开放的大型市场使美国得以孕育很多巨头企业，这些巨头企业进一步使得美国获得经济的增长，使个人获得巨大的成就。就这个角度来说，中国能否取代美国，这有待他人的预测，有待全世界在未来几十年的观察。这个问题的答案对中美两个国家的未来至关重要，我想，对全世界都很重要。

注：此序的资料来源参见《影响美国历史的商业七巨头》，或参见我即将出版的新书《魅力型商业领袖的出现》（*The Emergence of Charismatic Business Leadership*）（New York：Rosetta，2021）。

2021年9月

目　录

导言 …………………………………………………………………… 1

第一部分　崛起：掌控全球经济命脉 ……………………… 15

他们与时代 ……………………………………………………… 16
第一章　安德鲁·卡耐基：从穷小子到富豪 ……………… 22
第二章　乔治·伊士曼：开创大众市场 …………………… 84
第三章　亨利·福特：原始主义的得与失 ………………… 139

第二部分　美国世纪的核心 …………………………………… 209

他们与时代 ……………………………………………………… 210
第四章　老托马斯·沃森和美国的推销术 ………………… 216
第五章　查尔斯·郎佛迅：日用消费品和电视革命 ……… 286

第三部分　摇摆的年代 ………………………………………… 355

他们与时代 ……………………………………………………… 356
第六章　山姆·沃尔顿：美国精神的典范 ………………… 363
第七章　罗伯特·诺伊斯和硅谷：走向一个新的商业世界 … 425

结语　进步和繁荣 …………………………………………………… 486

译者后记　只争朝夕 ………………………………………………… 505

导　言

本书描绘了美国人最擅长的活动——创业以及经营企业，介绍了那些冲破旧规则的束缚、创立新规则的人。他们打造全新的世界；他们立志去掌控而不是随波逐流；他们对当时的工具和方法进行探索和开发，而同时代的其他人却只知道用这些工具和方法来服务有时不得不新开拓出来的市场。本书所描绘的七位企业家，都是具有极强内在驱动力和竞争力的时代英豪——他们所生活的国度和文化环境推崇这些个人特质，也促使他们进入商业的世界。生活在一个能让他们充分施展才华的国家，每个人都以自己的方式成为一个杰出的人物。他们是这个世界上最自由的一群人。

如果这七个人是意大利人，也许他们会成为作曲家，那么世界上将会出现第二个威尔第（Verdi），而拍照技术就不会广泛地进入普通家庭。"他为我们而哭泣，他为我们而爱。"这是阿伦佐（D'Annunzio）为了纪念威尔第而写下的悼词。如果这七个人是俄国人，也许他们会成为小说家。1867年9月27日，彼时托尔斯泰（Tolstoy）正在创作"伟大的人民"（也就是后来的《战争与和平》），托尔斯泰在给他妻子的信中写道："愿上帝赐予我健康、和平与安宁，我将以亘古未有的笔触来描写博罗季诺（Borodino）战役。"如果这七个人是葡萄牙人，也许他们会成为航海家；如果这七个人是德国人，也许他们会成为士兵；如果这七个人是日本人，也许他们会成为国家的公仆；如果这七个人是罗马尼亚人，也许他们会成为体操运动员……诸如此类。

美国也培养了能够从事上述工作的人，就像其他国家也培养了很多企业家一样。但是，总体来说，作为一个国家和一种文化的代表，在上述这些方面美国并没有更出色。在世界各地的各种励志故事中，特别优秀的人物总是层出不穷——有时是在意想不到的地方出现。然而，从长远来看，比如说近250年以来，我们可以很公平地宣称：美国在创办和培育新企业方面是最出色的。因此，这是一本关于商界最优秀的企业家的书。

为什么选择这七位企业家呢？最重要的原因是，他们的生活和事业跨越了一个较长的时期。安德鲁·卡耐基（Andrew Carnegie）生于1835年，到19世纪60年代，他在世界上已经有相当的影响力。本书第三部分是关于山姆·沃尔顿（Sam Walton）和罗伯特·诺伊斯（Robert Noyce）的，这两人都于20世纪90年代离开人世。因此，通过这七个人的一生经历，我们可以看到，在美国历史上随着时代的发展其商业精神发生了什么样的变迁。

本书分为三部分，包含七位企业家的故事：第一部分是卡耐基、伊士曼（Eastman）和福特（Ford），他们三人的故事反映了美国从一个发展中的国家崛起为世界霸主的过程；第二部分是沃森（Watson）和郎佛迅（Revson），他们二人的故事反映了在20世纪中叶美国是如何在工业市场（IBM）和大众消费市场（露华浓）建立竞争优势的；第三部分是沃尔顿和诺伊斯，他们二人的故事反映的是在临近20世纪末的时候消费领域（沃尔玛）和工业领域（英特尔）的对比，他们二人的故事同样也体现了最古老的产业（零售业）和最新兴的产业（半导体电子产业）中的不同领导风格。从这七位企业家身上所表现出的特质我们可以发现美国从南北战争到20

世纪 90 年代这一时期对商业领袖的要求发生了重大的变化，本书的结语部分详细描述了这一点。

另一项选择企业家的标准是基于地域的考量。在美国的不同地区，商业领袖扮演的角色也不同。安德鲁·卡耐基出生在苏格兰的爱丁堡，却在美国匹兹堡发家致富。乔治·伊士曼（George Eastman）出生于纽约州的北部地区，却将柯达公司的总部建在了罗切斯特。福特出生于底特律郊区的迪尔伯恩，并且毕生在此工作。沃森，和伊士曼一样，也出生于纽约州的北部地区，而他一生都在纽约市工作。郎佛迅出生在波士顿，和沃森一样，他把露华浓公司的总部建在了纽约市。沃尔顿出生在俄克拉何马州的金菲舍县（Kingfisher），却把沃尔玛公司的总部建在了阿肯色州的本顿维尔，因此沃尔玛为我们展现的是美国梅森-迪克森（Mason-Dixon）线①南部的商业世界。诺伊斯出生于艾奥瓦州的丹麦镇，却在加州硅谷的心脏地带——圣克拉拉郡，创立了英特尔公司。

这几个商业领袖中的一些人（不是全部）有很强的地域意识。诺伊斯将公司总部建在本顿维尔，而沃尔玛的总部建在硅谷，这两者一样令人难以想象！同样，我们也难以想象查尔斯·郎佛迅（Charles Revson）把公司总部设在迪尔伯恩，而福特公司的总部设在纽约。伊士曼在年纪很轻的时候就去过很多地方，但他始终是罗切斯特的儿子，在那里他奉献了自己的一生。时至今日，柯达公司的总部仍然在罗切斯特，而该公司的很多批评者争论说，柯达公司是否太过执着于自己的罗切斯特基因？是否有必要把柯达公司搬迁到其他地方，以挽救该公司？

---

① 梅森-迪克森线是美国宾夕法尼亚州和马里兰州的分界线，也是美国南北战争（内战）之前南北区域的分界线。——译者注

其实，对于本书中所描写的七位商业领袖中的任何一位而言，在他们的商业生涯中没有什么是必然的。如果安德鲁·卡耐基从来没有离开过匹兹堡的棉纺厂（这是他的第一份工作），也不会有人问起：为什么在美国历史上没有卡耐基？事实上，卡耐基恰恰是美国历史上最不可能的人物之一。在80多年的时间里，历史学家一直努力研究卡耐基这个人。在20世纪40年代到50年代，美国一本被广泛采用的历史教科书把卡耐基描述为"工业革命时代最典型的人物"。30年以后，各种历史教科书评论卡耐基是一个"在各方面都超凡卓著"的人物。卡耐基逝世于1919年，因此对他的评价的变化并不是因为他做了什么。

没有什么是必然，不论是做钢铁、照相机、指甲油，还是集成电路。迄今为止，还没有一种制度理论（这些理论没有把才华、禀赋、气质，甚至有时候个别商业领袖看起来傻乎乎的特点考虑在内）能够解释美国商业的成功。同样的道理，本书中选择讲述和分析的这些商业领袖给美国经济带来了繁荣，这不是偶然。是美国社会激发了他们的勇气，也是美国社会摒除了那些可能阻碍他们实现梦想的障碍。因此，本书不仅讲了七位企业家的故事，也讲了美国的社会和制度；只不过，企业家占据中心地位，而制度，包括公共部门和私人部门的制度，则主要充当故事的背景。

从南北战争到现在，美国的制度体系为企业家提供了极大的空间。这样做的结果是，美国社会的目标似乎是为每个人提供平等的机会以变得不平等。

从事创业活动有广泛的自由，但并不存在无限自由。反垄断就是一个例子。《谢尔曼法》（Sherman Act）制定于1890年，该法案将参与"合谋限制贸易"① 定为联邦犯罪。安德鲁·卡耐基在19世纪90年代完全忽视了这一点,当被国会委员会问及此法案时,他说:"你真的指望那些在制造业一直积极奋斗、努力谋生的人会愿意了解法律以及应该用于这或那及任何地方的那些条款?……我记得,从来没有人跟我提过《谢尔曼法》。"卡耐基没有为这种忽视付出代价,他为此还吹嘘了一番。一个世纪后,比尔·盖茨(Bill Gates)采取了完全相同的态度,却为此付出了极高的代价——公司股东损失了超过2 500亿美元。时代变了,规则也会改变。

这七位主角中没有一位可以被称为"典型",也就是说,他们都不是非常典型的美国企业高管,但如果必须找出一位,那么可能正是他的典型性让他看起来显得更加不典型。有人在大量研究美国企业的首席执行官时,发现最令人印象深刻的是这些CEO的多样性,对此我将在后文展开描述。他们中有些人在一个一块大陆大小的国家出生和长大,也有些人在国外出生和长大;他们归属于各种不同的宗教和信仰;他们的职业道路明显不同;教育背景也不同。

我们对过去一个半世纪以来的企业家的观察是真实的,并具有警示意义。首先是种族问题。非裔美国人创办的企业在美国的发展史是一个值得深究的课题。然而,除了最近几个罕见的例外情况,黑人男性和女性一直都没有机会在大型的美国公司中担任领导者。其他种族的女性也是如此。1917年,一项对美国最重要的200家工业企业CEO的研究显示,没有一位是非裔美国人或女性。即使在今天,也很难找到属于这两个群体中的人(显然,这两个群体有重叠之处,即黑人女性)领导一家大型美国公司。2000年,在《财

---

① 合谋限制贸易(conspiracy in restraint of trade),指商家以妨碍自由贸易为目的非法约定联合拒买、拒售及垄断价格等行为。——译者注

富》(Fortune)杂志评选的美国500强公司中,只有三家公司的CEO是女性。

1932年,哈佛大学的著名经济学家弗兰克·W. 陶西格(Frank W. Taussig)和他的同事卡尔·S. 乔斯林(Carl S. Joslyn)对美国商业领袖的社会来源进行了广泛的调查,并发表了他们的研究成果。这项研究的结论是:"每一个精力充沛、怀有抱负、聪敏好学的年轻男性,不管他的教育背景多么贫乏,他都有可能在商界立足,并通过自己的努力获得更高的地位。"值得注意的是,两位学者在进行了细致谨慎和成本高昂的研究后得出了这一结论,但当时的结论并不准确,实际上从来都不是这样。

事实上,陶西格和乔斯林的结论是自相矛盾的。"每一个年轻男性"这个短语把占美国人口一半的女性排除在外。他们的书中没有提到非裔美国人,但毫无疑问,从1865年奴隶制结束到今天,黑人在美国企业精英中的比例一直很低。陶西格和乔斯林对"每一个年轻男性"做出上述这样的断言,说明超过一半人口的女性和黑人并没有被算在内。这两类人常以雇员或企业主的身份参与商业活动,但作为大型企业的高管,他们历来只占很小的比例。

陶西格、乔斯林和其他许多对美国经济的开放性和流动性感到惊奇的人并不是愚笨,像其他所有人一样,他们只是时代的产物。他们并不认为,将远远超过半数的美国人排除在美国商业精英之外,就是排他性的证据。他们想当然地认为,有些群体只是"在社会的大熔炉之外",他们以为这是不言而喻的。

给陶西格和乔斯林及其他很多观察者留下深刻印象的不是那些"出局"的人,而是那些"进来"的人。比如说,如果是一位自学成才的俄国犹太人,就可能会管理一家美国大公司。在一个绝大多数人信奉基督教、国家通用语言为英语、管理经济的法律传统在很大程度上依赖于英语基础的国家，这确实是真实的。上述的俄国犹太人是大卫·萨诺夫（David Sarnoff），他是美国无线电公司（RCA）的创立者和多年来的实际独裁者。

如今，RCA只是一个品牌，并不是非常重要的公司，但从20世纪20年代到80年代，RCA一直是美国的重要公司之一，它横跨通信行业，它因为提供的娱乐节目（RCA拥有美国全国广播公司，而当时美国只有三家网络公司）而为人熟知，它对国防也至关重要。通信技术可以使海上船只保持联系，可以将一支军队从散兵转变为能够协同作战的部队。如果萨诺夫留在俄国，或者移民到日本，很难想象他会上升到如此核心的位置。

因此，当我们谈论进入美国公司的权力层是否自由时，我们必须清楚，对那些在可接受范围内的人来说是非常自由的，但对那些在可接受范围之外的人则是严格限制的。白人男性在这个范围内，即使他们是犹太人，比如查尔斯·郎佛迅；即使他们是贫穷的移民，没有受过多少正规教育，比如安德鲁·卡耐基；即使他们出生和成长的地方远离国家商业和资本的中心，比如山姆·沃尔顿。而黑人和女性却不在可接受的范围内。

本书之所以选取这七位企业家，也是基于对上述这个不可调和的残酷事实的考虑。本书中所描绘的七个人各不相同，但他们的性别和肤色是一样的。讲述美国商业史上黑人和女性领导者故事的书还不够多，他们当中有很多故事值得被书写、被传播，但是对于那些想读这类书的读者来说，现在你必须要读一本完全不同的书了。

另一个让我决定选择这七位企业家的因素是，他们已不在人世。这一点非常关键，我需要做一点解释。历史是一门民主的学科，任何一位有读写能力的人都可以写。你不需要技术训练，不需要数学符号，所需要的只是判断力、写作的意愿以及朋友的一些帮助。

难怪历史学家不善于预测未来。在接下来的内容中，将不会出现任何数学模型来帮助你计算出谁会成为2010年的商业巨头①。你也不会看到任何神奇的公式来帮助解读市场的走向。

一些商业人士可能会觉得这有点令人沮丧。有人说，资本家"是对未来下注的人。资本主义的本质是一种追求未来财富和繁荣的心理取向"。正如罗伯特·诺伊斯所说，历史是关于这样一些人的——他们尽一切努力不受历史的束缚，这样他们才能走出去，做一些精彩的事情。

然而，在学习商业的过程中，历史确实能教会我们很多有价值的东西。历史学家在视角和语境方面具有优势，知道发生了什么，也知道答案是什么。

与学历史相比，学商科的学生面临着不同的处境。1929年10月初，世界著名经济学家、耶鲁大学的欧文·费雪（Irving Fisher）说："股价已经到达了看似永久性的高位。"但后来的事实证明并非如此。1970年，美国《销售管理》杂志宣称，美国国内排名前五的轮胎生产商"实际上牢牢地掌控着美国轮胎的销售"。到1988年，五家中的四家被迫退出这个行业。1986年10月，《财富》杂志的封面人物是肯·奥尔森（Ken Olsen）②，并在文章中称，像沃尔玛的创始人山姆·沃尔顿等少数几位企业家可能能在为股东创造的回报或个人财富方面与肯·奥尔森媲美，但是，没有人能创建出像DEC这样强大、重要的工业企业。基于这点，《财富》杂志认为奥尔森是最伟大的企业家。这番话可以在奥尔森的传记《终极企业

---

① 本书写于2001年。——译者注
② 肯·奥尔森，数字设备公司（DEC）的创始人。——译者注

家》(*The Ultimate Entrepreneur*)中找到。当《财富》杂志发表这篇文章时，DEC是马萨诸塞州最大的企业。然而，1992年，奥尔森被迫退出了他创办的公司。1998年，DEC剩余的资产被出售。今天，DEC公司已不复存在。肯·奥尔森现在被视为商界最大的失败者之一，身为一名电脑行业的高管，他没有预测到人人都需要在办公桌上放一台电脑。事实证明，他的确是一位"终极"企业家，但这是一种讽刺的意味。当然，今天没有人会再把他和山姆·沃尔顿相提并论。

在我写作的此时，许多评论家都认为通用电气公司的杰克·韦尔奇（Jack Welch）是美国最伟大的企业家。有些人会称他为20世纪最伟大的企业家。但如果事实证明，通用电气公司无法消化其进行的许多收购，人们就会改变主意。就在通用电气首席执行官的任期结束前不久，韦尔奇进行了一次非常大的收购。2000年，通用电气以超过300亿美元的价格，收购了霍尼韦尔公司。如果这次收购不能产生预期的经济效益、市场力量和营业利润，那么杰克·韦尔奇留下的遗产将远不如他今天的声誉那么令人印象深刻。而事实是，收购霍尼韦尔的交易规模如此之大，没有人知道是否会有一个好结果。

有人指责说，历史学家好像什么都知道，只是因为他们是"事后诸葛亮"，对此我欣然认同。后知后觉所带来的智慧，正是历史研究带给商业的启迪。其他任何领域的人类活动（包括休闲、体育、政治、高级时装）都不会像商业领域这样充满新的变化和潮流。每天都会有报纸头条；每周都有杂志故事；而在互联网上，可能每小时都会出现一位新的"专家"，鼓吹一位新的商业英雄或宣扬一种解决问题的新方法。至少，对商业史的研究可以促使管理者针对这些新"解决方案"（这些方案都是针对公司中那些永远无法解决掉的只能尽力去管理的问题的）发出思考：这种方法、这种理念，以及这家公司到底会存续多久？

历史学家并不比任何人更善于评估当前形势，他们在预测未来方面也往往是失败的。但在思考过去的问题方面，他们是无可匹敌的。可口可乐公司不应该在 1985 年改变配方。看到了吗？他们又一次说对了！因此，本书选取那些已去世的企业家作为写作对象并非偶然。

本书对七位企业家的研究讨论了各种各样的问题，针对每位企业家都得出了不同的答案和结果，这不仅揭示了他们独特的个人特质，还表明，为了在商界做出伟大的事情，需要满足的条件是随着时间的推移而变化的。

其中一个问题已经讨论过了，这就是反垄断。安德鲁·卡耐基可以忽略这个问题，老托马斯·J. 沃森（Thomas J. Watson Sr.，IBM 的伟大缔造者）却不能，比尔·盖茨也不能。反垄断问题只是企业与政府之间的关系最明显的表现形式之一。这七位企业家都必须学会处理好跟政府的关系，同时，政府也正试图以监管机构、国会委员会、刑事或民事诉讼的形式来管理企业。这些关系可能变得异常复杂和矛盾。仅举一个例子，1914 年，沃森因涉嫌垄断行为而几乎被关进了监狱。到 20 世纪 30 年代，联邦政府因为与 IBM 在社会保障和其他需要大量数据积累与分析的项目上的合作，成为 IBM 产品和服务的主要客户；而此时的沃森呢？他本人就是共和党在商界的支持者，沃森成了富兰克林·D. 罗斯福（Franklin D. Roosevelt）的热心支持者。到 20 世纪 50 年代中期，反垄断问题再次浮出水面。看来，政府是一只手给予、两只手索取。

其他问题也多次出现，包括从初创企业成长为大型官僚企业的过程、管理人员的招聘和培训、劳工关系的管理，以及企业家随着年龄的增长和新挑战的出现而看待世界的观点的不同。

将七个人联系在一起的另一个重要主题是愿景。这是七个关于商界人士的故事，他们看到了别人看不到的东西，并充分利用了自己的洞察。他们使用其他人也可以使用的工具，但使用的方法更高超。

为了什么目的？为了胜利、拥有、控制、创造。这是一个关于七位企业家抓住机会的故事——尽管在别人眼中这些机会可能是障碍。

这七个人都是冒险者、创新者、实验者。相比对失败的恐惧，他们更渴望成功。在事情遇到困难的时候，他们有勇气去改变；而更难能可贵的是，在事情进展顺利的时候，他们也愿意做出改变，这才是最难的。

他们都是有极大自信的人，要么源于天生的安全感（如诺伊斯和沃尔顿），要么源于对他人判断力的不信任（如郎佛迅）。不管是哪一种，他们都总是相信自己。事实证明他们的这种信念是正确的。他们开始觉得自己的天赋是没有边界的，这种信念有时会导致他们在晚年生活中胡作非为（如福特）。

总之，当我们改变我们的视角，把看待这七个人的方式从他们在商界和世界上扮演的角色，转变为他们作为个体的人时，我们发现了显著的多样性。他们是一群非常不同的人，有着不同的背景和不同的优缺点。很难想象如有一场他们七个人共同出席的晚宴会是何种景象。

他们至少有两个共同点：其一，他们都是当时的商业巨头；其二，他们都是美国人。为什么要选择这七个人来了解更多关于美国时代背景下的商业精神？前面已经讲了其中的一些原因。当你继续读下去时，你会发现更多原因。但我想问一个比"为什么是这七个人"更好的问题:"为什么不是这七个人?"对于这个问题,唯一的答案是:没有原因。这七个人有很多东西要教给我们,关于商业、组织、争取个人自主权,以及发现新技术并加以运用的能力。

1866年8月,《纽约时报》的一位记者从内布拉斯加州发来报道说,修建横贯大陆的铁路的人是一位"真正的美国天才"。本书也描述了几位"真正的美国天才"。在他们所在的行业中,他们打破边界、开拓了新的疆域。

在英国,成就卓著的男性和女性被授予源于这个国家中世纪历史的头衔。艺术家、学者、士兵被封为爵士或贵族。当英国政治哲学家约翰·洛克(John Locke),被要求为美国殖民地起草治理文件时,他提出:一种复杂而有序的、有头衔的贵族等级制度(部分是世袭制的)将是最合适的选择。本来会有"先生""贵族男爵""伯爵""酋长",但是,将英国的许多文化遗产(包括洛克的许多思想)制度化的美国,却对各种头衔置之不理。美国宪法明确禁止授予这些权利。肯特公爵夫人在温布尔登网球锦标赛上颁奖;而在美国网球公开赛上,皇后区的女官员不会这么做。

1901年的意大利,成千上万人站在街道两旁,见证已故的朱塞佩·威尔第(Giuseppe Verdi)被抬到他最后的安息地。皇室成员、政界领袖、达官贵人和普通公民都在那里。伟大的意大利歌剧作曲家——马斯卡尼(Mascagni)、莱昂卡瓦洛(Leoncavallo)和普契尼(Puccini),都在那里。阿图罗·托斯卡尼尼(Arturo Toscanini)[1] 在著名的斯卡拉歌剧院[2]指挥交响乐团和合唱团演唱威尔第歌曲 Va, pensiero[3]。人群自发地加入了进来,那一天,合唱

---

[1] 意大利指挥家,19世纪末20世纪初最负盛名的音乐家之一。——译者注
[2] 斯卡拉歌剧院位于意大利米兰,是世界最著名的歌剧院之一。——译者注
[3] 威尔第的作品,表达希伯来人对失去的故园及家乡亲人的怀念。——译者注

团唱出的美妙旋律传到了天堂。

这样的场景在美国是不可思议的。成千上万名市民排在街道两旁,自发地合唱一位伟大的美国严肃音乐作曲家的作品?我想这不可能。在美国,真正重要的人、真正的贵族、人们想要了解的人,就是本书中写的人。他们的成功是由美国的文化和制度促成的。与此同时,也正是他们塑造了美国的文化和制度。

美国可能会纪念一位伟大作曲家的逝世吗?试着说出一位伟大的美国音乐厅音乐作曲家的名字,这并不容易。但是,1947年,在亨利·福特(Henry Ford)的葬礼上,密歇根州州长下令在州政府大楼降半旗。为了纪念一位伟大人物的逝世,州议会停止了工作。成千上万人参加了福特的葬礼,而不是某一位作曲家的葬礼。大型企业的创始人和建造者在美国的地位,就像伟大歌剧的创作者在意大利的地位一样。

七位企业家的生活像一面镜子,透过它,我们似乎展开了一幅美国商业史的画卷。

第一部分

崛起：掌控全球经济命脉

安德鲁·卡耐基

乔治·伊士曼

亨利·福特

他们与时代

这部分介绍的三位商业巨子会让人感受到美国的巨变：从经济实力明显处于世界第二梯队，到在产出、人均收入和技术进步方面均处于世界领先地位。第一位商业巨子是安德鲁·卡耐基（Andrew Carnegie）。他于1835年出生于苏格兰，13岁随家人移民美国。从这一简单的事实中，我们观察到一个非常重要的现象：从卡耐基生活的时代直到今天，美国从世界史上最大规模的人类自愿迁徙中获益巨大。

当然，在卡耐基时代初期，虽然移民使美国受益匪浅，但并非所有移民都是自愿来到美国的，这是对美国极大的讽刺。在卡耐基定居的匹兹堡以南仅45英里[①]处就是弗吉尼亚州，一个蓄奴州。19

[①] 1英里约为1.61千米。——译者注

世纪40年代末，匹兹堡是创业活动的温床，而紧挨它的弗吉尼亚州的社会形态却迥然相异，套用亚伯拉罕·林肯（Abraham Lincoln）不朽的第二次总统就职演说的话就是，有些人从别人流下的汗水中榨取面包。卡耐基深刻意识到当时美国政体的根本矛盾，从一开始他就热心倡导废除奴隶制。

移民美国，卡耐基遇到的困难和阻碍比移民到其他国家要少很多，他可以大展拳脚，对此他非常清楚。随着年龄的增长，他热情地、毫无保留地接受了美国和美国方式。他喜欢带着自己的美式优越感来招惹、取笑，有时甚至讽刺他那些欧洲朋友。1886年，他开始写书，其中一句话后来成了名言："世界上一些古老的国家像蜗牛一样缓慢爬行，而美国却像快车一样风驰电掣般疾驰。"

1848年卡耐基开始发家时，英国是世界领先的经济体。迟至1870年，英国钢铁产量仍超过世界其他地区钢铁产量的总和。卡耐基一手将钢铁行业打造为属于他的王国，他驾着快车一路狂奔，超过英国。1900年，也就是卡耐基退休的前一年，美国的钢铁产量是英国的两倍，其中很多钢铁来自卡耐基自己的钢铁厂。这些质量最好、价格最低的钢铁可在世界各地买到。

作为一个人，卡耐基问题多多，后面我们会不时读到。他如何对待这些问题——包括他如何对待那些早年帮过他的人、如何对待工作搭档、如何对待手下劳工，所有这些方面都有助于人们了解他的个性特征。同样有助于人们了解他的还有：他对过去的怀念（他在苏格兰买了一处带城堡的大庄园）以及对未来的热切渴望。本书描绘的每位商业巨子都会面临如何处置自己创造的财富的问题。他们每个人都会变得特别富有，其富有程度超出他们在年轻时的想象。卡耐基处置巨额财富的方式比较独特。

卡耐基属于那些生于19世纪30年代、后来被贴上不好听的

"强盗大亨"标签（不论是否如实）的商业巨头中的一位。他们中，J. P. 摩根（J. P. Morgan）比卡耐基小两岁。约翰·D. 洛克菲勒（John D. Rockefeller）生于 1839 年，又比摩根小两岁。

伊士曼（Eastman）从未被称为"强盗大亨"，他和卡耐基完全不同。卡耐基很健谈，其撰写的文章和书流传很广，他对生活充满热情，同时充满欲望，生活永远都无法满足他。匹兹堡不够大，让他无法尽兴；退休后的 20 年内，他在气派的苏格兰城堡庄园（在这里他宴请款待世界名流）和华丽的曼哈顿豪宅两地间往返。如果可能，卡耐基愿意像浮士德那样跟魔鬼做交易，换取再活一次的机会，以获得世俗享受。

相比之下，伊士曼与大众比较疏离。这位因为将摄影商业化而变得富有的人大隐于市。他写过大量的信，但很少写文章，也未撰写过书。他最亲密的商业伙伴名叫亨利·阿尔瓦·斯特朗（Henry Alvah Strong）。斯特朗欣赏伊士曼，却从未（正如斯特朗自己承认的）真正了解他。伊士曼与自己的母亲关系紧密；但是，根据有限的信息判断，他对母亲的爱并未得到完全令人满意的回应。伊士曼是本书中唯一一位从未结过婚的商业领袖，也是美国商业史上大公司首席执行官当中少数几位从未结过婚的人之一。

乔治·伊士曼不仅在其家乡罗切斯特享有盛誉，而且在全世界都声名远扬（他的柯达相机在世界各地都有销售），尽管如此，晚年他却形单影只。到后来，他的朋友们相继离世，他自己身体也越来越差。他不要像浮士德那样与魔鬼做交易来苟活。他自杀了。

伊士曼非常慷慨地处置自己的巨额财富，他常以匿名方式做慈善，将自己的财富用于医疗保健、教育和文化。他具有非常成熟的审美。就摄影行业而言，他不仅仅是参与市场竞争那么简单，可以说他改变了整个行业。他使每位有 1 美元可支配收入并对拍照感兴趣的人都能拥有一部柯达布朗尼（Kodak Brownie）相机。

伊士曼柯达公司（Eastman Kodak）成立于1880年，乔治·伊士曼是向市场推广消费产品（而不是销售给其他企业）的先锋商家中的一员。这些消费品是有品牌的，这一点很重要。

19世纪80年代是见证品牌消费品大量进入大众市场的10年。宝洁公司（Procter & Gamble）创立于1837年，但象牙肥皂（Ivory Soap）① 出现在1879年。美国烟草公司（American Tobacco）创立于1882年。可口可乐（Coca-Cola）和强生公司（Johnson & Johnson）都成立于1886年。在一个又一个产品类别中，有全国知名的品牌和精美包装的产品成为市场的主导。而在相机类别中，市场的主导者是柯达。

这种品牌产品主导市场的情况是空前的。1880年之前，推向市场的品牌产品存活期都很短。有一些例外，比如玮致活陶瓷公司（Wedgwood），但并不多。然而，如果我们看看上面列出的19世纪80年代进入市场的品牌，会发现它们今天仍然出现在我们的生活中。为什么会这样？这是怎么回事？

19世纪60年代是美国南北战争和政治混乱的10年。19世纪70年代，美国遭遇了一场毁灭性的经济大萧条。到19世纪80年代，联邦得到了保全，经济大萧条也结束了。同样重要的是，电报技术和铁路网已发展成熟，品牌产品因此可以打入全国市场。

任何事物，如果它能打破时间和空间阻碍，都会为敏锐和极具胆识的企业家带来巨大的新机遇。伊士曼两者都具备。如果没有铁路和电报这两项当时的科技奇迹，伊士曼柯达公司就不可能取得成功。有人认为，互联网将在21世纪扮演类似的角色，并

---

① 象牙肥皂是宝洁公司的一款经典产品，也是一个经典的营销案例。——译者注

且出于同样的原因。互联网使数据和信息以前所未有的速度很方便地传输。

19世纪80年代，伊士曼感受到了新的风向，当然其他人也能感受到。他（以及其他几个出类拔萃的人）能够脱颖而出，是因为他们知道如何顺风而行。19世纪80年代是美国经济真正开始繁荣的开端，工厂生产出大量人们想要的东西，比如便宜的相机（相较于人们赖以生存的食物、衣服和住所）。

这部分介绍的第三位企业家是亨利·福特（Henry Ford），他的名气在美国无人能及。20世纪20年代初，当他和他的公司处于鼎盛时，美国在世界上的地位已经完全改变了。而在安德鲁·卡耐基随全家移民，踏上美国的土地时，美国经济还是典型的殖民经济：出口农产品，进口制造品；试图用关税来保护本国经济；因为当时世界经济实施的是固定汇率，美国的国际收支长期赤字，所以它一直面临国库中黄金流失的风险。

到20世纪20年代初，美国已成为未来产业（就当时而言）的世界领导者，尤其是汽车和电力。亨利·福特不仅掌控着从1908年到20世纪20年代中期的汽车工业，他的汽车生产方式也成为一个商业奇迹。福特主义（Fordism）一词被译成多种语言，来自世界各地的人们来到福特位于底特律迪尔伯恩郊区胭脂河（River Rouge）的庞大的工业厂区进行参观。

到20世纪20年代中期，美国不再担心其在全球金融体系中的地位。第一次世界大战后，美国在其历史上首次变成债权国，成为商品出口引擎，而且还在海外建立了生产工厂。早在1911年，福特就在英国建有一处工厂。

美国变为车轮上的国家，在这方面，亨利·福特做出了其他任何人都无法比拟的贡献。他让普通大众都买得起汽车。机动化的交通也改变了美国的城市。1900年,每天有250万吨马粪和6万加仑的尿液被倾倒在纽约市的街道上。想象一下汽车带来的巨变。

　　福特的问题是,他相信新闻中对自己的赞美。在美国商业史上,一些商业巨头都有狂妄自大的毛病,而福特的狂妄比任何其他人都更甚。1927年后福特惨淡的生活状况有力地证明了:人们对权力不受制约的创始人心怀恐惧,是明智的。

　　卡耐基、伊士曼和福特三位商界巨头,他们一生的从商经历将读者从早期不发达的美国带到了成为世界霸主的美国。这三位企业家的一生都展现出了一些问题,有些问题是相似的,但他们各自的应对方式却截然不同。

第一章　安德鲁·卡耐基

从穷小子到富豪

你看上去很富有，你愿意借给一位崇拜者1.5美元去买一本赞美诗集吗？上帝会保佑你的。我感觉到了，我知道的……附言：不要寄赞美诗集，一定要给我寄钱。我要自己选择。

金钱

1886年到20世纪初之间的某个时候，安德鲁·卡耐基拜访了他寡居的弟媳露西。露西住在卡耐基的弟弟生前购置的庄园里，这座庄园位于佛罗里达州的邓基斯（Dungness），在佛罗里达州与佐治亚州交界之处的海岸边。安德鲁和露西相处得很好，他以露西的名字命名了自己的第一座炼铁炉（在钢铁行业，以女人的名字命名高炉是一种习俗），而露西则给她其中一个儿子（她和汤姆一共生了9个孩子）取名为"安德鲁"。

在这次拜访中，露西向她的大伯哥抱怨说，她那上大学的儿子安德鲁总是不给她写信。为了不错过一场好戏，卡耐基告诉弟媳，他可以给侄子写一封信，使这位大学生乖乖回信。安德鲁信心十足，要跟露西赌 10 美元，露西毫不犹豫地答应了。

于是，安德鲁给他同名的侄子起草了一封有关"好消息"的信。他在信中说附上一张 10 美元的支票作为礼物，然后，他故意没有在信封中放支票。

很快，年轻的安德鲁给他的叔叔回信了，对叔叔送他礼物表示感谢，但很懊恼在信中没见到支票。卡耐基得意扬扬地将这封信交给露西，露西立马服输，给了他 10 美元，卡耐基转手就把这 10 美元寄给了他的侄子。

安德鲁·卡耐基和约翰·D. 洛克菲勒是 19 世纪出现的两位最伟大的企业家。他们是当时最富有、最强大的两个人。但是，这两个人大不相同。卡耐基热情洋溢，直到他生命的最后时刻，他都是个乐观主义者。他兼具真诚和虚伪、现实和浮夸。他总是饱含热情，并能轻松转化为对不同事物的兴趣，可以说有点狂热。他可以很努力，有时候又很懦弱。他是忠诚的，同时也很善变。他会爱，也会恨。

在他想成为的人与在商界摸爬滚打之后最终成为的人之间，有着巨大的背离。这是卡耐基职业生涯的一个重要特点，也是他与其他众多企业家共同拥有的一个特点。1892 年霍姆斯泰德（Homestead）工厂的血腥罢工事件——约瑟夫·弗雷泽·沃尔（Joseph Frazier Wall）所描述的"卡耐基商业经历中最痛苦、高度公众化的这个插曲"，便是这种背离的最好证据。

卡耐基渴望得到公众的认可，而这种渴望与他对金钱和权力的无止境的追求相冲突。他一直坚持写作，他所写的正如他自己想要的——自由和公正。1886 年 4 月，他在《论坛》（Forum）杂志上写道："我的经验是，总的来说，工会对劳资双方都是有益的。"

在 1886 年，很少有企业主发表像他这样的言论。在 4 月份文章发表之后的次月,芝加哥发生了"干草市场暴乱"①,这次事件使美国的劳工阶层和激进分子同许多中产阶层坐上了"同一条船"。卡耐基没有气馁,继续回去写文章发表。在 1886 年 8 月发表的《劳动斗争的结果》("Results of the Labor Struggle")一文中,他写道:"指望一个依靠日薪来维持生活的人会平静地站到一边看着一个新人取代他的工作,这是不可能的。在最好的工人中有一条不成文的规则——'不可抢走邻居的工作'。"

这些观点在工人中引起了强烈的共鸣,卡耐基受到了工会的狂热吹捧。机车工程师兄弟会以他的名字命名了一个分部,并且授予他名誉会员资格。卡耐基欣然接受了,他说:

> 众所周知,我坚信工会和工人组织的力量,并且坚信工会是当下最好的教育途径……我为贵组织采用我的名字感到荣幸。这是另一种形式的牢固纽带,使我更有意义地履行生命的职责,这样我就永远不会做任何令贵组织感到羞耻的事情。

匹兹堡商业界(对卡耐基言论)的反响是可想而知的。匹兹堡商业界是由卡耐基的主要合伙人亨利·克莱·弗里克(Henry Clay Frick),以及银行家贾奇·托马斯·梅隆(Judge Thomas Mellon)主导的。对这些人以及匹兹堡商业经济中心的旧式钢铁制造商们来说,工会都是一个诅咒。

---

① 干草市场暴乱(haymarket riot):1886 年 5 月 1 日在芝加哥举行了声势浩大的示威游行,支持工人罢工和每天 8 小时工作制。5 月 3 日,芝加哥政府出动警察镇压示威活动,与罢工工人发生冲突,开枪打死数人,直接导致罢工事件升级。5 月 4 日,罢工工人在干草市场广场聚集,抗议警察在前一天的暴力行为。180 多名警察奉命前来驱散人群。在此过程中,现场突然发生爆炸,造成 7 名警察死亡。警察随即也对示威人群开枪,造成 4 名工人死亡、100 多人受伤。干草市场事件被认为是"五一国际劳动节"的由来。——译者注

劳工暴动在匹兹堡很常见。1874年至1875年，匹兹堡的钢铁工厂一度停工。随后，1877年7月爆发了"铁路工人大罢工"。在这场工人运动中，有20多名匹兹堡市民被国民警卫队杀害。这一时期，匹兹堡著名的劳动历史学家保罗·克劳斯（Paul Krause）写道："1877年的暴动是为了给雇主们一个警示，巴黎公社可能会来到美国。"

匹兹堡贝塞麦（Bessemer）钢铁公司成立于1879年10月，是由几位在匹兹堡最成功的实业家共同创建的。该公司的目标是建立一个最先进的钢铁厂，与ET竞争。ET是卡耐基的埃德加·汤姆森（Edgar Thomson）工厂的简称。他们为工厂选择的地点是霍姆斯泰德，靠近ET。

从一开始，霍姆斯泰德工厂就遇到了劳工问题，从劳工的角度来看，或许更应该被称为"雇主问题"更恰当些。与ET不同的是，霍姆斯泰德工厂从一开始就建立了工会。在1882年的第一季度，美国钢铁工人联合会（Amalgamated Association of Iron and Steel Workers，AAISW）组织了一次罢工和关厂的联合行动。此后，冲突周期性地爆发。次年，霍姆斯泰德工厂的股东们准备把工厂卖给卡耐基。

霍姆斯泰德工厂是当时美国最现代化的工厂，卡耐基准备好了要买下来。卡耐基一直在谋划着未来，他知道，霍姆斯泰德工厂除了可以生产铁轨，还可以生产结构用钢。他以成本价买下了工厂，并且提出愿意用现金或股票形式支付。只有一位投资者接受了股票，金额为5万美元。15年后，这5万美元摇身一变，涨到了800万美元。

可查到的资料未能显示卡耐基到底向多少人发出了购买霍姆斯泰德股份的邀约。根据沃尔的描写，1879年总共有五家制造企业的代表参与了匹兹堡贝塞麦钢铁公司的创建。值得注意的是，尽管截止1883年卡耐基已经取得了非常不错的成绩，但仍然只有一个人愿意成为卡耐基的合伙人。卡耐基曾经说过："我相信任何一个有能力的评估者都会惊讶于我所冒的风险如此之小……"然而，正如卡耐基对自己职业生涯的诸多表态一样，这是完全不真实的。当年许多拒绝与他合作的人认为，买下贝塞麦钢铁公司是一桩非常冒险的生意，他们更愿意拿着钱跑掉。

到1883年年底，霍姆斯泰德工厂最初的股东只剩下了一位，其余的人都放弃了，股东的变化如此之大，而劳资冲突却一如既往，从未停止过。卡耐基虽然说了许多工会的好话，但他不希望在他的工厂里出现有组织的工会。他努力摆脱美国钢铁工人联合会，致使霍姆斯泰德工厂在1889年遭遇了大罢工，工会占了上风。三年后，当工人们的合同到期需要续签时，局面发生了变化。

当卡耐基不得不直面他自己发表的关于工会的溢美之词的时候，他选择了逃避。他的文章在《论坛》杂志发表六年之后，霍姆斯泰德工厂再次发生了劳工暴乱。卡耐基逃到苏格兰一个偏僻的地方，让亨利·克莱·弗里克管理他的财产。弗里克和卡耐基都知道，为了积累他们渴望已久的金钱和权力，他们必须使生产成本和销售价格低于任何竞争对手。但是，美国钢铁工人联合会对这一策略是反对的。卡耐基的一位合伙人说："联合会对任何的改进都要征税，因此联合会必须解散。"

弗里克是无情的。卡耐基的文章谴责过的那些阻止罢工和破坏工会的行为，弗里克都会毫不留情、不择手段地加以使用。这就是卡耐基所面临的矛盾——到底是做一个自己想要成为的人，还是现实一点，成为一个商业需要他成为的人。这个矛盾纠缠了他一生，他不止一次言行不一。引用沃尔特·惠特曼（Walt Whitman）的话，他本可以这么说：

> 我自相矛盾吗？
>
> 好吧，我确实自相矛盾。
>
> （因为我很伟大，所以我必须是多面的。）

卡耐基身上有一个特点，与他同时代的洛克菲勒则没有。与卡耐基不同，洛克菲勒在内心觉得自己不需要取悦他人，也没有必要自夸。卡耐基有一个文档，上面写着"感激和美言"，很难想象洛克菲勒办公室会有这样的文档。卡耐基渴望获得知识分子的尊重；而洛克菲勒在这方面则不那么关心，因为他自己就曾创办两所大学（洛克菲勒大学和芝加哥大学）以及一所学院（史贝尔曼学院），并且他还为其他高等教育机构捐赠了大笔财产。

西奥多·罗斯福（Theodore Roosevelt）的长女爱丽丝·罗斯福·朗沃斯（Alice Roosevelt Longworth）在谈到她的父亲时说："他总是想做'每个婚礼的新娘，每场葬礼的逝者'。"人们也可以用这句话来形容卡耐基。当卡耐基从活跃的商业活动中退休时，他获得了来自英国约57个城市的"城市自由"勋章。而在那之前的纪录，是由威廉·E. 格拉德斯通（William E. Gladstone）保持的，他曾四次担任英国首相。即使被称为"国家救世主"的温斯顿·丘吉尔（Winston Churchill）也没有像卡耐基那样获得那么多的"城市自由"勋章。

洛克菲勒和卡耐基内心深处的力量，源自截然不同的个人特质。在家里，卡耐基会比较好相处。我们见过像他这样的人，他的目标、需求和乐趣与我们这些普通人一样，只是他的财富提升了他追求的层次，使他膨胀了。

洛克菲勒也因为巨大的财富而膨胀，然而，他如此独立，所以人们都未能清楚地意识到他带来的威胁，他总是把威胁留给对手去想象。他知道如何激发这种想象力，他是个"冷酷无情"的大师。在他面前，你可能会因恐慌而呆掉，或者，你看起来就像不存在一样，因为他无视你。结果就是，当你与洛克菲勒进行谈判或试图在证人席上陷害他时，你一定会自找苦吃，成为你自己最大的敌人。

如果你走进洛克菲勒所在的会议室，你可能根本猜不到他就是老板。他习惯不坐在会议桌的主席位。如果房间里有沙发椅，他可能会躺在沙发椅上。他看起来好像昏昏欲睡，但是，如果听到了一个他不喜欢的数字，他可能马上就会挑起眉头。

卡耐基喜欢站在聚光灯下发号施令，洛克菲勒则更喜欢隐在暗处运筹帷幄。洛克菲勒曾经说过："我从不喜欢抽烟，也不喜欢喝茶与咖啡。我几乎不渴望任何东西。"卡耐基则大不相同，人们很难想象卡耐基会做出这样的声明。列出卡耐基不喜欢的东西，可能有点难。

洛克菲勒的声明不太准确。他至少有一种渴望，一种与卡耐基完全相同的渴望，那就是对金钱的渴望。他们渴望金钱带给他们的权力，即使是在很小的事情上。（还记得卡耐基是如何设法让他的侄子给他回信的吗？）他们都渴望奢华、自由、自尊，渴望证明自己。在19世纪的美国，他们两个人都渴望金钱，而且比任何人都更加懂得如何去获取金钱。

新领域

1835年11月25日，在距爱丁堡约24千米、横跨福斯河（Forth River）的苏格兰邓弗姆林小镇，玛格丽特·莫里森·卡耐基（Margaret Morrison Carnegie）生下了她的第一个孩子，是个儿子，取名安德鲁。安德鲁出生在一个小屋里，这个小屋既是他的父亲威廉和母亲玛格丽特的家，也是他们的工作场所。父母双方都来自政治上激进的家庭，但是威廉不像玛格丽特，他生性腼腆。

不管腼腆与否，威廉身为织布工，算得上是当时劳工阶层的一流匠人。他织的布非常精美，这需要像风琴演奏者那样灵巧的手指和娴熟的操作技艺，并且要具有艺术鉴赏力和审美力。

要想成为一名像威廉这样具有高超技艺的织布工，不仅要照管好自己的纺织机（一台、两台、三台……），能够忍受纺织机转动的嘈杂声，处理好人际关系，还要把自己内心的审美情趣展现在纺织品上，使其成为一件精美的艺术品。威廉显然做到了，他的工作令他的儿子着迷——希望自己长大后能够接父亲的班。不过，他儿子的未来可不是这样的。

多年来，威廉一直是一个善良正直的人，一个温柔体贴的人，一个虽然害羞但面对诸多挑衅能够坚定保护家人的人。

遗憾的是，威廉没有应对 19 世纪不断变化的世界所需要的重要品质，他的妻子倒是有，他的儿子从母亲那里继承了这些品质，并且加以发扬光大。

在面对时代巨变不该做什么这方面，威廉为我们提供了一个教科书式的反面案例。如果不是因为他儿子的成就，今天没有人会记得他。威廉及其家族，以及他的亲家莫里森家族，都是"大宪章"的热烈拥护者。"大宪章"是一份政治宣言，其目的是使英国走向民主。安德鲁·卡耐基从未放弃过对政治自由的热情。在 1898 年美国－西班牙战争期间，他对麦金莱（McKinley）政府在菲律宾的帝国主义阴谋感到震惊。当他得知那些岛屿被征服后要向西班牙支付 2 000 万美元的计划时，他向总统提出自己愿意出资买下这些岛屿并给予其自由，他期待这个提议能得到认真对待。

卡耐基本可以在 1898 年之前就做出这样的举动的，但是菲律宾与卡耐基钢铁公司的命运关系不大，就像"大宪章"与威廉和他的纺织工友们的命运关系不大一样。他们所面临的问题不是君主制，也不是上议院，更不是选举腐败，而是新技术带来的工业革命，特别是蒸汽机。正是蒸汽纺织机（它既不会被选举投票淘汰掉，也不以人的意志为转移）摧毁了威廉的世界，令他和他的朋友们被技术革新淘汰。

在安德鲁出生后，威廉的生意一度兴隆。但是随着蒸汽纺织机势不可挡地出现，手工织布业很快受到威胁，威廉也陷入了可怕的经济困境。他在苏格兰坚守了十多年，最后来到美国寻求发展。他的墨守成规困住了他，他感到将失去一个自己深爱的世界。在那个世界里，凭借高超技术手工编织出的精美织品，以及木质纺织机吱吱的节奏声，慰藉着这个在平静的生活中维持着生计的温文尔雅的男人。如今，他要面对的是一个未知的世界，他熟悉的那个世界正在消失。最终，他不得不面对现实。1847年至1848年冬天，他对他的儿子说："安德鲁，我得找份新工作了。"从那时起，家庭的权力就从父亲手中转移到了母亲手中，而且再也没有转回去过。

1848年，威廉、玛格丽特、安德鲁和汤姆含着泪水，揣着借来的钱，成为188 233位移民美国的英国人中的4位。汤姆出生于1843年，是个温柔的小男孩（在安德鲁和汤姆之间，1840年安出生了，遗憾的是安在出生后第二年就去世了）。格拉斯哥的港口令人沮丧，出发的日子令人沮丧，船也令人沮丧。威廉已经是"一个疲惫且失败的人"。

相反，从某种意义上说，玛格丽特·卡耐基在竭力压制着心中的怒火。生活给她带来了沉重的打击，她要夺回属于她的东西，甚至要远远超过她原本拥有的。尽管困难重重，她从未放弃。至于她的大儿子，聪明、机灵、迷人、自信，对即将到来的新世界充满期待。

"斯拉布敦"（Slabtown），这个地名说明了一切。1848年夏末，卡耐基一家人终于结束长途跋涉，顺利抵达斯拉布敦。他们并不孤单，玛格丽特在宾夕法尼亚州（斯拉布敦的所在地）的阿勒格尼（Allegheny）有亲戚，一些从苏格兰移民到这里的朋友也向他们一家人伸出了援手。卡耐基家虽然很穷，但也并不是一无所有。他们的家很简陋，但并非像地狱一般。位于匹兹堡的阿勒格尼及周围环境都非常糟糕，但当时世界上还有很多地方比那儿更糟糕。

与这种惨淡的环境形成强烈对比的，是一家人积极向上的斗志。玛格丽特有着钢铁般坚强的意志，安德鲁也总是精力充沛、雄心勃勃。1848年的美国也为这样的年轻人提供了用武之地。

玛格丽特和安德鲁都知道怎样找到工作。玛格丽特找到了制鞋匠亨利·菲普斯（Henry Phipps），向他要活干，后者住在斯拉布敦，答应她可以把活儿拿回家去做。此后不久，安德鲁在一家苏格兰人开的棉纺厂当起了绕线童工，工资是每周1.20美元（要知道，1901年安德鲁的身价是3亿美元）。可怜的、落伍的威廉也进入了安德鲁打工的工厂。他其实无法忍受那个地方，但是他得照看他的儿子。不久，另一份工作机会来了。一个制造线轴的亲戚为安德鲁提供了一份为蒸汽机烧锅炉的工作。蒸汽机虽然看上去很可怕，但是安德鲁可以应付，只是委屈了他这个喜欢社交的年轻人，他每天得在工厂嘈杂的地下室里独自待好几个小时。不久之后，线轴厂的老板觉得办公室需要有个人帮忙，安德鲁于是成为一名办公室职员。为了确保他每周能挣到2美元，工厂老板给安德鲁分配了一些额外工作——给线轴涂上保护漆。他简直无法忍受那油漆的味道。在他临终前撰写自传时（该书在他去世后出版了），他仍然能清晰地回忆起那令人作呕的油漆味，"如果我不吃早餐或午餐，那么晚饭时我的胃口会好一点,分配的工作也就能完成了"。

和卡耐基一起上班的,有一位叫诺曼·文森特·皮尔(Norman Vincent Peale),他是个阴郁的悲观主义者。在工业时代早期,在宾夕法尼亚州匹兹堡的这家工厂的地下室工作,真不是什么好的体验。为了逃离苏格兰的工厂化生产,卡耐基一家漂洋过海5 600公里,结果只是进入另一家美国的工厂工作,这看起来并没有什么进步。在一个国家生活得足够久了,对那个国家有深沉的热爱,如今却猝不及防地流浪到另一块土地上变成了外国人,在这块全新的、原始的土地上,这里没有历史传统、没有社会规则、没有适宜生活的地方,卡耐基一家人生活的城市如此无趣——住所附近甚至一个公园都找不到,并且卡耐基一家人在这里没有正规的教育背景。上述所有这些都令他们的心灵感到无法满足。

在威廉看来如城墙般令人绝望的地方,对他的大儿子来说却是一扇充满希望的凯旋门。安德鲁是一个自由国度里的自由人,没有什么可以阻挡他。对于年轻的安德鲁来说,这儿有一个接一个的新领域,这才是美国。

每天在工厂干完12小时的活儿以后,安德鲁和几个朋友来到匹兹堡市区,他们说服了当地的一位会计教他们复式记账法。安德鲁对数学有一种与生俱来的亲切感和热情。一个偶然的机会,通过他的叔叔,安德鲁得到了奥莱利电报公司的青睐。当时,电报公司刚好需要一位邮差,安德鲁展现出了他的才能,当场就得到了这份工作。在到达斯拉布敦几个月后,安德鲁找到了他的第三份工作,这份工作是非常有潜力的。不久,安德鲁的月薪达到了11.25美元;很快,又提高到了13.50美元。当其他男孩还在为一份工作埋头苦干的时候,安德鲁却青云直上。结果如何呢?卡耐基传记的作者哈罗德·C.利弗赛(Harold C. Livesay)说:"卡耐基一家在到达美国两年后，重新积累起了他们的财富。他们的收入比在苏格兰的时候要多得多，他们偿还了借来的路费……"他们有了自己的房子。"对于安德鲁来说，"约瑟夫·弗雷泽·沃尔写道，"美国意味着承诺，发展机会的承诺……""我们周围的一切都在变化……"卡耐基曾写信告诉一位苏格兰的亲戚这些，但没有人比他发展得更快了。

在1849年的美国，大街小巷里都能见到年轻的电报邮差，他们中大多数人的工作态度没什么特别的。这项工作枯燥乏味：每天早上来到办公室，扫地擦桌子，然后不管是刮风还是下雨，都要跑遍全城，把信息送到那些比你更重要的人手上。什么样的工作会比这个更没有前途呢？

这又是一个绝望的城墙与希望的凯旋门的例子。旁人看起来平淡乏味，卡耐基却从邮差的工作中看到了诸多机会。他无时无刻不在学习，留心观察匹兹堡的每个角落：谁在发财，他在干什么。很快，他就对这个城市的商业有了十足的了解。

他连一节课都没上过，全靠自学学习了电报技术，并且迅速精通，发报的速度比任何人都快。他的月薪涨到了每月25美元。不久，匹兹堡报社聘用了他。安德鲁·卡耐基在十几岁的时候，就已经成为一个蓬勃发展的大都市的信息中心，在这里，信息意味着金钱。报社付钱给他，让他提供最新的信息。

1852年春天的一个晚上，安德鲁带着一些信件匆匆赶到码头（这些信件将通过船只，从俄亥俄州发送到惠灵和辛辛那提）。在这条船上，历史与未来不期而遇。安德鲁看见他父亲准备前往辛辛那提，去售卖几块他手织的桌布，毫无疑问那些根本卖不出去。威廉快48岁了，他住不起客舱，打算在甲板上过夜。安德鲁为父亲买了张客舱票，两人亲热地彻夜交谈。

再没有什么能比此情此景更能说明工业化和移民给人们带来的成功与失败了。威廉是个温和的绅士,他的经历正是许多无法在新世界找到立足之地的人的缩影,他们被时代抛弃,状况每况愈下。当新世界来临时,他固步自封,仍坚守着自己的手工编织技术。然而,他的儿子安德鲁是个勇敢的实验者,一个真正的"实干家"。新时代是属于这些人的,同时他们也塑造着这个全新的时代。

威廉·卡耐基——他的名字听起来很像狄更斯的名字,因为缺乏改变的勇气而不得不面对失败。在与儿子码头邂逅后的三年里,他仍然坚持手工织布,到最后不得不放弃。1855年10月2日,在威廉正式成为一名美国公民的一年后,他离开了人世。

卡耐基的自传中有一段文字,记述了码头上的这次会面。关于这段文字,有过很多种不同的解读。从表面来看,这段文字贴切、感人。这段文字太重要了,让我们来摘录其原文:

> 我至今仍记忆犹新。当我发现父亲没买客舱票,而是准备坐在甲板上时,我的内心很震惊。我十分气愤:一个如此温文尔雅的人,竟然被迫以这样的方式出行。不过,我心底还是自我安慰说:"要不了多久,母亲就会和您一起,乘坐上您自己的马车了。"

> 我的父亲通常很腼腆、矜持、敏感,不善赞美别人(典型的苏格兰人特点),以免他的儿子们太过骄傲。但他一激动,就有点失态。他就这样抓住我的手,用一种我常常看见、永远也忘不了的眼神看着我,慢慢地低声说:"安德鲁,我为你骄傲。"

> 他的声音颤抖着,似乎为自己所说的感到害羞……我的父亲是最可爱的人,深受朋友们的爱戴。他是虔诚的基督徒,向往着天堂——虽然他不是狂热的宗教主义者,也不是神学论

者。他有点保守,但心地善良。唉!他这次西部旅行回来后不久就去世了,而那个时候我们刚刚开始赚钱,刚刚有能力给他一种悠闲而舒适的生活。

哈罗德·利弗赛在他精简而引人入胜的卡耐基传记中断言,威廉·卡耐基的"妻子和大儿子显然认为威廉是个失败的男人,他们的爱和尊重慢慢变成了轻视和嘲讽",指的就是上面引用的那一段话。"这确实是明褒暗贬,"利弗赛写道,"安德鲁从小就放弃了宗教信仰,每个周日都在溜冰、阅读、骑马,还嘲笑那些相信有天堂并祈祷死后能去那儿的人。他接受了赫伯特·斯宾塞(Herbert Spencer)的进化论,并且吹嘘自己是个'通晓世故'的成功人士。"

玛格丽特·卡耐基出身于一个骄傲、反叛的家庭,她很难把比她大六岁的丈夫视为成功人士。他们的处境要求他们做出改变,而威廉却未能适应。她拼命地工作,为家人撑起头上的一片天,而他却在一条不切实际的道路上不肯回头。

安德鲁是个精力充沛的人,似乎根本不在意能否做一家之主。毕竟,是他在照顾父亲,而不是反过来。父亲去世半个多世纪后,卡耐基还记得父亲曾以他为荣,却羞于表达。我们可以再读一遍安德鲁自传中的那段文字,不难看出安德鲁对自己感到骄傲,对他的父亲有点瞧不起。

威廉·卡耐基并不傻,尽管没有证据表明他的家人因此而轻视他,但他在新世界的落魄几乎人尽皆知。威廉是一个失败的人,他自己也知道。安德鲁的一生却一次又一次获得成功(除了少数几次例外),像他这样自信的人是无法理解失败的。当然,安德鲁可以理性地理解失败,也可以同情失败的人,但他始终没有真正理解失败是什么滋味。要求他理解失败,就像要求色盲的人看见他们无法看见的颜色一样。

  一位研究商业权贵的专家，同时也是一位精神分析学家，将卡耐基描述为"恋母情结的胜利者"。也就是说，他看到了他的父亲被所处的环境推到一边，看到了父亲的失败，看到了母亲在各个方面代替了父亲——除了她是个女的。安德鲁·卡耐基在1897年说，他"童年的愿望是长大成人，杀掉一个国王"。在一本长达372页、于1914年完成的自传的第10页，卡耐基写道："当我还是个孩子的时候，我就想象自己杀死国王、公爵或勋爵，并且把杀死他们看作为国家服务，看作是一种英雄行为。"

  这样的童年幻想并不少见。但是，从某种意义上来说，如果一个父亲在孩子12岁时就落魄、在孩子19岁时就去世了，那么就值得注意了。儿子与母亲的关系如此亲密，母亲会在生意上给儿子出谋划策，并且把所有时间都花在他身上，这就更值得注意了。此外，我们还看到，这位母亲只要还在世，她的儿子就没有机会结婚，这就更值得注意了。

  1880年，安德鲁遇到了后来成为他妻子的露易丝·惠特菲尔德（Louise Whitfield），两人产生了真挚的感情。但这段恋情却被安德鲁的母亲成功地阻止了（她跟她的儿子一样，为了实现自己的目的可以不择手段）。露易丝非常冷静、有耐心，她清楚只要卡耐基的母亲还活着，婚礼就不可能举行。

  这段故事表明，卡耐基不太可能为这件事冲动。直到1887年4月22日，卡耐基和露易丝才结婚，这时卡耐基已51岁，他的新娘30岁。卡耐基的母亲、不屈不挠的玛格丽特·莫里森·卡耐基，于1886年11月10日去世。1897年3月30日，露易丝·惠特菲尔德·卡耐基生下了他们夫妇唯一的孩子——一个女儿。孩子的名字叫什么？这还用问吗，当然是玛格丽特。即使是个男孩，他们可能也会给他起名叫玛格丽特。

露易丝和安德鲁是真心相爱的,两人都很爱自己的女儿。这桩婚姻是成功的,因为露易丝懂得作为一个伟大男人的妻子,应该扮演什么角色。她的丈夫也知道,自己的做事方式与众不同,在她偶尔提出特别要求时,他也会同意的。

露易丝是个聪明的女人,而且记忆力很好。她告诉卡耐基最早的传记作者,安德鲁的母亲是她所认识的最令人讨厌的女人。

卡耐基是一个有很多面的人。他也很有天赋。但是,有一种性格特点在他身上几乎不存在,这在19世纪,也许在今天,对事业的成功都是很有帮助的。当俄狄浦斯发现自己杀害了父亲并娶了母亲时,他做了什么?他把自己的眼睛挖了出来。为什么要这样做?因为负疚感。和失败一样,负疚感在卡耐基的一生中也是缺失的。

关键时刻

让我们回想一下,卡耐基自传中关于他父亲命运的那段话。卡耐基送他的父亲上了一艘轮船,并为他买了一张客舱票。那条河暗喻着冥河①——作为儿子生命中力量源泉的父亲再也不会回来了。

一位新的父亲般的人物出场了。在码头邂逅父亲之后,卡耐基自传的下一段话描述了这个新人物:"我回到匹兹堡后不久,就结识了一位超凡卓绝的人——托马斯·A.斯科特(Thomas A. Scott),'天才'这个词可以完美地用在他身上。"在卡耐基的一生中,他一直都是一个崇拜英雄的人,而没有那些"强盗资本家"②的老套特质。1904年,他设立了一个英雄基金来纪念那些"文明

---

① 古希腊神话中的地名,冥界的河流。——译者注
② 指用非法或不道德手段攫取大量钱财的权贵。——译者注

的、真正的英雄"，他把英雄描述为"为拯救他人或为他人做出重大贡献的人"。

托马斯·亚历山大·斯科特，这位在卡耐基的自传中被称为"天才"的人，是卡耐基商业生涯中最重要的人物。卡耐基一直求知若渴，他只受过四五年的正规教育。汤姆·斯科特（汤姆是托马斯的昵称）喜欢上了17岁的卡耐基，亲切地称他为"苏格兰白发魔鬼"。正是斯科特，在19世纪50年代初期，把卡耐基介绍给了当时全美领先的公司；斯科特把卡耐基带到在宾夕法尼亚州工作的、担任公司高管的朋友们面前；斯科特教导这个贫穷的移民，有许多种赚钱的方法；斯科特英俊潇洒、穿着得体，成为卡耐基模仿的对象；卡耐基从他身上学到了在各种场合下该如何穿着和表现自己。

我相信，即使卡耐基从未碰到斯科特，他也会取得成功。当然，我们永远都没有机会知道是否会这样。卡耐基在很小的时候就失去了父亲，因此没有人能减小他那位专横跋扈的、自私的母亲的影响。正如沃尔所说，关于性的教育在卡耐基身上是缺失的，没有人告诉他"这是青春期男孩应该受到的教育的一部分"。如果他的生父是汤姆·斯科特，而不是威廉·卡耐基，那么他对性就不会那么局促不安。卡耐基生活在美国西部一个边远的城市，他"是一个小矮个（他身高只有1.6米，而当时美国男性的平均身高是1.75米）"。如果他的那些奇思妙想在他年幼时就一发不可收拾，而不是在他成年致富的时候，那会怎么样呢？根据沃尔敏锐的观察，"卡耐基首先是一个浪漫的人，就像19世纪所有的浪漫主义者一样，他赞美那些'不太可能'的事情，讨厌可预测的模式……"卡耐基身上所体现出的这种官僚主义向浪漫个性的屈服未必是他取得商业成功的秘密。

我们只要看看卡耐基的弟弟汤姆就知道，在这个新大陆上，成功并不是唾手可得的。汤姆,这个"银发黑眼、走到哪里都引人注目的漂亮男孩",比哥哥小八岁,是家里唯一一个没有因为1848年背井离乡成为难民而遭受巨大打击的人。人们本来以为,他会比他的哥哥更适应美国。

然而,汤姆的性格像父亲比像母亲更多一些,他担任卡耐基公司的总裁,但毫无疑问,真正的权力掌握在他的哥哥手中。安德鲁在他的公司里没有正式的头衔,却拥有大部分股权。汤姆·卡耐基没能遇到一位像汤姆·斯科特那样的导师,他的导师是他的哥哥。汤姆是个既能干又讨人喜欢的人,安德鲁信任汤姆。安德鲁在离开公司去欧洲长途旅行期间,一直靠汤姆打理公司业务。

约瑟夫·弗雷泽·沃尔撰写的《安德鲁·卡耐基》(Andrew Carnegie)不管是现在还是未来若干年,都将是一本关于卡耐基的经典著作。他的书中记载了卡耐基家族中涉及的一些相关人之间复杂的关系,非常难以理解。在记录19世纪60年代末和70年代这个时期卡耐基家族的故事时,沃尔写道:"年复一年,玛格丽特(玛格丽特·卡耐基,孩子们的母亲)对她大儿子的控制欲越来越强,而且总是想要得到大儿子更多的关注。**安德鲁总觉得母亲更偏爱汤姆,而汤姆却成功地摆脱了玛格丽特的控制。**"

我们该如何理解沃尔的这句话呢?沃尔没有提供更多的信息。没有具体的参考资料,就很难评价,这进一步导致我们很难接受。这句话提出了两个问题:第一,安德鲁真的觉得母亲偏爱自己的弟弟吗?第二,他对母亲偏爱弟弟的看法是否有依据?

这两个问题的答案都是否定的。安德鲁自己也很爱汤姆,他爱弟弟,正如一个自恋、自私、贪婪的人爱上一个人那样。也就是说,他依赖汤姆,委以重任,但他不知道如何成为汤姆内心真正的朋友。汤姆·卡耐基被一个大家庭和许多朋友包围着,但他内心是孤独的。他借酒浇愁,酒瓶之于汤姆,就像织布机之于他父亲,是对残酷现实的一种逃避。

沃尔是这样描述玛格丽特·卡耐基年轻时候的样子的:

> 尽管她总是默默地服从她的父亲,但她的父亲(一个比威廉思维更敏捷、观察力更强的人)或许早就发现玛格丽特具有坚强的意志和决心。玛格丽特对她所爱的人极其忠诚,对她所拥有的一切有着强烈的占有欲。偶尔,她会表现出一种冷酷的决绝,这是威廉永远也无法理解的。

玛格丽特·莫里森·卡耐基既不是恶毒的麦克白夫人①,也不是魔法保姆玛丽·波平斯②。没有确切的证据表明,玛格丽特曾经对弱者残酷,不过她却被强者吸引。因此,她的注意力才会集中在安德鲁身上。没有任何迹象表明,玛格丽特会反对汤姆结婚。事实上,沃尔和其他传记作者都没有记录汤姆婚礼的准确日期。沃尔甚至没有记录汤姆确切的出生或死亡日期。

只有安德鲁知道如何应对玛格丽特强烈的情感,尽管有时玛格丽特会把她的这种情感伪装起来。是他,也许只有他知道如何取悦母亲。卡耐基家族不仅要努力为财富打拼,还要让邓弗姆林③的每个人都知道。

在1867年到1886年期间,汤姆结婚以后,玛格丽特与安德鲁一起生活了将近20年。直到1886年,汤姆和玛格丽特在一个月内

---

① 麦克白夫人是莎士比亚四大悲剧之一《麦克白》中的人物,是一个残忍、恶毒的女人。——译者注
② 玛丽·波平斯(Mary Poppins)是英国1964年的电影《欢乐满人间》中的人物,是一位时尚、年轻、爱怼小孩又充满神秘性的保姆,与传统印象中慈眉善目、稳重老成的保姆形象形成鲜明对比。——译者注
③ 如今属于苏格兰的法夫区。——译者注

相继去世。在大量的记录中,没有任何迹象表明安德鲁想要跟汤姆争什么。我们已经提到过,他爱汤姆,为了母亲的感情,他迁就顺从汤姆。我们不得不推断:沃尔在很多事情上都是对的,但在这件事上他完全错了。

我花了一些时间来探讨这个问题,是因为这对理解卡耐基对他自己以及对他母亲的看法极其重要,也有助于理解他对导师汤姆·斯科特及后来的合作伙伴和员工的态度。崇拜英雄的卡耐基通常称他的母亲为"女英雄"。不过,即使以19世纪的标准来衡量,他对母亲的描述也不免有点夸大其词。

事实上,安德鲁·卡耐基心里只有一个英雄,他只认一个人是天才。每次照镜子时,他都会看见这个人。他在"女英雄"心中所占有的地位,无疑有助于他的自尊心。用西格蒙德·弗洛伊德(Sigmund Freud)的话来说,"一个受到母亲毋庸置疑的宠爱的男人,一生都会保持着一种征服者的感觉。那种对成功的自信心往往真的会催生成功"。

现在让我们回到汤姆·斯科特和安德鲁·卡耐基的故事。

和卡耐基一样,斯科特也是一个白手起家的人。1823年12月23日,他出生在宾夕法尼亚州东部富兰克林郡的劳登村(Loudon)。他10岁时,父亲去世了,留下一个寡妇和11个孩子,斯科特就是其中的一个。

宾夕法尼亚铁路公司成立于1846年4月13日。1850年,斯科特成为邓坎斯维尔(Duncansville)车站的一名工作人员。1852年12月10日,宾夕法尼亚铁路连通到了匹兹堡,这是美国商业史上一个重要的日子。托马斯·亚历山大·斯科特成为宾夕法尼亚铁路公司西部分公司的第三位助理主管,办公地点就在匹兹堡。汤姆·斯科特发现自己正在参与经营一个大生意,这个生意将是19世纪美国最赚钱的门路之一。尽管斯科特是个英俊潇洒、聪明能干的人，但这么大一摊生意，他需要左膀右臂。他会在哪里找到得力帮手呢？

只要看一眼地图就会发现，按照美国的标准，宾夕法尼亚州算不上一个很大的州。如今，按面积算的话，它在 50 个州中排名第 33 位。在 1852 年，管理者们想在宾夕法尼亚州建一条横穿该州的铁路（那时候还没有钢材），它需要跨越高山、穿过峡谷，有时候还要在河流和小溪上铺轨搭桥，而这些桥梁通常都是由木头搭建的。火车从桥上呼啸而过，火车头和车厢在后代人看来实在是原始笨重。当时修建这样一条铁路真的是一项艰巨的工程。经营这样一条铁路更需要最新的信息，那就离不开电报了。温文尔雅的斯科特经常急匆匆地赶到奥莱利电报公司的电报所，看看公司的火车到了哪里，听一听在匹兹堡和阿尔图纳（Altoona）之间奔跑的火车在铁轨上碰撞发出的有节奏的声音。阿尔图纳在匹兹堡以东 130 多千米的地方，斯科特的老板赫尔曼·伦巴厄特（Herman Lombaert）办公的总部在那里。宾夕法尼亚只有一条铁轨铺设其间，因此，火车的运行安排至关重要。

斯科特很快就发现，他需要有一个自己的电报所，很快他得到了宾夕法尼亚铁路公司总裁 J. 埃德加·汤姆森（J. Edgar Thomson）的许可。选择电报所的经理很容易，斯科特曾在奥莱利电报公司见到过卡耐基，两人一拍即合。据说，卡耐基是美国第三个学会用声音来记录信息的人，而不是像塞缪尔·F. B. 莫尔斯（Samuel. F. B. Morse）要求的那样，必须用圆点和横线来记录。卡耐基是一位快速学习者，也是一个天生的问题解决者，擅长解决各种问题。而斯科特是个有很多问题的人。

斯科特向他的助手打听卡耐基是否愿意来铁路公司上班，但被告知卡耐基在奥莱利电报公司有一份全职工作。当涉及自己的利益时，卡耐基从不需要别人来替他说话；当机会来敲门时，他也绝不会让机会溜走。当他听说斯科特在打听自己的情况后马上给了反馈："我愿意去……请去告诉他（斯科特）吧。"

1853年2月1日，安德鲁·卡耐基成为宾夕法尼亚铁路公司的雇员，成为托马斯·A.斯科特先生的办事员和电报业务经理。如今他的薪水是每月35美元，比他在奥莱利电报公司时25美元的月薪增加了40%，那时他17岁。要知道，他13岁时，每周才只能挣到1.20美元。

比钱更重要的是卡耐基所处的位置：这里是当时美国制造业发展最快的地区之一的交通枢纽和通信中枢，每列火车都要从这里呼啸而过，每封电报都要从他手中经过。就像命中注定一般，他成为一个人的门徒，这个人的出身几乎和他一样卑微，这个人的崛起也几乎和他一样迅速。除此之外，他还有他自己，他是个才华横溢的青年。他有雄心壮志，他敢作敢为。他既令人着迷，又会讨好他人。总之，他已经走上了通往成功的康庄大道。

没过多久，卡耐基就在宾夕法尼亚的上流社会中声名鹊起，他开始和那些有影响力的人见面。他去阿尔图纳领取月薪，这是他从苏格兰"搬迁"至美国后的第一次长途旅行。在阿尔图纳，卡耐基有机会见到了汤姆·斯科特的老板，也就是前面提到的赫尔曼·伦巴厄特。

伦巴厄特的名声与斯科特截然相反。用今天的话来说，伦巴厄特缺乏"社交技巧"，"相当严厉，从不妥协"是卡耐基对伦巴厄特的评价。难怪那天晚上，当伦巴厄特邀请卡耐基和他们夫妇一起喝茶时，卡耐基感到十分震惊："我结结巴巴地说了几句表示感激的话，战战兢兢地等待着约定的时刻。"伦巴厄特把安德鲁介绍给他的妻子，称他为"斯科特先生的安迪"。"被认为是斯科特先生的人，我的确感到非常荣幸。我非常感谢斯科特先生。""斯科特先生是一位任何人都想拥有的上司，我很快就喜欢上了他。他是我心目中的伟人和英雄，我对他充满了无限的崇拜之情。"

斯科特对小安迪（安德鲁）的信任，很快就以一种不同寻常的方式得到了回报。卡耐基就职后不久，宾夕法尼亚铁路公司东部分公司发生了一起事故，导致全线列车停运。卡耐基一上班，就得知了这件事。但是，十万火急的时候却找不到斯科特先生。最后，卡耐基在他的自传中回忆道："我不顾一切投身其中，承担起责任，下达'指令'，安排一切事宜……"他做到了，敲出一份又一份命令，署上托马斯·A. 斯科特的名字，而不是安德鲁·卡耐基的名字。要知道，这是电报，不是电话。没有人会知道，命令到底是谁签发的。

这件事非同小可。"我知道，如果我犯了错，就会遭到解雇、羞辱，甚至会被追究刑事责任。"斯科特听说了事故后，急忙跑进办公室，卡耐基对他详细说明了当时的情况——"火车停运，货物发不出去，一切都被迫停止。"斯科特"盯着我的脸看了好半天，我几乎不敢看他的脸"。但很快，卡耐基从其他人那里得知，斯科特在吹嘘"我的那个小苏格兰白发魔鬼做了什么"。自此之后，"斯科特先生很少亲自下火车货运单了"。

此后不久，卡耐基被介绍给宾夕法尼亚铁路公司总裁 J. 埃德加·汤姆森。显然，安德鲁·卡耐基从此将会青云直上，站到贫富鸿沟的另一端。在卡耐基的父亲去世后，汤姆·斯科特找到卡耐基，邀请他一起投资。斯科特要卡耐基出资 500 美元，这对卡耐基来说有点难。卡耐基在他的自传中回忆说："我只能出得起 500 美分。我那时候连 50 美元的存款都没有，哪有钱去做这笔投资呢？

但我不愿意错过与我的头儿和我的英雄建立经济联系的机会。所以我大胆地说,我想我能凑够这笔钱。"在美国,勇敢无畏的人能获得丰厚的回报。

在他的自传中,卡耐基写道,他的求助对象是他的"女英雄"母亲。出乎意料,她毫不犹豫地拿出了500美元。但是在最后一刻他又被告知还要付100美元的附加费。卡耐基写道,"斯科特善意地对我说,这100美元的附加费我可以在方便的时候再支付"。

这个故事有一点值得注意,可能不太准确。要知道,在1856年,500美元可是一笔不小的财富,没有人能随随便便在城里跑一圈,就凑够这笔巨款。汤姆·斯科特当时邀请卡耐基购买亚当斯快运公司的10股股票。卡耐基的母亲与此事毫无关系。购买股票的投入总计是610美元。

投资有了回报,但这并不是重点。重点是通过投资,卡耐基意识到钱可以生钱。"我发现了,"当他收到第一张股息支票时,他哭了,"这是一只会下金蛋的鹅。"他的朋友们都没想到会有这样的投资。转瞬之间,卡耐基从一个雇员变成了一个资本家,这要归功于汤姆·斯科特。

卡耐基感受到了美国经济的脉动,正如他一再惊叹的那样,一切都在快速地朝前推进。汤姆·斯科特是一位重要的推动者。1856年秋末,斯科特被提升到赫尔曼·伦巴厄特的职位,成了宾夕法尼亚铁路西部分公司的总经理,这意味着他得搬到阿尔图纳。当然,"斯科特先生的安迪"也来了,而这一次他的工资提高到了每月50美元。

1859年,斯科特再次得到晋升的机会,这一次他被提名为宾夕法尼亚铁路公司副总裁。当斯科特青云直上的时候,"他的安迪"将何去何从?安德鲁表明了自己的立场:"我接下来如何安排,这是一个严肃的问题。斯科特会带我一起走，还是让我留在阿尔图纳与新人（接替斯科特的人）共事？我跟斯科特先生分开已经够难的了，我想，与接替他的新人共事是不可能的。"

斯科特前往费城，与宾夕法尼亚铁路公司总裁汤姆森谈了谈。汤姆森是个年富力强、沉着冷静的人。他曾经在匹兹堡的电报所见过"斯科特先生的安迪"，但是把这个 24 岁的年轻人提升为宾夕法尼亚铁路西部分公司的总经理……是不是太快了？

斯科特极力说服了汤姆森，同意提拔卡耐基为西部分公司的总经理，他也毫不迟疑地把这个决定告诉了卡耐基。1859 年 12 月 1 日，他们完成了这个变动。

现在，卡耐基成了美国交通基础设施的一个关键组成部分的直线经理，年薪高达 1 500 美元。如此高的年薪已不再那么重要了。多亏在亚当斯快运公司的投资，卡耐基如今知道了，赚钱是多么容易的一件事。的确，一个人的钱可以通过投资再生钱，而一个人的工作岗位可以带来"荣耀"的身份。

1858 年或 1859 年，在局势不太明朗的情况下，卡耐基设法投资了伍德拉夫卧车公司。他拥有这家公司 1/8 的股份，这是"卡耐基财富积累真正的开端"。在这一点上，沃尔和另一位卡耐基传记的作者伯顿·J. 亨德里克（Burton J. Hendrick）观点一致。

1861 年 4 月，萨姆特堡沦陷后不久[①]，美国战争部长要求汤姆·斯科特离开宾夕法尼亚州，到华盛顿赴任，确保首都与联邦各州的铁路连接不被马里兰州的分裂分子切断。斯科特需要铁杆部下的支持，于是，"斯科特先生的安迪"跟随斯科特前往华盛顿，日

[①] 萨姆特堡是位于美国南卡罗来纳州查尔斯顿港的一处石制防御工事。1861 年 4 月 12 日，萨姆特堡遭到北军炮轰，称为萨姆特堡战役，南北战争第一枪打响了，美国南北战事拉开了序幕。——译者注

夜寸步不离。在经历了一系列艰难的冒险之后，斯科特和卡耐基成功地保障了通往首都的铁路安全。卡耐基参与了布尔朗战役中第一次战斗的物资运输和通信保障工作。1861 年 7 月，卡耐基在修理电线时脸上被划了一道口子。1861 年 5 月至 9 月，他辗转于马里兰州、华盛顿特区和弗吉尼亚州。经过军事改组后，他得以返回匹兹堡，担任宾夕法尼亚铁路公司西部分公司总经理一职。

美国南北战争对卡耐基来说是件好事。也许用"好"这个词来形容已经不够了。到 1863 年年底，他已经是一个非常富有的人了。他继续投资，他的钱不断为他赚回更多的钱。1863 年，他的总收入达 42 260.67 美元。那一年，他在宾夕法尼亚州的年薪是 2 400 美元。他不再需要这个薪水了，不再需要宾夕法尼亚铁路公司了，甚至不再需要汤姆·斯科特了。还不到 30 岁，他就已经凭一己之力，在商界干得风生水起。

尽管他不再需要仰仗斯科特或汤姆森了，但他还是与他们保持着密切的关系（作为投资者，他当然喜欢跟他们在一起）。1865 年 3 月 28 日，卡耐基离开了宾夕法尼亚铁路公司，这期间卡耐基大量投资铁路运输、桥梁建设，大量购买公司股票和有价证券。直到 1872 年和 1873 年，他最终确定他的商业未来在钢铁行业。

并非所有的投资都会带来丰厚的回报。卡耐基和朋友们之间的关系有时也会变得紧张。然而，如果说之前尚存疑问的话，这些年来的经历确定证明，卡耐基不愧为一位杰出的商人。他总是能够抓住机会，为自己和他在各行各业的朋友们赚钱。

卡耐基本来有机会成为一个成功的资本玩家。但在内心深处，他更愿意成为一名实业家，而不是金融家。1872 年，他坚信钢铁行业将成为世界经济的中心。"**我更喜欢制造业，我希望能做些实际的事情。**"

1868年12月，卡耐基创建了一份个人资产负债表。当时，他虽然年仅33岁，但似乎已经活过了别人的十几辈。他列出了他全部的投资，共40万美元。十年前，用汤姆·斯科特的钱和他的10股亚当斯快运公司的股份播下的种子，如今已长出了一棵参天大树，这些投资的回报达到了惊人的56 110美元。卡耐基变成了美国最富有的人之一。沃尔评论道："卡耐基热切地接受了斯科特和汤姆森作为他的导师，他们的价值观已经成为卡耐基的价值观，他们的目标也成为卡耐基的愿景。"

在实现了发财致富的美国梦之后，卡耐基还是不满足。"他遇到的大多数成功人士都只有一个追求——金钱……"但卡耐基对自己写下了这些话："人必须有一个偶像——只知道聚敛财富的人是最糟糕的偶像之一。没有比拜金者更堕落的偶像了。无论我从事什么工作，我都必须全力以赴，所以我应该认真选择一种能鼓舞人心的生活。"

沃尔发现，这种"自我分析"是一种具有启发性的自我觉醒，"在美国创业史上无疑是十分独特的。"沃尔认为，卡耐基一生所面临的主要挑战，并不是如何积累财富，而是如何协调他那激进的苏格兰传统与现实之间的矛盾：所有在旧世界中无法得到的东西，在新世界中似乎太容易得到了。激励着许多企业家的对金钱和权力的追逐，令卡耐基感到"无聊和烦躁，这种感觉也许没人能理解"。

我认为沃尔并没有完全理解卡耐基的话以及他那"无聊和烦躁"的感觉。首先，这种感觉并不是卡耐基独有的，J.P.摩根也曾用类似的语言描述过自己。其次，卡耐基所渴望的，与其说是摆脱对金钱的盲目崇拜（他更多的是对金钱所带来的力量的迷恋，这种迷恋伴随着他直到生命的最后一刻），倒不如说是对孤独的逃避。他有很多商业伙伴，当然还有他的母亲。但是，他没有妻子，没有孩子，甚至连家都没有。他在进行自我分析的时候，那时是住在纽约市的一家酒店里。

不管出于什么原因，卡耐基内心正在经历着某种波动。和许多成功的商人一样，他既富有深刻的洞察力，又总是自欺欺人。他相信自己无论做什么都会"极大地推动"一些改变发生。为了满足这种心理需求，他要求自己不要同时追求六种以上不同的商业利益，不论它们会多么成功。

从来没有人告诉安德鲁·卡耐基要胸怀大志，但那已深入他的骨髓。卡耐基明白，要想成为即将到来的时代——钢铁时代的王者，就要调动他所有的资源，他所有的智慧、所有的财力、所有的商业关系必须集中在一个目标上。不管钢铁行业有多么庞大，他都要更强大，这是他完成自己使命的途径，是他平息内心不安的方式。

正当卡耐基摩拳擦掌准备大干一场的时候，杰伊·库克银行（Jay Cooke and Company）在1873年9月18日倒闭了，这引发了一场规模不小的金融危机。这场金融危机很快就被转嫁给了实体经济，造成了无数企业倒闭，并导致了可能是当时美国最严重的经济萧条。这个时候，卡耐基已解除了他的中年危机，正信心满满地准备开启他的钢铁事业。卡耐基的关键时刻来临了。

这时，汤姆·斯科特陷入了一场财务困境。长话短说，斯科特决定修建一条名为"得克萨斯和太平洋铁路"的铁路——从路易斯安那州和得克萨斯州的交界处一直延伸到太平洋岸边。他不顾卡耐基的建议，在资金尚未到位的情况下就启动了这个项目。全部依靠短期贷款来启动规模如此庞大的项目，这在卡耐基看来是极其草率的。斯科特原以为他可以搞定这个宏伟的投资计划。然而，和19世纪许多其他的企业家一样，斯科特没有在运气和商业成功的铁律之间找到那个点。在他和其他许多企业家看来，卡耐基是个幸运儿。

卡耐基的确很幸运，他自己也知道。然而，他从不指望运气，他只依靠自己作为商业机会分析家的绝顶精明，依靠自己的推销术，依靠自己领导他人的能力。

"得克萨斯和太平洋铁路"投资计划要想获得成功，运气是必不可少的先决条件。但是，当1873年的危机来袭时，汤姆·斯科特的好运没有了。他发现自己深陷债务之中，需要朋友为他的贷款背书。卡耐基也已经在这个项目上投入了25万美元，他从一开始就对这个项目持怀疑态度。有人可能会说，卡耐基这样做是"为了友谊"。但是，他还能走多远？难道要他牺牲自己在钢铁行业的野心吗？他到底欠这个把他从默默无闻中拉出来的人什么呢？

这是一个极其艰难的时刻，或者说这本来应该是一个极其艰难的时刻。对大多数人来说肯定会是这样的。卡耐基是这样描述他所面临的情况的（我们总是能从他的描述中了解到事情的真相）："汤姆·斯科特有一天在纽约给我发了电报，叫我到费城去见他，一刻也不要耽搁。我和其他几个朋友在那里跟他见了面……斯科特在伦敦的一笔大额贷款（因得克萨斯和太平洋铁路项目）到期了，摩根银行同意将这笔贷款延期，条件是我必须加入借贷方的行列。"

这里的"摩根"指的是 J. P. 摩根的父亲朱尼厄斯·S. 摩根（Junius S. Morgan）。1873年，摩根成立了一家以他的名字命名的银行。卡耐基与摩根的商业关系始于1868年夏天，当时他是一名跨大西洋的债券推销员。卡耐基发现卖债券是一种轻松愉快地打发时间的方式。这是他擅长的众多活动之一，他和摩根一起赚了很多钱。这个上流社会家族已经开始信任年轻的卡耐基了。

可惜的是，这次会面没有人留下详细记录，我们只能借助想象力。我们甚至无法确定谁参加了会面。"其他几个朋友"是谁？谁是"借贷方"？

从可以收集到的信息来看，参加会面的，除了斯科特和卡耐基，还有得克萨斯和太平洋铁路公司的首席工程师、经验丰富的内战（南北战争）老兵格伦维尔·M. 道奇（Grenville M. Doolge）。道奇曾在南北战争后建立美国联合太平洋铁路公司的过程中发挥了至关重要的作用（也许是最关键的作用），受到了从谢尔曼到格兰特再到林肯等所有人的尊敬。一位历史学家将这次"仓促召集的会面"描述为"充满感情的秘密会面"，汤姆森、斯科特、肖、麦克马纳斯、贝尔德、休斯顿和卡耐基激烈地争论着，持续了一整天，直到后半夜。上面提到的几个人可能都在，汤姆森有可能不在。可以想象，如果他在的话，卡耐基一定会特别注意到他。

我们现在知道的是，斯科特，这位"太阳一升起就会照耀着他"的"天才"，和过去曾与卡耐基一起赚钱的其他投资者，正在向卡耐基寻求帮助。对于"他的安迪"而言，斯科特就像父亲一样。的确，根据沃尔的说法，在商界，卡耐基和斯科特的联盟"早就被视为……就像罗斯柴尔德家族一样，坚不可摧……"

斯科特不仅是卡耐基一生的朋友和生意上的盟友，还是宾夕法尼亚铁路公司总裁 J. 埃德加·汤姆森的亲密朋友（和卡耐基一样）。汤姆森于 1852 年 2 月 3 日就职，担任这一职务已有 20 年了。汤姆森和宾夕法尼亚州的其他官员，都是斯科特的"得克萨斯和太平洋铁路"项目的投资者，"出于友谊"，为斯科特提供了银行背书。斯科特本人在 1873 年 9 月担任宾夕法尼亚铁路公司高级副总裁，作为二把手，他被认为是汤姆森的接班人。那时，汤姆森已经 65 岁，因劳累而久病缠身。

这些事实都值得注意，因为对于一个 1872－1873 年间在匹兹堡做钢铁生意的人来说，宾夕法尼亚铁路公司可能是当时美国最重要的商业组织。首先，它是钢铁的消费者。在19世纪余下的大部分时间里，铁路公司是钢铁行业的核心客户。其次，宾夕法尼亚铁路是到那时为止进出匹兹堡最有效的货运方式。这个城市和所有在其周围生产商品的人都依赖这条铁路。其运费率可以决定一家公司的成败。换句话说，即使斯科特和卡耐基之前从未谋面，仅仅因为斯科特在宾夕法尼亚州是个大人物，这次会面也是至关重要的。

现在想象一下，在1873年9月下旬的这次会面中，安德鲁·卡耐基被对他至关重要的铁路决策者们包围着。他与这些人（比如斯科特）有着强烈的情感纽带。他可能是这次会面中最年轻的一个，他周围的人都比他年长。有人认为，根本不必绕圈子了，毫无疑问，他们之间的寒暄很简短，斯科特可能会开门见山地说："你愿意加入我的朋友们中间，推动这项伟大的事业向前发展吗？"这就是压力，来自各个方面的实实在在的压力。

在他的自传中，卡耐基记录了他的回答："我拒绝了。"他接着说："当时有人问我，我拒绝和朋友们站在一起，是要把他们推入深渊吗？"我们只能想象，被问到这样一个问题时该是多么尴尬。难怪卡耐基回忆说："这是我一生中最艰难的时刻之一。"

也许很难做出这样的决定，但卡耐基很确定。在这次会面之前、期间或之后，他对自己应当采取什么行动毫无动摇。他不是一个能被哄骗或威胁的人。他写道："然而，我一刻也没有想过要参与进去，把自己陷于其中。"

为什么要拒绝呢？让卡耐基自己说吧。"我首先想到的是，我的职责是什么？对这个问题的思考阻止了我去帮助斯科特。我所有的资本都要投入制造业，一美元都不能少。我是我们公司的资本家（这个表述在当时确实还算是谦虚的）。大家都指望着我呢，我弟弟和他的妻子及家人、菲普斯先生和他的家人、科罗马先生和他的家人,他们都浮现在我的眼前,要求我保障他们的利益。"

卡耐基声称的"我们公司"是指他那个羽翼未丰的钢铁公司。他与上述那些人建立了合作伙伴关系。这个公司是非法人合伙企业,他们需要承担无限连带责任。如果卡耐基在斯科特贷款的背书上签字,不仅他自己的事业会轰然坍塌,那些相信他的商业判断、跟他一起投资钢铁公司的亲戚和朋友也会被拖累。

因此,他的决定不仅会影响他自己,也会影响其他人。如果他破产了,他的亲戚和朋友们都会破产。如今的卡耐基要考虑的"首要责任",是对他的新合作伙伴们负责,而不再是对他以前的导师负责。

接下来,卡耐基对斯科特的计划表达了不满:

>从一开始,我就竭力阻止斯科特先生修建这条铁路。我告诉他,在他获得必要的资金之前,不能仓促启动一个如此大规模的铁路项目。我那时坚持强调:数千英里的铁路线的修建不能仅靠临时贷款来完成。此外,我已经为此项目投资了25万美元,我一从欧洲回来斯科特先生就告诉我他为我预留了这个份额——即便我从来不赞成这个投资项目。现在,如果我不顾自己的公司而去为其他公司背书,我会感到内疚的。

换句话说,斯科特的项目从一开始就是愚蠢的。有人警告过他这个项目是不切实际的。尽管卡耐基不认同这个项目,斯科特还是给卡耐基留了25万美元的投资额。"我一从欧洲回来斯科特先生就告诉我他为我预留了这个份额",这就是说,斯科特认为卡耐基出手帮他是理所当然的。当然,这么多年他已经习惯了卡耐基的顺从。当年他去阿尔图纳上任时,他带上了"他的安迪"。美国南北战争爆发后，斯科特走马上任华盛顿，也带上了"他的安迪"。但现在是1873年，"他的安迪"已经变成一个独立的资本家，在大西洋两岸享有盛誉。卡耐基利用这件事向世界宣布，他将有自己的追求，但已不需要其他人带着他了。值得注意的是，卡耐基使用了有关道德的语言。在前面的话中，他提到了他的"职责"。在上面这段文字中，他用到了"内疚"这个词，但是这种"内疚"不是因为他拒绝了斯科特的求助而产生的，而是恰恰相反，是如果他不顾一切给斯科特提供了帮助而会产生的。

卡耐基接着声称，即使他施以援手，实际上也于事无补。斯科特的"船"马上就要沉了，卡耐基的选择只有两个：要么上船，要么待在陆地上。卡耐基是这么说的："我知道，我不可能在60天内还清摩根银行的贷款，即使只偿还我自己投资的那部分也不可能。此外，我们必须考虑的是，并不只有那笔贷款，还有之后必须偿还的另外六笔贷款。"

斯科特在这次会面之前大概就猜到了卡耐基的反应。然而，当"他的安迪"当着他的面毫不犹豫地对他说出"不"时，斯科特还是感到很震惊。斯科特简直不能相信自己听到的话，他向他的导师、合作伙伴和老板J. 埃德加·汤姆森寻求帮助，想再试一下。10月3日，汤姆森写信给卡耐基，把话说得很重：

> 你如果没有那么多钱，可以向身边的朋友们征集资金，以满足得克萨斯项目的需要。这个项目本身很好，只是财务管理得非常糟糕。斯科特总是相信内心的信念，而不是靠理性的判断行事。我们应该帮他渡过这一关。你的风险并不大，你是所有人当中最应该拉他一把的人——如果你不能做更多的话。
>
> 附注：我将损失你三倍的钱，帮助得克萨斯项目走出困境。

我们从卡耐基的自传中得知，汤姆森当时应该知道，对卡耐基而言，如果为斯科特的贷款背书，其实是要冒相当大的风险的。尽管如此，那句"你是所有人当中最应该拉他一把的人"是很有分量的。但是，没有任何言辞可以动摇卡耐基坚定的立场。正如利弗赛所写的那样，卡耐基"不会再被所谓的'指路明星'引导了……"斯科特没能理解卡耐基一直深谙的道理：运气是生意的奢侈品，不是必需品。有它最好，没它也不是绝对不行。

让我们回到卡耐基对这次重要会面的回忆中，他拒绝支持斯科特：

> 这标志着我和斯科特先生在商业方面的分歧又加深了（我俩近期已经有过尖锐的矛盾）。它给我带来的痛苦，超过了我当时经受的所有资金方面的磨难。这次会面后不久，灾难来临了，一些曾经非常强大的人也失败了，给人们带来了巨大的震动。我担心斯科特先生的早逝，恐怕要归咎于他不得不承受的耻辱；他是一个敏感细腻的人，而不是一个骄傲的人，似乎即将来临的失败彻底击垮了他。

沃尔以他惯有的敏感详细叙述了这一幕。他总结说，卡耐基在这段文字中提到了"痛苦"：

> 如果不是因为内疚感以及在当时那么坚持，他就不会在晚年撰写自传时，专门记录这段插曲，要知道他忽略了过往很多不愉快的事情。他觉得有必要重新叙述整个事件的经过，以再次证明他的决定是正确的。他在故事的结尾处写的最后一句话表明，痛苦依然存在。"我担心斯科特先生的早逝，恐怕要归咎于他不得不承受的耻辱"这句话值得注意，因为这是卡耐基在他的自传中为数不多的一次为过去的事情表示遗憾。

和往常一样,沃尔的叙述总是语出有据,很有权威性。然而,我再一次发现,沃尔的分析存在一些问题,就是有关斯科特先生的"早逝"和"耻辱"。

首先,斯科特的"耻辱"到底有多严重?

1873年11月5日,一笔30万美元的贷款到期了,斯科特和他的合伙人无力偿还,只能破产。有一种说法,斯科特曾"把主要债权人召集在一起,试图说服他们让他继续掌管这个项目,看看他能为他们挽回点什么"。由于斯科特的声誉严重受损,他不得不在三天后向宾夕法尼亚铁路公司董事会提交了辞呈。

显然,这都不是什么好消息。另外,尽管得克萨斯和太平洋铁路公司及其建筑公司都破产了,但是出于不明的原因,斯科特本人并没有破产。此外,美国人因债务纠纷而锒铛入狱的日子早在19世纪70年代就已经过去了。成百上千的铁路公司、银行和其他企业,都经历了破产,后来又东山再起。即使是杰伊·库克(Jay Cooke,他在1873年的破产导致了那一年蔓延美国的恐慌和萧条,导致了数百万人失业和破产),到了1876年也被解除破产追责。1905年他去世时,又积累了相当可观的财产。

汤姆森不仅指责斯科特管理不善,还指责他失败的投资拖累了宾夕法尼亚铁路公司。汤姆森主持了公司董事会会议,会上审议了斯科特的辞职申请。他表示,接受斯科特的辞呈,既不"必须,也不是大家想看到的"。很显然,斯科特的辞职和退出仅仅是个形式而已。

值得一提的是,得克萨斯和太平洋铁路公司并没有失去其全部价值。多年以后,它在西南地区的铁路在战争中发挥了重要作用。1881年4月,金融家杰伊·古尔德(Jay Gould)买下了汤姆·斯科特在这条铁路上的全部股份。

综上所述，斯科特确实感受到某种"耻辱"，但是，从历史记录中很难断定这种"耻辱"是毁灭性的或是持久性的。得克萨斯和太平洋铁路公司的债券肯定无法实现1871年发起人的狂妄梦想，但十几年之后，它们并不是一文不值的。早在1875年10月，斯科特和他的一位合伙人"就宣称他们愿意按面值购买所有由他们联合背书的票据"。

1874年5月27日，J. 埃德加·汤姆森离开了人世。在接下来的一周里，准确地说，是6月3日，汤姆·斯科特被推举为宾夕法尼亚铁路公司总裁。董事会并没有因为他的长期合作伙伴和保护人汤姆森的离世而抛弃他。得克萨斯和太平洋铁路项目债务违约事件发生仅半年之后，在董事会成员们的眼中，斯科特显然不是一个身负耻辱、受伤或无能的人。董事会选择了他，让他在大萧条的艰难时期继续带领公司前行。

19世纪70年代，对于宾夕法尼亚铁路公司来说，是一个充满激烈挑战的年代。公司不仅要应对来自其他铁路公司的竞争，还要与像约翰·D. 洛克菲勒这样的大型航运商竞争。公司还经历了1877年7月19日在匹兹堡爆发的大罢工，也承受了各种暴动和大量对铁路的破坏。尽管经历了这么多磨难，在斯科特任职期间，宾夕法尼亚铁路公司"仍然能够挣到足够多的钱……每年都派发现金红利——虽然不能像以前那样定期派发，并且到1878年已减少到只有原来的2%"。

1880年6月1日，斯科特从宾夕法尼亚铁路公司退休。一部宾夕法尼亚州州史中有这样的记载："他当时只有56岁，但他的健康状况不佳至少有两年了，他的病很可能是由1877年的麻烦引起或加重的。"退休后的第二年，斯科特就去世了，享年57岁。

对于卡耐基对自己与斯科特之间关系的结束的描述，这一切意味着什么？历史学家又会怎么看待卡耐基呢？

当斯科特的得克萨斯和太平洋铁路项目投资失败时，他显然在生意上受到很大打击。我想，每一次这样的打击，对一个骄傲自大、习惯于胜利的人而言，都是一种耻辱。但考虑到斯科特后来的职业生涯，可以肯定地说，他并没有遭受严重或持久的羞辱。

我们该如何看待卡耐基对有可能是自己导致了斯科特的早逝而产生的痛苦和内疚呢？答案是，他根本不必感到痛苦和内疚。首先，在19世纪的美国，57岁离世很难被称为早逝。1886年，卡耐基的兄弟汤姆去世时，也只有43岁（卡耐基有一个妹妹叫安，只活了一年，在卡耐基的自传里根本没有提到她）。也许这样解释更好：卡耐基的严厉、威胁和坚持，不仅"逼迫"他自己，而且"过分"地"逼迫"那些他有权驱使的人，这也对他的弟弟造成了可怕的打击——卡耐基称他的弟弟"天生怕累"。在这种本应感到痛苦或内疚的情形下，卡耐基没有承认感到痛苦或内疚，这并不奇怪。

汤姆·斯科特与卡耐基分道扬镳后，从1873年9月到1881年5月21日，生活了八年。在这八年里，他几乎把全部时间都花在他所担任的这个国家最重要的铁路公司的总裁一职上。那几年对他来说十分艰难，是的，经营这样一条铁路对任何人来说都不会轻松。宾夕法尼亚州的历史学家推测，1877年的大罢工事件，可能是导致斯科特健康状况每况愈下的原因之一，他们并没有提到卡耐基。

读自传的人看到一个人自称做了他实际上并未做过的好事时，不会感到奇怪；当然，当读到他否认做了那些他应当负责的坏事时，也不会感到惊讶。但在卡耐基的自传中，他表示了懊悔，他认为斯科特所遭受的耻辱、斯科特的早逝是一场悲剧。事实上，卡耐基和斯科特的早逝毫无关系，和他的耻辱也只有很间接的关系。在一部自传中，一个人对跟自己关系不大的事情懊悔不已，无论如何都要间接地承担责任，这确实是很少见的。

他为什么要这么做呢？

在1873年9月那次决定命运的会面中，卡耐基真正成熟了，成为一位独立的商业巨头。请注意，他在自传中提到，"我和斯科特先生在生意上彻底地分开，这是肯定会发生的"。卡耐基知道这是必然会发生的。他对自己对未来的判断，比对其他任何人的都更有信心。他不会再追随汤姆·斯科特或其他任何人了，反过来，那些人要追随他。正如沃尔所说的："1872—1873年，是卡耐基人生的重要转折时期。就在那时，他决定专注于自己的商业利益，专注于钢铁制造业。他必须把从前的老伙伴们撇在一边。"

从心理学角度来看，卡耐基已经把斯科特这个父亲的形象彻底抹去了，他不再需要一个父亲。那次会面对卡耐基而言，是一次重大胜利，卡耐基为此感到骄傲。到了晚年，卡耐基开始欣赏瓦格纳（Wagner）的音乐。和齐格弗里德（Siegfried）一样，他杀死了一条龙；他也曾面对自己的沃坦（Wotan），后来又把他推到一边。正是因为这些，而不是挥之不去的内疚，他才会以这样的方式回忆和斯科特的分开。这就解释清楚了卡耐基在自传中不清晰的描述。他很自豪，一点也不内疚。他自豪于自己能够直白和冷酷，尤其在商业成功需要的时候。他的父亲永远也不可能通过这次考验——父亲会选择感情用事。在这场仁慈与金钱的激烈较量中，卡耐基选择了后者。

卡耐基"严词拒绝"为贷款背书的后果是什么？从费城回到纽约后不久，"谣言传到了他那里，说他在匹兹堡的名声遭到了怀疑。"主要的怀疑者来自银行，卡耐基从银行借了很多钱，在宾夕法尼亚州的布拉德克（Braddock）建了他的第一家钢铁厂，他把这家钢铁厂命名为"埃德加·汤姆森"。银行家们知道斯科特已经没戏了。斯科特和卡耐基过去总是如影随形,银行家们担心斯科特破产的"病毒"会通过卡耐基蔓延到他们的银行。

卡耐基立即登上了前往匹兹堡的第一班火车。传记作家伯顿·J. 亨德里克记述了这段故事:"接下来在董事会会议室里发生的事情,充满了戏剧性,而这正是卡耐基所自豪的。一个瘦小的人镇定自若地坐在椅子上,被一群气势汹汹的质问者团团围住,他们对他轮番施压。"然而,和往常一样,卡耐基非常擅长对付那些针对他的施虐狂。当银行的董事们对他施压时,他毫不畏惧。

正如沃尔所说,"他(卡耐基)给出的答案不是银行家们以为会听到的"。他们原以为他会和斯科特并肩同行,他们准备好了要教训他一番,批评他用别人的钱投资斯科特的项目是不负责任的,因为那是在受感情的驱使。恰恰相反,卡耐基给银行家们上了一课。他可以诚实地说,他是无辜的,他不允许感情影响他对"基本原则"的清晰判断。"在银行家对他这个新人的考验中,卡耐基如一颗新星般冉冉升起——至少圈子里的人都是这样认为的。被银行家视为最脆弱、最可能在困难时期倒闭的钢铁制造商,突然间几乎成了唯一能成功渡过这一劫的人。"

1911年,一位钢铁行业的专家这样评价卡耐基的特殊才能:卡耐基的才华,部分在于他意识到"在其他人都放弃不做的时候,正是你需要扩大产能的时候"。那个时候经济萧条,资本稀缺。这就是为什么卡耐基在退休七年后说了那句名言:"在恐慌中,持有资金的人才是明智而有价值的人。"(即使到了晚年,他仍然保持着他那聪明的幽默感。)由于他的银行信用得到了保证,并且在斯科特的那段插曲中,他的所作所为展示出他"坚强的外表下隐藏着一颗精于算计的头脑",所以在他的余生里他从未遇到过资金方面的困难。别人做不到时,他能做到。这意味着他能以比竞争对手更低的成本来生产,这意味着他的成本总是比他们的更低,他的利润也总比他们的更高。

开拓者的红利:钱从何处来

我们已经习惯于把安德鲁·卡耐基看作一个天才,事实上他的确如此,以至于我们吃惊地意识到,在他成为企业家之前,他也是一名打工者。正如他自己曾经说过的,穷人的孩子早当家,他就是这样的。1848年,他13岁的时候,就开始在匹兹堡的棉纺厂工作了。

然而,到了1853年年初,他来到了铁路公司工作。这可不是一般的铁路公司,而是当时美国最大、最重要的商业组织。当时的美国还是一个基本没有组织的、以小农经济为主的农业国家。我们已经清楚地看到,从1853年到1865年他从宾夕法尼亚铁路公司辞职,是如何一步步地登上成功巅峰的。

这些年来,卡耐基除了在铁路公司不断得到晋升和提拔外,还做了许多别的事情。他是一名极其成功的投资者。考虑到他未来的职业生涯,他最重要的投资之一是派珀和希弗勒公司(Piper and Schiffler Company),该公司成立于1862年2月,是一家桥梁建造公司。卡耐基向合伙人保证,南北战争结束后,他们的公司将会承接大量的桥梁建造业务,尤其是铁路桥梁的建造业务。他以1 250美元获得了该公司1/5的股份。现在回想起来,卡耐基的预测似乎总是很准确。第二年,卡耐基的投资就得到了7 500美元的回报。

造桥为卡耐基打开了一扇门,使他对钢铁制造业产生了浓厚的兴趣。1865年5月1日,就在阿波马托克斯投降仪式举行和林肯总统遇刺后不久，派珀和希弗勒公司正式更名为基石桥梁公司（Keystone Bridge Works）。旧世界的奴隶制永远消失了，全国范围内工业资本主义的新世界正在兴起，而基石桥梁公司在此之前就已经提前布局了。基石公司专门经营铁桥建造业务，它预测铁将取代木材，因为铁更结实，可以防火，经久耐用。随着南北战争的结束，基石公司的生意日益兴隆起来。

在完成基石公司的重组后，卡耐基去欧洲旅行了一次。他回到了邓弗姆林，考察了英国的其他城市，游览了欧洲大陆的风光。他像一支只有一个士兵的侵略军一样，全力进攻着旧世界。他对所看到的一切激动不已，像个孩子一样毫不掩饰自己的兴奋，而他的同伴们都已经累坏了。卡耐基一生都热衷于旅行，在他成年后的大部分时间里，他都会休长假，通过书面报告跟踪自己的生意情况。以现代的标准来看，他根本算不上一个勤奋的人。

卡耐基的传记可以说是一部19世纪前沿科技的历史。他看到他父亲的手艺被蒸汽纺织机取代。电报发明后不久，他就掌握了发报技术。当铁路革命开始时，他正处于正确的时间、正确的岗位。卡耐基非常了解铁路运输的需求。

他对制造铁轨的兴趣也是在这个时候（1865年他的欧洲之旅时）出现的。这时，铁轨制造与他的其他商业投资项目相比有点无足轻重，但他看到了拥有一项美国专利的潜在好处，这项专利可以帮助改进铁轨的生产工艺。铸铁易碎且不易弯曲，还会受到极端温度的严重影响。货物运输的重量不断增加，对铁路的要求越来越高，脆弱易裂的铁轨问题一年比一年严重……当然，修建一条全钢铁路就可以解决这个问题，但是在贝塞麦公司成立以前的那些日子里，这样的铁路成本实在太高了。

铁路需要的是一种坚固耐用的金属，这种金属在任何天气状况下都可以靠得住。若使用这种金属，铺设铁路、建造桥梁、生产火车的成本就会非常高。19世纪晚期铁路工业的规模是史无前例的，任何一环发生故障，其代价之高也是空前的。换句话说，铁路需要的是钢铁。

对于即将迎来南北战争结束后铁路繁荣的美国人来说，钢铁的属性不算陌生。根据钢的定义，它的发明可以追溯到公元前一千多年。在公元前500年，印度开始生产液态钢。虽然钢铁在中世纪的欧洲就已经被使用，但欧洲人直到1740年才重新发现生产液态钢的技术。

在18世纪的最后40年里，铁、棉纺织品与蒸汽机一起，在英国第一次工业革命中发挥了关键作用。钢却没有，因为它太贵、太难生产了，仅适用于制作高质量的钟表弹簧、工具、机器的小零件，或者昂贵的餐具，这样的价格不适用于在铁路上大量生产和使用。

从1850年至1872年，钢铁的角色发生了根本性的改变。这一改变中最具戏剧性的时刻来自一个偶然。1856年8月，亨利·贝塞麦爵士（Sir Henry Bessemer）向全世界宣告了他的一个发明：不用在木炭层间加热，也不用耗费大量人力去搅拌，就能去除生铁中的杂质。换句话说，制钢工人可以将冷空气输送到装满液态生铁的转炉中，空气中的氧气与生铁中的碳充分结合，这样就能去除其中的碳元素了。过量的硅，一种我们将在本书的结语部分谈到的物质，也可以以同样的方式被去除。

市场在哪里，哪里就有铁路；产品在哪里，哪里就需要钢铁。我们需要的是一种经济的方法，以使产品满足市场需求。亨利·贝塞麦爵士的论文《无燃料条件下铁的生产》指明了方向，但在尝试大规模生产之前，还有各种各样的问题需要解决，这些问题既有法律上的障碍，也有技术上的瓶颈。贝塞麦的发明印证了一句名言，这句名言就是19世纪后期托马斯·爱迪生（Thomas Edison）所说的："专利就是一张'打官司的请柬'。"最重要的技术问题之一是把磷从铁矿石中去掉。除了这些问题，获取大量制造钢材的原材料也是一项不小的挑战，这在以前是无法想象的。

三种最重要的原材料是铁矿石、石灰石和焦炭。石灰石短缺不是问题。美国中西部地区盛产铁矿石，即便是从遥远的五大湖上游地区把铁矿石运到匹兹堡，这些铁矿石的质量也抵消了其运输成本的增加。

焦炭是另一个问题。焦炭的原材料是煤炭，经过烧制除去硫和磷后就变成焦炭。它重量大，占用空间也大，长途运输的成本极高。卡耐基很幸运：在匹兹堡西南部约56千米处，沿着约克加尼（Youghiogheny，发音为Yuck-a-gain-ee）河，宾夕法尼亚州的康奈尔斯维尔镇（Connellsville）就在这里。康奈尔斯维尔周边储藏着大量优质的煤炭资源。煤炭在几十个蜂箱状的炼焦炉里烘烤后，就变成了焦炭。在康奈尔斯维尔镇，主导煤、焦炭和炼焦产业的大人物是一位和卡耐基一样的商业帝国缔造者，他的名字叫亨利·克莱·弗里克。

弗里克是一位聪明、冷酷、守旧的资本家，他想要扩大经营规模和降低生产成本的愿望，和卡耐基一样强烈。1881年年末，弗里克和卡耐基成为商业合作伙伴。焦炭和钢铁行业面临的一个重要的共性问题是劳动力成本很高。这两位资本家都十分擅长控制成本，但两人的区别在于：弗里克是一个直率的人，对劳工问题从来不抱幻想。而卡耐基在劳工问题上则表现得很虚伪。有人说，虚伪是美德的附属物。弗里克觉得没有必要绕弯子虚伪地奉承劳工，但是卡耐基这样做了。正因为存在这种差异，这对最成功的商业伙伴最终分道扬镳了。然而，当下的问题是，如果弗里克的焦炭公司不是通过市场，而是通过产权关系与卡耐基钢铁公司的利益相互挂钩，卡耐基钢铁公司的产量和利润就会大幅上升。

阿勒格尼河和莫农加希拉河（Monongahela）静静地流淌着，它们在匹兹堡交汇，形成了俄亥俄河。卡耐基的钢铁工厂沿着河岸耸立，它没有变得陈旧，而是变得更好了。到20世纪初，它已经能够以世界上任何其他组织都无法比拟的价格和质量生产钢铁了。

有一些统计数据有助于说明问题。埃德加·汤姆森钢铁厂于1875年开始运营。那一年，它的钢铁产量仅占美国贝塞麦公司铁轨产量的2.25%，为259 699吨。1900年是卡耐基全资拥有埃德加·汤姆森钢铁厂的最后一年，它在美国铁轨总产量中所占的份额飙升至26.30%，而且，这是一个规模大了很多的市场。美国贝塞麦公司铁轨的产量为2 383 654吨，这种数量级的增长代表19世纪最后25年复合年均增长率平均达9.3%。

作为商人，卡耐基具有一种典型的性格特征，那便是富有远见，同时接纳和欢迎变革。要看清企业及其面对的市场的未来，是很难的一件事。同样困难的是，在看清楚真相之后，能够抛弃现有的旧观点，按照新方式去行动。沉没成本是指企业已经发生的、无法收回的成本，因此它不应影响未来的决策。生意场上的每个人都知道沉没成本，但很少有人有勇气采取行动，可是卡耐基做到了。有一次，当卡耐基的一个助手查尔斯·施瓦布（Charles Schwab）告诉他有一种更好的设计方案时，他立即命令施瓦布拆除原来的轧钢厂，重新建设了一个新厂。

在埃德加·汤姆森工厂建成后的十年里，钢材主要面向铁轨市场。此后，随着美国城市规模的不断扩大，钢材开始转向建筑业。

事实上，美国的城市化快速推进也得益于铁路网络的日趋成熟。1888年，贝塞麦公司建设的铁轨的用钢量接近美国钢铁产量的一半；到1900年，这个数字下降到了1/4以下。钢铁用途的变化使得钢铁生产工艺发生了根本性的变化，从工厂布局的微小改变发展到从转炉炼钢变为平炉炼钢。卡耐基拥抱市场的这种变化，因为正如以赛亚·伯林爵士（Sir Isaiah Berlin）寓言中的刺猬一样，他知道一件大事[①]。

是什么"大事"只有卡耐基知道而别人不知道？在1868年至1872年的某个时候，他开始明白，钢铁注定要改变文明世界的物质基础。能够提供低成本、高质量的钢铁的人，也注定将成为世界上最富有的人（钱多到失眠）和最伟大的商人。

我想强调的不仅仅是卡耐基洞悉了这个事实，更想强调的是，卡耐基比任何人都更清楚这件事刻不容缓、十分紧急。他明白，在钢铁行业里，任何有助于巩固他统治地位的投资，都不算多。

从一开始，每一个迹象都坚定了他的信念。埃德加·汤姆森钢铁厂是由当时最伟大的工业工程师亚历山大·L. 霍利（Alexander L. Holley）精心设计的，建造于1873年的大萧条时期，所以工程造价比较低，若提前几年或推迟几年建造，成本都将是这个价格的1.3倍。这个工厂一经投产，立即获得了巨大成功。它收到的第一份订单是宾夕法尼亚铁路公司的2 000条钢轨。让我们回忆一下，那个时候宾夕法尼亚铁路公司总裁还是托马斯·A. 斯科特。尽管两年前经历了卡耐基对他的"羞辱"，但斯科特已经东山再起，完全忘记了"羞辱"这回事及其对生意的影响。

---

① 出自古希腊的寓言，狐狸知道很多事，应对变化游刃有余；刺猬只知道一件大事，并且专注于此。——译者注

这个巨大的工厂似乎仅仅运营六个月后就开始赢利了。"上哪儿去找这么好的生意!"这是卡耐基著名的感叹。从埃德加·汤姆森工厂创立到1900年的1/4个世纪的每一年,卡耐基的公司从未有过不赢利的时候。1875年,卡耐基赚了18 600美元;1900年,他赚了4 000万美元。

他是怎么做到的?

首先,他对钢铁行业和美国前景的洞察是正确的。他对这两者的未来都有着坚定的信心。这里我们看到了像刺猬一般坚定的卡耐基。

我们可以称卡耐基为一个梦想家,事实上他也的确是。然而,世界上有许多梦想家。一个简单而可悲的事实是,精神病院里到处都是有梦想的人。但是,卡耐基是对的,他知道自己是对的。他的洞察既源自他的远见卓识,也源自冷酷、客观的现实。

卡耐基自己并没有什么特别的技术专长,正如他自己所说的,他"不曾声称自己为发明家、化学家、研究者或机械师",他知道,有很多东西自己是不知道的,所以必须从外部采购或者雇人。他可能不懂化学,但他知道如何聘请一位化学家。"一位博学的德国人弗里克博士,他向我们透露了许多重要的秘密。"传言能出产高品质铁矿石的矿山实际上生产出来的是劣质产品,反之亦然。"好的就是坏的,坏的就是好的,一切都可能是颠倒的。"有一次,在高炉运转的关键时刻,由于使用了过多的石灰来净化铁矿石,结果高炉"遇到了灾难……原材料过于纯净反而使我们遭受了重大损失"。

"我们真是愚蠢啊!"但是很快,卡耐基毫不掩饰内心的窃喜,自我安慰:"我们并不比我们的竞争对手傻。我们聘请化学家好多年了,(而其他工厂说)他们请不起化学家。"实际情况是,"不请化学家,才会面临更大的损失"。卡耐基在这方面从不吝啬,因为他知道，在别人看来铺张浪费的事情，实际上是最经济的。

有一件事，卡耐基必须亲自过问，这件事他比任何人都要清楚，那就是成本。谁也无法控制市场，即便是卡耐基这样一位出色的销售大师，也控制不了市场；但是，他能够而且必须控制成本。

卡耐基没有浪费他为宾夕法尼亚铁路公司工作的那12年时光。"大火车，装得多，跑得快。"宾夕法尼亚铁路公司当时是美国管理最好的公司，它成功的秘诀之一就是控制成本。

正是像宾夕法尼亚铁路公司这样的领先企业，率先引入了复杂的成本核算方法。卡耐基将成本核算方法运用到钢铁行业中。他比任何竞争对手都更了解高固定成本的影响，其实很简单，那就是"产品的便宜程度与生产规模成正比。生产10吨钢铁的成本会数倍于生产100吨钢铁的成本……因此，生产规模越大，产品就越便宜。"

这一不可否认的现实有两层含义：控制生产成本和保持工厂顺畅运转。用卡耐基自己的话来说："降低售价，占领市场，让工厂满负荷运转……控制好成本，利润自然随之而来。"卡耐基一有机会就到处宣讲他的信条："让工厂满负荷工作，我们必须不惜任何代价……成本不可避免，但是不能放走任何现金流或确定的买家。记住这一点，其他都是次要的。"

上述准则带来了卡耐基的资本支出政策，那就是：聘请一流的工程师来设计工厂的运转；花该花的钱来保证工厂低成本运营。保证最微薄的利润就可以，事实上，也只有微薄的利润才是我们期待的。利润越低，价格就越低；价格越低，市场就越大；市场越大，规模经济就越强；规模经济越强，竞争优势就越突出。

类似的准则简单易记，事后理解起来也极浅显，但实际上，能够遵循这些准则来运营工厂的企业家寥若晨星。卡耐基不仅拥有正确的信念，还拥有将其付诸实践的力量和勇气。

这种力量源自他对公司的绝对所有权。直到 1901 年，卡耐基才把他的股权卖给摩根银行，在此之前卡耐基的公司（多年来有过各种形式和名称）一直都是私人持有的。卡耐基的公司受到一项"强制协议"的制约，该协议强制要求任何想将其资产变现的所有者，必须将其股票以账面价值转让给公司。在 1875 年至 1901 年期间，股票账面价值只是公开市场上市值的一个零头。卡耐基个人一直持有公司 50% 以上的股份，他能够而且确实迫使其他"伙伴们"跟着他的节奏一起跳舞。

在大萧条时期创办一家工厂不仅需要勇气，更需要资本。卡耐基从来不缺钱，因为他没有向股东支付过红利，这让他的合伙人十分惊愕。他有钱，从不必向华尔街卑躬屈膝。

除此之外，卡耐基还是一个异常冷酷的人。他毫不犹豫地解雇了一些高级管理人员，而且没有一丝歉疚。"给他一次试用的机会，"在提到一位潜在的雇员时他曾这样说，"这是我们能给的全部。如果他能赢得比赛，他就是我们的赛马。如果他输了，那就让他去拉马车。"他对待劳工的态度，如果单看他的所作所为，而不是他的言论，与同时代的其他资本家毫无二致。卡耐基的人格极具迷惑性，想起他人们总是心生怜惜，但如果真是这样的话，你就错了。

"开拓者不能图钱。"这句话是卡耐基的名言。就像卡耐基说过的许多话一样，这句话再次证明他的言行不一。他在许多方面都是开拓者，作为开拓者的他却获得了高额的回报。

权力的错乱

1926 年，斯科特·菲茨杰拉德（Scott Fitzgerald）写道："让

我告诉你富人是什么样子的。他们不同于你和我。"恩斯特·海明威（Ernest Hemingway）在1938年的一篇回忆录中回应道："是的，富人有更多的钱。"在这场著名的争辩中，菲茨杰拉德是对的，而海明威是错的。富人的确与众不同，他们不一定更好，但一定是不同的。他们与那些在公司上班从而获得财富的职员不同，他们与这个国家的其他人不同，他们和发家致富前的自己也不同。最主要的原因在于，巨大的财富给他们带来了权力。

1887年4月5日，约翰·埃默里奇·爱德华·达尔伯格-阿克顿（John Emerich Edward Dalberg-Acton）勋爵写信给蒙代尔·克雷顿主教（Bishop Mandell Creighton），他在信中说："权力导致腐败，绝对的权力导致绝对的腐败。"这句话被广为引用，以至于这句话的真正含义有时变得难以理解。每一天，每一个有权力的男人或女人都不应该问"我被权力腐化了吗"，而应该问"我在哪些方面被权力腐化了"。

人们从研究美国商业大亨中学到的是，阿克顿勋爵的格言可以用利益来改写。权力不仅导致腐败，它还会带来一些更微妙和阴险的变化。我要用一个词来形容权力的影响，那就是"错乱"（derange）。

腐败和错乱并不是相互排斥的，但错乱让我们从另一个视角来理解权力的影响。腐败的人往往知道自己是腐败的。但是，错乱的人是不会承认自己错乱的。他们不知道世界正在以多种方式与他们自己的狂妄自大相互联系，使他们错乱。也就是说，错乱改变了他们对周围世界的理解。

问题是，有权势的人身边包围着的不只是总是说"是"的人（当然这种人确实很多）。作家梅尔·古索（Mel Gussow）写了一本关于好莱坞大亨达瑞尔·F. 扎努克（Darryl F. Zanuck）的传记，书名叫《在我讲完话之前不要说"是"》。总是说"是"的人总是急于取悦别人,所以无论老板说什么,他们都会同意,因此,老板没有必要把话讲完。总是说"是"的人很容易被认出来,这种人的赞同必须打个折;或者说,如果有权势的人没有足够的安全感,他就很需要这些人的奉承。

然而,错乱并不是由总是说"是"的人造成的,而是由那些非常聪明、擅长隐晦地恭维他人的奉承者们造成的。这些人营造了一个对有权势的人不断赞赏喝彩的环境。他们处处小心留意,确保有权势的人不会在交通堵塞中浪费时间;如果有权势的人更喜欢牛奶,他们就不会给他递上加入了奶油的咖啡。奉承者们帮着有权势的人把那些普通人烦恼忧心的小事处理掉,在这个过程中,他们把有权势的人从现实世界中抽离出来(而那些即使相对富裕的中上层阶级,也必须亲自去面对这些现实)。

在有权势的人的世界里,空间改变了,感觉改变了,甚至地理环境也改变了。欧里庇德斯(Euripides)曾说过:"不能说出自己思想的人便是奴隶。"如果这么说的话,在今天美国的企业里这种现象仍然大量存在,尽管美国的《宪法第十三修正案》已经完全废除了奴隶制。现实情况是,即使是那些不想扮演奉承者的人,也会在老板面前审时度势。

不要以为这种行为仅存在于那些老旧的工厂里。不久前,我在加州的一家公司调研,那里的每个人都被"授权"。公司的首席执行官宣称,经营这家公司不只是为了赚钱,还要"造福人类"。公司的员工人人谨小慎微、如履薄冰,因为他们不知道首席执行官唱的是哪出戏。

权力带来的错乱因人际交往效应而加剧。首席执行官们在人际交往方面花费大量时间。比尔·盖茨(Bill Gates)和沃伦·巴菲特(Warren Buffett)是朋友,你认为这两人之间的友谊能帮助他们更好地了解净资产不足 11 位数的人的生活吗？

正如我们所知，安德鲁·卡耐基初来美国之时，身无分文，不认识一个人。然而，没过多久，他就遇到了那个时代最重要的商人——斯科特、汤姆森、乔治·普尔曼、J.P. 摩根等人，卡耐基与他们做生意，彼此成为朋友。不久，他又开始结识一些重要的政治人物和文人墨客。这些名流可不仅仅是社交的战利品，卡耐基喜欢他们，因为他们的本性与卡耐基有相似之处，如亨利·克莱·弗里克的冷酷、坚忍与无情也恰恰是卡耐基的性格特征的一部分。

卡耐基有一个很大的优势，如果从商业角度而不是从道德角度来评判的话，就是他有"选择性健忘症"。卡耐基总是可以忘记灾难性的事件（顺便说一句，在他漫长的一生中，他几乎没有经历过什么重大的灾难）。在他的整个商业生涯中，最严重的劳资冲突是 1892 年发生的霍姆斯泰德工厂大罢工。卡耐基不停地发表演讲、公开言论。他总是想向世界展现自己是一个思想开明、崇尚民主的人，能够充分接纳理性的争辩——即使这些争辩与他自己的观点有冲突。卡耐基认为，必须为财富和权力而战，但为它们而战可能导致肢体冲突，这又是他所深恶痛绝的。他信奉"适者生存"，但认为不能通过武力。卡耐基费尽心机地否认他对霍姆斯泰德工厂大罢工事件的责任，就像他巧妙地重塑他与汤姆·斯科特的关系一样，实在是自欺欺人。

卡耐基非常认同查尔斯·达尔文（Charles Darwin）的观点，这从他对赫伯特·斯宾塞的著作的极具个性化的诠释中可以看出。传记作家沃尔写道，卡耐基发现进化论"是一个令人兴奋的启示"。在卡耐基的自传中，他回忆起在读达尔文和斯宾塞的书时，发现"光明如洪水般涌现，一切都清楚了……'一切都好，因为一切都在变得更好'成了我的座右铭，这是我获得安慰的真正源泉"。正如沃尔所写的那样,"对卡耐基来说,'一切都好,因为一切都在变得更好',是对斯宾塞三十卷的哲学思想最令人满意的提炼"。

理查德·霍夫施塔特(Richard Hofstadter)在他的经典著作《美国政治传统及其缔造者》一书中写道,他"在这本书里分析了实力派政治家身为大众的思想领袖并不是他们最令人印象深刻的职能"。如果政治家不像"大众的思想领袖"那样"令人印象深刻",那么商人在大众中的形象会更真实吗?美国的商业领袖很少有人是大众的思想领袖,更不用说在学术界了。正如霍夫施塔特在讨论政治家时所说的那样,可以说,商人通常更倾向于行动而不是思考。商人通常都非常聪明,然而,他们很少是学术意义上的知识分子,知识和思想不一定有助于他们的工作。

霍夫施塔特对于聪明和知识的区分虽然并不严谨,却相当实用。"聪明"是在一个相对狭小、直接和可预测的范围内运用的一种优秀的心智,它是一种可操纵、可调节和可靠的品质;而相比之下,霍夫施塔特认为,"知识分子在思维中具有批判性、创造性和深度思考的一面……通过拥有的知识和思想的多少可以评估出一个人的价值"。知识分子不仅很有思想,他们还可以利用他们的思想。对于知识分子来说,思想有其自身的完整性,因此他们以虔诚的心态对待思想。另外,企业的管理者"靠想法而活,而不是为想法而活"。他们的专业角色、专业技能并不能使他们成为知识分子,他们只是脑力劳动者,或者说是技术人员。

上述观点有助于我们进一步理解卡耐基,他追求的不仅仅是变成一个挣钱机器。1868年末,当他在纽约豪华的圣尼古拉斯酒店(St. Nicholas Hotel)的房间中盘算自己的资产时,他才意识到自己已经那么富有了。然而,这一发现给他带来的似乎只有沮丧,而不是激动。这与他发现进化论时给他带来的影响完全不同。卡耐基只遇到过一位能背诵莎士比亚或伯恩斯名句的成功商人。卡耐基喜欢打猎，也喜欢金钱，但他不喜欢为金钱而打猎的人。"他不禁将他的商业伙伴与童年时代的英雄（汤姆·莫里森叔叔、劳德叔叔，还有他的父亲）进行比较——他心中的英雄会就历史、文学和政治等话题展开长篇的论述。"

卡耐基不太喜欢的是，童年时代的这些英雄都是小世界里的大人物。"汤姆·莫里森叔叔、劳德叔叔和父亲"永远没有机会在充满怀疑的公众面前表达他们的观点，更重要的是，他们不是有权势的人，没人会去比较他们所说的与所做的是否一致。卡耐基的母亲很高兴自己忘记了他们说的大话（这些大话把他们带到了斯拉布敦的一个破旧小屋里），享受着她儿子实实在在的成功果实。但卡耐基不想仅仅成为影响钢铁世界的力量，还想成为一种影响人们的思想和政治的力量。他在钢铁世界所拥有的权力的错乱，导致了他在另一个世界的不自量力。

卡耐基是一位了不起的商人，具有霍夫施塔特所描述的思想性。他比任何人都清楚钢铁的生产和需求所带来的商业机遇。难怪他叫道："上哪儿去找这么好的生意！"而约翰·D. 洛克菲勒也是在石油领域，并且只在石油领域，确立了自己的世界霸主地位。

卡耐基把他所有的鸡蛋都放在钢铁这个篮子里面。他密切关注着这只篮子，倾注了其全部心血。这是他一生中最大的一场战役，他知道如何去战斗，而且最终他赢了。国会议员 A. O. 斯坦利（A. O. Stanley）对退休后的卡耐基说："我相信，如果你继续做生意的话，你将会在世界钢铁贸易中拔得头筹。"卡耐基回答说："我也相信如此，就像我对任何事情都有必胜的把握一样。"

我们不必把卡耐基的话太当真。埃尔伯特·H. 加里（Elbert

H. Gary）是最早同卡耐基展开竞争的，他后来成为美国钢铁公司的 CEO（卡耐基的公司是属于美国钢铁公司的）。埃尔伯特说："这可不一定，如果还继续当时那样的管理方式，卡耐基的公司将无法把美国其他所有钢铁公司都赶出这个行业。"

卡耐基在钢铁行业的胜利，给他带来了前所未有的巨额财富。当 J. P. 摩根在 1901 年买下卡耐基钢铁公司并创建美国钢铁公司时，他表示有兴趣与卡耐基会面，在这项有史以来最大的商业交易上握手达成一致。他邀请卡耐基去他在华尔街 23 号的著名宅邸会晤。卡耐基回答说，在他看来，从华尔街 23 号到西 51 街区 5 号（卡耐基当时的住址）的距离与从西 51 街区 5 号到华尔街 23 号的距离一样。换句话说，如果摩根想见他，卡耐基欢迎摩根到自己家里来。摩根照做了，只是为了宣布："卡耐基先生，我要恭喜你成为世界上最富有的人！"卡耐基的自我价值感从来就不弱，如今更是随着每一美元财富的增加而与日俱增。

卡耐基捐出了他大部分的财产，他很慷慨，做过很多好事，而且还在继续做更多好事（作为一名大学教师，我个人很高兴有美国教师退休基金会的存在）。他的善举使他的虚荣心得到满足，但这并没有使他的善举显得不值钱，他的慷慨大方是真诚而有原则的。他认为，如果一个人在死去的时候还留有大笔财富，那简直是一种耻辱。

权力导致了卡耐基的错乱，最能说明这一点的还不是他的慈善事业，而是他从退休到去世的这 20 年里花了很多精力去为之付出的事情。他已经登上了他生活的那个时代最重要的、在他出生时甚至都不存在的行业的巅峰，还有什么样的事情能让这个男人投入如此多的精力和金钱呢？你认为世界上最富有的人会怎样打发他退休后的时间呢？安德鲁·卡耐基致力于追求世界和平。但在这方面，他是一个彻底的失败者，他在钢铁行业有多成功，在追求和平的路上就有多失败。实际上，比失败还要糟糕，应该说他更像一个傻瓜。

在充分理解一个如此精明的人是如何变成一个小丑之前，我们有必要思考一下：卡耐基是如何生活的？他的日常生活是怎样的？事实上，从1880年开始，卡耐基就不再把重心放在工作上了。他经常在欧洲进行长途旅行，通过定期接收报告来了解公司的经营状况（他知识渊博，有这些报告就足够了）。他知道企业成功的关键指标是什么；他知道什么时候供应商或货运商多收了钱；他知道什么时候竞争威胁出现了；他知道哪些生意值得做，哪些要放弃；他也知道如何调动层次较低的员工的积极性，让他们像奴隶一样努力工作，而他却享受着自己创造的很特别的生活。

安德鲁·卡耐基不仅是一个靠自己的奋斗而成功的商人，他生活的环境也是靠自己创造出来的。来自两大洲的名流是他在苏格兰斯科博（Skibo）的宏伟城堡的贵宾。这处房产是一处旧屋，卡耐基只花了8.5万英镑就把它买了下来。他想找一个能看到大海、有游弋着鳟鱼的河、有瀑布的地方。斯科博没有的东西，卡耐基都可以造出来。没有证据表明詹姆斯·希尔顿（James Hilton）曾来过这里，但沃尔的描述让这个地方听起来像希尔顿旗下的香格里拉：

> 它坐落在苏格兰最东北角的萨瑟兰郡，位于多诺赫湾。这里有两条河——希恩河和伊夫利克斯河，两河相距32千米，它们构成了这个城堡的边界。虽然斯科博和阿拉斯加的朱诺在同一纬度，但在狭长的海湾和萨瑟兰周围群山的保护下，它免受来自北海的凛冽东风的侵袭。一年中的大部分时间里，这里气候温和，杜鹃花会在一月份盛开，每年的日照时间比苏格兰其他任何地方都多。这个国家的其他任何地方都没有这么好的

地理条件。

卡耐基第一次从博纳布里奇的小村庄沿着蜿蜒悠长的道路行驶时，斯科博古老的城堡还只是一片废墟。庄园里没有瀑布，但波光粼粼的大海就在离那儿不远的地方，阳光照耀着，数千英亩（1英亩≈4 047平方米）的旷野笼罩在一片朦胧的绿色中，生长着一些淡淡的薰衣草色石南，它们以后会开出深紫色的花。这里被卡耐基选中，成了他在苏格兰高地的家，他立即着手计划建造一座新的豪华城堡，以及他喜欢的瀑布。

1897年的夏天，卡耐基61岁了。这年的3月30日，他当上了父亲，他一点也没有失去青春的活力。正当他的商业收益接近顶峰时，他的家庭生活也进入了一个新的阶段。正是在这种情况下，合作伙伴和竞争对手都希望他退下，妻子也温柔地鼓励他退休，卡耐基才开始将人生天平向家庭倾斜，这为企业后来被出售给摩根铺平了道路。

打理斯科博庄园是一项巨大的工程，有一个数字能说明这一切：总共有85名员工在庄园工作。

1902年，卡耐基一家搬进了位于纽约第五大道91街的新居，这是他们冬季的住处，在城里，不像斯科博城堡那么大。它实际上也不小，有四层楼，地下还有三层，房间共有64个，客人再多，也够住了。沃尔写道："在当时，整座房子可以说是一个建筑奇迹，使用了很先进的技术工艺。"例如，"空气从外面进来，经过过滤后，再冷却或加热到适宜的温度"。这座房子光建筑设计费就高达150万美元。

1891年，卡耐基发表了一篇题为《贫困的好处》的文章，而现在他却过得如此奢华。这和阿勒格尼河、莫农加希拉河河岸上那阴暗、罪恶的钢铁工厂有多么大的差别啊！当卡耐基的众多偶像之

———赫伯特·斯宾塞被邀请到匹兹堡时,他说:"在这里住六个月,就想要自杀。"

卡耐基在他生命的最后 20 年里,于匹兹堡而言是一个陌生人。无论一个人的想法有多么疯狂,商业世界都需要一些基本原则的。卡耐基所取得的这些成就以及他的巨大财富使他成为一个无法被忽视的人,但他的聪明才智似乎随着他自欺情绪的加剧而日渐消失了。

支持世界和平当然没错,做这些事也不需要什么资格要求。然而,一项艰巨的挑战似乎是至少需要一点谦卑。如果说卡耐基在其性格、事业发展中一直缺少某种特质的话,那就是谦卑。

卡耐基对德国皇帝凯撒·威廉二世(Kaiser Wilhelm Ⅱ)的态度,最能体现他的天真和愚蠢。这里我们不详细讨论威廉二世,他是少数几个被公认的历史上的重要人物之一。他是一个自负的人,建立起了强大的军事力量,同时代的人们和历史学家都知道,这就意味着可能会有战争。威廉二世好战而又愚蠢,人们很难想象卡耐基会与威廉二世志趣相投。实际上,卡耐基从未真正见过威廉二世,他只是在自己的想象中见过威廉二世。

卡耐基的梦想是:在威廉二世和西奥多·罗斯福的一次会晤上,卡耐基向他们描述他的世界和平计划,德国皇帝和美国总统会热情地接受他的计划。卡耐基认为,凯撒是个关键人物,他在 1907 年的一次和平会议上表示:"很多人写文章,说德国皇帝是对欧洲和平的威胁,但我认为这是不公正的。我提醒诸位,到目前为止,他在位已经快 20 年了,他没有制造过任何流血事件。"

那年晚些时候,卡耐基向圣安德鲁斯大学校长报告说:"我与德国皇帝见过三次面,和他一起吃过两次饭,他是个了不起的人,非常聪明、幽默,还带着和善的微笑。我认为他是可以信任的,他宣称自己是热爱和平的。"同样在 1907 年（这一年卡耐基忙于他的和平事业），卡耐基寄给凯撒一份"我的有关国家和平的演讲"，并附了一封有两段文字的信。第一段是这样写的："阁下经常出现在我的遐想和脑海之中，于是我想象自己也变成了一个'皇帝'，发表了我随函附上的独白。"

与摩根父子、乔治·普尔曼、亨利·克莱·弗里克、约翰·D. 洛克菲勒谈判时占尽上风的那个人到哪里去了？在他的职业生涯中，他的机敏无人能比。商业是他的职业，政治是他的爱好。如果说一个鞋匠应该坚持到最后，那就是卡耐基。但他年轻时曾对自己说，金钱是"最糟糕的崇拜偶像"，如果他被迫去强力推动某件事的话，那么财富的积累是无法满足他的，世界和平则是另一回事。

结果却只是白日做梦。对于德国皇帝威廉二世，即便是最宽容的评论家也几乎没有什么好话可说。历史学家戈登·A. 克雷格 (Gordon A. Craig) 把威廉二世描述为"一位热衷于军事行动的波茨坦中尉，他对军服的热爱如此强烈，以至于在观看《荷兰飞人》 (*The Flying Dutchman*) 的演出时，坚持要戴上全套海军上将的绶带；对战友热情，喜欢军事礼仪、军事建议超过其他任何事情"。威廉二世的母亲准确地预感到他怀有对德国来说是灾难的政治观点。卡耐基确实是个古怪的聪明人，对和平充满想象。

在卡耐基看来，世界越黑暗，就越有可能找到光明。他是仅有的两位向威廉二世赠送纪念物的美国人之一，他表示"衷心祝贺您 25 年来带来的和平与繁荣……我们感谢皇帝陛下，您是我们这个时代最重要的和平使者……"这段话写于 1913 年 6 月。在他的自传中，卡耐基写道：

> 当我走上前去，把装有致函的匣子递给他时，他认出了我，伸出双臂，大声说：

"卡耐基，25年的和平可不够，我们希望有更长久的和平。"

我不禁答道：

"在这最崇高的使命中，您是我们的领头人。"

也许卡耐基的风格就是这样的，他喜欢异想天开。凯撒从来没有"伸出双臂"，因为他的左臂在出生时就萎缩了。

人们可以继续谈论卡耐基在和平事业上遭遇的种种不顺。诚然，在凯撒的纪念碑上，可以看到"我们这个时代的和平使者"这句话，这让人不由地联想到1938年，天真的内维尔·张伯伦（Neville Chamberlain）与希特勒会晤之后，从慕尼黑归来带来的可怕预兆。

我想说的是，卡耐基对和平的追求并非真的是为了和平，而是为了他自己。第一次世界大战爆发时，卡耐基用很私人的观点去看待——他的"英雄们"辜负了他。不可否认，他错了。在这种情况下，他不可能像他在商业世界中那般成功地改写历史，他必须面对现实。这个一生顺遂、被阳光照耀着的人，终于不得不亲身体验失败和沮丧的滋味。

自19世纪60年代中期以来，卡耐基所掌握的权力严重扰乱了他的判断力，他甚至相信自己能够解决人类侵略的问题。不过，谁会站出来反驳他呢？他那么有钱，谁也不会忽略他的存在。那些认为他是傻瓜的人只能在他的背后指指点点；而那些奉承他的人，则很乐得在斯科博庄园悠闲地待上一段时间。

结语

尽管安德鲁·卡耐基身上有这样或那样的缺点，但回顾他年的人生，我们不由得肃然起敬。他从一贫如洗到成为最富有的人。如果他认为自己能给世界带来和平，那么这不是比他 1848 年第一次跨越大西洋来到美国之后所经历的成长还要更疯狂吗？他的一生还要再横渡大西洋 65 次。谁能想到，他的一生会有这么多次旅行呢！谁又能想到，他后来再也不用坐统舱了。

安德鲁·卡耐基是个了不起的人，他总是能看到别人看不到的新领域。他对生活的热情和喜爱自己的能力令人尊敬和羡慕。

卡耐基虽然是个了不起的人，但并不总是个好人。事实上，在他的人生故事中，一个有趣的方面是伟大和善良在很大程度上是相互排斥的。他和汤姆·斯科特的关系引发了一场冲突，这场冲突不可能简单地就能解决。说了这么多，做了这么多，在商业的世界里，卡耐基到底欠他的导师吗？当斯科特在 1852 年遇到卡耐基时，他们因生意而建立了友谊。21 年后，当斯科特试图拉卡耐基向得克萨斯和太平洋铁路项目投资时，卡耐基把两人之间的朋友关系变成了一种商业关系。商业关系和朋友关系是完全不同的，前者需要的是精明和算计，而后者则完全忌讳这一点。

在霍姆斯泰德钢铁厂大罢工事件中，卡耐基的行为就不那么令人称颂了。在这个事件中，我们看到了一场直接的冲突：一边是善良的卡耐基，他是劳工的朋友；另一边是伟大的卡耐基，他是追求低成本的工厂主，并因此成为钢铁之王。工会本身并没有什么好处，而且大多数管理者都不喜欢工会。可是，问题不在这里，而在于面对危机，卡耐基逃到了苏格兰隐居，留下他的助手亨利·克莱·弗里克冒着生命危险替他处理杂乱的局面。

在关键时刻，当伟大和善良发生冲突时，卡耐基选择了伟大而不是善良。在商业的世界里，这两者经常会发生冲突。

从一开始，当卡耐基想成为一名男子汉，幻想着杀死一个国王时，他就有一定的野心。胸怀大志可以成就大事，但也会导致错乱。在卡耐基生命的最后 20 年里，他的巨额财富使他远离现实，进入一个刹不住车的幻想世界。在他做生意的时候，总有一些人会发表观点抨击他，有些人会当面告诉他一些有伤害性的事实，甚至威胁到他的人身安全。但是卡耐基有"选择性健忘症"，他可以把这些批评置之不理。但这些批评仍然存在，这是事实。

当卡耐基从公司退休以后，这些批评就消失了。如今他的幻想不再受约束了。他一生中已经实现了那么多不可能的事情，为什么要相信有什么事情是他做不到的呢？

卡耐基对和平的追求并不是他人生的新篇章。相反，这是自 19 世纪 60 年代以来金钱和权力给他带来的错乱。这提醒我们，在其他商界伟人身上，也要注意类似的问题。

不用过多久，我们就会再次遇到类似的故事。

安德鲁·卡耐基大事记

1835 年 11 月 25 日	安德鲁·卡耐基出生在苏格兰的邓弗姆林。
1848 年 5 月 17 日	卡耐基一家从苏格兰出发。
1848 年	安德鲁·卡耐基开始自己的第一份工作：绕线。
1851 年	卡耐基成为一名电报员。
1853 年 2 月 1 日	卡耐基加入宾夕法尼亚铁路公司，被托马斯·斯科特雇用，成为一名电报经理。
1859 年 12 月 1 日	卡耐基成为西部分公司的经理。
1862 年 2 月	派珀和希弗勒公司成立，主要生产铁轨和桥梁，卡耐基拥有其 1/5 的股份，后来该公司被重组为基石桥梁公司。
1865 年 3 月至 5 月	Kloman & Phipps 与 Cyclops 合并成立联合钢铁公司，后来被重组为 Carnegie, Kloman & Company，但仍被称为联合钢铁公司。
1865 年 3 月 28 日	卡耐基从宾夕法尼亚铁路公司辞职。
1873 年	卡耐基的埃德加·汤姆森钢铁厂在布拉德克开始建设。
1881 年	卡耐基投资了 Frick Coke 公司。
1883 年 10 月	卡耐基收购了霍姆斯泰德钢铁厂。
1887 年 4 月 22 日	卡耐基娶了露易丝·惠特菲尔德。
1890 年 11 月	卡耐基收购了 Duquesne 钢铁厂。
1892 年 6 月 29 日	霍姆斯泰德钢铁厂关闭。
1892 年 7 月 1 日	卡耐基重组公司并将其控股的公司合并为卡耐基钢铁公司。
1901 年 1 月	卡耐基同意以 4.8 亿美元的价格将公司出售给摩根，卡耐基的个人股份是 3 亿美元。
1919 年 8 月 11 日	卡耐基在马萨诸塞州雷诺克斯去世。

第二章　乔治·伊士曼

开创大众市场

在 1877 年年末和 1878 年年初，伊士曼意识到干板照相技术有可能改变整个摄影行业。

小引

"我的朋友们，我的工作已经完成，还需要等什么呢？"1932 年 3 月 14 日，星期一，下午 12 点 50 分，乔治·伊士曼用颤抖的手在一张黄色横格纸上写下这些文字之后，自杀了。就连这件事，他也安排得一丝不苟。

他把笔帽放回写那封信的自来水笔上。他抽了一支烟，小心地把烟头熄灭了。他把一条湿毛巾叠在胸前，显然是为了防止烫伤。他朝自己的心脏开了一枪。他确切地知道应该把鲁格尔自动手枪放在什么地方，因为不久前他曾请私人医生在他的胸前勾勒出心脏的轮廓。纸条旁边是他深爱的母亲的缝纫篮，里面有两只手套。附近还放有另一把鲁格尔手枪，防止第一把枪射不出子弹。奇怪的是，对于这样一个严谨的人来说，这张纸条本身在某种意义上是有点误导人的。

伊士曼家族

乔治·伊士曼逝世时 77 岁。他的家族史与美国的历史交织在一起。他母亲玛丽亚·基尔伯恩（Maria Kilbourn，Maria 发音为"Mah-rye-ah"）的祖先于 1635 年在康涅狄格州的一个荷兰人定居点登陆。三年后，罗杰·伊士曼从威尔士移民到今天的新罕布什尔州富兰克林。罗杰的后代中有：美国独立战争时期美国方面的将军，参议员丹尼尔·韦伯斯特（Daniel Webster），弗朗西斯·阿马萨·沃克（Francis Amasa Walker，麻省理工学院早期的一位校长），高露洁兄弟西德尼（Sidney）和亚瑟（Arthur），以及乔治·华盛顿·伊士曼（George Washington Eastman）——乔治·伊士曼的父亲。

乔治·华盛顿·伊士曼于 1815 年 9 月 9 日出生于马歇尔的家中，在纽约奥奈达县（Oneida）沃特维尔（Waterville）附近，他是十个孩子中最小的一个。六年后，七个孩子中最小的玛丽亚·基尔伯恩在附近的一个农场出生。乔治和玛丽亚在 1844 年 9 月 25 日成为夫妻时，伊士曼和基尔伯恩两家已经通婚多年了。

伊士曼发现自己有"书法方面的天赋"。他早在 19 世纪 30 年代初就开始在学校以及作为私人教师教授书法了，此外，他还在家庭农场工作。1842 年，他搬到罗切斯特，继续做书法老师。19 世纪 40 年代，伊士曼还开始教授簿记和会计。在一些亲戚的帮助下，他开办了一所商业学校——这是罗切斯特第一所"商业学院"，这一时期他与人合著了一些有关他所教科目的教科书。

玛丽亚并不讨厌罗切斯特，但她更喜欢住在乡村。1849 年，伊士曼带着全家迁往沃特维尔和尤蒂卡（Utica）之间的一个10英亩大的农场，他以3 000美元的价格买下了这个农场。他在沃特维尔也开办了一所商业学院。因此，19世纪50年代初，他经营着两所相距120英里的学校，以及一个农场。伊士曼住在罗切斯特，而他的家人每年大部分时间都住在沃特维尔。

在乔治东奔西跑做生意的这些年里，他们的家庭也开枝散叶，增加了好几口人。1845年11月4日，他们的第一个女儿艾伦·玛丽亚（Ellen Maria）出生了。1850年8月6日，第二个女儿艾玛·凯特（Emma Kate）出生了。1852年，第一个儿子出生后不久，就夭折了。1854年7月12日，小乔治·伊士曼（George Eastman）出生了。

我们对伊士曼家族的生活知之甚少。身为商人，父亲似乎总有些压抑，长期与家人分离可能使他感到沮丧。从外人的视角来看，他们的生活本可以更和谐，更美好。从经济的角度而言，小乔治·伊士曼童年的生活似乎并不拮据，他也不会远离大自然，火红的玫瑰和翠绿的果树装点着沃特维尔农场。但似乎就是缺了些什么。

从一些零散的记录中可以看出，童年的伊士曼并不快乐。乔治·伊士曼在1920年回忆道："我在40岁之前就没怎么笑过。"为了一如既往地保持精确，他补充说道："我可能咧过嘴，但我从未开怀大笑过。"这句话耐人寻味，与卡耐基、山姆·沃尔顿和罗伯特·诺伊斯（我们在本书其他部分讨论他们的故事）形成鲜明对比。这句话是伊士曼的典型语录。他知道他的童年缺少了一些很重要的东西。但他对此总是轻描淡写，而不是大吐苦水。

在现代发达的医药技术出现之前，疾病，尤其是呼吸道感染和传染病，以及夭折，都是生活中司空见惯的事情。伊士曼家族在这两方面都曾遭受过巨大的痛苦。玛丽亚有一个孩子在婴儿时期夭折了，还有一个女儿艾玛·凯特在不到一岁的时候就患上了小儿麻痹症，直到 1870 年去世，她一生都忍受着疾病的折磨。

乔治·华盛顿·伊士曼，据他儿子的传记作者伊丽莎白·布雷尔（Elizabeth Brayer）所记载，"对他来说，美国梦似乎触手可及"，到 1857 年，他的梦想溜走了。原因尚不清楚，不过，他患上了风湿性关节炎，在家里待了一段时间之后，他的身体健康状况每况愈下。1857 年，美国出现了金融恐慌，北方的经济变得非常萧条。

1858 年，老伊士曼出售了他在沃特维尔的生意。两年后，因为经济困难，他又卖掉了沃特维尔的房子。一家人回到罗切斯特安顿下来。"接下来，"布雷尔写道，"一场彻底的灾难降临。"老伊士曼于 1862 年 5 月 2 日去世，据称死于"脑功能障碍"。

我们无法判断，乔治·华盛顿·伊士曼究竟有多接近他的美国梦。他选择做生意的行当都不太赚钱，不像他儿子后来创立的公司。尽管老伊士曼在 1857 年之前可能发过财（这一点谁也说不准），但从那以后，伊士曼家族的生意和财富就开始走下坡路。老伊士曼年轻的时候可能有过远大的梦想，但他似乎从来没有能力把控一切，无论是在工作上还是在个人生活上。即使他也曾有过宏图大展的夙愿，但从没有让别人知道过。在他的个人生活中，在每年的大部分时间里，他总是自愿地离开家人，接受家的流放，而那里本应是他心灵的避风港。他没有成为儿子的好父亲。当他最后终于回归家庭的时候，他却卧病在床，而这时候他的妻子还有一个身体娇弱的孩子需要照顾。

乔治·华盛顿·伊士曼去世时，他的儿子才七岁。这个家庭的社会地位和经济状况于 1857 年开始下滑，到 1862 年突然急转直下。玛丽亚带着孩子们住在罗切斯特，没有收入，她只好打开家门收留寄宿生，以维持家庭生计。后来，她搬到了便宜一点的住处。

布雷尔断言，小乔治·伊士曼自己选择性的记忆夸大了贫穷的程度，事实上这个家庭当时的状况与其说是极度贫困，不如说是勉强能维持体面。

布雷尔在这类问题上是一个权威，但如果她是对的，那么伊士曼自己的选择性记忆就是错的。这就值得注意了。父亲给这个家庭留下的不是资产而是债务，据说小乔治·伊士曼对此愤愤不平，怀恨在心。寄宿生在那个年代的确很普遍，但这也是家庭内部经常爆发矛盾的一个原因。而且寄宿生带来的收入也不会很多。玛丽亚·伊士曼出生于一个豪门望族，尽管没有相关记录，人们还是想知道，在遭遇极端困难的时候，她的娘家是否会伸出援助之手。

年轻时的乔治·伊士曼

乔治·伊士曼在公立学校上了七年学，然后退学，去了一家保险公司当办公室助理，每周能挣3美元。他的工作职责包括打扫卫生、清理痰盂。当时是1868年。伊士曼受的正规教育竟然少于他的母亲，这在美国大亨中很少见。

伊士曼身材矮小。他在一生中的大部分时间都被当成容易害羞的人，但这种描述似乎不太准确。他在职场上一帆风顺。他工作很努力，每周工作60个小时。他喜欢赚钱，也喜欢在衣服和旅行上花钱。他对家人，特别是生病的姐姐很慷慨；他出资给圣公会教堂（Episcopal Church），以取悦他的母亲。值得注意的是，伊士曼并不是在变得富有之后才这么慷慨的。他喜欢阅读、旅行和户外活动。到1873年，他已经走遍了芝加哥、纽约以及那里的许多城镇，并在新英格兰海岸钓鱼和航行。我们都知道，安德鲁·卡耐基到达美国后惊叹"周围的一切都在变化"！而伊士曼在其早年的旅行经历中证实了这一点。

除了旅行，伊士曼还广泛参加各种讲座，订阅了 Harper's 等报刊杂志。尽管听上去很让人难以置信，伊士曼还是笔名为"奥利弗·奥普蒂克"（Oliver Optic）的作品的狂热读者。当时，霍雷肖·阿尔杰（Horatio Alger）风格的青少年著作都署名为"奥利弗·奥普蒂克"，这些书的主题总是围绕着旅行或科学，鼓励人们去冒险。印第安纳·琼斯（Indiana Jones）就是一位现代版的奥普蒂克式探险英雄。

在工作环境中，我们再次看到伊士曼的实际举动和他所谓的羞怯形象之间的表里不一。有一次，他要求加薪（对大多数人而言，这是令人难以启齿的经历），这个愿望没有得到满足，他立马跳槽去了另一家保险公司。到1869年，在他15岁的时候，他每周已经可以挣到6美元。一开始，他被视为"新人"，但最终，他顺利成为该公司的合伙人。

在经历了一段不堪回首的童年后，伊士曼的生活开始渐入佳境。1871年，一场大火吞噬了芝加哥的大部分地区。一些在当地投保的企业发现它们的保险公司破产了，无法得到足额理赔。经历这次教训之后，企业主开始在更多城市购买保险——这么多城市不可能一下子全部被烧毁。显然，罗切斯特是一个最佳选择，年轻的伊士曼很快发现自己签的新保单金额高达75万美元或更多。

从1871年开始，伊士曼的经济状况日益好转。他每月从保险公司获得41.66美元的工资，在业余时间他还以消防员的身份打工，每月可以挣8美元。他持有的抵押贷款开始生利息，他还在房地产领域进行了少量投资。他可以照顾自己的母亲，那是他整个情感世界的中心轴。他也开始有钱干点其他感兴趣的事。

1874年，母亲收留的一个寄宿生告诉伊士曼，罗切斯特储蓄银行正在招聘。此前不久，始于1873年的大恐慌事件使美国的国民收入暴跌，失业率飙升。工作岗位是非常稀罕的，僧多粥少。有八人来竞争这个"年薪700美元"的银行员工职位，竞争十分激烈。然而，看上去十分害羞的伊士曼竟然可以毫不费力地证明自己是这份工作的最佳人选，而且，他成功了。到第二年一月，他被提拔为第二助理簿记员，他的年薪增加到1 000美元。

本杰明·富兰克林的传记作者曾经写道："在任何年龄、任何地方，富兰克林都如此出色。"这句话也可以用来评论乔治·伊士曼吗？他是否拥有一把在19世纪最后25年的美国能够打开成功之门的独一无二的钥匙？或者说，他具有能够让他"无论在什么年代、什么地方"都能成功的性格特征吗？

成功的商人往往对数字很敏感。有时，企业家可以通过对一个数字或简单算术关系的解码而获得成功。对于约翰·D. 洛克菲勒而言，他的商业秘密就是：炼油厂规模越大，单位成本就越低。如果一家炼油厂的日产量为500桶，单位成本就是每加仑0.06美元。如果日产量达到1 500桶，那么每加仑石油的成本就降到0.03美元。"从那时起（1860年代）到今天，规模与成本的关系一直都是最关键的。"洛克菲勒对这一关键秘密的理解推动了他的商业战略。

几个关键的数字构成了安德鲁·卡耐基所主宰的钢铁工业的核心。他是这样说的：

> 世界第八大奇迹是：
>
> 在苏必利尔湖畔购买2磅铁矿石，运到匹兹堡；在康奈尔斯维尔开采2磅煤，制成焦炭，运到匹兹堡；在弗吉尼亚州开采一些锰矿，然后运到匹兹堡。这4.5磅重的原材料被制成1磅重的实心钢铁，以1美分的价格出售。
>
> 这就是钢铁行业的全部事实。

1856年，亨利·贝塞麦发明了贝塞麦钢铁工艺。在他的炼钢工艺商业化之前，钢铁的价格是每吨50～60英镑，约合240～288美元。如果每磅钢铁售价1美分的话，每吨钢铁的价格约为20美元。

根据戴维·里斯曼（David Riesman）深刻的洞察，亨利·福特是一个"痴迷于时间"的人。对于福特来说，关键的衡量标准是他在高地公园的大型工厂中生产一辆T型车所花费的时间。在1913年秋天，福特工厂组装一辆汽车底盘花费12小时20分钟。第二年春天，完成同样的工作只需要花费1小时33分钟。如果说福特的竞争对手在1914年仍然以1913年的速度运转……或1913年速度的一半运转……甚至是1913年速度的四分之一运转……这位竞争对手也会迅速濒临破产。

人们必须记录和跟踪数字，才能让数字变得有意义。1855年，约翰·洛克菲勒开始谨慎而准确地记录他的分类账户。那一年他16岁，刚刚在克利夫兰（Cleveland）的福尔松商业学院（Folsom's Commercial College，伊士曼的父亲创办的那种机构）学过一些课程，并开始了他的商业生涯。乔治·伊士曼也开始担任簿记员。

伊士曼于1868年3月7日开始记账。那一年，他才13岁。布雷尔提到"细致的记录和斯宾塞式的文字"，在其中"他仔细记录了所赚取和花费的每一分钱"。伊士曼的账本给现代读者留下深刻印象的是他的账簿非常精美、丰富，"包容"一词可以表达这个意思。也许注意到这种细节是一种过度的解读：如果伊士曼长大后只是一个普通的商人，读者或许就不会做这种过度解读了。但是，乔治·伊士曼不是个普通商人。他长大后开创了一个全新的行业，关于他的困惑之一就在这里：为什么是乔治·伊士曼？为什么不是别人呢？

在乔治·伊士曼还是孩童时，我们就可以在他身上发现成为19世纪后期美国伟大的企业家应有的特质。首要的一点前面已经讲过了，那就是乔治·伊士曼对数字运用自如，这一点与他旺盛的精力及认真的态度相结合，造就了他的成功。伊士曼工作的时候非常专注，人们大可不用担心他。青年时期，他没有依靠任何人就出去闯荡社会。他愿意尽一切努力做好工作，即使这份工作包含清洁痰盂的工作内容。他并没有因骄傲而受挫，也没有因恐惧而崩溃。如果他的薪水低于自己认定的价值，他就会离职，在其他地方找到工作。我们可以推断出他从不看低自己，但他也没有十分傲慢。雇用他的银行老板们有很多选择，很多人以为他们会选择能吹善讲的人。

其次一点就是他热爱旅行。与1860年代和1870年代大多数美国年轻人不同，伊士曼和卡耐基一样，是在城市出生和长大的。然而，从一开始，他就既享受乡村生活，也喜欢城市生活。当时，在美国旅行是很辛苦的。旅游（travel）这个词来自法语 travail，意思是"辛苦"。但年轻的伊士曼游历了很多地方。

尽管看尽人间繁华，伊士曼仍然选择返回罗切斯特。在他的一生中，他环游世界，但他的根在罗切斯特。在他那所著名的房子里，有一处引人注目的关于远方和家的声明。也许正是他对罗切斯特的依恋，使他得以走得更远——无论是职业类型的选择还是地理范围上。此外，他的慈善事业惠及了很多人，包括伊士曼音乐学院和罗切斯特大学的学生，通过他们，他将繁华大都市的教养带到了杰纳西河（Genesee River）的岸边。

1877年，伊士曼正准备再次出发去旅行。这次旅行的目的地是加勒比海（Caribbean）的圣多明哥（Santo Domingo）。这次旅行的目的不是逃避罗切斯特寒冷的冬天。相反，伊士曼想去考察一下投资地产生意的可能性。罗切斯特储蓄银行的一位老朋友建议他随身携带照相机,以记录他可能遇到的情况。

伊士曼的这趟旅行最后没能成行,但是,他的确购买了摄影器材,开始了他生命中伟大的旅程。

人与时间相遇

长久以来,人们从绘画中看到美景后想要去现场的冲动总是与生俱来。人类自有记录的历史以来就开始绘画,绘画活动把人与人联系起来,把人与动物区分开:人会绘画,而动物不会。

在山洞的岩壁上看到一幅古老的壁画,这是多么深刻而又令人惊叹的经历啊!曾有一个人站在那面岩壁前,随手将自己刚刚见过的动物形态刻画在山洞里。为什么?为什么他看到了动物还不能满足呢?在山洞岩壁上刻画动物的形象,这到底是如何赋予艺术家某种意义的呢?

人们总是试图通过绘画来捕捉现实。一幅画可以使时间停止。一幅画像可以给你某种力量,让你看到别人眼中的自己。但事实并非如此,时间并不会真的停止。世界上也没有任何一幅图画,无论是人的画像还是关于任何其他东西的绘画,会跟那个人或那件东西真的一模一样。

比利时超现实主义者勒内·马格利特(René Magritte)曾画过一幅管子的画(是用于吸烟的那种管子,而不是用于灌水的那种水管)。他在画布下方写下了一段字体偏大而又流畅的脚本:"这不是一只烟斗"(Ceci n'est pas une pipe)。起初,这句话令人困惑。为什么要画出明显是烟斗的图片,然后在画布上写"这不是一只烟斗"呢?原因是它确实不是烟斗,它只是烟斗的画像。这幅画的标题是《图像的背叛》。

自从人类发明摄影技术以来,大量有关摄影的书问世。那些极具创造力的艺术家们，选择通过摄影来表达自己。相机不只是一件玩具，也不只是一种具有神奇功能的设备——虽然它兼具玩具和魔法的特点。像其他伟大的艺术表达媒介一样，一张照片可能会打动不同背景、不同文化和不同语言的人。

因此，照片（以及使其成为可能的照相机和胶卷）并不只是一种新的产品。一位历史学家在撰写关于伊士曼的文章时指出："这种神奇的内部工艺立刻吸引了伊士曼，他深深地沉迷于相机，这超出了历史学家能理解的范畴。这位年轻的银行职员在镜头后面、在显影室中所花费的时间越来越多，他还阅读了当时能找到的所有和摄影技术相关的资料。"

问题在于，这些都还不够，摄影是一个十分特殊的行业。伊士曼并没有像洛克菲勒和卡耐基那样，生产像石油或钢铁这样的基础商品。他也没有生产诸如食物、衣服和房屋等满足基本需求的商品（人们的生活需要食物、衣服和房屋这些基本需求品，但照相机并不是这个意义上的生活必需品）。他也没有靠操纵货币来赚钱。所有这些选择都摆在他面前，特别是最后一个，因为毕竟伊士曼曾经在保险业和银行业打拼多年。

当我们探讨伊士曼的一生及其职业生涯时，有一个重要的问题不能遗忘：伊士曼选择投身于摄影行业，仅仅是因为或主要因为这是一个商业机会，还是因为用胶卷及时捕捉某个影像对他来说有什么特别之处？我们永远不会知道，但我猜后者比前者更接近事实。伊士曼的第一个赞助人亨利·阿尔瓦·斯特朗（Henry Alvah Strong）就认为照相机不过是一个能帮他赚钱的玩具而已。有许多人都持这样的想法。如果说伊士曼想要的只是像斯特朗一样多挣点钱，那他早就证明过，除了摄影之外，还有许多其他的途径可以让他变得富有。

伊士曼选择摄影这个行业，也并非因为他是一位艺术家。在全部有关摄影艺术的著作中，他很少被当作一个艺术家来提及。他的确有一定的美感，但那只是十分个性化的、随性的。尽管如此，我们还是很难相信，对伊士曼来说，摄影只是一桩生意。

也许伊士曼只是以玩耍的心理在做这个行业。乔治·伊士曼从不知道自己到底是一个什么样的人。其实，许多人都不真正地了解自己。但对于伊士曼来说，这种对自我认知的欠缺折磨着他，尤其是在青春期和刚刚进入成年期的时候。

伊士曼的童年很短暂。由于父亲的去世，他早早地就被迫挑起家庭的重担。那时候，他还不到八岁。在家里他不可能获得多少关于自我的认知。母亲似乎总是郁郁寡欢，在家里是一个无足轻重的人。而父亲是一个失败的人，就像卡耐基一样，总是缺乏耐心。伊士曼早期的照片看上去就像一个在尝试各种"可能的自我"的男人。像是一个隐喻，这个男人从小生活的家里没有镜子，而照片恰恰是一面镜子。

换句话说，在我看来，伊士曼进入摄影这个行业并不是为了钱（当然，他也不愿意这么说）。声称不以金钱为动机的企业家的名单很长，其中许多人的说法并不令人信服。标准石油公司的高管亨利·赫特尔斯顿·罗杰斯（Henry Huttleston Rogers）是和伊士曼同时代的人物，他在《名人录》（Who's Who）中将自己形容为"资本家"，他曾对国会调查委员会说："我们做生意可不是为了健康，做生意就是为了赚钱。"

然而，对于伊士曼来说，恰恰相反，他的确不是为了赚钱。毫无疑问，他也喜欢金钱，但是对他来说，他有很多其他赚钱的方式，这些方式远比在一个新颖的、充满不确定性的、技术密集型的行业中，以很少的本金和学习机会来赚钱容易得多。1930年，当他回顾自己的职业生涯时,他说:"我当时只想赚足够的钱,这样我的母亲就不必再工作了。"摄影这个行业有些东西刚好吸引了他。

自古以来,人们就知道有些材料暴露在光照下会褪色,有些则会变暗。然而,直到18世纪早期,欧洲才开始出现光敏化学物质实验,特别是银化合物的实验。

法国人发明了达盖尔照相法(daguerreotype),并于1839年最早在文章中发布了这种方法。这是摄影的雏形,以现代人的眼光来看,像是关于照片的比较合理的先驱产品。不出所料,人们立刻对达盖尔照相法表现出了极大的兴趣。亨利·贝塞麦(Henry Bessemer)当时年仅26岁,在他后来的生活中,他写道:"我清楚地记得,达盖尔的伟大发现使整个世界为之震惊。在他公布这项技术的那一刻,几乎没有人能想到这样一个奇妙的事实:借助化学和其他科学知识的结合,达盖尔捕捉到了转瞬即逝的光影,并将其永久固着在银色的盘子上。"人们对这一复杂过程进行各种积极的改进实验。

到19世纪50年代中期,摄影师已经可以使用"火棉胶湿板"工艺来制作照相底片。同期的一篇名为《摄影奇迹》的文章如此描述湿板摄影工艺:

> 底片要在清洁的晶体玻璃上进行处理,先抛光并用粉状的磨石或酒精彻底清洁,然后涂上醚、酒精、火棉,以及溴化物和碘化物的混合物,然后浸入纯净水和银硝酸盐溶液中,停留片刻之后,火棉胶软片变得对光高度敏感,因为它浸渍在银溶液中,只要有光照射,它就会变黑。
>
> 然后,立即将玻璃底盘拿到暗室中,用溶液去浇它,图像开始显示为底片。将其清洗并用另一种溶液固定,干燥后涂上保护层,然后将其放入打印机,将底片压在一张已用蛋清处理过的纸上,再次干燥后,使其漂浮在银溶液上,最后一次干燥

后，再使其暴露于氨气中。底片和纸张在木制框架中压在一起，并暴露在强光下。再然后，正片影像就会显现在纸张上，因为底片中较暗的区域会保护纸张表面免于曝光。为了防止整张纸上的图像变黑，必须用亚硫酸钠溶液进一步处理纸张。之后，将其再次冲洗，然后置于金和其他化学物质的氯化物溶液中进行调色，对其进行最后的洗涤，接着干燥、修整，粘贴到较硬的卡片上，再次干燥，压制和抛光。

我将上述过程描述得如此详细，是基于几个方面的考虑。首先，在19世纪中叶拍一张照片并不容易。考虑一下刚才描述的过程中所涉及的各种专业知识，这是一个没有后悔机会的过程。在任何一个环节出错，都意味着会产生一张糟糕的照片，或者做不出照片。人们必须先向老师学习，才能拍出好照片。

1871年，英国一位医生发表了一个用明胶溴化银乳剂代替火棉胶的实验报告。这项发明具有划时代的意义——尽管这位医生自己都不了解这个实验意味着什么。经其他人改进后，"快速明胶干板开启了现代工厂批量生产摄影材料的新时代，摄影师不再需要准备自己的印板……（明胶干板）可以保存很长时间，并且可以在曝光的瞬间拍摄出真正的即时照片"。

一个纯属偶然的机会，伊士曼恰好在技术发展史的拐点上对摄影产生了兴趣。他在1877年至1878年的秋冬季学习了火棉胶湿板摄影技术。如果他是在一两年后才开始学习摄影，或许他将永远没有机会在摄影的历史上有这样的地位。1878年3月，查尔斯·班尼特（Charles Bennett）在《英国摄影杂志》上发表了他在干板感光乳剂方面的一些研究成果，而伊士曼恰巧在数月前订阅了这本杂志。

为什么这一系列巧合如此重要？首先，摄影技术激发了伊士曼的好奇心和创业精神，让他思考接下来会发生什么。如果摄影技术能得到显著的改进,接下来会有哪些商业机会呢?伊士曼在比较早的时候看了很多一手资料,这让他明白技术的进步可能意味着什么。

伊士曼后来说:"英国医生的文章让我找到了正确的方向。"他在业余时间(他在罗切斯特储蓄银行有一份全职工作)开始研究自己的干板乳剂配方。一开始,他老是失败,接着,他试了一次又一次。最终,他做得很好。他最开始的目标很简单,就是让自己拍照更简单,"但很快我想到了商业生产的可能性"。也许我们还应该注意到,伊士曼说的这句话跟卡耐基对钢铁工业的信念有一些相似之处。19世纪60年代,钢铁是论磅来生产的。但是,到了19世纪70年代初,也就是伊士曼对摄影产生兴趣的五年前,贝塞麦工艺就彻底改变了钢铁的生产和经济状况。和伊士曼一样,卡耐基也从钢铁行业的技术拐点中获益良多,而钢铁工业成就了卡耐基的财富人生。

也是因为偶然,教过伊士曼湿板摄影技术的两位老师后来在他的职业生涯中发挥了极其重要的作用。其中一位是乔治·门罗(George Monroe)——一名专业摄影师,伊士曼向他支付了5美元的课程费用。15年后,当伊士曼的一位重要副手为了创办一家竞争性公司而离职的时候,伊士曼去拜访门罗,并成功说服门罗加盟他的公司。

伊士曼的另一位老师是整个罗切斯特市仅有的两名业余摄影师之一。他是一名专利律师,名叫乔治·B. 塞尔登(George B. Selden),就是1895年11月5日被授予专利号549160的乔治·塞尔登。他发明了一种由"压缩型液态碳氢发动机"驱动的"改进的道路发动机",这是汽车工业历史上最重要的专利之一。如果亨利·福特没有努力奋斗并超越它,也许就不会有今天的福特汽车公司,而汽车工业的历史也会截然不同。关键是乔治·塞尔登了解专利方面的事情,事实证明这一点很重要。没有深谋远虑的专利战略,伊士曼就不可能在摄影界取得成功。

1877年11月13日,乔治·伊士曼购买了相机和相关设备,花了49.58美元,加上他为课程支付的5美元,我们看到他成为一名摄影师共花费了54.58美元。1900年,伊士曼柯达公司推出了布朗尼相机(Brownie),它的售价仅为1美元,你无须学习如何摄影,就可以用它拍出完美的照片。与此同时,一个胶卷的价格是15美分。这是伊士曼商业生涯中最重要的两个数字:54.58美元和1.15美元。

除价格外,伊士曼自己购买的相机与他在世纪之交开发出来并对外销售的相机之间的另一大区别,就是配套装备。以下是伊士曼在1877年的入门摄影套件中所包含的东西:

> 笨重的相机本身,加上三脚架,再加上板子、纸、用于存放底片的盒子,一个可以设置成暗室的帐篷,以及一个小型化学实验室的摆设:硝酸银、醋酸钠、金、钠和铁的氯化物、火棉胶、清漆、酒精、石蕊试纸、比重计、刻度尺、蒸发皿、漏斗、硬毛刷、秤和砝码,以及洗涤设备。

与之相比,1900年开始销售的布朗尼相机只是一个小而轻巧的盒子,里面装着未曝光的胶卷。

考虑到相机昂贵的购置成本和技术复杂性,业余摄影师的数量寥寥无几就不足为奇了。最有消费影响力的市场存在于专业摄影师之中,而专业摄影师抵触变革,因为他们必须掌握那种老式照相设备的所有奥秘才能拍出好照片,老式相机的奥秘恰恰对新竞争品构成了障碍:对老式相机的精通是他们获取高收入来源的保障。用萧伯纳(Bernard Shaw)的话来说,对外行来说,专业人士总是充满阴谋。摄影也不例外。

乔治·伊士曼最初涉足摄影的时候，尚未对未来的事业做出一个明确的规划。他不像科学家那样，从一开始就是为了探索可以治愈疾病的方法，所有的中间步骤都只是达到目标的手段。伊士曼一开始是靠工资收入进入摄影行业的。但是一步一步地，他的摄影事业开始自证未来。不同于爱迪生之于电灯泡、福特之于汽车、史蒂夫·乔布斯（Steve Jobs）之于个人电脑等惊天动地的变革，伊士曼既不打算改变世界，也不打算改变摄影行业。他出发了，只是因为他从未想过留在原地不动。

一个新产业的诞生

在1877年年末和1878年年初，伊士曼意识到干板照相技术有可能改变整个摄影行业。他的目标是提出自己的干板方法，该方法将优于市场上的其他方法。到1878年夏天，他一直在进行实验，从每天下午三点离开银行，一直到第二天的早餐时分，他无心睡眠。他的作息习惯似乎更适合硅谷的软件工程师，而不是我们对125年[①]前慢节奏生活的刻板印象。

企业家被定义为受机会驱动、不会被资源限制的商业人士。伊士曼的机会是一个更好的干板方法，但是他受到限制的资源则包括人们可以想象的所有资源：人脉、资本、教育、设备和时间。但是，在商业机会面前，这些资源限制阻碍不了他。

从本质上来说，伊士曼并不是一个研究型的人。他对化学本身一点都不感兴趣。他说，"方法是严格意义上的实证主义：有用的，留下；没用的，扔掉"。几个月后，他提炼出了一种乳剂，他认为

[①] 本书英文版出版于2003年。——译者注

这是对市场上所有显影技术产品的改进。

事实上，把这种乳剂涂抹到用于摄影的玻璃板上是很困难的。因此，伊士曼开始着手制造一种机器，可以把他的新乳剂涂抹到玻璃板上。看来，他在机械发明和化学方面都具有相当的天赋。到1878年夏天，他制成了这种机器。

伊士曼于1878年6月前往英国，申请了乳剂和乳涂敷机的专利。英国当时是摄影工业的中心，但我们仍不清楚为什么他选择英国作为第一站。回到美国以后，乔治·塞尔登建议伊士曼在美国也为其发明申请专利。伊士曼听取了塞尔登的建议，但最终塞尔登缺乏进取心使他感到不安。1887年，他换掉了塞尔登，并解释说："我们需要一名战士。"

在乳剂制造和生产机械这两个领域，伊士曼都在不断改进。新的乳剂配方、新机器和新专利产品都是在一家音乐商店上方的阁楼里面造出来的，伊士曼把这间阁楼称为他的工厂。一切都在有条不紊地推进。与此同时，伊士曼继续在银行上班。

到1880年4月的时候，在罗切斯特市金融区的道富银行街73号，伊士曼开始使用他拥有专利的机器，批量生产涂有他的专利乳剂的摄影用干板。他"干得十分得心应手，从雇用工人到解雇工人，从发明、混合、制作，到销售、记账和联系客户，他自己承担了所有工作"。同时，他在银行的工作也干得很好，不断升职加薪。

这是1880年美国人自由生活的典型标志：伊士曼可以创立一家公司，无须咨询律师、银行家和会计师。在1879年和1880年，他经营一家没有合法身份的公司，总共赚到了4 000美元。

1880年年底，伊士曼决定改变。这一年早些时候，他曾试图说服他在保险公司的前雇主加入他的合伙人行列，对方礼貌地拒绝了他的请求。这是一个代价多么高昂的错误！

伊士曼还找到了罗切斯特著名的商人亨利·阿尔瓦·斯特朗，斯特朗决定在伊士曼身上赌一把。事实证明，斯特朗与伊士曼之间的合作关系是卓有成效的。斯特朗是少数几个消除了伊士曼作为商界职业人士与他柔软内心之间隔阂的人之一，他后来成为乔治·伊士曼个人与公共部门之间连接的桥梁。

在伊士曼创业的早期，对公司发展和个人事业的直觉使他能够做得足够出色。大多数初创公司都失败了，而且都是在公司创立后不久就陷入失败。但是，伊士曼柯达公司挺过了初创期和成长期，并且做得很出色。其中的原因是什么？

一般来说，企业家大多也是冒险家。从常识来说，企业家承担巨大风险的同时也获得丰厚的回报。实际上，大多数（是大多数，但不是全部，有些人喜欢探险，风险让他们感到快乐）企业家都期待获得高回报，而努力规避风险。问题在于，风险总是存在的。即便有时候我们可以量化风险的程度，计算与不同行动方案相关的风险级别。但事实是，当我们完成对风险的计算以后，在承担风险时还包含运气的成分。

纵观整个19世纪，美国涌现出一批伟大的企业家，他们不惧风险，当确定性出现时便快速抓住。例如，马歇尔·菲尔德（Marshall Field）建立了一个伟大的零售帝国。在谈到自己的事业时，他坦陈："从来没有什么伟大的冒险或风险，也没有什么是令人兴奋的。"当菲尔德把商店从湖街搬到芝加哥的道富银行街时，他知道这次搬迁是正确的，因为他的朋友、地产大亨波特·帕尔默（Potter Palmer）已经决定重新规划芝加哥的整个商业区。菲尔德由于事先知悉了老朋友、曾经的合伙人帕尔默的计划，所以他在为商店选址时免于承担风险。

约翰·洛克菲勒的好运则体现在他获得了炼油的规模经济、谈下了铁路运输的优惠费率。实际上，洛克菲勒的事业起初并不顺利，他曾经抱怨为了寻求信用贷款他"裤子的膝盖处都磨破了"，好在这段日子并不算长。很快，银行家就在街上追着他跑，恳求他从银行"贷款 50 000 美元"。为什么会出现这么大的变化？因为，洛克菲勒已经能够掌控业务中的大部分风险。无可匹敌的低成本，使得标准石油公司的成功成为必然。钢铁行业的卡耐基和汽车行业的福特也有过类似的故事，他们的公司都占据了各自行业的核心地位。他们都是通过低成本在各自的行业中建立起强大的竞争优势的。值得一提的是，如同所有的总结概括都有例外，企业家们都规避风险这件事也有例外。罗伯特·诺伊斯（我们将在本书的后面部分读到他的故事）专门讲过，"技术专家"大都是"风险偏好型"的人。相比于大多数成功的商业人士，诺伊斯本人就是一个大胆敢干的人。

因此，许多伟大企业家的航程，大多数都是远离风险的航程，而风险在新创公司中是不可能被完全消除的，只能逐步转为确定性。我们该如何绘制乔治·伊士曼的航程图呢？

伊士曼从一开始就规避风险。他并没有在第一次接触相机时，就不顾一切地放弃他在银行的工作。直到 1881 年 9 月 5 日，也就是他拍摄第一张照片的四年后，伊士曼才觉得可以放弃银行的工作了。同时也是因为他觉得在银行受到了不公平的对待。

1880 年，伊士曼在罗切斯特储蓄银行当上了第一助理簿记员。他的年薪是 1 400 美元，这在当时是一大笔钱，尤其是对一个 25 岁的年轻人来说，要知道，他的第一份工资周薪只有 3 美元。然而，1881 年，伊士曼的人生中发生了一件具有决定性意义的事件，这是许多企业家都曾经历过的关键时刻。他的顶头上司离职了，伊士曼以为自己完全有资格接替上司的工作，然而他却被一位银行董事的亲戚顶替了。多年以后，伊士曼在接受《纽约时报》采访时表示："这是不公平的，这是不对的，这个决定违反了一切正义的原则。"又过了许多年，伊士曼有幸以受托人的身份重返银行。

正是因为这件事，伊士曼决定放弃银行的工作。他成了一个自由的人，他没必要忍受他认为不公平和不正确的事情。在1881年的美国，无论出于法律还是风俗习惯的考虑，伊士曼都没必要待在自己不想待的地方。正如他在1874年离开保险公司一样，这一次他选择离开那家银行。然而，这次离职竟然使他的人生开始朝一个颇有前景的方向转变，那就是位于罗切斯特市道富银行街101号和103号新址的伊士曼干板公司。现在，经过四年的摄影学习之后，就像安德鲁·卡耐基喜欢说的那样，"把所有的好鸡蛋放到一个篮子里，然后看准这个篮子"。跟卡耐基和洛克菲勒一样，伊士曼并非一开始就创业，甚至一开始根本不是从事摄影行业的，而他最终在摄影行业青史留名。他是边做边看，一边做点其他事情，一边进入这个新行业。这意味着在很长时间内，他要同时从事两份工作，不过，这也极大地化解了许多商人都必须面对的不确定性。

伊士曼和斯特朗

伊士曼与福特、卡耐基、洛克菲勒、菲尔德以及其他众多企业家之间的显著区别在于，伊士曼的公司从成立之初就有稳固的合伙人关系。通常，商业合伙人关系，特别是早期的伙伴关系，到后来都会破裂。例如，洛克菲勒和克拉克、卡耐基和弗里克、福特和马尔科姆森、菲尔德和莱特——这些合伙关系都没有持续很久。为什么这些人以及其他许多人都无法经受住时间的考验？为什么伊士曼与亨利·阿尔瓦·斯特朗的合作关系可以持续发展，直到斯特朗在1901年退休，直到他1919年去世？

想一想我们所定义的企业家，他们无一不在到处寻求机会、突破限制。伊士曼看到了摄影工业的机会，这个领域正在飞速发展。摄影爱好者们不断做试验尝试，然后互相分享他们的创新成果。摄影非常有趣、迷人、充满乐趣，这类形容词很少用在银行的簿记工作上。伊士曼可能从来没有想过，由于他缺乏摄影的专业训练或社会地位不高，他就不能进入这个领域。在其他大多数国家，此类问题至少会成为人们的考虑因素之一。伊士曼所处的时代环境提供了再好不过的流动性和开放性，"指着的云彩不下雨"正是这个意思。

无论企业家发现了什么样的商业机会，他都将需要资本来启动。如果他不是富有到靠自己就可以，那么显而易见，这笔钱只能源自其他个人或机构。值得注意的是，在19世纪下半叶，对于有潜力并且有热情支持者的项目，获得投资是不难的。回到前面提到的例子，洛克菲勒最初创业时迫切需要资金，但此后不久，投资者开始排队向他贷款。伊士曼也是如此，在他的职业生涯中，他从未受到过资本的掣肘。而且，第二次工业革命中这些企业家的资金来源很少是华尔街或道富银行的专业投资机构。通常，一开始是本地资金的注入，随着企业日渐繁荣，留存收益成为企业进一步的资金来源。

创业不缺钱，但是，创业者获得资本注入的交易条件各不相同。在十之八九的案例中，资本家和创业者在财务、业务和心理目标上存在差异。当这些差异变得无法解决时，新创的公司就会陷入危机。值得注意的是，伊士曼公司的业务从未遭遇过类似的危机。这主要缘于伊士曼和斯特朗之间融洽的关系，他们两个人之间的关系很难解读。

斯特朗是约翰·斯特朗长老的第八代后裔，后者于1630年从英国乘船抵达马萨诸塞州的多切斯特（Dorchester）。这个家族的祖先和亲戚包括：爱国者内森·黑尔（Nathan Hale）；卡勒布·斯特朗（Caleb Strong），曾在19世纪初任马萨诸塞州州长；华盛顿·亨特（Washington Hunt），他是1850年至1852年间纽约州的州长；一位来自英格兰南考文垂的远亲是戴安娜王妃的先祖。

斯特朗家族从罗切斯特建城之初就世代居住在这里。霍尔达·斯特朗（Hulda Strong）是罗切斯特的第一位教师（1813年，当时叫罗切斯特维尔）。另一位斯特朗家族的人嫁给了罗切斯特市第一位邮政局长。这个家庭的其他成员有医生、报纸编辑、商人、政治家和公众人物。

在美国内战期间，斯特朗曾是一名海军军饷主管。返回罗切斯特后，他接手了叔叔的马车鞭子生意，继承了叔叔的所有权，并与另一位罗切斯特人结成了合作伙伴关系。到1880年，据说这家公司是美国第二大马鞭制造商，有了100名员工，每年生产近100万根马鞭，利润丰厚，足以安家。

1880年12月23日，斯特朗向伊士曼提供了1 000美元。斯特朗被任命为刚起步的伊士曼干板公司的总裁，伊士曼担任财务主管。斯特朗在次年1月又投资了1 000美元，3月又投资了1 873美元。到1881年8月，斯特朗已投资超过5 000美元。为什么斯特朗会持续投资呢？他的目标是什么？

我们不知道斯特朗的财务目标。当然，现在我们知道，马鞭产业是一个夕阳产业，迟早要退出，只是在1880年的时候还无法做出这样前瞻性的判断。当时美国有很多马匹，用于喂马的干草是当时美国最大规模的农产品之一。直到1890年代，汽车的出现才开始引起轰动。直到1908年福特公司推出T型车，马和马鞭的消亡才成为确定的事实。

斯特朗并非出于对摄影的兴趣而投资，他对这个新兴产业几乎一无所知。直到 1888 年 5 月，他才拍摄了第一张照片。作为一个个体，斯特朗似乎有点胆大妄为。正如布雷尔所说："关于斯特朗的个性描述，以及他浮夸的口头禅（更不用说他的腰围），总是有些朦胧的虚构，就像福斯塔夫（Falstaff，莎士比亚笔下的喜剧人物）。"

说好听一些，斯特朗作为商人有其局限性。由于某种奇怪的原因，斯特朗对华盛顿州的塔科马市（Tacoma）情有独钟，他向那里的企业投入了巨额资金，但他没有能力为这些企业提供培训或管理上的指导。他承诺将他所持有的伊士曼股票作为其中一些投资的担保，因为伊士曼股票的价值是不用怀疑的。1894 年，斯特朗投资的塔科马市的企业倒闭了。伊士曼适时介入，竭尽所能帮斯特朗清偿债务，赎回股票。这件事与卡耐基的经历形成了有趣的对比，正如我们所见，卡耐基在他的导师汤姆·斯科特遭遇财务困难的时候可是见死不救的。最终，斯特朗看似毫无价值的投资最终实现了价值增长，并开始为冉冉升起的伊士曼公司带来了丰厚回报。有时候，善举的确会得到回报。

伊士曼将斯特朗带回罗切斯特，并让他继续担任当时的伊士曼柯达公司的总裁。伊士曼对斯特朗的回归感觉十分欣慰。斯特朗继续担任总裁，伊士曼担任财务主管，一直到斯特朗自愿辞职，与约翰·D. 洛克菲勒等朋友一起打打高尔夫球。此后多年，他继续担任纽约运营公司总裁、新泽西公司副总裁兼财务主管。斯特朗从来都没有真正地了解什么是做生意，他的这些职位也都是象征性的。他生命的最后 20 年主要用来娱乐和休息了。

伊士曼和斯特朗之间的关系如此重要，也常常令人如此困惑。成功的企业家走在前沿，常常会把其他人甩在身后。斯特朗和他提供的 5 000 美元在 1880 年和 1881 年对伊士曼而言至关重要。作为回报，斯特朗担任了公司总裁。伊士曼干板公司于1884年首次向公众出售股票时，斯特朗获得了750股股票，伊士曼仅获得650股。看上去，斯特朗给伊士曼柯达公司带来的唯一资产似乎就是钱。到1894年，当斯特朗在塔科马投资失败时，他对伊士曼公司几乎毫无价值。然而，伊士曼在斯特朗遇到困难时施以援手，甚至不惜一切代价，这到底是为什么呢？

伊士曼能够拯救斯特朗，同时不至于把自己也拉下水。卡耐基和斯科特之间也曾发生过类似的故事。如同斯科特一样，斯特朗不顾昔日好友的劝阻，另投新的项目。伊士曼和卡耐基一样，当斯特朗陷入破产困境的时候，伊士曼的日子其实也不好过。1894年是美国经济严重萧条的低谷年。当时，伊士曼正准备出门度假，突然得到消息，说斯特朗陷入了十分愚蠢的困境。为什么伊士曼这个老朋友自作自受呢？

或许，伊士曼的慷慨大度有其他商业方面的考量。斯特朗彼时已经抵押了伊士曼柯达公司的股票，如果这批股票不能赎回，那么就会有相当一部分股票首次被外部人掌控。长久以来，斯特朗一直是一位"无为而治"的股东楷模，他从来没有干涉过公司的管理。然而，一旦斯特朗所持有的股权易主，那么新的股东是否会对伊士曼柯达公司干预太多？

不知当时伊士曼是否真的这么想的，实则也没有任何证据。相反，一切都指向了伊士曼的内心情感。这并不是说，伊士曼比卡耐基更善良一点，或者说他自己更软弱一点。伊士曼跟卡耐基不太一样，他不是一位强调自我意识的社会达尔文主义者，而是美国培养出的一位强硬得不能再强硬的企业家。伊士曼曾经写道："平和只存在于私人生活中，商业永远都充满战争。"他坚持己见。当他认为需要进行工业间谍活动时，他就会毫不犹豫地用间谍；他还会切断竞争对手对关键资源和市场的获取渠道。

　　罗切斯特大学的药理学家玛丽恩·格里森（Marion Gleason，伊士曼雇用的私人风琴师的妻子）曾对伊士曼说："我很羡慕您，有能力在该强硬的时候就强硬。"伊士曼回答："是的，在这个世界上，人必须要强硬，再强硬。但永远不要忘记，一个再强硬的人其内心也必须保留一块柔软的地方。"斯特朗正是得益于伊士曼内心柔软的一面。

　　当伊士曼认为自己必须强硬或者自己站在正义的一边时，他就会很坚定。而当他态度强硬的时候，他的冷酷无情似乎与温和善良彻底决裂，表现为说一不二。有时候，伊士曼强硬得不近人情。例如，当伊士曼发现亨利·M. 赖钦巴赫（Henry M. Reichenbach）——伊士曼从罗切斯特大学千挑万选出来并给了他毕生机会的最重要、最值得信赖的员工之一——正计划离开伊士曼柯达公司创立自己的公司时，伊士曼立即写了一封简短的信函给他：

　　亲爱的先生：
　　　　本公司已不再需要你的服务。

诚挚的，
乔治·伊士曼

　　没有抱怨对方忘恩负义，也没有任何伤感情的话。就好像赖钦巴赫从此从地球的边缘掉下去了一样。

　　对于斯特朗而言，事情却有所不同。诚然，如前所述，伊士曼与他相处是有商业原因的。至少直到1894年，斯特朗所拥有的股份都比伊士曼本人多。伊士曼与斯特朗一起控制了公司的大部分股权——即使公司股权变得越来越分散。伊士曼柯达公司在稳定的合伙人关系控制下，逐渐扩张为一个拥有数百万美元资产的大型工业企业，这种合伙人关系持续了将近40年。

到了世纪之交，柯达公司这种稳定的合伙人关系，加上柯达对整个行业的事实垄断，可能会导致该公司的守旧和停滞不前。事实恰恰相反，在19世纪末至20世纪初，柯达公司是最具活力和发展潜力的公司之一。伊士曼和斯特朗之间不可动摇的信任联盟，正是柯达公司保持稳定活力的支柱之一。

其实，企业家彼此之间的感情纽带远比商业关系更加牢固。好像可以这么说，斯特朗扮演了伊士曼父亲的角色。这种表述不完全准确，甚至也不是二人之间关系的全部故事。伊士曼的父亲出生于1815年；斯特朗出生于1838年，只比伊士曼大16岁，尽管他们实际年龄差距看起来似乎更大一点。斯特朗一直热衷于给伊士曼介绍女朋友，这正是父亲可能扮演的角色。伊士曼从未真正约会过，也从未结过婚。在那个时代的美国企业界，作为少数几位成功企业家代表的伊士曼，他的八卦故事经常成为人们的谈资。

尽管如此，如果把斯特朗对伊士曼的重要性描述为一位父亲的角色，似乎有失偏颇。父与子之间的关系总是非常复杂的。当商业关系和家庭亲情交织到一起时，父与子之间的关系会变得很容易被引爆。爱和金钱很难融合。斯特朗和伊士曼之间的关系，更像是一种纯真的感情。从某种意义上说，也许当斯特朗在扮演父亲角色时，斯特朗从来没有对伊士曼与他母亲之间的关系造成过任何威胁，而在一定意义上说，大部分的亲生父亲都会有这种威胁。

伊士曼非常爱他的母亲，她死于1907年6月16日，享年85岁。伊士曼说："我哭了一整天，悲痛欲绝。"丈夫去世时，她才41岁。到1880年，当她的儿子事业有成的时候，她已经快60岁了。儿子成为她生活的中心、她唯一的支撑，也是她唯一的照料者。然而，从目前可以收集到的信息来看，对于儿子的慷慨和成功，她似乎表现得十分冷淡和克制。玛丽亚·基尔伯恩·伊士曼过了60年的苦日子，到了晚年，她终于过上了许多人都未曾享受过的生活，此时她的儿子已成为世界上最富有的人之一。尽管如此，她没有为他庆祝，而是表现得很平淡。当伊士曼说："妈妈，我们现在已经是百万富翁了。"她一边继续织毛衣，一边说："那太好了，乔治。"甚至没有停下来指出，伊士曼本可以说"我"而不是"我们"。后来，她对护士说："乔治挣的钱，我无福消受。"这位一生单身的男子以奢侈的维多利亚方式爱着他的母亲，然而她对他的成就似乎并不太感恩，她不是一位容易被取悦的女人。

斯特朗在这方面与伊士曼母子黯淡的场面形成了鲜明的对比。他热情、友好，大方地付出爱。在这方面，他跟伊士曼迥然不同。斯特朗性格开朗，而伊士曼却并非如此；斯特朗是个赌徒，而伊士曼却事事谨小慎微；斯特朗总是心无城府，而伊士曼却十分精明；斯特朗身材高大，不修边幅，而伊士曼身材瘦小，有一张看起来比实际年龄更年轻的脸庞。也许正是由于这些差异，伊士曼才能够在不知不觉中，尽情享受与斯特朗的友谊。

斯特朗欣赏伊士曼。"你真是个怪人，乔。"斯特朗在1888年给伊士曼的信中写道，"我知道你永远都不想从你的朋友那里得到任何同情或安慰……但我想让你知道，我真的非常欣赏你总是勇于负起千斤重任的担当……我想让你知道，我会一直在你身边陪伴你，我希望这成为你快乐的源泉。"斯特朗赞赏伊士曼全力以赴、敢于担当，这一点都不奇怪。伊士曼进入摄影行业后不久，人们开始发现他的才华。值得一提的是，伊士曼对于斯特朗的欣赏，照单全收。

制造与营销

伊士曼与斯特朗的友谊在一定程度上揭示了伊士曼的性情。除此之外，如前所述，这份友谊也维护了公司利益。伊士曼干板制造公司的目标是成为全国最佳的摄影干板生产商，这意味着伊士曼公司必须致力于生产出质量最好的明胶涂层玻璃板，同时也意味着公司必须采用最高超的产品营销手段。与业内其他人相比，伊士曼很早就认识到协调生产和分销的重要性。他还意识到：企业可以在价值链的任何一点上获得竞争优势，但也可能在任何一点上失去优势。

从火棉胶湿板法到干板法的转变是一场革命。这场革命的实质是，干板照相不需要准备各种材料，照片也不必在现场冲洗。火棉胶湿板摄影法所要求的商业模式是照相底片的分散生产和冲洗，因为摄影师必须在照相的同时进行底片的生产和冲洗。而摄影器材是可以集中销售的，所以在湿板法时期，摄影领域规模最大和最重要的公司，就是包括商店和仓库在内的摄影器材销售商。

在干板照相时期，底片在曝光前后都是可以储存的。这意味着底片可以集中生产，并且可以实现规模经济。因此，在干板时代，制造商取代了分销商，成为行业的"指挥官"，成为价值链中的关键角色。这次变革对整个照相行业的重要性怎么说都不为过。就好像汽车行业的技术变化使从哪个经销商手中购买汽车比我们所购买的汽车的制造商是谁更为重要一样。

而且一旦干板照相技术成为现实，实验人员很快就开始寻找玻璃以外的其他载体。这些实验人员发现，有一种硝化纤维素叫作赛璐珞，它可以制成能代替玻璃板的胶片。赛璐珞通常被认为是商业上的第一种塑料。这种胶片可以成卷交付，因此，在摄影业中，卷片轴突然之间变得很重要。

在伊士曼干板公司成立早期，伊士曼和威廉·H.沃克（William H. Walker）专注于开发和申请与胶卷、胶卷制作工艺、卷片轴相关的专利，因为他们认为胶卷、胶卷制作工艺、卷片轴是摄影技术的三个基本要素。威廉是一个不好相处的人，他拥有伊士曼公司的股权，是董事会成员。伊士曼和威廉的研发成功了，公司从一开始就表现得出类拔萃。在19世纪80年代初期，伊士曼的竞争方式和基本经营理念是相当传统的。他竭尽全力为他所有的产品申请专利，并挖空心思购买他人的专利。他通过进入专利池来控制价格和产出。他开始通过并购其他公司（至少有16家）来控制竞争。

乳胶的化学工艺和卷片轴的机械技术均被伊士曼申请了专利。在化学和机械这两个领域中，前者更加精确，也更有价值。在19世纪80年代，乳胶配方迅速成为在摄影业中成功的关键要素。因此，它们成为受到最高级别保护的商业机密。摄影行业曾经风行的分享、业余、手工作坊式的发展阶段告一段落。

专利与法律一样历史悠久，约束价格和产出的专利池则与商业一样古老。自1890年《谢尔曼法》通过以来，专利池的操作在美国一直是非法的。伊士曼柯达公司至少在一项重大的反托拉斯诉讼中遭受过损失。恼羞成怒的伊士曼曾经说过，他不了解反托拉斯法，也不知道谁了解这部法律。

《谢尔曼法》的宗旨主要是防止固定价格和行业垄断。这是促使柯达和杜邦（Du Pont）等公司违背与直接竞争对手的协议而走向垂直整合的驱动力之一。在《谢尔曼法》生效之前，伊士曼在19世纪80年代末和90年代初就已开始意识到，作为规范产业发展的机制，专利池和专利是有局限性的。专利池和收购竞争对手的问题在于，无法阻止某些公司进入市场只是为了被收购。这种模式早已在铁路工业中广泛应用，并在19世纪后期逐渐蔓延到其他行业。

然而，在摄影行业中专利仍然十分重要，但是伴随着自身的优点，专利也存在很多缺点。首先，专利会引发诉讼。其次，专利是一种公开文件，有可能将整个行业的其余公司引导至专利的这个方向上。当其他公司围绕这项专利进行了周边的发明，那么公司使用了专利传达的信息，它们需要为此付出很高的价格。如果传统竞争方式受到质疑，那么什么样的新方式可以用来构建和维持公司在摄影行业的领先地位呢？

很明显，到19世纪80年代中期，伊士曼推动了一个产业的诞生。他是一个非常努力的人，知识渊博，坚持不懈。他吸引了一些一流的人才与他一起工作。他一直在奔跑，他的目标在何方呢？

乔治·伊士曼在他的一生中写了数千封书信。他与朋友之间的许多对话保存在他的回忆录以及大量冗长的法律诉讼档案中，我们将这些内容和伊丽莎白·布雷尔的综合传记相结合，就可以了解伊士曼的思想脉络。在1887年或1888年之前，伊士曼和他的员工们一直在非常忙碌地工作，尤其是在处理用于涂层板或胶片的乳胶所涉及的细节问题上花费了大量时间，所以几乎没有时间考虑未来的远景。伊士曼强势地敦促他的同事们去工作，以至于许多员工在强大的工作压力下濒临崩溃。化学工艺、卷片轴、专利、诉讼、商业机密、间谍、供应商、分销商、员工、竞争对手、国外权利、国内法规——这些事情每天都盘旋在伊士曼的脑海中，除了睡觉的时间，他一直都在思考。某一天，这些事情的相对重要性可能会发生变化，但是伊士曼总是在其中一个或另一个问题上忙着灭火。有时，这里的"灭火"甚至不仅仅是隐喻，因为摄影化学品易燃易爆。1888年，伊士曼位于道富银行街的工厂被大火吞噬，被迫关闭了两个月。此外，导致伊士曼同事频频爆发神经问题的一个可能原因是，生产车间在使用乳胶时会产生烟雾，这个烟雾会对神经系统产生影响。为了维持市场地位，他们一直不眠不休地工作。伊士曼公司缺少一个令人振奋的目标——就像今天的很多公司使用的那些含糊的词语一样，如"远大的梦想、宏伟的目标"。

19世纪80年代到来时，摄影器材市场由两部分组成：专业的肖像摄影和严肃的业余摄影。鉴于摄影技术的高难度，任何业余爱好者都必须认真对待。无论是为了赚钱还是为了娱乐，摄影这项高难度工作都需要有足够的耐心、广博的知识和勤奋的工作。

摄影行业没有总体规划，而是一步一步地向前推进发展。组成摄影行业的要素在变化，所有的这些变化使拍照片这件事变得越来越容易了。1878年，拍照不仅十分昂贵，而且需要足够细心。十年后，拍照不再需要自己动手制作和冲洗胶片。在19世纪80年代，照相机本身的尺寸也缩小了很多，它甚至比公文包还小。1883年，"侦探相机"（detective camera）获得了专利，它之所以这样取名是因为它很不起眼，可以用于秘密进行的侦查工作。

整个摄影行业，尤其是伊士曼的公司，都在致力于生产更好的产品以吸引顾客。然而，摄影师们并没有争先恐后地抢购。用研究这个行业的著名历史学家里斯·V. 詹金斯（Reese V. Jenkins）的话来说：19世纪80年代初期，绝大多数美国人"从未怀有照相的想法，更何况在曝光之后还需要进行显影和冲洗等复杂的操作"。然而，如果没有那些复杂的操作，普通人是否愿意拍照呢？没人知道。实际上，甚至没人知道这是不是一个值得提出的问题。

我们先暂停一下，重点关注一下这一刻，因为从1880年至今，上述问题已经在不同行业中被反复提出无数次。谁能知道，过去无法想象的一种采用新技术的产品，是否会吸引大众消费市场？你怎么知道市场需要冰箱？空调？收音机？航空旅行？个人电脑？这些产品和服务将为大众消费者带来什么？如何分销？如何做广告？如何销售？如何定价？20世纪美国的商业历史，就是新产品不断进入市场的历史。对于这些产品，企业必须先回答上述问题，才有可能占领大众消费市场。而在回答之前，首先要有人提出这些问题。而在提出问题之前，必须有人以不同于同时代人的方式去思考，并且这种方式要跳出过去形成的概念化的生产和营销方式。

如今，"范式转换"一词已被广泛用于诸多领域。给"范式"一词赋予今天这个含义的人，是已故的科学史学家——托马斯·S. 库恩（Thomas S. Kuhn）。下面这段话是他的原文：

> 想一想那些人，他们因为哥白尼宣称地球在围绕太阳做圆周运动而称哥白尼为疯子，他们完全错了，这些人对地球的认知，就是认为地球的位置是固定不变的，至少，他们的"地球"是无法运动的。与此相对应的，哥白尼的新发现不只是"让地球动起来"，而且，这是一种全新的看待物理学和天文学问题的方式，这种方式改变了"地球"和"运动"的含义。

在19世纪80年代之前，人们对"摄影"一词的理解还停留在一套复杂的化学装置，以及詹金斯所描述的所有那些"复杂的操作"。但是，一旦没有专业知识也可以拍摄照片，那将会怎么样呢？

伊士曼发现，其实什么也不会发生。正如他所说："当我们开始启动胶片摄影的计划时，我们期望每个过去使用玻璃板的人都会选择使用胶片，但是我们发现这样做的人并不多。所以为了扩大业务规模，就必须使摄影从专业走向大众。"

用伊士曼自己的话说，他不得不"开创"一个大众消费市场。他被专业摄影人士和严肃的业余爱好者拒之门外。但是，除了他们之外，潜在的照相市场有多大？没人知道。伊士曼本人很清楚，没有人离开照相机或照片就活不下去。说到底，摄影是一件奢侈的事情。它可以大众化吗？伊士曼认为，可以。1887年夏天，他开始着手研究面向大众消费市场的简易相机。当年12月，他的"使用胶卷的胸前相机"研制成功。伊士曼给它取名为柯达，他一直喜欢字母"K"，因为这是他母亲的姓的第一个字母。而且，他想要一个全新的、独特的词，来满足英国政府对商标申请的要求。他还希望这个单词易于发音、朗朗上口。这款全新的柯达相机，含包装箱在内，长 6.5 英寸，宽 3.25 英寸，高 3.75 英寸，市场售价为 25 美元。

不过，伊士曼出售的不仅仅是相机，他还同时出售服务。售价 25 美元的柯达相机，已经装满了一卷 100 帧未曝光的胶卷。摄影师所要做的，就是打开取景框，拉一根绳子来关上快门，然后按下快门拍照。100 张胶片全部拍摄曝光之后，摄影师将相机寄回罗切斯特。在那里，伊士曼柯达公司会将胶卷卸下，显影、冲洗，然后把新的胶卷装入相机，最后将冲洗完毕的照片和装好新胶卷的照相机一起寄回给摄影师。这些服务的售价是 10 美元。

这是摄影行业的历史转折点。

在 1888 年冬季末，工厂大火中止了照相机的生产。不过，到来年 6 月底，新的柯达照相机又从罗切斯特源源不断地运出。一直以来，伊士曼积极地参与柯达这个产品的各方面工作：从构思到生产，再到营销，一直到产品的命名和撰写（至少是选择）广告语。产品的广告语用一句简短的话给顾客传递有关此次技术突破的大量信息："你只需要按下快门，剩下的交给我们。"伊士曼公司的产品名称及其广告语，都是在没有进行充分市场调查的情况下确定的。不过很快，柯达照相机就享誉全球，品牌名称也是如此。这句标语被公认为有史以来效果最显著的广告语之一。

最重要的是，伊士曼全心全意地支持柯达相机的这个概念，成功才成为可能。终于，伊士曼柯达公司不再只是日复一日地开展业务，不再只是到处灭火。现在，一个令人振奋的想法出来了，这个想法指引着或者说点燃了伊士曼柯达公司。这样的经历在大型公司中并不常见。

伊士曼随即开始意识到,他已经掌握了一些妙不可言的东西。有一次,斯特朗准备去普吉特海湾(Puget Sound)度假,伊士曼送给他一台第一批生产的柯达相机。伊士曼说:"这是他(斯特朗)第一次携带相机,他竟然像个男孩子一样,对这个新鲜玩意儿爱不释手。我以前从未见有人对这么多照片感到如此满意。显然他也从未想过,自己拍照是一件可能的事。"

伊士曼于7月前往明尼阿波利斯(Minneapolis)参加年度摄影师大会。看到柯达被授予"年度发明奖",他很高兴。当月晚些时候,他说柯达似乎有可能成为"有史以来所推出的最受欢迎的产品"。全国各地经销商的库存都已经断货了。

十余年来,伊士曼一直在淘金,他一直稳步向上游移动,并发现了越来越大的商机。1888年,他挖到了宝藏。他主张自己的权利(对所有可见的东西都申请了专利),使这次发现得到了回报。1888年柯达相机问世,随后公司又推出了改进的新型赛璐珞胶片。正是在这一时期,伊士曼开始用宏伟但并非不切实际的措辞来谈论当时的机遇。他说:"成功意味着百万美元。"谈到1889年投放市场的新型赛璐珞胶片时,他说,如果能通过专利控制它,"我不会用它来换电话"。在1894年,伊士曼说过一句后来经常被引用的话:"伊士曼柯达公司的天赋使命,就是成为世界上最大的摄影器材制造商,否则就会倒闭。"柯达公司终于找到了属于它的"远大的梦想、宏伟的目标"。

伊士曼的这些宣言,看上去似乎都极其宏大,但其实并不浮夸。成功的确意味着百万美元,甚至上千万美元。柯达的销售额从1889年估计的51万美元,上升到1895年的90万美元,当年利润为 18.5 万美元，股息超过 4 万美元，何况当时的经济并不景气。而 1909 年的销售额则达到 970 万美元，这一年，柯达几乎占据了美国摄影市场总销售额的 43%。

在 19 世纪 90 年代，伊士曼开始考虑引入新的竞争方式。我们已经讨论过专利池和专利的问题。没有谁比伊士曼更了解这些手段，而且伊士曼比其他任何一位企业高管都更加了解自己公司的业务。他逐渐意识到：专利池和专利的核心点在于公司的静态理念。除了少数例外情况，专利池在长期内不会发生作用。市场变化很快，并且如前面讲述的，任何的专利池协议都会吸引其他公司进入这个行业。专利的作用也不会持续太长时间，因为它们都有法定的失效日期，而且对于公司敏感的领导层而言，从保守商业机密的角度看，专利似乎是在广而告之。

这并不是说，专利突然之间就变得不重要了。想一想，当马克·吐温（Mark Twain）笔下的汉克·摩根（Hank Morgan）被一把铁锹砸中头部，醒来后成了穿越到亚瑟王宫殿上的康涅狄格州美国佬，"（作为'老大'）我在上任第一天的第一件事就是开办专利局，因为我知道，一个没有专利局和健全专利法的国家，就像是一只螃蟹，只能横着走或倒着走"。显然，专利过去是并且将来仍然是至关重要的。马克·吐温先生认为，一个没有专利制度的国家就像一只只能"横着走"和"倒着走"的"螃蟹"——虽然建立了专利制度的国家也不一定会向前迈进。

伊士曼逐渐明白，保持领导地位的最佳方法就是让公司拥有动态目标。他想建立一家能够"持续更新、不断改进"的公司。"如果我们每年都能推出更好的产品，那么就没人能赶上我们。与我们竞争的唯一方法，就是像我们一样每年推出原创的新产品。"伊士曼希望，伊士曼柯达公司成为现在所说的以"持续改进"为特征的

"学习型组织"。这一目标可以在专利的帮助下实现,但不能仅仅依靠专利。在这一全新概念的引领下,专利池不仅变得不必要,甚至成为了障碍。

一家公司如何才能变成"学习型组织"?途径之一是开展与高等教育机构的合作,并从高等教育机构招聘人才。1886年8月,伊士曼聘请了亨利·M.赖钦巴赫,当时赖钦巴赫尚未完成罗切斯特大学的本科学业。五年以后,赖钦巴赫证明自己是克服技术障碍并推动伊士曼公司向前迈进的关键人物之一。然而,1891年,赖钦巴赫背叛了他的伯乐,不过他也为此付出了代价,从此在摄影行业中默默无闻。但是,这个转折点并没有使伊士曼对罗切斯特大学或其他大学失望,伊士曼后来成为许多高校的主要捐赠者。

因生产柯达相机的需要,他们不得不对生产设备进行更新。1890年10月1日,柯达工业园破土动工,该工业园位于罗切斯特市中心以北3英里。这个工业园随着公司的需求而不断发展。在很大程度上,罗切斯特下个世纪的命运,将与伊士曼柯达公司紧密联系在一起。

随着柯达工业园的蓬勃发展,伊士曼的工作日益繁重。为了尽快找到人取代赖钦巴赫,伊士曼任命毕业于麻省理工学院的年仅21岁的达拉·德兰西(Darragh de Lancey)为工厂经理。德兰西像个恶魔一样拼命地工作,直到1898年陷入精神崩溃。其实,德兰西自己也雇用了另外三名麻省理工学院的毕业生,来辅助他从事这项令人斗志昂扬但又筋疲力尽的工作。伊士曼对自己的所见所闻印象深刻,所以他写信给麻省理工学院的一位化学教授说:"我对你们研究所研制的材料非常有信心。"这是一段重要关系的开始,后来乔治·伊士曼成为麻省理工学院最慷慨的捐赠者之一,这段关系对于伊士曼柯达公司和麻省理工学院来说都十分有价值。

创建"学习型组织"的第二个途径是开展研究。伊士曼柯达公司早就有了测试其产品的设备。1912 年，德国化工巨头拜耳公司（Bayer）的首席执行官卡尔·杜伊斯伯格（Carl Duisberg）的一番言论，激励了伊士曼，驱使他下定决心在柯达工业园投资基础研究。他告诉自己选择的新项目负责人——英国人查尔斯·爱德华·肯尼斯·梅斯（Charles Edward Kenneth Mees）："你的工作就是摄影工业的未来。"伊士曼多年前也曾对赖钦巴赫说过这句话。在 19 世纪 80 年代末情况确实如这句话所说，但在 1912 年情况更甚。柯达公司的布朗尼相机于 1900 年问世，售价 1 美元，外加一卷售价 0.15 美元的胶卷。伊士曼柯达公司将售出数百万台布朗尼相机。

如前所述，19 世纪 80 年代是有洞察力的商人们捕捉品牌价值的年代。不仅仅是柯达，还有其他许多在那个十年中投放到市场的品牌，在今天仍然占据着市场主导地位。"可口可乐"依然是此时美国商业界最具价值的品牌之一。

尽管在伊士曼的背景中，没有任何东西可以解释这种洞察力，但从一开始，他就洞察到了品牌的重要性。柯达的名称、背后的广告和销售，以及对产品本身不断的改进，这都是 19 世纪 80 年代企业品牌运营的重要组成部分。

和他的洞察力同样重要的是，伊士曼明白一个道理：无论大众消费者自己是否知道，大众消费市场都是存在的。伊士曼直觉地认为，他可以"创建新的顾客群体"，一旦他做到了，这群顾客就会成为他的终生用户，品牌忠诚度就会形成，这是每个商人的梦想。

1900 年柯达布朗尼相机的面世，成为开创大众消费市场战役中最重要的一环。就像福特 T 型车和 6.5 盎司的可口可乐一样，布朗尼也定义了一类新产品，而且这类新产品只要 1 美元。想想看，

1877年11月13日,乔治·伊士曼花了49.58美元购买了一台照相机,那台照相机很难操作,以至于他不得不额外支付5美元去学习摄影相关的课程。但在1900年,你可以做伊士曼23年前做过的同样的事情,只需要1美元,而且这次是在一个更富裕、人口更多的国家。至于摄影课程,你根本不需要,因为"你只需要按下快门,剩下的交给我们"。

突然之间,整个国家都经历了亨利·斯特朗在1888年所经历的那种巨变:"他就像一个男孩子一样,对这个新鲜玩意儿爱不释手。他显然从来没有想过,自己拍照居然是可能的事情。"作为一种儿童玩具、一种新奇事物,布朗尼吸引了数百万人的注意。柯达公司利用公关和广告,对布朗尼进行了狂轰滥炸般的市场营销,布朗尼变成了一个标志,成为人们生活方式的一部分。在人们购买或被赠予第一台柯达照相机的很多年之后,他们仍然十分珍惜这款相机所带来的美好回忆。直到半个世纪之后,这种即时摄影产品才遇到对手。这是品牌的力量,是真正的美国式营销。照相机原本是少数人专享的东西,在不到四分之一世纪的时间里已经变成了大众唾手可得的商品。大众花了几年时间意识到,他们需要这种简单易用的相机带来的便利性。但是,一旦他们购买或使用了布朗尼相机,只有很少很少的品牌才具有的特殊魔力就会出现。美国人把柯达布朗尼变成了他们自己的品牌。

已故的可口可乐首席执行官罗伯特·戈伊苏埃塔(Roberto Goizueta)曾经取得过极其辉煌的职业成就,但是在1985年,他犯下了记忆中最大的一次商业错误:他改变了可口可乐的配方。这激起了强烈的公愤。因此,尽管在改变配方的过程中,可口可乐公司已经投入了大量资金、声望和尊严,但除了重新回到原始配方,公司已经别无选择。这次著名事件带来的教训是什么?戈伊苏埃塔说，他认识到可口可乐品牌的所有者并不是可口可乐公司，而是消费者。

稍微修正一下上述结论会更有帮助。其实，真正强大的品牌，既不是公司打造出的，也不是顾客塑造出来的，而是"共同创造"的——公司和顾客通过相互作用创造出某种混合物，单个人是无法想出的。没有比口碑营销更好的广告了——当顾客认可了一个品牌，把它当成自己的时，品牌就会从顾客的口口相传中获益良多。

这就是大众营销的核心运行机制，是美国公司偶然发现了这种力量。品牌营销人员可以花费数百万美元，来宣传他们的产品及其好处。如果背后有足够的资本和智慧，那么广告宣传将具有相当大的影响力。美国"超级碗"（Super Bowl）橄榄球比赛上的一分钟将会被成千上万人看到（尤其是在比赛的第一节）。

然而，这些广告费用不会带来与顾客互动的丰富内涵。"超级碗"比赛上的广告时间仅仅持续60秒，不能给观众留下太深的印象。但是，一旦共同创建品牌的过程开始了，顾客就会产生所有者意识，这种营销是不需要公司付出任何成本的。

柯达布朗尼品牌宣传活动所取得的另一个成功，就是网络上"分享你的故事"活动。网页上写着"庆祝布朗尼相机100周年"的标题。很少有品牌能持续10年，更不用说100年了，在大量的品牌中能以这样的方式庆祝诞生100周年的就更少了。

布朗尼相机网页不是由柯达公司管理的，而是由一个相机发烧友来管理的——"这个公共服务页面和充满爱的事业，由查克·贝克（Chuck Baker）维护。这个页面献给过去、现在和未来的所有布朗尼摄影师们。"这个页面包含了大量关于布朗尼产品的信息，包括每个新型号是何时上市的、使用了何种胶卷等。例如，从这个网页上你可以知道"Brownie Pliant Six-20 是一种可折叠的胶卷相机,据悉只在 1939 年短暂出售过",查克·贝克"特别感谢来自澳大利亚的达米安·刘(Damien Liew)提供的信息!"

达米安·刘是谁?可能,他是一个摄影爱好者,柯达布朗尼相机对他来说意义重大,他一定收集了很多有关布朗尼的信息。最终,这种热爱得到了回报:达米安·刘的名字出现在了世界各地的电脑屏幕上。没有大众消费,就不可能有大规模生产和大众营销。而"大众消费"是一种人为的建构。"大众"是由成千上万的查克·贝克和达米安·刘这样的消费者个体组成的。正是乔治·伊士曼启动了大众消费市场,而像查克·贝克和达米安·刘这样的消费者则是推动大众消费市场滚滚向前的推动力。

布朗尼相机在 1900 年面市时价格低廉,这就要求公司在各个环节实现规模经济,因为利润要靠大量销售来实现,而无法靠薄薄的边际利润。为了与柯达公司竞争,其他公司必须能够达到柯达的低价格,这对于初创公司来说是不可能完成的任务。而柯达公司利用留存收益,维持这一成本优势长达 20 年。要想模仿柯达的商业模式,你将不得不向摩根银行借很多钱。但即使你真的借到了,你又如何才能培育出柯达公司多年来积累的组织能力呢?更何况,你在哪里可以找到另一个乔治·伊士曼呢?

所有这些要素,都是 20 世纪商业新竞争的写照——低利润、低价格、大量销售、规模经济、持续改进、学习型组织。这与昔日的商业模式相去甚远。

到 1912 年,柯达公司已经成为摄影行业最重要的公司,远远超过了其他公司。理论表明,垄断者会限制产出,保持高价,扼杀创新。然而,在实践中,占据垄断地位的那个人是谁更重要。随着摄影行业的发展,乔治·伊士曼对自己所处行业的兴趣越来越浓厚，而非越来越少。柯达公司相继推出了彩色胶片、电影胶片……未来似乎没有限制。乔治·伊士曼想通过投资来赢得无限的未来，这些投资的结果可能无法预知。他和查尔斯·梅斯一致认为：至少在未来十年里，他们不期望从新建的研发实验室中得到任何财务回报。

成功

从 1880 年到 1912 年的 30 多年中，乔治·伊士曼的商业生涯相当出色。当他还是一家银行的簿记员时，他就开始学习摄影了，那时他的年收入为 1 400 美元。1 400 美元是不是很多钱呢？霍雷肖·阿尔杰（Horatio Alger）的《名利与财富》（Fame and Fortune）一书中的男主人公在故事结束时刚好挣得了同样多的薪水（加上从 2 000 美元储蓄存款中获得的利息收入）。有人建议伊士曼买一台相机，因为相机可以将旅行记录在照片中，这是很有价值的。伊士曼就买了。对于这个建议，他像对待许多其他建议一样，回答道："为什么不呢？"

伊士曼很快从一个好奇的普通人，发展为一个认真的业余爱好者。请记住，在 19 世纪 70 年代后期，摄影行业的业余爱好者必须非常严肃认真。而在这个关键时刻，有两件重要的事情并未发生。第一，伊士曼没有决定成为一名专业摄影师。他本来可以，因为他拥有足够的摄影技能和对摄影的兴趣。但是，如果他真的成为一名专业摄影师，那么他很有可能只是从内部观察这个行业，然后永远不会推动由他最终担当重任的这场变革。

第二件没有发生的事情是，伊士曼没有决定在继续做一名职业银行家的同时当一名业余摄影师。这种事情也很容易发生。靠着 1881 年伊士曼在罗切斯特储蓄银行的收入，一个普通人可以过上很好的生活。尽管那一年他没有得到他认为应该得到的升职机会，但很可能在那之后不久，他就可以得到。即使他没有升职，也还有其他银行可以选择。罗切斯特储蓄银行是他的第三个雇主，他本可以有第四个银行作为雇主的。

我的猜测是，无论是作为职业摄影师，还是同时做职业银行家和业余摄影师，他都会成功。特别是在扮演第二个角色时，可以预见：伊士曼将获得相当可观的财富。对于那些知道如何通过钱来生钱的人来说，做什么都会成功。

为什么我要提出这些与事实相背离的想法呢？因为，与伊士曼选择的道路相比，这两种情形都更有可能成为他的职业道路。他选择了一条人迹罕至的路，这并非不可避免的选择。正如英国历史学家弗雷德里克·W. 梅特兰（Frederick W. Maitland）用一个看似简单的观点所描述的那样："要记住一个事实往往很难——那些在很久远的历史上曾出现过的事可能在未来会再次发生。"一位见多识广的观察者，站在1880年的历史时刻，应该更有可能预测的是上述两个职业之一，而不是伊士曼最终追求的摄影事业。

由于缺乏1880年新创企业的统计数据，所以很难将美国与其他国家进行比较。但是，有一种合理的猜测是：在美国，创业这种活动比在英国、日本及其他任何一个国家都多。这是因为，美国有恰当的激励措施，有适宜创业的模式，美国人还拥有不怎么理性的信念（想想创业失败的数量）。而且美国比世界其他任何地方都更包容失败。

尽管如此，仍然很少有人愿意放弃银行稳定的工作，选择去一个新兴行业创业。虽然破产带来的惩罚可能没有其他国家那么严重，但就像我们在汤姆·斯科特的案例中看到的那样，失败并不好玩。

美国许多著名的企业家都有过失败的经历。就在伊士曼在罗切斯特创建他的伊士曼干板制造公司的五年前，亨利·约翰·亨氏（Henry John Heinz）在匹兹堡申请了破产。1875年，亨氏眼睁睁地看着自己的公司梦想化为泡影，那时他是什么感觉？当1875年接近尾声时，债权人指控亨氏有欺诈行为，并两次将其送入监狱。亨氏在11月的日记中有这样一段话："明天我有2 000美元债务要还，可是现在我已身无分文。"他在煎熬中崩溃了。

1875年12月17日，亨氏宣布破产。此后不久，他在日记中写道："我们没有圣诞礼物给对方。莎莉（Sallie，他的妻子）似乎很伤心，她哭了，她说不是因为我们遇到的麻烦，只是觉得不舒服。真是悲伤。我不想经历这样的试炼。我没有圣诞礼物可送。因为我们的破产，人们都来践踏我们。世界就是这样。"

没错，你并没有因为破产而入狱，你也没有失去再次创业的机会（亨氏就做到了，而且在他第二次创业时，情况变得更好了），你也不会失去投票权。正因为这些事情没有发生，所以美国人确实比其他国家的人更愿意冒险去创业。在制度的支持下，创业文化是美国商业界的鲜明特征。但是，根据亨氏的经历，除非你能承受得起失败的煎熬，否则失败并不好玩。

伊士曼早期职业生涯中非常值得注意的一点是，尽管看过身边许多失败的例子，尽管他父亲的事业最终走向衰败，但他似乎从未担心过失败。如果我们进一步了解伊士曼家族的内部关系，观察从1857年乔治·华盛顿·伊士曼因发炎性风湿病而卧床不起到1862年乔治·华盛顿·伊士曼逝世这段时期发生的事情，我们会发现其家族关系很有意思。那些年，伊士曼正值童年，他看到家里的男主人从养家糊口的人变成了靠别人吃饭的人、从家庭的靠山变成了家里的麻烦。母亲玛丽亚有坚韧的性格，不过，可以想象，她对生活的重大转折也会有牢骚和不满。考虑到伊士曼对母亲的感情很深，伊士曼害怕母亲不满意，就像害怕失败会带来社会的非难和法律的纠缠一样。但是，他在创业的道路上依然勇往直前，毫不畏惧。

就这样，伊士曼从一个对摄影好奇的普通人，变成了一个认真的业余爱好者和实验者，很快又成为一位成功的企业家。他成立了伊士曼干板制造公司，尽管他不是唯一的股东，甚至不是公司总裁，但他是公司的动力源泉和不可或缺的灵魂人物。

在刚进入这个行业的时候，伊士曼严重缺乏专业技术知识。他从未接受过任何化学方面的正规培训，但是他并未因此止步不前。伊士曼感兴趣的是机会，而不是他所面临的限制。他不知道的，就去学。他如饥似渴地阅读技术期刊，虽然这对他来说有点难，但他还是努力地去读。除了自学，他还聘请了受过大学教育的化学家，向他们学习。他对正规的学习毫无偏见，尽管他那个时代的商人普遍都鄙视学习。令人印象深刻的是，伊士曼的自我很强大，他不受外部力量的威胁。对正规学习的排斥，往往不过是些许嫉妒或勉强掩饰的自卑感在作祟。因此，他聘请了亨利·赖钦巴赫。

当赖钦巴赫窃取了柯达公司的商业机密，并离开柯达时，伊士曼本可以轻易地把所有受过大学教育的人和他归为同一类，然后将他们拒之门外。我们可以猜测一下他的想法："他们从来不懂得为公司而奋斗，他们过着轻松自在的生活，他们不了解对公司忠诚的意义。"

然而，伊士曼丝毫没有这种情绪。相反，他再次把目光转向大学，这次他去了麻省理工学院。那时，"爱尔兰人不得申请"是很普遍的政策，在这种背景下，伊士曼聘请了一个名叫达拉·德兰西（Darragh de Lancey）的爱尔兰人。在当时，请爱尔兰人担任高级职位的公司还是罕见的，就像欢迎女性的公司一样少。1894年，伊士曼又从麻省理工学院聘用了哈丽雅特·盖洛普（Harriet Gallup）。伊士曼公司的早期发展历史证明：这是一家真正把对员工一视同仁作为重要价值观的企业。伊士曼要找的，是那些真正能做事的人，这是唯一的招聘标准。

如果说伊士曼在 40 岁之前未曾开心地笑过，那么他第一次微笑就是在 1894 年 7 月 12 日或之后的某个时刻。1894 年是充满动荡和令人担忧的一年。伊士曼要救投资失败的斯特朗，使他从西海岸的不幸遭遇中脱身，而伊士曼柯达公司的财务表现也并不理想。在 19 世纪 90 年代的大萧条中，伊士曼柯达公司与整个国家一起经历着经济的不景气。

尽管如此，伊士曼还是有理由微笑。柯达公司拥有愿景，还有实现这一愿景的关键资源。柯达公司已经变成了一支全球化的力量，开始在海外建立工厂。正因如此，美国从摄影工业的进口商和追随者，逐渐转变为出口商和领导者。

到 1894 年，柯达工业园已经建成。随着伊士曼不断增加对未来的投资，柯达工业园也在持续发展。罗切斯特崛起为世界摄影工业的中心。在 19 世纪 90 年代末，伊士曼证明了自己已掌握现代商业的另一个关键要素：他不仅精于生产，而且擅长营销。他在发行量大的报纸上刊登广告，宣传一种面向大众的低价新产品。这一战略转变的重要性同样值得强调。即使在今天，在掌握了所有营销科学工具的情况下，预测什么样的广告会成功仍然是企业家们最困难的任务之一，要弄清楚广告的效应是非常复杂的。此外，由于广告经常与各种假冒专利药品和"癌症疗法"（通常只是含酒精的饮料）联系在一起，所以在 19 世纪末期，广告的名声坏透了。

尽管如此，伊士曼还是大量使用广告。他展现出了在文案写作、编辑和媒体选择方面的天赋（从他的背景中很难发现他拥有这些才能)。他的广告非常精妙,其实只有一句简单的广告语。"你只需要按下快门……"这句话直到今天还铭刻在人们的记忆中。这句话传达了一个重要的信息,同时它又极简明,表达富有诗意。

从一个好奇的普通人,到实验者,再到创业者,再到制造商,再到营销专家——伊士曼作为一名公司高管的冒险之旅尚未结束。在 20 世纪的前十年,伊士曼开始将管理职责逐步授权给其他人。除伊士曼外,伊士曼柯达公司的第一任总经理是弗兰克·威廉·洛夫乔伊(Frank William Lovejoy),他也是一位在麻省理工学院受过良好教育的化学家。1894 年,洛夫乔伊被德兰西聘请到柯达工业园工作,同年哈丽雅特·盖洛普也与柯达公司签约。20 世纪初,洛夫乔伊从柯达工业园的技术总部,搬迁至柯达的行政办公室,担任伊士曼柯达公司的总经理助理。

随着一家全球化企业的业务日益多元,日常管理工作也越来越复杂。伊士曼认为,就像在制造和营销领域一样,公司的管理也需要来自专业人士的帮助。1914 年,他前往波士顿,与哈佛商学院(伊士曼到访时,哈佛商学院成立仅六年)的院长会面。他告诉院长,他想聘请一名优秀的学生。据说,伊士曼只面试了一位学生——马里恩·B. 福尔松(Marion B. Folsom)。他给福尔松提供了一份月薪 100 美元的工作。经过一番犹豫和思考之后,福尔松接受了邀请,并把他的余生都奉献给了伊士曼柯达公司。

从深度参与到慢慢退出公司,伊士曼一直在为柯达寻找能应对未来挑战的人才,尤其是年轻人。1919 年,他聘请了咨询公司来帮助柯达,确保伊士曼柯达公司的管理能力与它的营销能力和制造能力一样务实有效。这是一项对制造、营销和管理三管齐下的投资。历史学家小阿尔弗雷德·D. 钱德勒(Alfred D. Chandler Jr.)认为:制造、营销和管理,对于建立一个能够自我驱动的大企业至关重要。

在结束我们对作为商人的伊士曼的讨论之前,有必要谈一谈他的劳工政策。1898 年,公司利润状况良好,于是伊士曼将注意力转向了公司的人力。之前的一次组织重组,帮助伊士曼个人赚了将近 100 万美元。他从这笔款项中拿出了 17.5 万美元,分配给公司近 3 000 名员工。这个举动附有以下说明:"这是伊士曼先生的个人行为,他请大家不要将这笔资金视为礼物,而应视为大家完成工作的额外报酬。"在伊士曼给员工分发福利时,资本主义尚处在这样的一个时代——安德鲁·卡耐基下属的一名钢铁厂厂长表示:"我一直有一个规则,当一个工人抬起头来,我就去打他的头。"如果说,柯达公司这个后来被称为"福利资本主义"的例子在当时非同寻常,那还是对伊士曼有些轻描淡写了。因为,伊士曼是从自己口袋里掏出这笔钱。他和他的公司都没有受到任何胁迫,而且这笔钱的发放没有任何交换条件。

伊士曼开始放松自己,将公司的火炬传递给他带出来的年轻人,伊士曼顺利地完成了公司的交接班工作。在这里,我们再次思考几个并未发生的问题。当局外人关注伊士曼的退休和权力向新一代的转移时,很容易就会假设:因为在此过程中没有发现明显的问题,所以该过程实际上是没有问题的。在某些事物被拆解分析之前,我们很难掌握其内部的真相。读者把看到的字句视为理所当然,对看到的东西不去思考。但是,如果一个人的视力突然变得模糊,人们会发现自己对现象的本质会进行更多思考。

历史可以帮助我们理解在企业交接班过程中经常出现的问题。人们会感到内疚:在规模达到像 1919 年柯达重组时这样大小的公司中,不管那些野心勃勃的高管们公开发表的言论是什么,他们心里一定会觉得现在是"老人"下台的时候了。而当"老人"这样做时，他们的内心想法与客观现实之间的联系可能会令人不安。人们会感到对未来缺乏安全感：多年来人们一直向领导者寻求各种答案，而这个解答者就要离开了。人们经常把他们的领导者理想化，认为领导者是智慧和同理心的化身，而事实上领导者可能有这些品质，也可能没有。之所以这样说，是因为员工需要安全感，需要相信生活的意义。

上述这些促使领导者离任和留下来的力量，虽然是相互矛盾的，但可以同时存在。这使得交接班的这段时间成为员工潜在的情感混乱时期；尤其是在领导者已经任职多年之后，员工们知道这件事迟早会发生，但又不相信真的会发生。

这里还有竞争的问题。公司内部通常会形成不同的派系，每个派系都支持不同的领导者。当选中其中一个时，其他人将被排除在外。如果竞争者的年龄大致相同，则意味着失败者十有八九永远无法再成为大领导。此时，失败者背叛公司的风险是很高的，要么他们被得意扬扬的胜利者逼迫离开，要么就是这些满心失望的失败者自愿离开。这样，公司就会面临最优秀人才流失的危险。

以上列举的所有挑战都不是凭空想象的，它们都曾经发生过。当离任的领导者是公司的创始人、所在城市的重要公民时，用一个很老套但用在这里很恰当的说法就是，一个时代结束了。在这种情况下，交接班的难度就更大了。公司的创始人如果不清楚他应该什么时候离任，或者在离任后仍然监控着继任者的工作，甚至在所有权地位允许的情况下他们要重新掌权，那么他们就会声名狼藉。亨利·福特做了上述所有的这些事情，伊士曼则避免了这一切。

1919 年，伊士曼柯达公司按照职能正式进行了重组，由一支 9 人组成的管理团队向伊士曼汇报工作。当时伊士曼已经 65 岁了，他的母亲已经去世 12 年了。伊士曼最好的朋友亨利·斯特朗在

1919年去世了。伊士曼与一些亲戚关系密切。他交友广泛，有着无数的熟人。此外，由于他的慈善事业，伊士曼成为美国医学界和音乐界最重要的人物之一。

但是，伊士曼没有妻子，没有孩子。维克多·雨果（Victor Hugo）写道："生活中至高无上的幸福是坚信我们是被爱着的……"伊士曼没有体会过真正的心灵相通，这种交流是伊士曼的全部财富都无法换来的——到了1919年，显然他再也无法体会到这种感觉。这个以伊士曼的名字命名的公司诱使着他把它当作家庭来对待，这种诱惑力是很危险的。伊士曼并没有被这一点所害。这又一次证明了，伊士曼成功的故事其实是避免失败的故事。

1923年，伊士曼给英国伊士曼柯达公司的一位高管写信说：

> 我们正在变老，多年以前我们就越过了年纪的分水岭。我现在69岁了，但还不觉得自己老了，身体仍然很强健。当我离开的时候，我希望我能把事情安排得井井有条，这样它们就会照常进行。我想做的只是淡出画面，而不是"砰"的一声突然离开。公司里还有很多年轻的血液，我正设法把他们组织起来，这样我离开后人们就会说：那个老家伙毕竟不是公司的全部。

伊士曼开始延长他的假期，他缺席的情况也有所增加。研发实验室的负责人——他在柯达办公大楼（Kodak Office Tower）的办公室就在伊士曼办公室的隔壁——回忆道："他（伊士曼）在办公室的频率越来越低。他在那儿的时候，这件事就成了新闻。这消息会传开的——伊士曼先生今天在。不知怎么的，他在的那一天我们所有人都很开心。最后，他不再来了。"

离开柯达之后的生活

1925年，伊士曼最后一年积极参与公司的例行事务，他对一群员工说："我们在工作时间做什么，决定着我们拥有什么；我们在闲暇时间做什么，决定着我们成为什么样的人。"

伊士曼之所以能够以这样积极的姿态离开公司，是因为他虽然从公司退休了，但是他可以去拥抱培养了多年的兴趣爱好了。随着年龄的增长、财富的增加和知名度的提高，伊士曼可以潇洒地旅行，去见那些他感兴趣的人。在1925年和1927年，他曾两次去非洲游猎。第二次是在他73岁的时候，那次他射杀了一头大象和一头白犀牛。

无论走过多远的地方，他总是会回到罗切斯特，他在那里建造了一座极为引人注目的房子。这座房子现在向公众开放，它位于东大街900号，距商业区、罗切斯特大学和柯达工业园都不远。伊士曼的房子过去是（现在仍是）真实且有质感的，它反映了伊士曼的身份以及他发现的那些美。与坐落于罗德岛（Rhode Island）纽波特（Newport）的巨大建筑群不同，这座房子以它的美丽和独特风格展现着伊士曼的个人特质，而不仅仅是伊士曼所拥有的财产的陈列室。尽管被用于许多正式活动，但伊士曼的房子实际上是一个家。伊士曼亲自并精确地参与到翻新和增建的工程中，实现了自己想要的效果。

这个房子配备了所有现代化设施：电灯、留声机和电影放映机，以及一部1903年的奥的斯（Otis）电梯。伊士曼愿意为他的家一掷千金，但他很少买古董。他反而对艺术品的复制品感到非常满意。他对房屋陈设的品质不太在乎，他对音乐也是相似的态度。他聘请的风琴家这样评论伊士曼："他并不假装对音乐无所不知……他完全了解自己的喜好和厌恶。"这个评价也非常适用于伊士曼对艺术品和古董的看法。

伊士曼是一位风琴音乐爱好者，他聘请哈罗德·格里森（Harold Gleason）为他的私人音乐家，格里森每天早餐时为他演奏，也在他经常举办的午餐和晚间独奏会上演奏。尽管他的客人非常不赞同他的音乐品味［众所周知，他热爱瓦格纳、不喜欢巴赫（Bach）］，尽管他装作对音乐没有专业知识的样子，但他仍然坚持自己选择音乐曲目。

这个房子用伊士曼的收藏品精心装饰，选择这些收藏品似乎只是因为伊士曼喜欢它们（其实它们不适合任何装饰方案）。的确，从花园向上望，可以看到镶嵌在窗户上的巨大象头，这使这座房屋几乎变得滑稽可笑。这个象头是他 1927 年非洲狩猎之旅的战利品。整座房子里都是他狩猎探险的战利品，虽然没有一个能达到象头那么大。此外，几乎每个房间里都有一个用某种大型动物的蹄子做成的烟灰缸，还有兽皮盖在一些家具上。

伊士曼的艺术收藏品，就像他家中的许多元素一样，反映了他的个人品味，而不是那些受人尊敬的评论家的品味。伊士曼收藏的画主要是肖像画，代表了各种风格和时期，其中最大的一幅是他母亲的肖像画，这幅画悬挂在宽敞通风的客厅的壁炉上方。伊士曼亲自装饰屋子，屋子里充斥着他喜欢的物件、植物和色彩，无论它们是否会吸引他在此招待的众多客人。他的家是他的一种自我表达，是他为自己设计的，也是他亲自设计的。

自杀的重新审视

本章从伊士曼的自杀遗言开始，并且断言这份遗言并不很准确。那么，不准确之处在哪里？

伊士曼的自杀是一种蓄意的、有预谋的行为，因为他感到很沮丧，并且他认为没有理由相信这种抑郁感会得到改善。他的健康状况每况愈下，他深受下脊椎疼痛的困扰，因为这已经导致了尿失禁，这种情况令他深感痛苦。伊士曼开枪自杀时已经 77 岁了。在那个年代活到这个年龄的任何人，可能都看到过最亲密的同伴死亡；而结交新朋友、真正的朋友，对于一个身体越来越虚弱、社交自我意识越来越强的男人来说，是很难的。

所以在这里，我们可以找到伊士曼自杀的真正原因。并不是因为他的工作结束了。事实上，他退休至少七年后才自杀的。如果他想，他本可以在第一次世界大战后退休（那时柯达已经站稳了脚跟，所以他的投资只会增值）。

伊士曼爱伊士曼柯达公司，但我不愿意说他本身就爱商业。商场即战场，商业是残酷无情的。投身商场可以说是伊士曼作为摩尼教教徒的黑暗面。

伊士曼用了很长时间学习玩乐，他学会之后，便发现生活真的是多姿多彩。他的创造力通过他的房子表现出来，他的冒险精神通过他的旅行表现出来，他想要这个世界更加美好的愿望通过他的慷慨大方表现出来。正如伊士曼本人所说，一个人在闲暇时刻的所作所为表现了他是什么样的人，这是他生活的光明面。而他在工作时所做的事决定了他会拥有什么。

我相信伊士曼自杀不是因为他的工作已经结束，而是因为他的年龄和身体状况意味着他无法再好好地玩乐。他的自杀是一种理性行为。

在对卡耐基的讨论中，我谈到了卡耐基的三个特征，即发现新领域、遇到真相时刻以及权力错乱。在这一章我谈到，伊士曼清楚地发现了他所主导的行业的新边界。其他人无法想象的事情，他却把它变成了现实：一台适合所有人的照相机。他同样也有自己的真相时刻可以分享，放弃在罗切斯特储蓄银行的工作是其中之一，另一个真相时刻是在他意识到即使他的产品如此出色，人们似乎应该自动地蜂拥而至，但他仍然必须通过积极的营销来创造需求的时候。

但谈到那个最缺乏吸引力的特征——权力错乱，伊士曼在此方面几乎没有表现出任何迹象。尽管他对自己的事业充满热情（没有这种热情就不会有他的企业），但他似乎从未失去过对现实的把握。与卡耐基、福特、沃森或郎佛迅不同的是，尽管他有权力有财富，但伊士曼丝毫没有残酷无情的表现。他似乎从未犯过傻。这与本书的第一位梦想家卡耐基和下一位梦想家福特形成了鲜明的对比。

西奥多·罗斯福曾经说过："我们是多么的幸运……我们遇到过困难，有时也遭遇灾难，但我们不能指望在人生的黄昏能逃离灰暗，因为生命在灿烂的金色夕阳中结束的情况并不多见。"

乔治·伊士曼在他的一生中做了很多正确的事情。他的行为始终与他的年龄和所处的阶段相称。人们不禁会想，如果命运让他平静自然地死亡，那该多好，那才是他应得的结局啊。

乔治·伊士曼大事记

1854 年 7 月 12 日	乔治·伊士曼出生。
1868 年 3 月 8 日	伊士曼去罗切斯特的一家保险公司上班。
1874 年 4 月	伊士曼跳槽去罗切斯特储蓄银行工作,担任初级簿记员。
1877 年 11 月	伊士曼拍摄了他的第一张照片。
1881 年 1 月 1 日	伊士曼干板制造公司作为一家持续发展的企业,正式成立。
1881 年 9 月 5 日	伊士曼辞去了罗切斯特储蓄银行的工作。
1884 初秋	威廉·沃克和伊士曼就胶卷的三个基本要素申请了专利。
1884 年 10 月	伊士曼干板制造公司和胶片公司合并。
1888 年 6 月	伊士曼将第一台柯达相机投放市场。该相机的广告标语是"你只需要按下快门,剩下的交给我们"。
1889 年 8 月 27 日	硝化纤维素胶卷问世。
1890 年 10 月 1 日	位于罗切斯特的柯达工业园开始动工建设。
1892 年 5 月	伊士曼柯达公司成立。
1900 年	伊士曼推出布朗尼相机。
1925 年	伊士曼辞去伊士曼柯达公司总裁的职务。
1932 年 3 月 14 日	伊士曼自杀。

第三章 亨利·福特

原始主义的得与失

在 1900 年的美国,至少有 57 家工厂在生产汽车,没人知道最后到底是汽油、蒸汽还是电力能成为汽车的主要动力来源。

享誉世界的划时代人物

"我想为广大民众造一种车,"亨利·福特早年曾这样说,"要用最好的材料,聘请最好的员工,使用现代工程学最简洁的设计……价格要低廉,只要有工资收入的人就不会买不起。人们和家人能够在驾驶这辆车的时候,享受闲暇时光带来的快乐。"这段优美而又坚定的表述是美国商业史上最能彰显企业目标的宣言之一。

这是最具美国特色的宣言。在 19 世纪 90 年代末和 20 世纪初的欧洲,汽车被视为主要服务于富人的产品,而亨利·福特想要把它交给"广大民众"。更重要的是,亨利·福特没有想做一种劣质的仿制品,作为面向广大民众的昂贵汽车的替代品,他是要为广大普通人生产最好的汽车。而且,这种汽车的生产还不能让他们耗费巨大的成本,要物超所值。

在亨利·福特的葬礼上,一段颂词将他和亚伯拉罕·林肯(Abraham Lincoln)相提并论:"对于世界来说,亚伯拉罕·林肯和福特代表着美国,亚伯拉罕作为出身于小木屋的平民最终成为总统,而福特从小工厂起家最终造就了工业帝国。"这段颂词的类比反映的是社会的流动性和经济的流动性,但是将福特和林肯进行类比的意义远不止于此。

林肯遇刺后,拉尔夫·沃尔多·爱默生(Ralph Waldo Emerson)说,正是由于有林肯,这个中产阶级国家才终于找到了他们的中产阶级总统。在一定意义上,福特就像林肯一样,是为中产阶级服务的。他作为商人的目标,就是为广大中产阶级提供价廉物美的交通工具,改善其生活。如果他做到这一点,其他许多问题自会迎刃而解。福特做到了。然而,不仅是他做了什么,也是他做这件事情的方式,让他拥有了林肯式的光环。

1916年秋,占少数股份的股东道奇兄弟向亨利·福特提起诉讼,想以此迫使他将福特公司更多的利润进行分红。下面节选了控方律师的提问及福特在证人席上的陈词。

问:你说你认为赚高额利润是不对的?那么,这项商业活动继续进行下去的目的何在?又为什么还在扩大规模?

答:尽可能地为每一位相关者谋福利。

问:"尽可能地谋福利"是指什么?

答:赚钱并让钱发挥作用、创造就业、制造出老百姓都能开的汽车。

问:就这些?你是不是说过,你个人拥有的财富已经够多了,之后你要让福特汽车公司尽可能多地提供就业、尽可能地给工人高工资、尽可能地让大众获得低价汽车?

答：是的，我应该说过这话，赚钱只是顺便的事。

问：顺便？

答：是的。

问：但你采取的控制方式是，由于你已经赚够了钱，所以你以高工资雇用一大批人，同时降低汽车的价格，这样很多人就可以买得起汽车，让大众都能享受到低价汽车的福利。

答：如果你能做到这些，钱就会自动跑到你口袋里，你不会赚不到钱的。

正如我们在安德鲁·卡耐基的职业生涯中所看到的，商业中的各类需求会将商人分为两面：一面是为了取得成功他不得不做的事情，另一面是他在公众面前展现的个人形象。在上面的对话中，我们可以感到，福特乐于被别人当作白痴，就像一个什么都不懂的乡巴佬。他不想做强盗的资本家。他似乎更乐意代表这个城市精英阶层的律师对他进行如此的"指控"：为大众造车、优待员工，而赚钱只是这样做的结果。

从树立公众形象的角度来分析，福特的表现滴水不漏。他和亨利·克莱·弗里克不一样（当福特被起诉时他还健在，并且是美国钢铁公司的董事会成员）：弗里克曾经请私人侦探在深夜秘密潜入工厂，将善良、手上长满老茧的劳工们驱离工作岗位。福特代表了纯粹的美国英雄——既是商人又是人类的福音。

可以想象审判福特的场景出现在弗兰克·卡普拉（Frank Capra）的电影或乔尔·钱德勒·哈里斯（Joel Chandler Harris）的小说里。相对于真实的历史，这多少有点杜撰成分。在美国商业史上所有的商人中，只有福特被认为能在证人席上说出这样的话。他身上体现了一种睿智的简单、一种天生的智慧，这是一种美国精神，是专业、自大的高等学府教出来的那些自作聪明的毕业生所不具备的。

从商业的角度看，福特为这种姿态也付出了代价。资本主义自有其规则，他的慷慨违背了资本主义的规则，因为他慷慨给予大众的钱是别人的。律师对福特的提问不可能没有考虑公共关系问题，福特的言辞对媒体和大众来讲可能是极有魅力的，但控方律师关注的是陪审团的反应。以下的引用助推了福特一案的最终判决。根据密歇根州最高法院的意见：

> 福特先生个人及股东应对公众负有的责任、其个人及董事会成员对控方——占少数份额的股东——负有的责任，二者不应出现混淆（已有证据能够证明混淆的发生）。商业合作的组织和开展，其主要目的是为股东创造利润，董事会成员的权力应主要服务于此目的。对董事会成员的裁定应基于他们是否为实现此目标，而不应基于目标本身，即不应减少利润或者未给广大股东分配红利而把利润用于其他方面。

这场诉讼的失败，至少有一部分原因来自福特要树立的公众形象。他被迫宣布给予股东更多的分红（作为最大的股东，分红的大部分实际进入了他自己的口袋），正是这项决策，促使福特最终买下了全部小股东的份额，对公司实现了全额控股。这一举动的影响延续至今（福特汽车公司直到1956年的1月才上市）。在撰写本书的此刻，超过40%有投票权的股票仍然控制在福特家族手中。

美国人喜欢福特T型车。"喜欢"这个词的程度还不够强——他们超爱。许许多多的人同时也喜欢生产这款车的人，他仿佛就是他们中的一员。历史学家托马斯·K.麦克劳（Thomas K. McCraw）曾这样写道："人们甚至觉得，他们跟福特是故交。大家信任他，不仅因为他是广大普通人的代言人，还因为他本人也是普通人。"

这种印象和林肯给大众留下的印象是一样的。林肯曾经在给第166俄亥俄军团的讲话中这样说："我只是碰巧、临时入住了白宫，我只是一个例子。你们每个人的孩子都值得期待，未来来到这里，就像当年我的父亲对我抱有的期待那样。"这句话是关于身份问题和社会流动性问题的评论。林肯一方面要说明，他（临时地）得到了这个国家的最高职位，当时的听众们的孩子也有平等的机会。另一方面，他也是在强调，无论他走多远，他的心从未离开过家乡。

类似这样的情感也表现在亨利·福特和他面对的大众之间。在20世纪20年代早期，在当时成为百万富翁超出人们的想象，而福特当时已经是亿万富翁。在当时美国的富翁中，只有约翰·洛克菲勒和安德鲁·卡耐基可以与其比肩。福特可能是当时全世界屈指可数的最富有的人之一。

然而福特从未让美国人觉得他比其他人高人一等——美国人很害怕被别人看不起。福特的家里没有佣人，他这样解释说："我仍然喜欢吃带着皮的煮土豆。当我在餐桌旁剥土豆皮的时候，不想有个人站在椅子后面偷偷笑我。"

福特坦率又骄傲地把自己定位为农民英雄："T型车不是别的，就是农民的车。"他希望自己被当成是普通大众、通过辛勤工作赚钱的英雄，而不是来自华尔街、靠资本运作赚钱的精英。他曾经问："你见过有人手上长出的茧子是不诚实的吗？很少。当男人的手上有茧子、女人的手变得粗硬，你应该能肯定，诚实就在他们身上。和那些柔软白嫩的手相比，你更能确定这一点。"正是那些"柔软白嫩的手"握着股票和债券，而不是锤子和锄头，那是资本的手。这样的人不是用双手创造价值，而是让钱生钱、过着惬意又享乐的生活。

美国人并不认为福特是有钱人。其实他最起码和洛克菲勒一样富有，但后者曾因聚敛财富而广受诟病。和手嫩肤白的 J. P. 摩根比起来，福特的财富是他的好几倍。然而，当他拜访摩根的住宅时，丝毫没有讽刺之意地说："看到有钱人怎么生活真是太有趣了。"有人认为，福特之所以在很多方面表现出对自己的错误认识，是因为他从不自认为是有钱人。想想林肯，再想想商人的形象。福特应该是唯一一位能够让人自然而然地将之与林肯做类比的人。（还有一个可能产生这种联想的人是托马斯·爱迪生，但是他总是被人当成发明家，而不是商人。）

　　人们也不愿意把福特和林肯的比较做得太过度。对这二人的比较描述最贴切的是杰拉尔德·福特（Gerald Ford）。他曾长年担任美国众议院议员，来自密歇根州大急流城国会选区。他与亨利·福特家族没有任何亲属关系。他在美国历史上扮演了独特的角色，1973 年 12 月 6 日，他被任命为美国副总统，接任因受贿而名誉扫地的斯皮罗·T. 阿格纽（Spiro T. Agnew）。杰拉尔德·福特是在水门事件的阴影下就职的，理查德·尼克松（Richard M. Nixon）因水门事件于 1974 年被迫卸任总统一职。

　　杰拉尔德·福特在美国国会大厦众议院会议厅宣誓就职副总统时说了这样一句话（也是他唯一一句让人铭记的话）："我是福特，不是林肯。"这句复杂的双关语是为了回应民众的期待。杰拉尔德·福特想说的是，他只是"基本交通工具"，而不是"豪华车型"。这对杰拉尔德·福特和亨利·福特来说都恰如其分，他们二人都无法再进行更高的自我超越，而林肯可以，并且做到了。无论如何，我们希望对林肯和亨利·福特的过度比较保持谨慎，不要走得太远。毋庸置疑，在美国，无人能与亚伯拉罕·林肯相比。而亨利·福特，很遗憾，最终也不过是个凡人。

　　不过，在伟大的 T 型车时代，想到福特就会想到林肯并不是什么可笑的事，二者都是享誉世界的时代风云人物。他们二人在各自的领域，"都是伟大的解放者"。已故的经济史学家乔纳森·R. T. 休斯（Jonathan R. T. Hughes）对亨利·福特的评价一贯十分犀利，但他承认："福特对普通人的解放，比历史上任何一位英雄的贡献都更大。福特曾这样评价过爱迪生，但这种评价适用于福特自己。"

遗憾的是，这不是休斯的全部评价，休斯对福特十分了解。休斯这样写到，福特的传记展现的是，"当巨额财富落入一个没什么文化的偏执狂手中，将产生多么难以估量的危害"。很难再找到别的什么人，能够让支持与反对资本主义的争论如此鲜明地得以体现。亨利·福特的故事就是原始主义获取利益同时付出代价的故事。

一直以来，关于亨利·福特的撰述比美国其他任何一位商人都多。人们对他如此关注，原因有很多。其中之一是，他的企业所生产的产品在我们的生活中占据了特殊的位置。汽车是大部分人购买的最贵的品牌产品。实际上，汽车被认为是大部分人能够负担的最昂贵的消费品。房屋当然更贵，但是通常大部分购房者把它视作投资。如果维护得当，未来将会升值。

汽车的核心功能是交通工具，它解放了大众，除此之外，它还有显示车主身份的附加功能。历史学家唐纳德·F. 戴维斯（Donald F. Davis）这样解释："很多的现代资产都是不显眼的，所以在标识社会阶层方面都没什么价值。相反，汽车则特别引人注目并且可以移动……"戴维斯声称"汽车激发了人们的购买热情"，而其引人注目的特点就是其中原因之一。

人们对福特大书特书的第二个原因就是，他引起了大家对他个人的兴趣。原本人们以为这个新生的商业巨子是个害羞的人，可福特个人撰写（或者别人为他撰写）的书就多达六本，他还拥有一家杂志。福特在其他渠道也特别热衷于宣传。

第三个原因是，福特活得很长。他生于1863年7月30日，恰逢美国南北战争中期葛底斯堡与维克斯堡交战的那个月。他去世的时间是1947年4月7日，当时正处于原子时代。在20世纪前四十年的大部分时间里，他是一个绝对领导者，所拥有的企业价值巨大，直接影响着数十万的工人、供应商、经销商和数百万喜爱这个"激情产品"的消费者。

在形容亨利·福特的浩如烟海的辞藻中，如果有一个词贯穿始终，那就是"谜"。一个历史学家这样评价："福特的性格一直让我们感到困惑，他到底是个性格简单但被误认为复杂的人呢？还是过于复杂，让人误以为简单？"另一位历史学家则专门为他撰写了这样一个章节，名为"天才的蠢蛋"。

历史学家艾伦·内文斯（Allan Nevins）、弗兰克·欧内斯特·希尔（Frank Ernest Hill）带领团队对福特及其公司做了专业的研究，他们认为亨利·福特是一个"既有远见又有想象力的人"。他们的用词十分准确，这一点可能他们自己都没完全意识到。安妮·贾迪姆（Anne Jardim）曾经从心理分析的角度为福特写过传记，她认为："他的抉择带有对未来的前瞻性，不局限于去解决眼前的燃眉之急，而是对未来潜在机会做理性评估。"正是他性格中这种强烈的动力让人觉得他魅力十足。正是有了这种干劲，福特不会陷入自我怀疑。

在关于乔治·伊士曼的那一章中我曾经问，是否可以像评价本杰明·富兰克林一样评价他：在任何时代、任何地方，他都会是个伟大的人。这对于富兰克林来说是绝对肯定的，对乔治·伊士曼来说恐怕也差不多。然而说到亨利·福特，他复杂的性格并不一定会保证他能一直像在底特律、密歇根，或者在美国1899年至1914年期间一样永远成功。天才这个词使用得过于泛滥，很难说福特是否真的是天才。但可以确定的是，他是个极有天赋的机械师。从出生一直到 40 多岁，他都过着中产阶级的体面生活，个人很有能力。如果汽车工业没有诞生，如果没有他那些与竞争对手完全不同的商业理念，我们没有理由相信他的后半生会和前半生一样无忧。

说他是固执还是全情投入，取决于你。在汽车工业诞生之初，福特就明白两件事：第一，美国需要价格低廉的车。第二，任何人想制造这样的车，都需要不断地斗争。他需要与投资人斗争，因为他们会不断地施压让他造更重、更贵的车型；他需要与竞争者斗争，因为他们已经得到了美国特许汽车制造商协会所制定的塞尔登专利法的授权，这些公司会联合起来，要求任何参与这一产业的制造商都必须遵守他们的"君子协定"；他还要克服技术工艺上的重重阻碍，制造的汽车既要价格低廉又要结实耐用，既要适当地赚取利润还要保持较低的零售价。

充足的证据显示，当时的消费者对价格低廉的自动行驶交通工具的需求非常普遍。兰塞姆·E. 奥兹（Ransom E. Olds）早期的职业生涯最能说明问题。奥兹 1864 年生于俄亥俄州的日内瓦，在密歇根州的兰辛（Lansing）生活时，他入股了父亲的机械工厂。他早期曾试验用蒸汽动力来推动马车，但到了 1896 年，也就是亨利·福特造出四轮车的那一年，奥兹造出了他第一辆以汽油发动机为动力的汽车。

在塞缪尔·L. 史密斯（Samuel L. Smith）的支持下，奥兹于 1899 年 5 月 8 日成立了奥兹汽车工厂。当时对于要生产什么样的产品，奥兹还没有清晰的计划，但高价车市场确实对他极具诱惑力。"在 1899 至 1900 年间，奥兹和他的员工推出了大约十一种不同的车型，价格从 1 200 美元的二人座车（这种车型被称为 trap，指的是一种坐姿）到高达 2 750 美元的四人座车（这是一种车厢封闭的四轮车，司机坐在最前面，座位是露天的）。"这些车价格昂贵。与之相反，在 1899 年 6 月，蒸汽驱动的自动机车广告售价仅为 600 美元。

到了 1901 年，奥兹决心集中力量生产便宜的轻便型汽车。"快乐的奥兹莫比尔"诞生了，它在许多歌曲和故事中被提及。众所周知的弯挡板奥兹莫比尔，其名称源自挡板的形状，汽车底部的挡板从下往上呈曲线状延伸至车头，成为汽车的控制台。这款车广受好评。

要找到当时可靠的销售数据并非易事。根据唐纳德·戴维斯的统计，奥兹莫比尔于 1901 年出售了 400 台，1902 至 1905 年间销售数字分别为 2 500 台、4 000 台、5 500 台、6 500 台。戴维斯声称："在 1899 到 1903 年间，奥兹的现金分红是 105％，通过利润的再投资，融资额从 35 万美元上升到 200 万美元。"

从这些销售数字来看，奥兹莫比尔作为现存美国最古老的汽车品牌，在当时必将成为产业巨头，然而在 2000 年通用公司宣布了这一品牌的终止。即便当时的单位产品销售额只是前面估计的数字的一半，也已经很高了，因为在 1900 年全美国一共才售出 4 200 台汽车，奥兹莫比尔的销售方向肯定是正确的。奥兹莫比尔"对廉价汽车市场的垄断并非没有遇到竞争对手，只不过当时大多数的竞争者不具备与之抗衡的财力和制造经验。"

然而事情总是这样，低价车给奥兹莫比尔带来的广阔的销售前景如同海市蜃楼一般，转瞬即逝。奥兹自己于 1904 年初被一位资金雄厚的投资人赶出了公司，此人想转向生产更高价格的汽车。奥兹后来创建瑞欧公司（Reo），重新进入汽车行业，但在低价市场再也没有当年的竞争力。

这次经历让奥兹明白了一件事，而这也正是福特所领悟到的两件事之一：在美国，低价车很有市场。其他人也发现了。看到这一点可能需要一点精明的头脑，但并不一定要是天才。福特已经明白但其他人并没预见到的是，要服务于这个低价车市场需要和一大堆的阻碍做斗争。

亨利·福特的性格特点，或者像某些人说的人格混乱（这取决于评判者的角度），让他在汽车产业史的关键转折点上恰逢其时。"为大众造车"成了他锲而不舍的追求，绝不妥协。虽然他在确定目标方面固执己见，但在实现目标的手段上却十分灵活。在福特汽车公司生产出T型车之前，他创建了两家公司、生产了八种车型。当T型车在1908年打出广告时，只有那些最疯狂的梦想家才能猜到有多少订单。从此以后，一系列的改变发生了，现代世界由此渐渐成形：高地公园工厂、令人叹为观止的流水线、可替换零件、每天5美元工资制，等等。

亨利·福特及其性格争议

如果高地公园工厂像前文所提到的那样重要，如果亨利·福特就是拥有这家工厂的老板，我们不禁会问，他会是个怎样的人？如果汽车产业推动了现代世界的形成，而福特汽车公司在这关键的几年又推动了汽车产业的发展，如果福特以绝对的权威制定公司政策，那么本书作者有责任向读者说明福特是谁，他为什么能够做到这一切。

虽然要求是合理的，但很难百分之百地满足大家。索福克勒斯（Sophocles）曾经这样写道："世上的奇迹有很多，但最大的奇迹，就是人。"每个人都是混合体，充满了矛盾、复杂性，有时候是复合体。当一个人像亨利·福特那样取得了显赫的成就，他就有机会展示出自身的本性,而无须遵守社会陈规、与别人友好相处。在亨利·福特的王国里,他自己制定规则,没人敢反对。有了这样的自由,或者说特权,他自身的优点和弱点都会无限放大。

对历史学家来说,其职业挑战在于,所研究的问题越笼统就越难应对。以美国南北战争为例,历史学家可以百分之百肯定地说:战争开始于1861年,结束于1865年,北方联邦最终取得胜利。这些都是事实,任何人加以反对肯定都是错的。

但当我们具体到每一场战争时,事情就会变得有点复杂。让我们做一个假设:设想我们现在按时间顺序讲述一下战场上发生的事。假如,某个军官的回忆录为我们提供了一条信息,在某个时间敌人在某地发起了攻击,可能我们首先想到的就是对这个回忆做事实确认,如果我们在另一位军官的回忆录里发现了对这个场景的相似记载,我们就更加肯定在彼时彼地发起的攻击是真实发生过的。

如果第二位军官和第一位军官的描述有实质上的差异,我们就有理由表示怀疑。如果第二位军官和第一位军官的描述一致,我们则会更有信心。两者越一致,我们越高兴,除非两位军官的描述太过相似。如果他们的表述一模一样,我们就会怀疑其中一位抄袭了另一位的描述或者这两个人抄袭了第三个人的描述。那就是说,好像二人的相似既可以证明他们的清白,也可以使他们失信。到底相似到什么程度会被视作过度呢?

当谈到作为个体的人的时候,历史学家就会陷入更复杂的状况中。让我们从南北战争的战场回到亨利·福特的世界。关于他的一生,我们知道很多事实,我们知道他何时出生、何时去世,知道他如何成为福特汽车公司的掌门人,也知道他是一个杰出的机械师。

但这并不能令人满意。亨利·福特改变了世界。在1900年的美国,"至少有57家工厂在生产汽车",没人知道最后到底是汽油、蒸汽还是电力能成为汽车的主要动力来源。除了那些拥有工厂的人，或者更确切地说，那些能生产汽车的小工厂之外，当时还有成千上万的美国人在做着关于这个产业的宏伟的美梦。他们几乎都失败了，但福特成功了。这是为什么？亨利·福特到底是谁？

这个问题并不是无关紧要的。1905年，一个汽车公司的首席执行官可不像半个世纪后面目模糊的政府官员，"早期的汽车制造商往往将个人形象和产品捆绑在一起，以在成百上千的竞争者中脱颖而出……"

个人的名声是可以去塑造的，但或早或晚，终要面对事实。事实是，福特说过的很多话、做过的很多事都是前后矛盾甚至自欺欺人的，有时会影响公司业绩。把他说过的很多话汇总起来，让他显得像个白痴并不是难事。比如，当他对记者说起自己相信灵魂转世时这样解释说："在过去，当一辆新车生产出来被开到路上，鸡会被吓得径直往家跑，这时鸡往往会被轧死。但是在今天，汽车开过来时，鸡会往最近的路边跑。这只鸡前世就是被汽车轧死的。"

可能历史学家不需要为这样的蠢话而烦扰。虽然福特的话听上去思路古怪，但这恐怕不会影响任何一辆车的销售。

福特还有一些其他的言论或者行为，不仅显露出他的为人，也严重影响了销售业绩。但这种影响并不总是负面的。他认同工人阶层，永远和底特律的上流社会保持距离（标志性的表现就是，他不会选择住在他们的附近，而是住在20公里开外的"迪尔伯恩的黑暗庄园"）。他只钟情坚固、真实、实实在在的东西。所有这些品质，让他成为汽车领域的唯一先锋领导者，始终将注意力放在大众市场。

然而，此人还有另外一面：好斗、报复心强、心胸狭窄。没有什么比他强烈的反犹情绪更能说明问题的了，这种态度毋庸置疑伤害了公司利益，更不要说那些常年被他攻击的犹太人。这也成了我们如今要讨论的一个问题。反犹主义，如同福特的很多其他信仰，都不是历史学家通过常规的叙述方式能够解释清楚的。

福特的反战立场尤其深刻地说明了性格给他招致的麻烦。当第一次世界大战延续到1915年，福特对反战思想的鼓吹一天比一天猛烈。这一年的五月，当他得知卢西塔尼亚号被鱼雷轰炸后，曾这样表示："他们上那条船真是太傻了，之前就有人警告过他们。"加拿大出生的詹姆斯·卡曾斯（James Couzens）并不害怕福特，而且他的组织能力对公司至关重要。此人对协约国抱有同情，曾想让公司支援协约国。福特当众表示，他宁可把工厂夷为平地，也不会为战争提供物资。

整个1915年的夏天和秋天，福特发表了一系列坚定的反战宣言。"我憎恨战争，因为战争是屠杀、破坏和毁灭。"他宣称。他的每一次公开言论都刺激着公司的核心人物卡曾斯。最终，卡曾斯于当年10月离开了公司。他彻底告别了汽车业进入政界，最后成为密歇根州的参议员。

福特后来解释说，卡曾斯到了应该离开的时候。福特断言，卡曾斯的心已经不在工作上。他的政治野心"和在福特汽车公司的工作无法和谐共存"。在他们两人最后一次就发表反战言论进行争执时，福特这样对自己说："好吧，就这样停止也不错。"

福特是真的持有反战立场吗？抑或是他通过不断抛出反战论调来逼迫公司领导位置上的一个竞争对手离开，也许福特早就发现此人的个人影响力已经对自己有威胁？

除掉卡曾斯这个目的并不能完全解释福特的言行，因为当卡曾斯辞职后，福特危险的反战言论仍然持续不断。在11月末，福特坐着他名声在外的"和平之舟"奥斯卡Ⅱ，驶向了欧洲，到参战国那里去传播和平论调。11月22日，福特访问了白宫，他发现总统威尔逊友好有余、诚信不足。在临起航之前，他宣称说壕沟中的士兵们应该来一次大罢工。

1915年12月5日，奥斯卡Ⅱ从新泽西州霍博肯市再次起航——毋庸置疑，这次出行让他看上去像个傻瓜。12月18日福特抵达奥斯陆（挪威首都）后，连续五天保持沉默。然后他召开新闻发布会，说他的新型拖拉机是没有申请专利的，这样，比起生产战争武器，军火制造商生产拖拉机能赚更多的钱。至于这场历史上最激烈的武装冲突的原因和可能产生的后果，他只字未提。这次发布会的一位参加者这样说：“能让自己说出这么蠢的话，他一定是个伟大的人。”这方面他和卡耐基的相似程度令人震惊。

这个向全世界宣告战争不过是屠杀的福特，这个扬言宁可把工厂（当时世界上最大的工厂之一）烧个片瓦不留也不接受与战争有关的业务的福特，这个冒着被全世界咒骂的风险并且确实得到了骂名（与公司内斗无关，因为当时卡曾斯已经离开）、花了50万美元租用远洋轮出访欧洲、隐隐觉得和平终会到来的福特，是真的反战主义者吗？在内文斯和希尔的研究中，有关这段历史的第二章名为"和平的远征"，而当读者翻到第三章时，题目变成了"为战争而生产"。作者解释说："亨利·福特从和平天使到火神的转变只用了不到一周。"当时虔诚的反战人士路易斯·P.洛赫纳（Louis P. Lochner）曾在1917年1月30日与福特有过对话，得知福特仍没有放弃追求和平的努力。到了2月3日，洛赫纳说福特"对战争会带来危险的想法嗤之以鼻"，尽管他也说他会支持总统的任何决定。2月5日，就是威尔逊总统与德国断绝外交关系后的两天，福特说："我不敢相信战争就要来了。"但是如果战争真的开始，他承诺要"让我们的工厂服从美国政府的调遣，即便不赚一分钱也要正常运转"。

这话有一半是真的，就是为美国政府生产军用设备。在1917年和1918年间，福特汽车公司成为了重要的国防承包商。而"不赚一分钱"那一半可不大属实。该公司从军用设备的订单中获取的税前收益是 8 151 119.31 美元，作为最大的股东，福特个人从战争中获得的税后收入是 926 780.46 美元。"没有一分利润"流进国库。

如果坚持用历史叙事原则来看待整个过程，可以发现，一个人一开始在很长一段时间都是个好斗的反战人士（这并不是在运用矛盾的修辞手法），他宁可烧掉工厂也不愿接受一颗子弹的订单。他恶语相加地拒绝了一份合理的战备计划，而且这份计划是得到国家元首支持的。然后，他突然彻底地改变了立场而没有任何明确的理由。他说："我一开始是反战的，但是消灭军国主义的可能只有军国主义。如果是这样，我就加入并斗争到底吧。"

为什么会有这样的改变？历史学家大卫·哈克特·费舍尔（David Hackett Fischer）提醒同行不要问以"为什么"开头的问题。"以'为什么'开始的问题可能会成为形而上的问题。这同时也是个不准确的问题，因为'为什么'这个词很含糊，难以定义。有时候它指向缘由，有时候则指向动机，有时候在问原因，有时候需要描述，有时候在问过程，有时候在问目的，还有些时候可能是自圆其说。"费舍尔更希望历史学家坚持使用实证性的、能够解决问题的词汇，以谁、在哪、什么时间、做了什么以及怎么做来提问。费舍尔的判断很到位，但还是有其局限，有些时候局限过度。我们现在所研究的问题就是这种情况——福特和反战主义。

似乎很难避免要问这样的问题：为什么福特改变立场，从一个反战人士变成了战争的支持者？为什么他一开始承诺"不赚一分钱"而转头为公司赚取了 800 多万美元的利润并全部留了下来,个人收益有近 100 万美元之多?此外,二战期间他从零开始建造了一座巨大的生产炸弹的工厂,此时他的反战立场在哪里?

费舍尔是对的,我们无法以实证的方式回答这些问题。没有确切的"答案"来解释福特的性格谜题。但是,我们可以给出合理的推测,让读者自己做出最佳评判。

在内文斯和希尔的书中,关于福特"和平的远征"以及后来他放弃反战主义开始生产军备这段历史,虽然叙述详细但也留下了悬念,让读者更渴望知道其中的原因而不是事情的细枝末节。最显著的疑问就是:福特是真正的反战人士吗?还是他想通过反战来达到某些别的目的?内文斯和希尔的回答是,福特是真正的反战主义者,在这个问题上,他的想法和他所处时代的主流声音一致。内文斯和希尔告诉我们,福特"生长于对和平的渴望越来越强烈的时代"。在一战之前,美国主要的政治领袖们已经为争取和平奋斗了十多年。"在美国,反战姿态不仅受人尊重,简直就是占上风的。"福特的那次远征不是"野蛮的、一意孤行的远征"。相反,"上百万美国人民在精神上与他同在"。

诚然,内文斯和希尔为我们提供了一些不一样的解释。福特可能想除掉卡曾斯,他发表反战宣言、公开挑衅,可能只是一种方便的借口。但是卡曾斯在 1915 年 10 月 12 日就辞职了,而福特直到 1917 年 2 月还一直在激烈地反战。

之后,当福特谈到"和平之舟"的遭遇时说,他"花了 100 万美元当作广告费也是值得的",因为他帮公司的拖拉机找到了新市场。如果单为实现这一目的,并没必要演出"和平之舟"的闹剧,而在这之前他连续几个月的反战行为更不可能是为了这个目标。

可以肯定,福特从 1915 年到 1918 年在公众面前展示的形象令人费解。他抱怨说，卡曾斯在辞职之前经常不到工厂上班。"如果一个人在我们这有工作，就必须忠于职守。"福特说。他声称，卡曾斯走之前的一年只去上了184天的班。福特说："我一直都在给他做记录呢。"我不知道福特去工厂上了几天班，但他对员工考勤的抱怨和他自己驾船去欧洲的行为很不相配。

在那次航行之前，福特还去见了威尔逊总统。由于威尔逊拒绝给予"和平之舟"更大的官方支持，福特认为他是个"小气的人"。然而次年，应威尔逊的特别请求，福特在密歇根州竞选参议员。福特从前是名义上的共和党，尽管他可能从来都没投过票，但这次参选他代表的是民主党，因为威尔逊竭力希望参议院中民主党占大多数席位。

福特没有搞竞选宣传活动，几乎没花钱，好像也不在乎结果。整个过程他"一直很木讷"。在整个事件中，这个政治新手没做过公开演讲、没有花钱、在一个支持共和党的州倚靠了不受欢迎的民主党总统。在南北战争之前，福特所在州从未选过民主党成员进入参议院。最后，该州的44万张选票中，福特获得了48%的支持率。

在这次出色的表现之后，福特运用自己的力量不惜一切代价摧毁了在竞选中击败他的对手。他比竞选参议员的时候花了更多的时间、精力和金钱，毫不留情地精准打击，最终令对手杜鲁门·纽伯里（Truman Newberry）臣服——杜鲁门于1922年从参议员的位置上辞职。用福特的话说："他遭受了地狱般的折磨。"

如果福特以上这种引人注目的疯狂表现只局限在某一领域（比如政治界）或者某一特定时期（比如1915至1922年），可能会被认为是他漫长而成功的人生中的意外。然而与之相反，这种疯狂并不是偶然，而是常态。

下面谈谈工会问题。在产业界，福特早年被视为工人阶层最好的朋友，可他在 20 世纪 30 年代，却把有黑社会背景的间谍引入了工厂来专门监视工人。到了 20 世纪 30 年代末，他成了美国最激烈地反对工会的雇主之一。他殴打工会组织者，在胭脂河工厂事件中，没有人死亡完全是运气。他曾经一再威胁说，宁可关闭工厂也不会让工人来管理。据说，当时是在家人的劝阻下，他才没有真的这样做。

然而，在愚蠢地与工会和政府斗争了多年之后，福特突然妥协了。而且他这一妥协，就与美国汽车工人联合会签了业内最大方的合同。他的变脸让内文斯和希尔不禁要问一个"为什么"开头的问题："为什么亨利·福特突然一改从前的策略？"对这个令人困惑的问题，他们的回答并不能令我信服。甚至我会怀疑他们自己也不信服。

从 20 世纪的第二个十年直至 1947 年亨利·福特去世，他在一系列问题上都表现得很不理智，有些事情直接与业务相关，另一些则和业务没有丝毫牵扯。随着年龄的增长，他的不理智表现在越来越多的事情上，涉及的范围越来越广，频度逐渐增加。在 1910 到 1919 年间，他受到情绪化困扰的状况在反战这件事上表现最明显。

在讨论福特的反战主义时，如果假设他头脑清楚、思路清晰，必然无功而返，叙述者将被迫去总结福特前后矛盾的言行，得出一个前后矛盾的故事。除了要问"谁、在哪、什么时间、做了什么、怎么做"以外，历史学家还需要考虑更多的问题。他/她必须要问：为什么福特会做出这样的举动？

精神病学及相关学科无法给出满意的答案。首先，虽然福特先生如此著名，但我们缺乏对他私密生活的详细了解，所以也无法给出合乎逻辑的诊断结论。即便我们能获得想要的全部信息，精神病学也绝不是精密科学。即便拿着同样的临床数据，不同的精神病医生和不同的学派都会给出不同的诊断结果，开不同的药方。虽然精神病学不能为我们提供答案，但有一件事它可以帮上忙，这件事同样重要：它可以帮我们提出问题，来探究这个极有权势的人在表现得明显不理智的时候，到底发生了什么。

福特是真的反战主义者吗？当他宣称他是的时候，是认真的吗？借用爱利克·埃里克森（Erik H. Erikson）在研究马丁·路德·金时写的一个章节的名称，福特"理解'认真'的意义"吗？结论是否定的。安妮·贾迪姆（Anne Jardim）指出："从福特的各种公开言论来看，福特并不是真正意义上的反战人士。他所谓的信仰并不像教徒那般虔诚。"她进一步解释了福特所谓的信仰所起的作用："反战主义对他来说是一种情感的宣泄，这种情绪因为有了信仰的加持而不受阻拦……他的好斗本性起初表现为反对战争、反对战争贩子，而到了后来则表现为对战争的支持。"

这虽然算不上是对福特性格之谜的回答，但至少对我来讲是理解他行为的关键点。福特是个没有内省能力的人，在心理上是不健全的。出于某些我们不得而知的原因，冲动的情绪捆绑了他，使他有时候很有创造力，但也有时候，尤其是上了年纪以后，变得有攻击性、破坏性。他并不了解自己内心深处的性格特点，从一个所谓信仰辗转到另一个，沾沾自喜，对外界看来的矛盾言行浑然不觉，并让他身边的人们感到困惑不已。

贾迪姆最重要的结论——"情绪因为有了信仰的加持而不受阻拦"——总结了福特的一生。福特代表了那些从来不知道"认真"为何意的人。当他表达自己的反战思想时，他不是认真的，他只是需要为自己的攻击性找个出口。当供应军需更合算时，他也以同样的攻击性态度参与其中。重要的是找到合适的借口宣泄情绪，而不是借口本身。讽刺的是，这样的人竟然做了大量演讲，写了许多书和文章（有些是代笔）。他的信仰随时在变，不成体系。从这个角度来看，他的言行不一终于有了合乎逻辑的解释。他并不是故意不坦诚，只是身上集合了一系列自己都弄不明白的莫名的情绪。

福特对某些事物抱着奇怪的热情，发起火来毫无来由并火力十足，谈到他的这些特点就不得不提他的反犹主义。不知为何，这总是和他的反战立场混在一起。和对待别的事情一样，福特虽然仇视犹太人，但态度很矛盾。只是在这件事上，他情绪的混乱所造成的影响比以往更广泛、更持久，他的主张也更丑陋。

1918 年末，福特收购了一家小杂志社，刊名为《迪尔伯恩独立报》(Dearborn Independent)。1920 年 5 月 22 日，谁也想不出来是因为什么，这家杂志发起了一场反犹运动，当时被认为是"美国第一次有组织的煽动反犹情绪的运动"。大卫·刘易斯（David L. Lewis）描述了福特是如何利用这份杂志表明他的主张的：

> "（世界范围的）犹太财富力量"发起了这场战争并让战争持续至今（指一战——将战争归咎于犹太人，意味着脑袋一团浆糊的福特将反战和反犹主义联系在一起）……犹太人在密谋"毁灭基督教文明"……大部分犹太人是"小贩、商人，自己不劳动、不生产，却利用别人的劳动果实获益"。这个汽车大亨一边谴责犹太人不是生产者，另一边却在工厂雇用了成千上万名犹太工人。他对记者说："我们发现他们也是劳动的，并且他们不会闯到办公室来闹事。"

《迪尔伯恩独立报》还让曾经古老的谣言复活：根据《锡安贤士议定书》(The Protocols of the Wise Men of Zion) 的内容，各地的犹太人在一起共谋统治世界……犹太人的喜好破坏了公共与私人领域的道德秩序，例如酗酒、收高租金、穿短裙和长筒袜、看便宜的电影、看粗俗的百老汇演出、赌博、听爵士乐、读黄色小说、佩戴浮夸的珠宝……还有逛夜店。这些指控朝向了当时很多地位显要的犹太人。比如伯纳德·M.巴鲁克（Bernard M. Baruch），他被说成是"美国犹大的代言人"，一个有着"超级权力的犹太人"，是独裁阴谋的领袖。

当福特说出这番话时，大家都很当真。记者们忠于职守地传话给巴鲁克，看他的反应。巴鲁克是一个有幽默感的人。他说好像他不应该去反驳，除了拥有"超级权力"，他本以为还有更严重的指控。

但事实是，福特发起的这场运动一点也不好笑。20世纪20年代早期，他在《迪尔伯恩独立报》刊发了一系列文章，并将之结集出版，书名为《国际犹太人》（The International Jew）。这本文集不仅在美国，在欧洲各地也广泛发行，被翻译成多种语言，被法国、俄国那些偏听偏信的人加以利用。这本令人讨厌的小册子最为恶劣的影响，还是在德国。巴尔杜·冯·席腊赫（Baldur von Schirach）在1931年成为"纳粹党青年领袖"，在希特勒掌权后，又成为"德意志帝国青年领袖"。冯·席腊赫在17岁的时候读到了这本《国际犹太人》。1945年的纽伦堡审判中，他说："大家不知道这本书对德国青年的影响有多大……年轻一代对福特那种代表了成功、财富的人心生艳羡，如果他说犹太人有罪，大家自然会相信。"

冯·席腊赫这样的人，说话也并不可信。在他的军事审判证词中提到福特，是他想要在某种程度上把美国与纳粹反犹主义扯上关系。然而毋庸置疑的是，在20世纪30年代、二战前及大屠杀时期，福特对于纳粹是有用的。在希特勒的自传《我的奋斗》（Mein Kampf）的美国版中，福特是唯一一位得到正面评价的美国人。

希特勒这样写道："有个伟大的人叫福特，令他们（指美国犹太人）感到恼怒，但他仍然在与他们做斗争。"没有福特，希特勒也会是个反犹分子。但我们不知道的是，福特的举动到底造成了多大的灾难。他是世界上最有名的人之一，地位显赫，但人们愿意把他当成社会草根阶层的普通大众的代表。希特勒能找到这样一位名人与自己在犹太人问题上立场一致，这必然助长了他的恶行。

然而突然之间，福特又改变了在大众面前的立场，公开道歉。他的道歉难以服众，可能只是出于商业考虑。但千真万确的是，福特对某些犹太人的态度似乎非常好。当犹太人因为他的言论而断绝了从前的友谊时，他还深感困惑。据一位权威人士说，福特自始至终都是反犹的。这也许是真的，但问题在于福特是否真的明白反犹是什么意思。在这个问题上，他的行为经常表现出混乱和矛盾。他还一度为欧洲的犹太难民重建定居点，众人皆知，对这个人道主义项目美国政府是毫无兴趣的。

在美国公众那里，福特的反犹立场非常出名，在 20 世纪 60 年代甚至遭到了一些犹太人的仇恨。如今很少有人了解。但如果你知道哪里能查到这些，就会明白福特反犹态度的影响直到今天仍然存在。根本不用到图书馆去，网上就能找到《国际犹太人》这本书。登录这个网址 http://flinet.com/~politics/antisemi/internatjew.html 你能看到这个题目：《国际犹太人——世界最大的问题》，旁边备注着："节选自世界上著名的企业领导者的原著，这个人就是亨利·福特。"这本书和当初刚出版时一样，十分令人反感。

当亨利·福特宣扬反犹主义时，这个问题在西方文明中已经不那么新鲜，几个世纪以来成了地方流行病。但到了二十世纪，反犹主义情绪越来越显著并变得肮脏丑陋。反犹主义引发的大屠杀将永远让人铭记：这场灾难让我们看到，人类的虚伪面具是多么不堪一击。没有亨利·福特，大屠杀可能也会发生，但和其他美国商人相比，福特更加助长了这场疯狂的行为。他的举动向我们说明，当权力与责任分割开来，结果会是什么。

作为一个头脑混乱的人，亨利·福特性格顽固。当他有了一个想法，就会一意孤行地坚持下去，这种信念甚至让他有本事移山。是福特在低价市场中取得了胜利，而其他人均以失败告终，也是福特建造了高地公园工厂。他是机械师中的佼佼者，他在摆弄没有生命的东西方面有多精通，在与人相处方面就有多愚钝。

如果亨利·福特在1914年2月（也就是刚刚发布日工资5美元的标准时）就去世了，那么人们将无条件地把他视作一位真正伟大的人铭记在心。在前半个世纪的生命中，他的缺点虽然明显，但会被人们忘记。然而事实是福特活到了1947年，随着年纪的增长，他身边围绕了一群唯命是从的人，争先恐后地说他想听的话，却回避了他真正需要明白的事。当财富增加、名声响彻全球，他彻底失去了判断力。没有谁的一生能如此典型地诠释权力所带来的精神混乱。凡是跟他说实话的人都有被撤职的危险，他对深爱他的妻子不忠，让唯一的儿子早早进了坟墓。

塞缪尔·S. 马奎斯（Samuel S. Marquis）曾担任底特律最大的圣公会教堂的主持牧师，还一度是福特公司社会部（相当于现在的人事部或者人力资源部）的经理。早在1923年，他在文章中谈到福特时说："在他面前，没有人是完全自在的。"一方面，这当然因为福特是老板，但同时也因为人们永远不知道他的心情怎么样，或者要做出什么事来。福特自己也不知道。

巴尔扎克曾经写过这样的话："在巨大的财富背后，隐藏着巨大的罪恶。"彼得·科利尔（Peter Collier）和大卫·霍洛维茨（David Horowitz）两位记者曾经写过一本非常棒的关于福特家族的书，书中这样评价："老亨利，一贯的乖张成性，却把巴尔扎克的话反过来了：先有财富，罪恶随之。"亨利·福特的性格之谜和他的悲剧都包含在这句话里。

童年、少年和青年

亨利·福特生于1863年7月30日，比乔治·伊士曼小9岁。他的爷爷约翰·福特在1847年从爱尔兰移民到美国。约翰的大儿子威廉于1826年出生，就是亨利·福特的父亲。福特来自清教徒家庭，祖先可追溯到英格兰，大概位于萨默塞特和德文郡等地。约翰·福特的两个兄弟于1832年抵达密歇根的迪尔伯恩，就是在那里，约翰·福特带来了自己的大家庭。

亨利·福特的母亲玛丽·利特高特（Mary Litogot）是帕特里克·奥赫恩（Patrick O'Hern）的养女。奥赫恩家族在1830年左右从爱尔兰的科克郡移民到美国，在迪尔伯恩成为富裕的农场主。玛丽的生父可能是荷兰人或者佛兰芒人，在19世纪40年代死于一场车祸。没有孩子的奥赫恩夫妇欣然收养了年幼的玛丽（她出生于1839年）。"他们给了她最温暖的爱和照料，她也回报给他们全心全意的爱与十足的幸福。"

1861年4月25日，在当时的迪尔伯恩有一定地位的农场主威廉·福特迎娶玛丽·利特高特，这位妻子比丈夫小13岁。婚姻从一开始就很幸福，两家人的关系也很好，奥赫恩尤其满意。福特家和奥赫恩家在迪尔伯恩及周边地区拥有大量的土地，日子很富裕。

福特夫妇的第一个孩子出生于1861年，但在次年夭折。第二个孩子就是亨利·福特，出生于1863年。接着，四个儿子和两个女儿又相继出生。最后一个儿子出生后很快就死去了，12天后他们的母亲也随之辞世，那时亨利·福特只有13岁。在这场家庭灾难之前，亨利·福特的生活可以说是无忧无虑的。

当福特家族的第一代于1832年到达迪尔伯恩时,这里还是一片荒芜。亚历西斯·德·托克维尔(Alexis de Tocqueville)于1831年来到美国这个所谓的"新世界",完成了历史上著名的旅行。他当时很想知道边界在哪里,结果在底特律这里找到了。在当时的美国,底特律就相当于法国的城市。而迪尔伯恩在底特律的西南边界上,仍然是一片森林。密歇根直到1837年才被纳入美国联邦,成为一个州。

这片新土地——"广袤、荒蛮但充满希望"——以惊人的速度发展起来。1830年,底特律的人口是2 222人,密歇根总人口是31 639人。到了1860年,底特律的人口数是45 619人,密歇根的人口数是749 113人。欧洲定居者砍伐树木、修建铁路、用爬犁开垦处女地。当时购买或者开垦农场的价格都不贵。当交通条件得到改善以后,密歇根开始繁荣起来。美国以及整个西方世界,从这里开始换了天地。

除了经营农场,威廉·福特还在美国中央铁路公司工作。他不仅做简单的体力劳动,还是一位技术不错的木匠。正是成百上千、成千上万像威廉·福特一样的人,将密歇根变成了经济重镇,并在1861年成为美国联邦的堡垒之一。托克维尔回忆密歇根时说,这个地方土地坚硬、人民坚毅。当亨利·福特出生时,生活环境的严苛还是很容易感受到的。但是,有些像花园一样的景色已经开始覆盖荒凉的密歇根:

> 还是孩童的亨利·福特在迪尔伯恩的农场上蹒跚而行,周围景色令人心旷神怡。土地虽然硬邦邦的有些难以耕作,但十分肥沃。在装着抽水泵的院子外面,在离四季常青的灌木丛和果园稍远的地方,是已经开垦好的农田,分散在一片片的林木之中。野花在篱笆墙的角落里、在树林边上开放着。蝴蝶在湿

润的泥土上起舞，蜻蜓围着水盈盈的沼泽打转。春天的早上，野云雀、麻雀、画眉、猫鹊、食米鸟和冠蓝鸦欢快地鸣叫。站在四月的田野上，（和父亲）向外望去，男孩能不时听到鹧鸪的叫声，或者看到鸟儿忽地飞起。对当地的小动物，他已经熟识了：兔子、臭鼬、浣熊、狐狸、水貂和麝鼠。

福特在晚年撰写第一本回忆录时，曾想起这段日子。"父亲带着我和弟弟去一棵大橡树下看鸟窝，这棵树在我家也就是我的出生地东边，距离有二十个测量杆那么远。"福特自认为这次外出游玩是在 1866 年 6 月。他的父亲背着刚满一岁的弟弟，而福特当时快三岁了，刚刚能在后面"跟着他们跑"。福特记得"巢里有四个鸟蛋，还有一只鸟，还记得听到鸟的歌声"。

福特把这个小小的乡村变成了工业中心，若不说超过了德国的鲁尔区，也不相上下。到了 20 世纪 20 年代，福特占地两千英亩的工业区总共招聘了 10 万人。这个工业区就建在胭脂河河口，离他的老宅子只有几英里。福特个人拥有整个公司，没有股东、没有合伙人。当然，福特改变的不止迪尔伯恩、底特律和密歇根州。他的与众不同之处在于，他开启了美国人轮子上的生活，让世界上如此多的人自由出行。世界因为他而转动起来，他就是汽车界的哥白尼。

福特早年热衷探索、发现新事物，对外界充满好奇。威廉与玛丽·福特的婚姻似乎是天作之合。玛丽在管家方面总是恩威并举，既充满母爱又严肃有加，该怎么评价她完全取决于不同人的不同立场。福特回忆他年轻的时候说："我们总是玩得很尽兴，但是母亲永远提醒我们说，生活并不都是开心的事。她曾经对我说，'你必须要自己争取玩的权利''最大的开心是在完成了任务后得到的'。"玛丽·福特亲自教儿子读书，她和威廉都发现这个孩子在机械知识方面有点早熟。玛丽对亨利的影响是深远、持久的。他在1923年曾说:"我一直在努力按照母亲期望的样子生活。"

马克·吐温的爱女苏西在1895年因脑膜炎突然意外离世,事情过去十年之后,马克·吐温说:"人的本性真是奇妙,他可以在毫无防备的情况下经受巨大打击,而且还能活下去。"福特的家庭成员没有马克·吐温那样的文笔和辞藻,但在1876年3月,他们的心情应该是一样的。玛丽准备生第八个孩子,在这之前她在生产方面从来没有什么困难。37岁的年龄对她来说不算年轻了,但也不是太老。

这是一个男孩。3月17日,孩子夭折。大家请来医生,谁都不知道哪里出了问题。大家什么都做不了。1876年3月29日,亨利·福特的母亲去世。她的墓志铭是这样写的:

> 最亲爱的您离开了我们。我们为失去您而深感哀痛。但上帝就在我们身边,他能抚慰我们的悲伤。希望我们在天堂重聚,那里不再有告别的泪水。

福特回忆,几年之后,这座房子就像是没了发条的手表。他用了跟机械有关的、没有生命力的比喻,虽然听上去不大和谐,但仍然令人感动地表达了悲伤之情。他在迪尔伯恩继续住到1879年,但纯真的童年已经结束了,他开始感受到生活的艰辛。

母亲去世时,福特刚13岁。所谓青春期,一方面是指性成熟,另一方面则是内心渴望自己在成人世界中被当作成人对待。他母亲第八次怀孕生产,生动地表明了福特父母身体上的亲密程度。作为一个13岁的孩子,他对父亲在母亲身上的性自由可能怀着复杂的感情。在他的心中,父亲的自由和母亲的死或许有着某种联系,至少在下意识中可能有这个想法。

当然这只是猜测。日后当福特面对父亲的帮助时，他错误地解读了父亲的帮助，对此我们也的确需要以某种方式来加以解释。我们需要搞清楚为什么福特心中怀着那么大的愤怒，这种愤怒情绪总是在寻找出口、伤害所有人，也包括他自己和他日后的生活。

在亨利·福特的母亲去世四个月后，有一次他和父亲一起到底特律去。在路上，他看见一辆蒸汽引擎驱动的汽车。这是神奇的一刻。"对男孩来说，亲眼看见汽车就好像以利亚①的战车从天而降一样令人眩晕。"在他的往后余生，一直记得那一刻。母亲去世后不久，他就找到了新的心爱之物。而且机器不像人，不会抛下爱它的人死去。

之后的几年，福特在农场干活和上学。但是他越来越不喜欢农场的生活，每天辛苦劳作，日复一日，十分乏味。"动力"没了以后更加如此。他曾轻描淡写地说："我对农场没什么感情，我爱的是农场上的母亲。"

1879年，福特离开家去底特律寻找机会，这也标志着他在学校正规教育的结束。乔纳森·休斯曾夸张地说福特是文盲。但其实福特能读会写，他给未婚妻克拉拉·简·布赖恩特（Clara Jane Bryant）的情书真挚感人。但福特没受过太多学校教育。当他收到第一份礼物———只手表后，就觉得不再需要书本了。他后来曾说："机器对于机械师的意义，就像书对作家的意义一样。"

福特对表很着迷，他可以轻易地把表拆掉然后再装好。他对其他机器也很喜欢，比如汽车的蒸汽引擎。他是天生的机械师，他有耐心、有条理，摆弄机器很仔细，凡是能够形容他在这方面确有天赋的辞藻对他都是合适的。

---

① 《圣经》中的重要先知，活在公元前9世纪。——译者注

福特和伊士曼都没有正式上过多少学。但晚年的伊士曼博学多才，甚至十分睿智。没有在学校学到的，他后来都自己弥补上了。从1916年年末伊士曼对福特的评价中足可以看出他敏锐的洞察力。他在一封私人信件中谈到"和平之舟"并评价说："这让我觉得反感、厌恶。"

伊士曼和福特都对母亲有美化，都与父亲不和。伊士曼的父亲在他很小的时候就去世了，那个毫无责任心的父亲没有给家族留下遗产，却留了一大堆债务。伊士曼在回忆父亲时，没有什么思念之情或者爱意。

我们很难理解福特与父亲的关系，因为福特自己也很糊涂。如果不去求证，福特关于他父亲的回忆常常是不可信的。福特希望全世界都相信，他父亲反对他离开农场，反对他对汽车的喜爱。福特的这种说法有真实的成分，但也有确凿的证据表明威廉·福特并不像他的儿子希望大家认为的那样。由于福特后来变得如此出名，他对自己年轻时的事情的回忆似乎并不准确。

有证据显示，威廉·福特希望他的大儿子接管迪尔伯恩农场的事务。也有证据显示，对儿子起初想要自己造汽车的尝试，父亲的态度最多就是不以为然。但是这对父子之间最令人震惊的是，儿子对父亲一而再再而三地抹黑，对他的态度和行为表达不满。

我们是怎么知道的呢？我们的最佳见证人是玛格丽特·福特·拉迪曼（Margaret Ford Ruddiman），即亨利的一个妹妹。生于1867年的拉迪曼在20世纪50年代早期曾大量接受访问，为的是给福特汽车公司于1951年2月在迪尔伯恩建立的档案室提供素材。在亨利死后，她的回忆透露出一些真相。这些话都有据可查、非常确切，在可能的范围内都能得到第三方的证实。她的话值得被大段引用："有很多年，关于亨利和父亲不和的传言让我很困扰。我和亨利谈过很多次,但是他一直拖延着不去澄清……"

拉迪曼只是很温和地说明了事实:福特是谣言的制造者。她回忆说:"我们常开家庭会议,像所有正常家庭一样会出现不同意见,当然父亲有时会质疑亨利的决策的正确性,但他们之间从来没有过真正意义上的争吵……"

福特曾多次提到他经历了很多斗争,最终在机械方面取得了成绩,讲到他是如何从家里偷偷跑到底特律、靠自己创建了汽车公司。事实上,是父亲帮助亨利在底特律的花儿兄弟机械厂找了一份工作,也是在父亲的引荐下亨利才与底特律的大亨们建立了联系,使他的第一家汽车公司获得了资金支持。父亲甚至还提出将个人的钱投资给儿子,但被拒绝了。

福特传记的作者贾迪姆认为福特对自己早年生活的回忆和真实情况之间有差距,我们对贾迪姆所写的内容虽然不必全然相信,但她对福特性格的分析一针见血,不得不让人佩服。拉迪曼是对的。虽然威廉与儿子有意见分歧,但他们的矛盾并没有超出正常范围。经过仔细研究后我们可以得出结论,威廉·福特对儿子是支持的,尽管儿子的意愿和自己相左。

这恰恰是问题所在。父亲不是打压儿子,而是支持。他支持儿子,为他的事业投资(这项事业让福特离农场越来越远)。父亲透露出的信息是,他愿意在没有儿子帮助的情况下独自生活。从某种意义上讲,这意味着他主动离开了儿子。在福特对青年时期的事情颠倒的记忆中,他把自己形容成主动离开父亲去追求机械事业的人,说自己是逃离了农场而奔赴底特律的。就这样,他将自恋的伤口抹平,让自己脱胎换骨成一个宣扬独立自主精神的勇士。他不仅创造了一种汽车,还重塑了一个崭新的自我。这一切他都是靠自己完成的,没有早逝的母亲的帮助,也没有与他关系不合的父亲的帮助。父亲愿意为他的汽车公司提供资金支持，可被视为父亲"主动离开他的表现形式"。福特通过自我重塑，把父亲主动离开给他带来的心理创伤轻松扭转过来。在亨利·福特对童年、少年和青年时期重塑的幻想中，是儿子主动离开了父亲。

讨论以上这些问题有意义吗？第一，历史学家希望能够和拉迪曼女士怀着同样的心情，正确记录历史。第二，人们难免会问，福特在其他公开场合发表的言论到底有多大的可信度？——考虑到他对自己成长的回忆都不准确。

更重要的是，随着年纪的增长，福特在与他人相处的问题上遇到许多麻烦。这种迹象一开始表现在他爱跟别人搞恶作剧的习惯上，他捉弄人的方式非常恶劣。到了 1910 年代末，福特发现，对那些不对他唯命是从的人，他觉得很难办。于是卡曾斯走了，桀骜不驯的道奇兄弟走了。在 1919 年到 1921 年间，很多保证福特汽车公司有序运行、使公司获得全球性增长的元老，一个个都被赶了出去。这其中包括广告部负责人、助理秘书兼法务主管、财务主管、审计以及人事主管。此外还包括诺瓦尔·霍金斯（Norval Hawkins）（建立了销售系统和交易网络）、来自生产部门的威廉·S. 克努森（William S. Knudsen）。霍金斯和克努森很快被通用汽车雇用，克努森在通用汽车最后做到了总裁的位置。

20 世纪 20 年代期间，在福特工作的难度与日俱增，尤其是需要与福特本人接触并维护他尊严的时候。贾迪姆说："福特对周围人的态度近乎于虐待……"从这句话可以看出，她了解当时的情况。福特的行为一定非常出格。晚年的他，就是纯粹的虐待狂。

一个福特不能解雇，也无法离开福特的人，就是他的儿子埃德塞尔（Edsel）。埃德塞尔为此付出了代价。一位高管回忆说："福特先生在羞辱埃德塞尔的时候毫不留情。"一次，埃德塞尔和四五位高管开会讨论某个技术问题时,向父亲解释他们的工作内容。他刚一开口说话,他的父亲就从椅子上站起来说:"埃德塞尔,闭嘴!"然后愤然离席。福特自己的父亲也从未用这种方式教训过他。亨利·福特二世(亨利·福特的孙子,埃德塞尔·福特的儿子)把父亲的死归咎于祖父以及祖父的朋友们,包括老福特不怀好意的干儿子哈里·贝内特(Harry Bennett)。

普通人因为在生活中总是需要对身边的人负责,所以会隐藏起内心的阴暗面,以确保能够从容应对外界。而对福特来说,因为拥有了数不尽的财富,他原本就缺乏的内在控制机制,也未通过外部控制得到弥补。他是自由的,但对他来说,是倒退的自由。

尽管如此,我们对后面的故事仍非常期待。如科利尔和霍洛维茨所言,福特先有财富,然后才生罪恶。他的晚年做人有多失败,早年在汽车产业的成功就有多鼓舞人心。

青年福特

亨利·福特将自己的人生分为两个阶段:19世纪80年代在迪尔伯恩农场的时期和后来在底特律经营公司的时期。他并不是一开始就进入了汽车行业,19世纪80年代还没有汽车工业让他一展身手。当时的底特律充斥着机械厂的轰鸣声,福特就在其中一家工厂工作。晚上,他就研究钟表。

在底特律的机械厂,福特认识了发动机。在乔治·伊士曼拼命阅读《英国摄影杂志》的短短几年之后,福特"把机械厂里能找到的有关发动机发展的英美杂志全部读了一遍,尤其是有关用一种汽油蒸发后形成的气体代替可燃气体燃料方面的文章"。事实上,**福特当时和其他人一样,对蒸汽燃料比对汽油燃料兴趣大**。蒸汽改变了19世纪的世界。福特一边工作一边阅读、倾听,等待属于自己的时机。

对福特来说，在整个19世纪80年代，1885年最为重要，在那一年，他人生中最重要的事情发生了。1885年初，他去格林菲尔德参加一个聚会，这个地方在迪尔伯恩附近，在那里他遇到了克拉拉·简·布赖恩特（Clara Jane Bryant）。克拉拉当时18岁，生于当地一个农场主家庭，在十个孩子中是长女。福特随之向她求婚，克拉拉和亨利·福特于1888年4月11日在圣詹姆斯圣公会教堂举行婚礼。当天恰好是克拉拉的21岁生日。这场婚姻持续到亨利去世，总共差一年满60周年。克拉拉一直很信任福特，能够满足他"对理解和关爱的渴望"。

福特和克拉拉在迪尔伯恩农场的大房子里过着舒适的日子，而他"无马的马车"（horseless carriage）的实验到底进行到什么程度了，我们不得而知。很明确的是，他一直对发动机和路上交通工具充满兴趣。为了能在这条路上一直走下去，他决定永远离开农场。虽然保守的克拉拉并不高兴，但她非常支持，甚至从未提到过自己的担忧。威廉·福特也不高兴，但接受了事实。1891年9月，亨利和克拉拉搬离了农场，再也没有回来。亨利在爱迪生照明公司找到了工作并很快升为总工程师，每个月的工资是100美元。

福特一家变得很富有，可以从原来的住处搬到一个可以容纳两家人的大房子里，步行便可到达爱迪生公司。房子后面的小屋子被改成了福特的个人工作室，他对机动车辆的兴趣已经变成了狂热的痴迷。在爱迪生照明公司，他的工作时间很长。然后，他回家和妻子、儿子在一起，更重要的是，他会去那个小屋。在那里常常工作到深夜，他很享受。"我不能说这是艰苦的工作，任何事情只要怀有兴趣就不感到苦。"到了1893年，底特律整个城市洋溢着对机械的热情，机动式的路上交通工具对于福特及其他机械师来说诱惑极大。这离福特汽车公司正式成立还有十年时间，这十年是创造发明层出不穷的十年。

与此同时，福特一家过着幸福的生活。他唯一的儿子埃德塞尔出生于 1893 年 11 月 6 日。福特家族给孩子取的这个特别的名字值得一说。埃德塞尔这个名字来自亨利的一位同学埃德塞尔·拉迪曼（Edsel Ruddiman）。拉迪曼比亨利的学习成绩好，他在亨利·福特退学之后一直持续地接受高等教育，当埃德塞尔·福特出生时，拉迪曼博士已经成为一名优秀的药剂师。拉迪曼很聪明，比那个从农民变成机械师的不求上进的少年成功得多，而那个人"都到了 30 岁，还笨手笨脚地在家里的后院整夜整夜地鼓捣，或者跟孩子们傻笑"。福特很欣赏拉迪曼，当拉迪曼的弟弟娶了福特的妹妹玛格丽特（她比福特小四岁）后，他就成了福特大家庭中的一员。埃德塞尔这个名字在古英语中有历史渊源，其本意是"从富人的房子来"。当然，这一定不是福特选择这个名字的原因。

我们之所以跑题，是因为在 1957 年的 9 月，福特汽车公司推出了一款新车名叫埃德塞尔。虽然在 19 世纪这个名字并不响亮，但到了 20 世纪 50 年代，它也不显得太稀奇或者老旧，只是有点古怪。公司在 20 世纪新产品投放中的几次失败，它是其中之一，而且这个名字本身也不复往日光彩。在福特家族中，埃德塞尔·福特给第一个儿子起名为亨利·福特二世，亨利·福特二世给自己唯一的儿子起名为埃德塞尔·福特二世，埃德塞尔·福特二世给自己唯一的儿子起名为亨利·福特三世（1980 年出生）。而在福特家族之外，人们十分怀疑埃德塞尔在未来是否还能成为一个常用的名字。

不管怎样，在 19 世纪 90 年代，福特像伊士曼早年一样，主要在做两件事：白天是全职的、技术水平一流的机械师，晚上是业余的实验者和发明家。到了 1896 年，他几近疯狂地工作。福特感觉到，他在研究一些崭新的、与众不同的东西，比其他同时在研究"无马的马车"的同行们做得更好。

到了 1896 年 5 月，他的朋友们"经常怀疑他夜里是不是睡觉"。克拉拉担心他会精神崩溃，但由于性格使然，她还是把担忧埋在了心里。6 月 4 日凌晨 2 点到 4 点之间，就是在这样的情况下，一辆四轮汽车诞生了。福特的壮举，是如今世界上任何一位汽车行业的高管都无法做到的，他仅凭自己的双手做出了一辆完整的汽车。

福特驾着他的四轮汽车去了父亲所在的迪尔伯恩农场，曾经与福特共事的工业前辈查尔斯·B. 金（Charles B. King）一路都和他在一起。福特的父亲不仅仅是不高兴，根据后来的描述，他简直是尴尬。金回忆说："我能看出来，老福特为亨利感到羞愧，都已经长大成人竟然还在鼓捣像四轮汽车这样的玩意儿。"金说，亨利当时"心都碎了"。

半个世纪后，福特的妹妹玛格丽特·拉迪曼还记得他们星期天在迪尔伯恩的短暂停留。她的父亲是"属于那个时代的保守农场主"，自然是拒绝去乘坐那辆汽车。但她强调，威廉·福特"为亨利的成就感到十分骄傲，他不仅把这件事在家里讲给我们听，还告诉了邻居……后来亨利再去农场，父亲就愿意坐车了。"

半个多世纪之前那个 6 月的那个星期日，不管福特是不是真的伤心，从此以后他都是无所畏惧的。虽然在底特律乃至全美国仍有很多对自动机车的质疑，尤其是对汽油为燃料的发动机的怀疑，但人们的兴趣越来越高了。在东北部和五大湖周围的几个州，创业者都在寻找投资，让不需要马匹拉动的机动车得以生产。

而福特还在继续他的两个工作：一边在爱迪生照明公司上班，年薪 1 900 美元；另一边在自己的小房子里继续工作。8 月，他参加了爱迪生公司在纽约的会议。在那里，他见到了偶像本人，托马斯·阿尔瓦·爱迪生（Thomas Alva Edison）。他主动地抓住时机，向爱迪生介绍了自己的想法。这个电力领域的伟大人物对福特的想法非常有兴趣，即便福特发明的核心并不是电而是汽油。

福特受到了鼓舞，返回底特律。后面的事情发展得很快。他把自己的四轮汽车卖了200美元，用这笔收益投入到下一辆车的制造中。他的目标很明确，不是仅仅卖给当地的商人做一锤子买卖。福特明白，他要进行批量生产。他一面为了汽车加倍努力，与此同时，他在爱迪生公司也成为了更加重要的人物，而这家公司正在扩张之中。

1899年8月5日，底特律汽车公司注册成立。该公司是这座城市的第一家汽车公司，有十多位投资者的支持。在福特父亲的引荐下，该市的市长也是投资人之一。这些投资人组成了一个"精英俱乐部"，福特是负责人。虽然他并没有投入资金，但还是得到了一小部分股权。

"小到个人、大到国家，总有某个时刻需要你做出抉择。"有诗歌这样唱。在亨利·福特的一生中，这个关键时刻就在1899年8月。他身兼的两份工作的任务都越来越艰巨，实在无法继续下去。他是这样解释的："爱迪生公司许诺给我总负责人的职位，但条件是我必须放弃汽油发动机的研究，全力以赴地去做另外一些真正有用的事。我需要在工作和汽车之间做选择。要么选择汽车，要么放弃工作——其实没有选择。"在福特看来，并没有什么真正的选择可言，"因为我知道汽车一定能成功。"

作为底特律新兴产业的第一家公司，谁能保证它一定成功呢？福特在爱迪生照明公司有一个朋友，名叫大卫·M. 贝尔（David M. Bell），他参与了福特两辆汽车的制造。福特对他非常欣赏，曾尝试将他带入这个新的事业。

福特说："大卫，你将和这个产业一起成长壮大起来。"

贝尔回答："什么产业？"他选择了一家知名企业拿稳定的工资。有些人有勇气去创业，但有些人不行。这件小事足以说明两种人之间的差别。

事实与福特的自信相反，没有什么比他新车的成功更加不确定了。事实上，到底什么构成了成功的要素，是没有确切定义的。以最低标准而言，这意味着底特律汽车公司至少能够存活下来、持续地发展。

即便以如此低的标准来衡量，底特律汽车公司也是失败的。福特自己被汽车的质量问题所困扰。1901年1月，公司暂停运营。8.6万美元已经投入进去了，仅有的一点点珍贵的产品已经卖出。然而，对一大批福特的投资者来说，他们对福特有足够的信心，继续为他投资。他渐渐获得了声誉。

福特再次尝试。一次汽车大赛为他的名字增加了光环。1901年10月10日，在底特律的一场精彩的二人对抗赛中，他击败了著名的亚历山大·温顿（Alexander Winton）。克拉拉在写给哥哥的信中这样说："这场比赛为他做了铺天盖地的广告宣传。"在10月10日那天，许多投资人被福特其人、他的爱车以及人与车的壮举深深吸引。有些投资人是曾经投资底特律汽车公司的同一批人，他们重新聚拢在福特身边。这一次，公司的名字改为亨利·福特公司。福特任工程师，并得到了公司1万美元的股权。1901年11月30日，公司注册成立。但是，亨利·福特公司的结局和底特律汽车公司一样。福特在1902年3月10日离开，同时公司停止使用他的名字。

到了8月，这家公司改名为凯迪拉克汽车公司，从前福特的投资人如今把钱投给了亨利·M. 利兰（Henry M. Leland）。经过几次沉浮，凯迪拉克于1909年8月20日被新成立的通用汽车公司以475万美元的价格收购，几乎全部以现金交易。利兰一家（包括父亲和儿子）继续在通用汽车公司经营凯迪拉克，直到1917年被迫离开。1920年1月，他们成立了林肯汽车公司。1922年，福特收购了林肯。利兰在1902年接管过福特的公司，20年后，福特接管了利兰的公司。咸鱼翻身了。

亨利·福特作为商人，是在经历了两次失败后才最终取得成功的。站在投资者的角度，底特律汽车公司和亨利·福特公司的短暂历史暴露了一些创业中的问题。你想将钱投资到什么产业？在世纪之交，人们对汽车的兴趣很大，但是当时的大部分美国人仍然认为汽车永远只是富人的玩具。此外，四轮马车生意在19世纪90年代末仍然兴盛，根据马车制造商协会主席的介绍，1894到1899年间，仅在纽约市就出售了35万辆四轮马车，而汽车的销售量仅有125台。汽车在未来的某一天取代马车的想法就是"一种幻想，它太过荒唐，聪明人连提都不会提"。

面对着传统思维方式的压力，即便某个投资人傻透顶了，真的把钱投到了汽车产业，那他会选择谁？在1890年到1930年间，成百上千的公司进入了这个领域。就在我写这本书的时候，只剩下三家本土制造商。三家，这就是说，我们算上了克莱斯勒——它在被戴姆勒兼并之后，其实应该算成德国的公司，而不是美国公司。

这三家公司其中就包括福特汽车公司。福特前两次创业均失败了，也就是开端并不顺利，这为投资人揭示了另一个问题。福特创立的前两家公司没有为投资人赚到钱，还损失了他们不少钱。而第三家公司的投资人运气则完全不同了。

让我们以詹姆斯·卡曾斯幸运的妹妹为例。福特组建福特汽车公司时，卡曾斯急迫地寻找资金来进行投资。他的妹妹罗赛塔（Rosetta）是加拿大安大略省查塔姆的公立学校教师，人很善良，她拿出靠工资积攒的 300 美元中的 100 美元给了哥哥。罗赛塔·卡曾斯并不在投资人组成的精英俱乐部里面，她对汽车也一无所知。从 1919 年至 1920 年，也就是福特买下全部小股东股份的时候，罗赛塔·卡曾斯·高斯女士的 100 美元获得了 262 036.67 美元的回报。这充分说明了做"哥哥的守护者"是对的。

投资人必须要考虑将资金投向什么产业、投给什么样的公司，以及什么时候投资。即使投资人通常想要了解的具体信息是匮乏的，这三个关键问题也必须考虑。这三个问题中的任何一个回答错误，都意味着投资的失败。这就是为什么很多人都是保守的投资者。当然，在整个投资过程中依然还有很多风险。如果在 1899 年你投资了一个四轮马车制造商，那你的钱会怎么样？

福特 T 型车和汽车工业的诞生

底特律汽车公司和亨利·福特公司的失败，并没有挫伤亨利·福特的热情。现在的福特汽车公司成立于 1903 年 6 月 16 日，这恰好是福特 40 岁生日的一个半月之前。10 年之后，他成为公司无可争议的领导者，拥有的财富难以计量，他的名字享誉全球。

1903 年，福特汽车公司在麦克大道（Mack Avenue）租借来的工厂里开始生产。从照片上看，这里的工厂有点像简陋的棚屋。有限的几个员工很容易地就被拍进了照片，数都数得过来。就是从这样狭窄的空间开始，公司迅速搬到了皮格特大道（Piquette Avenue），之后一路走向了宽广、综合的高地公园工厂。高地公园工厂在 1910 年初开工，坐落于底特律北部的一个小镇，占地 60 英亩。整个工厂建筑群在 6 年后完工，一直建到这 60 英亩实在无法容纳更多的房子。到那时为止，共有 3 万多名员工在这里工作，而 1903 年在麦克大道的工厂里，工作人员总共才 125 人。

当代人就算穷尽辞藻也无法找出一个最贴切的赞美之词，来形容高地公园工厂给人们的印象。而高地公园工厂和福特建造的另一个巨型工业区比起来，还算小的。另外这个厂区建在底特律南部的胭脂河，占地 2 000 英亩。1929 年，在胭脂河工作的按小时计数的工人达到 98 337 人。福特 T 型车先是在高地公园工厂生产，然后转到胭脂河，它是汽车工业史上最著名的车型。

在福特之前，汽车主要作为高价的奢侈品而存在，由熟练的技术工人组装，生产数量不多。而亨利·福特打开了汽车工业的新局面，让汽车成为了它应有的样子。这幅图景在本章的第一段就已经介绍过。直到 20 世纪 90 年代中期，这一理念仍长盛不衰，因为福特汽车公司在关于它的电视广告中一直坚持使用福特当年说过的话。

1903 年至 1908 年，福特汽车公司生产了八种车型，分别为型号 A、B、C、F、K、N、R 和 S。公司还会同时生产多个车型。比如，在 1904 年至 1905 年，C 型的轻便车型售价 800 美元，F 型的掀背车售价 1 000 美元，而 B 型车售价高达 2 000 美元。

在最开始的几年，这个羽翼未丰的公司内部就服务于哪个市场的问题出现过严重的分歧。福特汽车公司背后的大股东名叫亚历山大·马尔科姆森（Alexander Y. Malcomson），是做煤炭生意发家的，他拥有福特公司的 255 股股票（和亨利·福特的股份一样多）。马尔科姆森的亲戚朋友也有投资。和早年间这个产业的其他资本提供者一样，马尔科姆森倾向于瞄准高端市场。他"爱上了（昂贵的）六缸 K 型车……"当时有些证据显示，汽车的市场在高价领域。马尔科姆森是一个任性的人，他和福特的关系并不像亨利·斯特朗和乔治·伊士曼那样和谐。

然而，福特坚决捍卫他的梦想："为普通人造车。"这的确是个"梦"，因为在当时看来，把他的愿景变成可以赚钱的现实是非常困难的。后来成为福特公司生产主管的查尔斯·E. 索伦森（Charles E. Sorensen）回忆说："福特只是有这个想法，他脑子里并不清楚那应该是一种什么车或大概看上去是什么样子的。"福特为他的廉价车而斗争，"董事会成员的争论越发激烈，敲桌子的越来越多，这个小团队……有时候因为愤怒而四分五裂"。最终证明，福特是一个优秀而高效的斗士。他争夺有利地位，努力让自己有能力买下马尔科姆森的 255 股。而在 1906 年，他真的做到了。到 1907 年秋，他拥有了公司的大多数股份。公司当时因出售 N 型车已经创造了非常好的销售业绩，下一步就是集中精力生产 T 型车。我们的故事即将进入高潮。

T 型车让美国成为轮子上的国家。20 年后的 1927 年，福特宣告 T 型车停产。在此之前，这种车型总共销售了 15 458 781 辆。T 型车让亨利·福特成了亿万富翁，亨利·福特也成就了 T 型车。当然，这个仅靠他自己。这一壮举是在无数供应商、经销商和数十万名工厂工人的共同努力下完成的。他成功的背后还有一个能力超群的工程师团队。正如一位历史学家所讲的："亨利·福特具有非凡的天赋（或者说异乎寻常的好运），他吸引了一批受过良好教育的机械师，这些人笃信'工作就是娱乐'。"就像有"铁血查理"之称的索伦森（福特公司生产主管）说的，如果这些人没有把工作当成娱乐的心态，"他们就会累死。他们都像疯了一样地工作，时常连饭都忘了吃。"

如果我们将亨利·福特晚年的过失与他的远见和才能混为一谈，就无法从他的人生中学习到什么经验。那种种的人际关系问题只是在后来才成为他生活的中心，而在 N 型车时代和 T 型车、高地公园工厂时代，福特汽车公司在汽车行业史上曾经是最令人兴奋的工作地点之一。如果亨利·福特的职业生涯在这个时期就终止，他将在美国人的万神殿中占据一席之地，跻身于这个国家的历史伟人之列。

在评价这一时期的福特时，内文斯和希尔写了这些话：

> 福特在依靠直觉的思维模式中能够找到某种大方向，与其他因素相比，这是福特早年获取巨大成功的原因。当然，这种直觉就是为大众生产汽车的想法——批量生产，并随着消费量的上升降低销售价格；另一点就是他扩建工厂、扩大生产、稳步扩大销售的决心，对于叫停的声音不屑一顾。他一定要以最低的价格生产尽量多的汽车……

在研究福特的学者中，不是所有人都认为他像我们所描述的那样伟大。比如约翰·肯尼思·加尔布雷思（John Kenneth Galbraith）认为福特被高估了。在加尔布雷思看来，是詹姆斯·卡曾斯让早年的福特汽车公司取得了成功。1915年卡曾斯离开之后，"公司就再也没有像以前那样辉煌过"。

卡曾斯确实十分杰出，他来自普通家庭，最后成为百万富翁，还代表密歇根州成为美国参议员。内文斯认为："卡曾斯从小开始就展现出……极度勤奋、脾气暴躁的性格特点，一心要成功。年轻时，他曾责怪母亲把他生在了加拿大。他尖锐又严肃地指出'我永远也没法成为英国的国王，但如果我生在美国，我就可以成为美国总统'。"

卡曾斯是公司的"商业大脑"，公司的成功他功不可没。但是卡曾斯有很多，亨利·福特只有一个。明白这个事实至关重要，正是福特对汽车的定义、对行业发展前景的判断，使福特汽车公司从他所在的时代一直走到今天。

罗伯特·S. 麦克纳马拉（Robert S. McNamara）在公司的职业生涯可以反映出福特的远见。"福特猎鹰"于1960年诞生，是麦克纳马拉研发出来的车。一个记者曾这样描述这辆车："一款百分之百实用主义的车型……不带任何装饰的经济型交通工具……只有纯色的，没有两色或三色混杂的花哨装饰。"（这自然让人想起亨利·福特著名的宣言："任何一位顾客都可以在车上喷上任何他想要的颜色，只要是黑色的。"）一位汽车杂志的作者这样写道："麦克纳马拉戴着老太太的花镜，开着老太太的车。"可能这是真的。但就是这种"现代版的老式T型车"，在上市的第一年，福特汽车公司总共生产了435 000多台。而戴着老太太花镜的麦克纳马拉，在1960年的6月3日，成为福特汽车公司的总裁，年仅44岁。

福特汽车公司早年的产品策略就是生产并销售单一车型：T型车。从始至终，T型车的消费人群的需求就是"基本出行工具"。针对这款车，风靡一时也是福特尤其喜欢的广告语就是："送你出门，接你回家。"1908年，当掀背车面市时售价为850美元，当时的广告词虽然夸张但说明了问题："2 000美元以下的车什么都有；2 000美元以上的车什么都没有，除了花哨。"在第一次世界大战期间，T型车为军队服务，人们编了一首歌谣《冈加丁》来赞美它：

    叮，叮，叮
    令人胆寒的冈加丁
    忍受折磨，遭受风雨
    但福特造就了你
    比起帕卡德，你更所向无敌

在亨利·福特看来，T型车是大众应该需要的车；它就是汽车应有的样子。汽车就是将主人从一个地方带到另一个地方的工具。它不是时髦的用品,没有什么时尚的元素。为了给大众生产朴素的交通工具,福特带领他的团队将汽车制造从手工生产转向了规模生产。规模生产的标志包括:可替换零件、流水线作业、作业标准化、一整套高度系统化的生产方式。

1903年,福特这样对一位合作伙伴说:"生产汽车的方法就是,让它们都成为一个样子。让产品出厂的时候一模一样——就好像图钉厂生产的图钉一个跟另一个完全一样,手表厂生产的手表一只跟另一只完全一样。"这个说法有误导性。首先,不是所有T型车出厂时都一模一样;其次,T型车随着时间的推移进行了调整和改变,尤其是在20世纪20年代。

为了能更好地了解T型车,我们应该弄明白,在1908年直到1927这一时期T型车中的"型"字意味着什么。不是所有的T型车在确切含义上都一样,T型车本身并不像图钉或手表一样标准化。

1930年以前,"型"指的是底盘、发动机吊杆和动力传动系统,同一车型的这些部分是一样的,"身体"部分独立出来被专门加以定义。比如说,从1912年10月1日到1913年8月1日,消费者可以购买轻型车(可容纳一位司机和一位乘客)、掀背车(前面两个座,后面两到三个座)、城市车(主要特点是在车的后部有独立车厢,将乘客与司机分隔开),还有送货车。这些不同款式的车价格差别很大,轻型车售价525美元,掀背车600美元(比前者高了近15%),城市车800美元(比轻型车高了50%以上),送货车625美元。1915年之前,消费者可以只买底盘,也就是说根本不买车身,这样的花费是360美元。事实上,T型车吸引大众的一大原因就是它的非路上功能。"不上路的T型车作为动力装置出现了很多新鲜的用途:印刷报纸、电话交换台、抽水,甚至打地鼠。"

随着路上交通对 T 型车需求的不断增长，福特汽车公司在销售零件方面也赚了不少钱。T 型车提供的很多服务是自助式的。"如果 T 型车的发动机出了问题，（车主）只需要翻阅公司提供的使用手册就能解决问题。比如说，他们可以排净油箱，然后在把油倒回去的时候隔一层清洁布，用这种方法把水过滤出去。原则就是：如果不是零件型号不合适或者汽车组装得不合适，车主都能自己解决。"

让人觉得讽刺的是，福特汽车公司一边让生产汽车的工人成了毫无技术含量的机器看管人，另一边却期待着顾客都是动手能力相当强的人。亨利·福特自己就是有着"匠人精神"的人。1910 年高地公园工厂开工时，美国只有 46% 的人居住在城市（约 2 500 个）。农场主和居住在农场周围的人群对于机械都有基本的常识，这是因为在 19 世纪的大部分时间里，一些主要的机械设施，比如收割机、割草机、耕犁、捆扎机及其他机械设备，是人们生活的重要组成部分。当仪表盘上的"机器故障"指示灯亮起时，他们比现代的大部分司机更善于应付汽车上那些复杂的零件。

早期的 T 型车车主不仅可以自己修车，还学着定制产品。在该车型生产期间，有大约 5 000 种不同的配件可供车主选择。帆布的或皮革的散热器罩、一系列车内取暖设备、减震器、夹式缓冲杆、电子侧面灯、排气偏导装置、点火圈和分电盘点火装置、"无污垢"火花塞、各种化油器、冠状齿轮、小齿轮组等，这些只不过是为喜欢发明创造的 T 型车车主提供的一小部分装置。在福特引入电子自动打火装置之前，市面上有一种装置可以让司机坐着启动引擎，如果车主想手摇启动引擎但又希望能轻松一点，也可以购买"半自动"的装置。这个配件在堪萨斯城半自动装置公司销售，广告这么说："比买保险合算，因为它可以防止手腕扭伤、胳膊扭断，以及各种痛苦、不便和花销。"一个配件只需要花费 2.5 美元。最后，还有汽车的喷涂问题。不是所有人都喜欢 T 型车的黑颜色。于是，一个售后市场应运而生，汽车喷涂店遍地开花。当把这方方面面都考虑进去，大家会发现这款车的变化非常丰富。

随着时间的推移，T 型车也在改变。从 1909 年（在前一年的试销版基础上稍作改动）到 1927 年该车型停产，T 型车一直被认为是"基本不变的"。这种说法是准确的，原因就在"基本"二字。历史学家大卫·A. 霍恩谢尔（Dawid A. Hounshell）曾罗列了从汽车款式到引擎核心一系列的变化。虽然有这么多改进，但历史学家和公司主管们的一致看法是，到了 20 世纪 20 年代，T 型车落伍了。用霍恩谢尔的话来说："点火装置、化油器、变速器、制动器和悬挂系统，还有样式和功能，都让 T 型车像个老古董。真正工程技术上的改进……都是别的制造商在做……"

通用汽车公司的创始人艾尔弗雷德·斯隆说："多愁善感的人们为福特先生杜撰了一个传奇，说他为我们留下了一个伟大的车型（T 型车），能完美表现廉价的基本交通工具之美。事实上，他留下的是无法继续为顾客提供最好体验的产品，即便它仍然是简单、基础的交通工具。"

这里需要强调的是，虽然 T 型车不同的款式价格差异很大，但我从未发现福特汽车公司为了促销，将哪一款 T 型车先以低价拉来顾客，然后再促使顾客消费升级。换言之，没有人打算降低轻型车的价格以期望顾客能在未来的某一天把它换成掀背车。

同理，T 型车在售的那些年，福特汽车公司的人从未对这种车型做过太多改变，不会令已经拥有这种车的大众觉得自己的车过时了。对 T 型车来说，改进并不是卖点。相反，当福特公司改造 T 型车时，会竭尽全力将那些改变隐藏起来。霍恩谢尔指出，这是因为 T 型车"作为汽车,本身就是一种理念"。每种产品都始于一种理念,在这里,理念就是"为大众而造的永不改变的汽车"。T 型车的产生,就是为了满足那些对交通工具有基本需求的理性大众。因此,福特汽车公司虽然确实在 T 型车产品上有改变,但很怕在宣传中提到这一点,而是"偷偷摸摸"地做了。

高地公园工厂

1908 年 10 月 1 日 T 型车亮相时,给人的感觉简直是一种艺术。十几个人负责设计,把握总方向的是亨利·福特。T 型车和生产它的工厂就是福特的丰碑。就算穷尽了英语的词汇,也难以形容二者的深远影响。T 型车的轻型款最初售价 825 美元,掀背车再多加 25 美元。即便如此高的价格(比福特预想的价格要高,也比从前其他类型的车售价高),这款车也物有所值。

在汽车产业的早期,一个车型有几百人买就算多的,如果能售出上千辆就是巨大成功。1908 年,T 型车售出了 5 986 辆。短短八年之后,福特把掀背车的价格压到了 360 美元,T 型车共售出了 575 000 辆。整个汽车产业被永远地改变了。众所周知的"福特主义"一词,标志着汽车产业成为 20 世纪最重要的产业。

截止到 1917 年,福特已经售出 150 万辆 T 型车。随着价格的下降,需求量暴增。需求的上升并没有导致价格上调,而是带来了产量的增加和进一步的降价。现代资本主义的良性循环由此建立起来。价格下降,需求量上升;需求量上升,产量增加。在规模经济、学习曲线、购买经济诸多因素促进下,产量增加,成本下降,成本下降,价格被进一步削减。与此同时,边际成本的增加被翻了几千倍的产量弥补,因此利润猛增。不知不觉中,福特运用了卡耐基曾经使用过的商业策略。

1910年1月1日，高地公园工厂投入运营。工厂的各个组成部分并没有什么新鲜的东西：一系列工作程序的流动作业在其他工厂已经出现；专门的机器用以生产可替换零件，这也不新鲜；还有特别的工序安排以保证工作流程顺畅无阻。然而，从来没有人把这些全部放在一起、以超大规模来生产组装如此复杂的T型车。从前，音乐家们聚在一起在古钢琴上共同演奏组曲，而高地公园工厂是《千人交响曲》。

　　如果不用古斯塔夫·马勒（Gustwv Mahler）的《千人交响曲》来形容，那也可以把高地公园工厂形容为具有瓦格纳风格的整体艺术，高地公园工厂是汽车产业的完整艺术品。在瓦格纳的作品中，歌剧（或乐剧，这是他对自己后期作品的叫法）中的每一部分都是为了服务于整体中的其他部分——歌唱、表演、和声、走台、布景、舞台设计以及107首管弦乐作品。当瓦格纳找不到能发出他想要的声音的乐器时，他就自己设计、找人定做。所有这些努力就是要讲一个特别的故事，不是千人一面的"爱人背叛、被迫复仇"的闹剧，而是要能够提升观众的审美感受、用不一样的方式打动他们。在瓦格纳之前，很多人做过类似的努力，但没有一位音乐家，用他这样的方式加以实现。没有人把目标定得如此之高，也没有人像他这样不达到最佳效果就不罢休。除了他，没有人曾经尝试把各种东西组合起来，使之成为一件完整的艺术品。

　　这就是高地公园工厂的故事。由于福特决定集中生产单一型号的汽车，因此设计师们设计出了具有专门用途的机床。大卫·霍恩谢尔是这方面的权威人士，他对此做了很好的总结："机床产业（可能是有史以来第一次）具备了制造高标准机器的能力，这些机床可以进行大批量且精确度高、质量稳定的生产……福特在这个问题上绝不妥协……这种精确度为T型车的大批量生产打下了坚实的基础。"当代的一位专家这样说："福特汽车公司的设备是全世界最好的，这一点众人皆知。"福特的竞争对手也承认，福特可以购买这些专门用途的机床而不必考虑成本，因为生产规模巨大。

精度高、零件可替换、具备专门用途，这就是高地公园工厂的标志。如果没有这些条件，T型车的大规模生产是无法实现的。另外，售后服务也难以做到。T型车在一个地方制造，但销售和使用的范围辐射全国300万平方英里。到1916年为止，福特已经拥有了大约8 500个经销商，这些经销商都需要为损坏的零件提供替换配件。如果不是因为零件的高度可替换性，这大规模的市场就无法运转。

曾有一项研究坚持认为，大规模生产的关键要素是零件的可替换性和零件与零件之间相匹配的难易度。用现代术语来说，T型车的设计是"面向制造的设计"。可能流水线作业被过度宣传了，因为对于观察者来说在高地公园工厂这是最显而易见的。但流水线对于福特的生产确实是一个关键，我们现在没必要故意不提。流水线和专门用途机床生产出来的可替换零件一样，都是大规模生产的关键。二者都十分重要。

让工作去适应人，而不是人去适应工作，福特汽车公司早在1907年就开始酝酿这个想法了。然而，当时没人有什么宏观计划。查尔斯·索伦森在福特公司工作了40年，是元老级人物，他回忆说："亨利·福特对大规模生产没有概念。他只是想造很多很多车，这一点他很坚定，但和其他人一样，他并不知道该怎么办……和大家一样，他只是一点点地探索。关键设备、最终的流水线以及许多供应流水线的装置，都来自组织整体，是工厂为了更好地生产而在不断实验和不断改进的过程中创造出来的。"这段话告诉我们很多。福特并不知道达到目的的具体方法，没有人知道，但是他知道想要的结果:"他要造很多很多车。"福特和他的同事们"只是一点点地探索"。他们全心全意地投入到实验和改进工作中去。他们头脑灵活、乐于接受新想法,在1913年之前他们的工作进展迅速。

索伦森说:"在1922年之前,福特根本说不清发生了什么。"流水线——更准确地说,是多条流水线(因为数量很大)——还纯粹在想象之中。索伦森说:"先是有了一些成果,然后才开始大量地对其原理和逻辑进行阐释。"霍恩谢尔在书中这样写道:"在福特汽车公司,流水线的发展是迅速的并且影响巨大,根本来不及准确、清楚又及时地做文献方面的记载……第一条流水线启动的那一整年,福特公司几乎所有的组装工作都放到了流水线上。之前的组装工作都做了大幅调整。"

第一条流水线应该是1913年4月1日诞生的组装飞轮式磁电机的流水线。就像霍恩谢尔所说的:

> 这条流水线的安装和运行"好像使福特汽车公司的发展迈进了一个新的时代,而且似乎是突然从天而降的……直到这一天都快结束了,工程师们才意识到,他们实现了一个根本性的突破……29个工人坐在工作台旁,在一天当中每人安装了35~40个磁电机(也就是说,每20分钟安装一个)。所有人一共安装完成的磁电机数量是1 188个(大约平均每个人只花13分钟10秒就安装一个)"。

这只是开始。1913年的秋天到1914年的春天是创造奇迹的几个月。发动机、轮轴,甚至底盘,都放到了流水线上进行组装。生产率提高的速度已经超乎人们的想象。在1913年10月之前,也就是未使用流水线组装汽车底盘时,组装需要花费12小时28分钟。到了1914年春天,完成同样的工作只需要1小时33分钟。

一位商业记者曾在1913年参观过高地公园工厂,他在文章中让读者想象一下一年生产20万辆汽车是什么概念:80万个轮子和轮胎,40万张牛皮,200万平方英尺的玻璃,9万吨的钢铁,600万磅用来做座椅的皮毛。这意味着,在每个工作日中,每40秒就有一辆拥有5 000个不同零件的T型车出厂;这意味着,每天出厂的车辆排起来有5列火车外加40辆汽车那么长。如果这是可能的,那其他事情是不是也有可能?还有很多。这篇用数据说话的文章在完成的时候,汽车底盘的生产还没放到流水线上。而在这篇文章出现的10年前,福特汽车公司才刚刚成立,工厂狭小、员工有限。内文斯和希尔把高地公园工厂的大规模生产称作"一种新的世界级力量……必将影响整个经济和社会生活"。他们是对的。

如果高地公园工厂的神话到此为止,就已经具有革命性的意义了。但到现在为止,我们还没有提到让这个工厂和它的主人闻名全球的事。1914年1月5日,福特站在工厂办公室的窗边,卡曾斯朗读着一条新闻,这条新闻由底特律三家报纸的记者同时发布:

> 福特汽车有限公司,世界上最伟大、最成功的汽车制造公司,将于1月12日实行劳工薪酬的最伟大革命,这在产业史上是未曾有过的。
>
> 公司将把员工的工作时间从原来的9小时,一次性减少到8小时,同时将工厂的利润的一部分拿出来,为每个工人增加工资。每位22岁以上的工人将最少获得5美元/天。

报道中使用了华丽的辞藻,确实理应如此。在1913年10月1日已经过一次调薪,日工资一度涨到了每天2.34美元,也就是说比原来增加了13%。而现在,没有暴力运动、没有工会的压力、没有任何人的逼迫,福特汽车公司在原有的高工资基础上又几乎把数额翻了一番。仅仅在这项决议公布的 22 年前，霍姆斯泰德工厂曾因同样的问题大面积停工。

从福特和卡曾斯后来的措辞分析，他们明白这项决议将起到良好的宣传效果，但是并不清楚其影响力有多大。他们以为这就是当地的一条新闻而已，这就是为什么他们只把消息发给了当地的报纸。事实上，这是当年从底特律发出的最大新闻，它让全世界知道了亨利·福特这个名字。

确定 5 美元的日工资有运营和商业方面的考虑。在高地公园工厂工作并不是休闲娱乐，工厂的机械化程度越高，工人的自主权就越少。结果就是，公司在 1913 年的员工流动率达到了惊人的 370%。为了维持 13 623 人的平均劳动人数，福特不得不雇佣 50 448 人。如果劳动力更加稳定、工人得到的待遇更高，生产效率就会大幅提升，并且最后结果证明确实如此。但这还不是加薪的唯一原因。不知为何，福特和卡曾斯就是感觉应该做这件事了。一家报纸这样形容福特的为人，他"拒绝忘记这样的事实：工装裤和绒面布西装之间的差距并不大"。这句话可能有点道理。

和许多现代管理者不同，福特对于公司所销售的产品是如何生产出来的异常清楚。因此，他对工人怀着某种情感。可能更重要的在于，他的内心对绒面布西装是抵触的。与底特律的社会和商界精英保持距离，是他特别在意的。当然，他慷慨的加薪行为并不能真的让工人的生活轻松太多，因为雇主们都在考虑薪水背后的工作量。

在亨利·福特想要改变世界的所有行为中，5 美元日薪这次行动达到了顶峰。需求不断增加，T 型车供不应求，价格没有上升反而下降了。这被认为是不可能的事，但是我们从前也见识过，比如卡耐基和伊士曼。垄断者常常被认为是阻碍创新的，但高地公园工厂曾经是世界上最具创新力的工厂，亨利·福特参与了市场竞争并获得了市场。面对着顺从的、无组织的、技术不熟练的工人，福特将他们的工资翻了一番还多。

综合以上因素——大幅降低产品价格同时提高工资，一幅经济学理论无法解释的社会图景呈现在眼前。如果世界大同的宣言是可以实现的（福特汽车公司就揭示了这种可能性），那么人类既不会走向霍布斯①式的相互残杀，也不会走向马克思式的一个阶级对另一个阶级的斗争。如果工人阶级赚了足够的钱，可以买得起自己制造的商品，那么世界上就不再有阶级。将工人阶级转变为消费者，这就是1914年1月5日，高地公园工厂做出的承诺。

如果说在福特的人生中有一个人际关系方面的转折点，那就应该是在他宣布5美元日薪的时候。1914年以前，福特也有些小缺点；但后来这些缺点被放大了，因为他自己已经膨胀成神话般的人物。客观来讲，在1914年之前，他一直是个很容易接近的人，但脾气暴躁，总体来说是个工作努力、非常热情友好的人。

福特在公共关系的海洋里遨游，成千上万封来信让他本应该藏在心里好好控制的一面被释放出来。历史学家大卫·L. 刘易斯（David L. Lewis）对福特的公共形象有深刻的见解，他认为，5美元日薪行动"改变了福特作为制造商的形象，谦逊的福特已经成为过去"。从前，他对于自己不懂的事情拒绝发表看法，但后来他很快就相信，自己的智慧是超越大众的。与汽车制造毫不相关的事情，比如黄金的标准、进化论等，他也常常发表见解。"福特一点点地、令人无所察觉地褪去了谦逊，开始对占据新闻头条产生了无尽的兴趣。而福特汽车公司的其他高管都不被允许与他分享这些

---

① 人们用"霍布斯主义"来形容一种无限制的、自私的、野蛮的竞争情况。——译者注

荣誉。"

很难想象 1903 年或者 1913 年的福特会有"和平之舟"这样的举动,但到了 1915 年真的发生了;很难想象 1910 年的福特会去声讨犹太人,但到了 1920 年他做了。1903 年到 1913 年的亨利·福特可以和行业内最独断专行的人一起工作,他当时足够自信,不仅可以容忍他们的缺点,还能充分利用他们的优势达到自己的目的。

而到了 1921 年,他把这些人都赶走了。只有埃德塞尔留了下来,因为他无法提出反抗。如果福特能像公司初创时期那样,从 T 型车诞生一直到他生命终结都能保持灵活、开放的态度,我们有理由相信,福特汽车公司应该仍然是业界的巨人。但是他没有做到。

缓慢又漫长的衰退

1923 年 T 型车遭遇的情况和 1985 年可口可乐的情况相似。1985 年,可口可乐将其著名的配方做了改变。在这两个案例中,品牌先是取得了巨大的成功,因此管理者担心对产品做出改变会让消费者感到混乱。当可口可乐改变配方时,它对公众承诺:"曾经最好的饮料,现在变得更棒了。"用温和一点的措辞,我只能说"这话不能令人信服"。因此,在 20 世纪 20 年代,当通用汽车竭尽全力宣传其对汽车的改进时(事实上大部分换汤不换药),福特汽车公司将 T 型车的改进隐藏了起来(某些改变是彻头彻尾的)。

1922 年当福特汽车公司买下破产的林肯汽车公司时,在产品线上的确做了引人注目的创新。林肯是高价车,在 1921 年某一车型的售价高达 6 000 美元,而 T 型车的售价只是它的 1/20。林肯汽车公司的创始人是亨利·利兰,他曾在 1904 年接手新成立的凯迪拉克公司,成为总裁,凯迪拉克公司的前身就是亨利·福特公司,大家还记得,1902 年福特就是从这里离开的。利兰显然是一位真正的匠人,他在工艺方面严苛的标准赢得了人们的尊重。艾尔费雷德·斯隆提起利兰时评价说:"他是一个美好的、有创造力的、聪慧的人。质量就是他的上帝。"然而,利兰不是一位成功的企业高管,这就是他不得不把公司卖给福特的原因。这一收购案轰动一时,被称为"以数量取胜的制造商"和"机械方面的艺术大师"之间的完美结合。

但二者的结合是短暂的。1922年6月,利兰家族退出。林肯汽车公司不再作为一个独立的分公司运营,它被完全合并到福特汽车公司中。整个20世纪20年代,林肯车的年生产量一直保持在1万辆以下。福特公司与林肯公司从未能合为一个团队,福特公司的年轻老板最终接手了林肯,成为林肯公司的老板,这时他已不再年轻了,也变得更加富有了。

在T型车停产之前,福特汽车公司的产品策略可以归纳为三条原则。第一,制造好开的汽车——顾客应该知道怎样开、怎样维护他们买的车;第二,对汽车进行改进,但不会过于频繁地改进,这样在保持技术上的竞争优势地位的同时,坚决不向诸如追求时尚和风格这样的轻浮行为妥协。第三,价格。

在市场营销组合的四个要素中(产品策略、定价、促销、渠道),福特汽车公司将主要精力集中在两方面:产品策略和定价。产品质量在稳步提升,价格在不断下调。1911年10月1日,T型车的轻型款标价为590美元,掀背车售价为690美元。到了1924年12月2日,T型车的总销售量接近1 100万辆;此时,轻型款售价为260美元,掀背车售价为290美元。和这些车型刚推出时相比,1924年的价格下降了一半多。(为让大家了解当时的背景并做出比较,可以看一下1924年家用冰箱的价格:450美元。)至于促销,福特主要依靠T型车产生的足够多的免费宣传。从1917年到

1923 年，公司从未在广告方面花过一分钱。至于渠道方面，公司的一贯政策就是增加分销店铺，这也导致各分销商大打价格战，分销商为此极为恼怒。福特对零售商（包括汽车经销商）的蔑视极为严重。

20 世纪 20 年代越往后，以降价的方式促进 T 型车的销售越来越困难。当福特艰难地维持原来的销量时，雪佛兰的销量开始猛涨。从 1925 年到 1926 年，只一年的时间，雪佛兰的销量从 47 万辆增长到 73 万辆，而与此同时价格从 510 美元提升到 525 美元。

即便是福特，也不得不向历史的必然趋势低头。有这样一张让人难忘的照片：照片上福特的儿子埃德塞尔开着第 1 500 万辆 T 型车驶离流水线，后面坐着老福特。他脸上的表情、疲惫的坐姿和他的肢体语言说明了一切。T 型车诞生于福特壮年之时（当年他 45 岁），而当福特步入老年时（当时 64 岁），这个车型也日渐衰落了。

T 型车很难被超越。1927 年 7 月 30 日，亨利·福特说："今天我 64 岁了，最重要的工作还在前头等着我。"在 T 型车兴盛的 20 年里，福特汽车公司采取的策略是坚持追求成本的最小化，而放弃了其他选择。公司忽略了一个重要的问题：需要在以下二者间寻求一种平衡——因削减成本带来的期望的竞争优势与因此而带来的灵活性和创新性的不足。

因此，竞争的压力和市场的需求让创新变得急迫，此时公司所出现的成本压力、组织混乱、竞争地位一系列问题令人震惊。1927 年 A 型车的 5 580 个零件"完全是新的"。因此，"福特公司工厂的全部设施都要彻底重建。工厂的布局变了；为了适应这些调整而匆匆盖了新的厂房；电力线路也要重新安排，无数个新的电力连接线路出现；安装了更好的传送带；自己制作或订购了几千个拥有最新设计工艺的机床。"

这是美国工业史上最大规模的生产设施转型。为了顺利完成整个过程，亨利·福特这个惜时如金的人、这个一辈子都爱鼓捣手表的人、这个因大规模缩减了汽车组装时间而赚得巨额财富的人，在1927年不得不将胭脂河的工厂关闭了6个月之久。如果用商业术语来说，这是一场灾难。关闭工厂的损失估计在2亿～2.5亿美元。有数据显示，当时整个国家的经济都趋缓了，因为有计划再次购买汽车的潜在消费者在等待福特新的A型车。

1927年年末，A型车的推出获得了好评，直到现在大众对这款车的评价也很高。它从T型车向前迈了一大步，使福特与通用及克莱斯勒在技术上和单位销售额上获得了平等的地位。而在这之前，由于工厂关闭和车型改革，福特的销售量曾下跌明显。

然而，福特公司在20世纪20年代末的改革流程异常浪费，原因是多方面的。现在被称为设计工程师和生产工程师的两批人，彼此合作不力。由于T型车的历史，双方的合作至关重要。不仅仅是胭脂河的工具和机床，设备和人员的配置也都是严格按照T型车的需要所设计的。胭脂河工厂就是一个巨大的魔方，组成魔方的各个色块的排列是为T型车安排的。A型车的需求意味着要把魔方的色块全部重组，要想解好这道设计精密的谜题，预先做出周密规划是至关重要的，但是福特没有。

此外，公司内部的政治斗争摧毁了改革的良好意愿和创造力。亨利·福特脱离现实太久，只会简单粗暴地解决如此困难的问题。埃德塞尔·福特具备判断力和良好的初衷，但有名无实（他是公司的总裁）。查尔斯·索伦森利用这次T型车转A型车的机会，在公司内部排除异己。整个过程充满了内斗、恶意和职业生涯的毁灭。早年间，工作对大家来说就是娱乐，但在这次转型中，没有什么是好玩的。鉴于以上情况，A型车能获得市场的成功已不仅仅是非凡那么简单。

显然，A 型车被寄予厚望，大家希望它是"T 型车的更新和重塑"。然而，到了 20 世纪 20 年代末，T 型车无论作为产品还是作为理念，都画上了句号。通用汽车公司用事实证明，它可以大批量生产不断更新的产品，而不是停滞不前的汽车，由此，它改变了美国汽车工业史上竞争优势的基础。

亨利·福特预计，福特公司将生产 1 000 万辆 A 型车，埃德塞尔·福特预计将生产 2 000 万辆，查尔斯·索伦森的预计是 5 000 万辆。但是到了 1931 年 12 月 7 日，亨利·福特宣布将推出新产品福特 V-8，1932 年 3 月 31 日，福特 V-8 首次出现在展示间。A 型车的销售总量为 4 320 446 辆。单独来看，这是一个不错的成绩，但远不如 T 型车。

索伦森应该了解当时的情况，据他说，福特 V-8 是亨利·福特"最后一次在机械上的胜利"。内文斯和希尔这样评价："福特和他同时代的许多人都没有意识到福特实力的下降。但真相是，他（1934 年左右）所生活的环境中集中了自己这辈人所创造的全部成果，而在他所身处的产业中，引领者将是更富活力的年轻人，不再是他。"

亨利·福特作为伟人的光环仍然笼罩着公司。可人们并不会因为这一个理由去买福特的车；那些有才华的人也不会因为这个理由而选择福特公司展开自己的职业生涯。福特汽车公司推出新产品的能力已经落后于时代。

可以肯定的是，福特在大萧条期间售出了很多汽车。从 1932 年（也就是推出 V-8 的那一年）一直到 1941 年（在转型为生产军需产品之前的最后一个完整生产年），福特汽车公司在全球生产了近 1 000 万辆汽车。然而在国内市场，福特的市场份额一直低于

（经常是大大低于）通用汽车，有时候甚至低于克莱斯勒。比如，在1937年的市场份额中，福特占21.37％，克莱斯勒占25.44％，通用汽车占41.79％。福特公司是汽车产业中垂直一体化程度最高的公司，所以它的固定成本高，这就导致生产的大幅度转型产生了严峻的经济后果。1929年，公司销售了140万辆轿车，赚了9 000万美元。两年后，公司销售了50万辆汽车，损失了近5 000万美元。从1927年到1937年，福特汽车公司亏损近9 500万美元，而在这期间，通用汽车公司赚了19亿美元。福特公司一点点地、不知不觉地陷入了破产的境地。

面对大萧条，公司并没有停止对已有产品的改进和新产品线的引入。1934年，林肯车有21种车型可以选择。第二年，公司推出了林肯泽菲这款车，一位销售主管把它称为"令人震撼、脱胎换骨的车型"。林肯泽菲的动力和底盘比标准林肯车小一些，售价为1 275美元，是福特V-8的两倍，在20世纪30年代中期这个价格不算低。内文斯和希尔认为，尽管福特V-8和林肯泽菲不在一个档次上，但后者"闯入了中等价位区域，基本上为福特经销商提供了第三种选择"。泽菲在1937年的销售量突破了2.5万辆，用内文斯和希尔的话来说，"对中等价位汽车来说是不错的表现，预示着光明的未来"。

然而泽菲并没有达到预期。它不仅没有帮助公司产生更多的销售，还蚕食了原来林肯车的市场。泽菲的提价也没有产生实质的帮助（1939年泽菲的售价为1 360美元，是市场上高价车中最便宜的车型）。"大家都认为泽菲不能撑过战争时期……"

在大萧条时期，唯一能够帮助福特汽车公司挺一阵的产品线就是水星汽车。1938年10月6日，公司发布了这款车型，它的定位是"帮助扩张而不是瓜分福特和林肯泽菲的已有市场"。在明确的目标下，公司的策略是努力模仿通用汽车和克莱斯勒。1939年推出的V-8售价从540美元到920美元不等，水星汽车的售价从920美元到1 180美元不等。林肯泽菲我们刚才已经介绍过，售价从1 360美元起。

水星汽车起步缓慢，1938年对整个汽车行业来说是糟糕的一年。在"罗斯福衰退"时期，轿车销售量由1937年的390万辆下跌到1938年的200万辆。1939年，销售量上升到290万辆，1940年达到370万辆。事实证明，水星汽车占据了相当大的市场份额。1939年，水星汽车卖出6.5万辆，1940年卖出8万辆，1941年的销量接近8.2万辆。美国1941年的汽车销售量为380万辆，在这样的背景下，水星汽车占据了2.2%的市场，这被认为是"了不起的成绩"。但奇怪的是，几乎没有证据显示，福特公司内有专门的、组织完善的水星部门。在水星汽车推出时，福特汽车公司正在和世界上运营效率最高、部门划分最完善的企业——通用汽车公司——做激烈的竞争。

通用汽车的部门划分是具有极高价值的组织创新，这种组织形式使通用汽车公司能够牢牢地抓住客户，在客户的整个一生中只要有购车需求，通用都能满足。通用汽车的组织形式让公司可以"以各类车型满足各阶层的各种用途需求"。《财富》杂志曾用漫画的形式表现该公司的产品线："雪佛兰面向大众，庞蒂克给放不下自尊心的穷人，奥兹莫比尔给追求舒适又考虑周全的人，别克给奋斗者，凯迪拉克给富人。"这样的划分，让通用汽车公司面对无法掌控的宏观经济情况具备了灵活性。当经济状况好的时候，比如在20世纪20年代后期和二战后，通用汽车公司可以通过中等价位但具有较高边际利润的组合——庞蒂克、奥兹莫比尔和别克——赚得大量利润。底特律的名言"大汽车、大利润；小汽车，小利润"在此得到了证实。在这个行列的顶端是凯迪拉克,这种高端车针对的是不太受经济起伏影响的富人。艾尔弗雷德·斯隆解释说,就连这种车,"也是以销量取胜"。通用汽车公司"不会涉足低产量的豪华车领域",该公司没有和欧洲同行竞争的打算。在低端车部分,有结实耐用的雪佛兰,这个品牌的定价和福特汽车接近或者比福特稍高,它的目标顾客定位是第一次买车的新手。在大萧条的那些年,公司就指望着可爱的雪佛兰了——它的买主在经济好的时候可能倾向于中等价位的车,但在经济不好的时候就尽可能地省钱而选择便宜车。

通用汽车公司一个关键的产品策略就是每一种产品都有差异化的考虑,一方面以超高水准的功能设计与竞争产品区分开来,另一方面在价格上与其他公司区分开来。斯隆在成为首席执行官之前就明白,通用汽车公司的产品线的特征是"非理性",公司内部存在竞争。斯隆的想法是要让各系列产品理性起来,这样公司可以更好地与外部竞争者进行竞争,事业部经理之间仍然会有竞争,但是,竞争的格局改变了,各事业部要设法超过同等价位的其他汽车产品,而不是考虑怎么从其他的事业部截获更多的资源。到现在为止,这个目标无论是在通用汽车公司还是其他实行事业部制的企业,并不是总能实现。

不管通用汽车的组织结构有怎样的瑕疵,它还是远胜于福特公司。福特汽车公司一心所希望的就是它的各部门能像通用汽车的事业部一样有效运转,但又不想做细致的规划、付出努力,同时又没有通用那样漂亮的销售记录。当水星汽车出产时,福特汽车公司新上任的销售总裁约翰·R.戴维斯(John R. Davis)宣布,公司将组建一支新的销售团队并"付出他们全部的努力",该车型应该有属于自己的服务团队。然而,有些经销商认为水星汽车是一款"发展过度的福特车型"。他们可能感觉到，水星汽车的销售量是以吞噬福特汽车公司自己的产品为代价的，而不是在与庞蒂克、奥兹莫比尔或者道奇竞争。至于林肯泽菲，光凭嘴上说它是汽车界独一无二的新产品，并不能得到消费者的认同。

内文斯和希尔在描述二战前各公司的状况时指出，"1940 年的福特公司组织活力十足，但大家不要把这时的福特和 1945 年的福特混为一谈。"这些表述所出现的章节的名称为"处于萧条中的公司"。章节所用的标题比书中具体的描述更加准确。在 20 世纪 30 年代接近尾声时，福特对待儿子埃德塞尔的态度日渐恶劣。在正规企业中根本没有一席之地的恶人哈里·贝内特在公司的地位扶摇直上。他在 1918 年从海军退役后进入福特汽车公司，到了 20 世纪 30 年代，他一路拍马获得亨利·福特的青睐，在公司的人事任免方面有绝对的权力。1938 年亨利·福特轻微中风，当时他已经 75 岁了。虽然这件事的影响并不是很大，但福特糟糕的身体状况对这个完全掌握在他自己手里的公司肯定是没什么好处的。

无论在美国刚加入二战时福特汽车公司是否深陷危机，毋庸置疑的是，在战争结束时福特已经濒临绝境。1941 年，亨利·福特第二次中风，并且更加严重。据索伦森说，他精神上的混乱已经严重到出现幻觉的地步。内文斯和希尔写道："'疯帽子'① 的年代开始了，什么事都有可能发生。"

福特在儿子埃德塞尔和哈里·贝内特之间挑起了没必要但具有毁灭性的冲突。当时的贝内特成了福特公司的"反儿子"派，除此以外实在找不出更好的词来。埃德塞尔终其一生想要取悦一个无法

---

① 美国漫画《蝙蝠侠》中的反派，以催眠和控制人脑两项本领称霸一方。——译者注

取悦的人，在1943年5月26日去世，终年49岁。用内文斯和希尔的话，他的死因是"各种痛苦的集合：胃癌、波状热和心碎"。几乎让每个人震惊的是，80岁的亨利·福特决定自己重新担任公司总裁。他对未来的设想令人沮丧。他曾这样对一位长年的合作伙伴说，"我们要回到T型车时代。我们只生产一种车，不要再有什么水星汽车、林肯。不要有别的车型"。

1943年夏，亨利·福特二世，也就是埃德塞尔的大儿子，离开了海军回到迪尔伯恩。从那开始（当时亨利·福特二世还不到26岁），福特汽车公司经历了最黑暗的日子。1945年9月21日，亨利·福特二世成为福特汽车公司的总裁和首席执行官。公司最有能力、最忠诚、最有经验的那些主管离开了，要么被解雇，要么主动辞职。"现在工厂里发生的事，没有几件是完全理性的。"

年轻、缺乏经验的亨利·福特二世需要做的工作令人望而却步。首先，他要摆脱祖父的控制，但老亨利·福特不是一个轻易放手的人，要他放手需要其妻子克拉拉的强力助推，也需要埃德塞尔的妻子埃莉诺的帮助。当祖父终于召唤亨利·福特二世的时候，他已经具有足够的勇气和智慧开出条件。他后来回忆说："我告诉祖父，如果我接管公司，必须拥有绝对的自由，完全按照我的意愿来进行各种改革。我们对此有很多争论，但是他并没有收回邀请。"

亨利·福特二世一边摆脱了公司创始人的控制，另一边还需要赶走哈里·贝内特这个曾经用甜言蜜语获得祖父的信任而且试图掌控公司的人。贝内特曾是一名拳击手，和底特律的黑社会有着密切的联系，从前的对手都被他击败了。而这场战争，他最后还是输了。为了实现这一目标，亨利·福特二世表现出巨大的勇气。因此可以说，在转回民用生产之前，年轻的福特已经经历过炮火的洗礼。但最艰难的任务还在前头，他需要带领公司回到竞争舞台上来。强大的竞争对手，也就是通用汽车公司，已经是这个国家的产业龙头。在战争时期，它作为政府军用设备供应商的表现同样出色。它早就为和平时期做好了准备，而福特汽车公司在产品、流程和人员上都处境尴尬。

在福特公司内部有一些不好的传言，但当小福特和他聘用的高管们仔细核查公司情况时，发现传言远不如现实严峻。社会上流传着许多关于福特公司这一时期真实状况的故事。当一名会计被要求提供统计预测数据时，他天真地问："你希望数据是怎么样的？"亨利·福特二世后来感慨："你能相信这是真的吗？在某个部门，他们竟然把发货单成捆地放在秤上称来计算成本。"在20世纪中期，管理不善的代价不可谓不大。由于没有填写军用设备承包商应该填写的单据，额外的盈利让公司遭受了5 000万美元的税收追加罚款。员工对公司失去信心的表现最为明显，"他们感觉到公司的末日到了，偷偷把工具、零件还有其他一切能拿的东西带走——最严重的一次，公司租借了起重机来寻找丢失的设备，而这个设备被一个高管偷走了，他在地下室偷偷地将它组装起来。"和机器一样，这个公司也走向了四分五裂。

如果有人相信，伟大的人在离开这个世界之前，总会竭尽全力地打破他曾创建的一切，那么亨利·福特的职业生涯和整个生命就是证明。

最后一幕

1943年埃德塞尔去世之前，福特的身体状况和精神状态已经很差了。儿子的去世让他、他的妻子和儿媳遭受了巨大的打击。福特总是想着死的事，死亡的阴影挥之不去，他没办法把这个念头从脑子里除掉。有的时候，他甚至怀疑儿子的死是否真的发生过。

埃德塞尔的遗孀、克拉拉·福特都将一部分责任归咎于福特。克拉拉一度把福特从生活中隔离开。这个女人早就知道丈夫对自己不忠，却一直泰然处之，但儿子的死她无法承受。"这对老夫妻在结婚55年之后，彼此几乎没有交流，他们根本没法一起谈儿子埃德塞尔的事。"可能最令人奇怪的是，福特很少能察觉到自己给别人造成的不良影响，但他好像明白自己对儿子的死要负上一部分责任。最后，克拉拉还是让亨利回到了自己身边。1943年6月下旬的一个早上，她说："亨利，牡丹花开了。我们在前厅摆上一大盆吧，让我们去看看有什么可选的。"那天早上他们没说几句话，但的确和解了。

福特又过了两年才最终离开公司。从亨利·福特二世1945年接手公司到亨利·福特1947年去世这段最后的日子里，福特的身体状况一直在恶化。他好像陷入了一种糊涂又暴躁的状态，但过一阵子又清醒过来。

福特去世那天和葬礼那天都显得有点讽刺。福特和克拉拉刚从佐治亚州的住处回来，回到迪尔伯恩的福特看上去精神很好。他在那里的宅邸——"菲尔兰"（Fair Lane）——位于胭脂河沿岸，离他的出生地和规模庞大的工厂都不远。在所有的汽车巨头中，唯独福特一直深深扎根在底特律。他的家族到今天仍然如此。

4月7日胭脂河洪水泛滥，虽然菲尔兰在水面30英尺以上，非常安全，可为房子提供电力的发电机却被洪水淹没了。那天晚上，克拉拉借着烛光为福特读书。这位曾经做出壮举、定义了20世纪的人，就在这样一个更像早期旧时光的环境中去世了。

夜里11点15分左右，福特感觉身体不适。女佣罗莎·布勒（Rosa Buhler）这样描述当时的场景："当我走进卧室时，发现福特先生的情况很不好。我们把他扶起来，让他的头枕在福特太太的肩上,他就像一个疲惫不堪的孩子。他想要把双手合拢起来,想要做祈祷的样子。太太不停地说,'亨利,跟我说句话'。我对她说,'我觉得福特先生要走了'。她僵住了。我摸了摸他的脉搏,听了听心跳,告诉福特太太,'我想他已经去世了'。"

亨利·福特于 1947 年 4 月 7 日晚 11 点 40 分因脑出血去世。葬礼三天后举行,像国事一样隆重。密歇根的立法机构暂停办公,"以纪念一位伟人的离世"。州长命令办公大楼降半旗。在底特律,"市议会要求在市政厅门口悬挂福特的巨幅头像三十天,上面罩着黑纱。公共汽车上贴上了哀悼的海报。根据要求,在福特下葬时,所有底特律的汽车驾驶员全部停止开车。"

这样隆重的场面完全在情理之中。当一位伟人与世长辞之时,世界为之震动。如果有一个地方要感谢亨利·福特的话,那一定是底特律。美国很多地方早年都经历了新兴城市的崛起,而底特律原本就是大都市,因汽车产业,它在原有基础上扩张了 6 倍。1900 年,当地人口数为 30.5 万人,而到了 1930 年,人口数达到 183.7 万人。在这个时期,美国的城市中只有芝加哥和洛杉矶经历了相似规模的发展。而底特律发展的原因很简单:那就是亨利·福特。

4 月 10 日葬礼那天的早上,成千上万人来到圣保罗大教堂。福特的遗体由那里运送到底特律市乔伊路 15801 号低调的福特墓地。福特的棺材并没有放在 T 型车上,这原本被认为很具有象征意义,甚至也没有放在林肯车上。把他带到最后安息地的是 1942 年出产的帕卡德,周围环绕着林肯加长轿车。

帕卡德!这种车在行业中(以及在底特律当地)所代表的一切,都是福特生前极力抵制的,并且他在斗争中获得了胜利。拥有 12 缸的傲慢的帕卡德为"皇室和富人"而存在,其广告语是:"问问那些拥有它的人吧。"沙皇尼古拉二世、西班牙王后、日本天皇,以及阿迦汗都曾经拥有这种车。南斯拉夫的亚历山大国王曾拥有48辆这样的车。亨利·福特入土前乘坐这样的车，真是很讽刺。

帕卡德把亨利·福特送到墓地的那天，美国所有的汽车组装线停工一分钟。据估计，当时有700万工人停止了工作。从前没有哪位企业家的去世曾伴随着这样隆重的仪式，以后也不会有。这是对"汽车界的哥白尼"最好的致敬。

约翰·肯尼思·加尔布雷思曾这样写道，"亨利·福特不是商人，在这个问题上，证据是确凿的。如果对商人的定义有一些模糊地带，那么福特一定不是标准意义上的商人。"这话有些道理。可以肯定的是，福特在正式放权之前，是一个老早就放弃"打理公司"的人。单从这一点来看，可以说福特没什么特别的。但是若说福特不是商人，也不准确。

无可否认，全世界上亿人都认为福特是商人，而且无疑是美国式商人的代表。在商业领域，他将最好的和最糟糕的行为都放大到了极致。就像加尔布雷思书中所写的："福特是个顽强的人，这一点无人怀疑。（在早年，这种顽强的个性）给他很大的助力。而到后来，也给他带来同样的阻力。"此外，"巨大的成功让他听不进他人的忠告和建议；有很长一段时间，他把疯狂甚至愚蠢的举动看作天才行为，并对此深信不疑。"在这一点上，作为商人的福特也远称不上独特。在权力错乱方面，福特的例子太多了，我们很容易找出来。世界上有几个人能连续40年被吹捧而保持清醒的头脑呢？

亨利·福特是一个极端的人。当他表现出好的一面，他是个伟大的人；而当他坏的一面出现，他就可怕至极。尤其到了晚年，随着权力的增加和地位的上升，他好像总在两个极端中跳跃，无法保持成熟。"他的成功已经超出他自身性格能承受的范围。"

亨利·福特就像一辆转向过度的汽车。

亨利·福特大事记

1863 年 7 月 30 日	亨利·福特出生于密歇根州的韦恩县。
1879 年	福特辍学,离开家到底特律寻找工作机会。
1882 年	福特回到密歇根州迪尔伯恩老家的农场。
1888 年 4 月 11 日	福特和克拉拉·简·布赖恩特结婚。
1891 年	福特开始在底特律爱迪生照明公司工作。
1896 年 6 月 4 日	福特制造出了第一辆四轮汽车并进行试车。
1899 年 8 月 5 日	底特律汽车公司注册成立,福特成为负责人。
1901 年 1 月 1 日	底特律汽车公司停止运营。
1901 年 11 月 30 日	亨利·福特汽车公司注册成立,亨利·福特任总工程师。
1902 年 3 月 10 日	福特离开亨利·福特汽车公司,公司更名。
1903 年 6 月 16 日	现在的福特汽车公司在底特律成立。
1908 年 10 月 1 日	福特公司推出第一辆 T 型车。
1910 年 1 月 1 日	福特高地公园工厂在底特律北部落成,占地 60 英亩。
1913 年	福特汽车公司启动流水线生产。
1919 年	埃德塞尔·福特担任福特汽车公司总裁,但其父亲仍然在幕后掌握实权。
1927 年年末	福特公司推出 A 型车。
1947 年 4 月 7 日	亨利·福特因脑出血病逝于密歇根州迪尔伯恩。

第二部分

美国世纪的核心

老托马斯·沃森

查尔斯·郎佛迅

他们与时代

1941年2月17日，创办了《时代周刊》（*Time*），同时也创办了包括《生活》（*Life*）、《财富》（*Fortune*）在内的众多期刊的企业家亨利·R. 卢斯（Henry R. Luce）在一篇社论中向全世界宣布，如果美国人能忠于其传统、忠于其天赋使命，那么"20世纪将是'美国世纪'"。美国拥有这些——聪敏和积极进取的公民、世界领先的经济和军事力量、稳定公正的政治制度，以及（在卢斯看来）美国在内政和外交政策上恪守富有道德的行动方针。美国抓住领导权的时机已经到来，而世界其他国家让这个机会从它们手边溜走了。卢斯宣称，安德鲁·卡耐基的梦想已经实现了。美国的"民主"确实已经取得"胜利"，它带来一个崭新的世界，把蜗牛般缓慢爬行的旧世界甩在后面。

在卢斯写下"美国世纪"这篇社论时，美国已经达到了其经济成就的巅峰。对于这一点,历史早就给出了暗示,但是当美国真的取得这些成就时,我们仍然惊叹不已。在 20 世纪 30 年代的大萧条期间,这个国家在苦难中挣扎。富兰克林·D. 罗斯福面对经济大萧条如此描述:"我们唯一需要恐惧的是恐惧本身。"失业工人在这片土地上随处可见,这是经济大萧条带来的最大问题。这个问题深深烙印在美国人的记忆中,使 20 世纪 30 年代成为整个 20 世纪美国商业发展史上最黑暗的十年。如果说美国政界达成了某种共识,那就是:绝不能再允许商业周期中出现如此重创。

如果卢斯早三年写"美国世纪"这篇宣言——那时正是 1938 年"罗斯福衰退"时期——这篇宣言即使没有被忽视,也会遭到嘲笑。然而到了 1941 年,情况却大不相同,美国经济在短短几年内的好转简直令人震惊。1933 年,四分之一的劳动力失业;直到 1938 年,失业率还达到 19%;而到了 1944 年,失业率仅为 1.2%。

20 世纪 30 年代到 40 年代,工业总产量也发生了从谷底到谷峰的转变。从 1929 年到 1932 年,美国的实际国民生产总值下降了近 30%。第二次世界大战使美国经济从低谷中完全复苏。这既有技术和组织上的原因,也有战争的原因(毕竟战争的需求需要得到满足)。美国的飞机产业生动地说明了战争的重要性。在 1939 年之前的 20 年里,美国制造了 13 500 架军用飞机。1940 年 5 月,罗斯福总统要求每年生产 5 万架飞机,应该说,他根本不知道如何才能实现这一壮举,他把这些细节留给别人去考虑。知情的观察家称,罗斯福的目标不可能实现。然而,这个国家在 1942 年生产了 4.8 万架飞机,1944 年的飞机产量则是这个数字的两倍。

在第二次世界大战期间,以前不可思议的事情变得司空见惯。在世界被战争蹂躏的同时,美国的霸权主义却越来越强。1950 年,世界上生产的汽车中每 20 辆有 17 辆来自美国,那一年 40% 的全球经济活动源自美国。二战后，美国的公司在一个又一个行业中崛起，成为全球霸主。直到 1960 年，世界最大的 200 家公司超过七成的销售额流入了美国公司。在这 200 家公司中，超过 60% 的公司总部设在美国。所以在 1935 年听起来很荒谬的事情，在 1941 年和 1942 年听起来很合理，并且似乎在 1960 年得到证实。的确，这个世纪是美国的世纪。

本书的这一部分，我们将探讨一个工业领域的领袖和一个消费领域的领袖，他们在把美国人变成"富足的人"的过程中发挥了作用。老托马斯·J. 沃森不是 IBM 的创始人，但他是 IBM 的组织者，是他把 IBM 变成了一家伟大的公司。沃森带领 IBM 公司走上信息处理的领导者之路。查尔斯·郎佛迅创立了露华浓（Revlon）公司，在当时这是化妆品行业最具活力的公司。

为什么是这两个行业的这两家公司？为什么是这两个人？我们以前遇到过类似问题，一个合理的回答是："为什么不是他们呢？"

这是一本关于商业帝国的缔造者的书，关于在这片平等的土地上一个个真实的实践者的书。这本书写的不是那些随波逐流的人，而是那些逆流而上的人。这本书记录了一些从无名小卒到通过创业获得财富和权力并成就自我的人。这本书解释他们如何赚钱、他们用钱做了什么，以及这些钱给他们带来了什么。这本书记录了一些企业家，他们的商业生涯和行为揭示出美国商业体系的独特特征。这本书是关于那些与众不同的人的，不具有任何典型性。

我们可以选择其他人吗？其他一些受人尊重、因事业成功备受羡慕却不为人所了解的人？是的，强生公司（Johnson & Johnson）的罗伯特·伍德·强生（Robert Wood Johnson）一生都欣赏郎佛迅的广告，他就是人选之一。亨利·J. 凯泽（Henry J. Kaiser，应该是 IBM 的一个客户）也可能是另一个人选。

我们可以选择其他人，但可供选择的人也不是很多。沃森和郎佛迅脱颖而出，正是因为通过他们身上的特性，我们可以了解到为数不多的商业奇才是如何像巨人一样在商业世界中纵横驰骋的。

和许多大亨一样，沃森出生在纽约州北部。沃森深深地扎根于19世纪；他的导师是富有魅力的约翰·H. 帕特森（John H. Patterson），帕特森似乎更像是旧时代的强盗资本家，而不是20世纪中期穿着灰色法兰绒西装的企业高管。在沃森的职业生涯中，我们可以看到他从带有很强个人风格的"疯狂天才"高管转型为实行程序化管理的公司中的一位程序化的高管，而前一种风格正是帕特森所代表的。

我们也可以从沃森的经历中看到销售科学的发展轨迹。19世纪，工程师们在铁路上和工厂里工作，在此之前，他们做的是和蒸汽发动机相关的工作。但在20世纪，将销售方法用于工程领域还是全新的做法。走在世界前列的正是沃森，他相信存在一种"最佳销售方式"，就像亨利·福特相信存在一种"最佳生产方式"一样。IBM之所以能取得行业领先地位，它的这支身着蓝色制服、内搭白色衬衫的销售大军至少和其拥有的技术一样重要。

在沃森的领导下，IBM公司成为一家具有全球影响力的商业企业。沃森对公司的热爱程度不亚于任何一位高管，他完全认可公司的信仰，忠于对公司的承诺。他一直全身心工作到1956年他82岁。在他把掌舵权交给长子仅仅六个星期以后，他就溘然长逝了。

查尔斯·郎佛迅，是我们要认识的第一位可以被誉为20世纪时代产物的企业家。郎佛迅1906年出生于波士顿，父母是俄罗斯犹太移民。他和本书之前描述的所有企业高管一样，从未接受过正规的大学教育。然而，他们都把自己巨额财富中的相当一部分捐赠给了高等教育机构。

郎佛迅童年的生活非常艰难，他的家庭并不幸福，生活拮据。必须说的是，他的个人生活有点黯淡，但他是一流的商业天才。

露华浓指甲油公司（The Revlon Nail Enamel Company）成立于1932年3月1日，当时正值美国经济大萧条，前面我们已经谈到过。郎佛迅从亲戚那里得到了一些帮助，但是如果说哪家公司在成立之初完全是靠一个人在努力推动的话，那就是这家公司了。20世纪20年代关于"新时代"（New Era）的伟大希望破灭，整个国家处于经济困境的沉闷之中时，郎佛迅克服重重困难，推出了一款名门望族的女性之前从未使用过的产品——指甲油。郎佛迅从指甲油出发，一步一步创造了自己的辉煌。

郎佛迅不仅要与20世纪30年代萧条的经济环境做斗争，而且要与世界大战做斗争（人们很难想象指甲油或其他化妆品会被列为国家必需品），还得和自身做斗争。他为人粗鲁，有时甚至冷酷无情，几乎不具备现代商学院要求具备的那些对成功至关重要的能力和特质。他不掌握正规的技术知识，缺乏人际交往技巧，也没有敏锐的分析能力。（在本书描述的七位企业家中，郎佛迅是唯一一个不具备享受工作、玩转数字这些标签的人。）因此，这个忧郁愁苦的人跟本书所描述的其他企业家有点格格不入。

但是，他所拥有的东西如此丰富，以至于掩盖了他的缺点，这使得他的成功成为可能。首先，他对产品充满热情，虽然他对高深的化学研究一无所知，但他是狂热的实验者，他用自己独有的方式令人回想起美国早期的发明创造力。其次，他对自己公司生产的产品和顾客想要得到的东西之间的区别，有着清晰的认识。有一句话被认为是他的名言：在工厂里，我们用化学制品做实验；在美容院，我们向顾客销售希望。最后，郎佛迅能够与时俱进。他早年通过在杂志上刊登彩色广告建立了自己的事业基石，而电视机的出现改变了这个行业竞争的本质。

我们在讨论铁路和电报时已经提到，在人员、产品或信息流动的过程中，任何能够缩短时间、压缩空间的事物，都会给商业带来变革。和之前的任何发明创造一样，电视实现了一种戏剧性的商业突破。电视将你的产品直接带入消费者的客厅，这种亲切感从一开始就带来了无与伦比的可信度。

我们可以研究一下电视的影响，把重点聚焦在三个最初的电视网的创建者身上：美国全国广播公司（NBC）的戴维·萨尔诺夫（David Sarnoff）、美国哥伦比亚广播公司（CBS）的威廉·佩利（William Paley）和美国广播公司（ABC）的伦纳德·戈登森（Leonard Goldenson）。但是，我们这里将通过一种不那么正统的方式，来展示电视对一整类产品的意义：那就是消费包装产品。单独来看，这类产品与我们正在讲述的其他行业相比，其在经济活动中的地位并不重要。但从全局来看，它们代表了大量的商业活动。而且，所有这些满足了"想要"而非"需要"的产品，不仅对美国人意义重大，而且对许许多多和美国人一样希望成为"富足的人"并分享美国富饶生活的他国人民也意义重大。

郎佛迅和露华浓给我们留下了许多关于商业伦理的争议。这家公司对电视的运用，使这些问题成为争议的焦点。露华浓公司赞助的最著名的节目是电视竞答节目——《最难回答的问题》。

除了介绍20世纪中叶的两位商业巨头之外，这两章还展示了那个时代最先进的人际销售（IBM）和大众营销（露华浓）方法。

第四章 老托马斯·沃森和美国的推销术

沃森忠诚于他的过去,他从来没有忘记过去。这句话对,也不对。沃森坚持认为,一个企业要想成功,就必须"展望未来,研究未来的需求"。

一个人和一座纪念碑

1956年6月20日,"IBM董事会主席老托马斯·J.沃森去世,享年82岁"成了《纽约时报》的头条新闻,副标题是:"世界上最伟大的推销员"创造了以"THINK"为口号的价值6.29亿美元的公司。这篇两栏的文章出现在报刊头版,这对于一个商人的讣告来说是相当罕见的。葬礼于6月21日举行,现场人山人海。据《纽约时报》报道,"有1 200人参加了沃森的葬礼","布里克教堂挤满了人,聆听对这位IBM的企业家的致敬"。沃森在布里克长老会教堂(Brick Presbyterian Church)担任长老已经16年了,另外三位终身长老之一是美国国务卿约翰·福斯特·杜勒斯(John Foster Dulles)。

参加葬礼的有：联合国秘书长达格·哈马舍尔德（Dag Hammarskjold）；约翰·D. 洛克菲勒的孙子大卫·洛克菲勒（David Rockefeller）；哥伦比亚大学校长格雷森·柯克（Grayson Kirk），沃森曾在该校董事会任职近四分之一个世纪；民主党的忠实拥护者詹姆斯·A. 法利（James A. Farley），他在20世纪30年代任富兰克林·D. 罗斯福政府的邮政总局局长；吉伯尔公司总裁伯纳德·吉伯尔（Bernard Gimbel）；通用电气公司董事会主席菲利普·D. 里德（Philip D. Reed）；美国历史上最伟大的发明家之一查尔斯·F. 凯特林（Charles F. Kettering），他还是通用汽车股票（当时是最蓝的蓝筹股）的最大私人持有人；美国陆军上将卢修斯·D. 克雷（Lucius D. Clay），他曾在1947年至1949年柏林空运期间担任驻欧洲美军总司令和驻德国美国区军事长官；《纽约时报》社长兼出版人阿瑟·海耶斯·苏兹伯格（Arthur Hayes Sulzberger）……总之，许多重要人物出席了葬礼。

总共有42位名誉护柩者，他们并不是都能出席，但这些显赫的名字已经使得葬礼更加隆重：总统的金融家和顾问伯纳德·巴鲁克，仙童摄影器材公司的首席执行官、IBM最大的个人股东谢尔曼·M. 费尔柴尔德（Sherman M. Fairchild），海军上将、海军飞行员、南北两极探险家、畅销书作者理查德·E. 伯德（Richard E. Byrd），还有企业高管、大学校长等。美国总统德怀特·D. 艾森豪威尔（Dwight D. Eisenhower）发表了一份声明，称赞沃森是"真正优秀的美国人"。美国第一夫人代表她自己和总统给沃森夫人写了一封单独的、未公开的信，信中写道："我失去了一位好朋友，他的忠告总带有一种对人们深切的关怀。"

纽约是个大城市，它没有在葬礼那天停下步伐。然而，公园大道和91街拐角处的1 200人一定引起了不小的轰动。毫无疑问，周围停的车连成了片,包括西边的两片:在91街和第五大道,这也是安德鲁·卡耐基退休不久后买下的房子所在的街区,他的遗孀在那里一直住到去世,比沃森早十年去世。人们会问,是否把车停在公园大道①上96街的北面。在纽约,96街和公园大道的交叉口可不是普通的十字路口,96街是一个巨大的沟,由于公园大道中间的隔离带中种植的植物死掉了从而形成了这个沟,正好给通往中央车站的铁轨让了路,往南五十个街区就是中央车站。20世纪50年代,当你穿过96街时,你就从世界上最有名望、最昂贵的街区之一走进了哈莱姆区。

沃森的故事就像沿着公园大道从96街的北边走到南边那么简单,但他的故事是从贫穷走向富裕,从系统中的一个小齿轮到成为系统的中心。沃森在穿过这条路的时候遇到了诸多挑战,但有一个挑战他不必面对,那就是种族主义。沃森是北欧血统高加索新教徒,大多数哈莱姆区的居民不是。

沃森被安葬在纽约塔利镇附近的睡谷公墓(Sleepy Hollow Cemetery),在纽约市以北约30英里处,那里也是安德鲁·卡耐基最后的安息之地。对沃森来说,墓地的选择很完美,他出生在纽约州的北部,他的公司在哈德逊河谷沿岸有许多工厂。在沃森生命的最后几年,以及他去世后的30年里,IBM爆炸式的增长让美国的波基普西(Poughkeepsie)等城镇受益匪浅。在纽约州和宾夕法尼亚州的边界也是如此,IBM在恩迪科特镇(Endicott)有一个非常大的工厂,因此恩迪科特-约翰逊(Endicott-Johnson)②的总裁查尔斯·F. 约翰逊(Charles F. Johnson)专程来参加葬礼并不令人意外。

---

① 公园大道是纽约市曼哈顿区一条宽阔的南北向大道。——译者注
② 美国最大的制鞋公司之一。——译者注

在葬礼仪式上,牧师称沃森"忠诚于他的过去,他从来没有忘记过去,从没有忘记他长大的那个北部小镇"。这句话说得对,也不对。这本书中讲述的七个人,都与自己的过往有着复杂的关系。在沃森的一生中,他的公司在美国最大的州做了大量的投资。所以,其实他对未来"更加忠诚"。沃森坚持认为,一个企业要想成功,就必须"展望未来,研究未来的需求"。为了实现这一目标,他1929年成立了未来需求部(Future Demands Department),其宗旨是"创造和开发新产品来覆盖新领域"。沃森从一开始就坚定认为,IBM将拥有全球影响力,并将永垂不朽。

"我们这个行业是有前途的",沃森告诉"百分俱乐部"(100% Club,由上一年销售业绩最好的人员组成)的成员,"我们都为公司的过去感到骄傲,而它的未来将超越你我的一生。公司将为你的儿子、孙子和曾孙创造更好的未来,因为它将永远延续下去,世界上没有什么能阻止它的发展。IBM不仅仅是一个关于人的组织,它将是永续存在的机构。"

1926年1月,也就是沃森去世30年前,他发表了这篇演讲。当时,IBM在美国商业版图上只是一个小点。甚至在此前两年,它还被称为计算制表记录(Computing-Tabulating-Recording,CTR)公司。国际商业机器公司(IBM)是一个更宏伟的名字,更符合沃森的远大抱负。

有多少领导者,就有多少种不一样的领导方式。像上面引用的这样的演讲,沃森在他的职业生涯中发表过成千上万次,这对卡耐基、伊士曼或福特来说是不可想象的。在本书列举的七位企业家中,只有山姆·沃尔顿能像沃森在1926年的冬天发表的这篇演讲那样思考和表达。

如果说沃森葬礼上的悼词不够准确,过于强调沃森对过去的尊重，而不是对未来的信念，那么《时代周刊》头条文章的作者所用的词再准确不过了，头条文章的标题是"世界上最伟大的推销员"，这句话加了引号，表明这只是一种主张和信念，而不是已经被证明的事实。这样的描述永远不可能被证实，但毫无疑问，沃森会成为有史以来世界上任何一个最优秀销售人员榜单上的一位。

沃森的说服力是惊人的，他不仅能说服顾客购买他的产品，能说服员工相信他们有能力超越自己的期望，他还能说服有钱有势的人去做他们以前不愿意做的事。

这里有一个例子。1931年2月9日，乔治·伊士曼作为贵宾参加在纽约市科莫多尔酒店（Hotel Commodore）举办的一次宴会，这次宴会是杰纳西协会（Society of the Genesee）一年一次的庆祝活动。杰纳西协会是一个由来自纽约州北部杰纳西河谷地区的领导人物组成的组织（杰纳西河流经罗切斯特）。有一千多名仰慕者参加了这项活动。

伊士曼曾经非常讨厌出席这种场合。当他收到这次活动的邀请时，他身体状况不佳，情绪低落。在大萧条时期的寒冬腊月去纽约参加活动让人提不起兴趣，而这个活动的目的就是让伊士曼振作起来。十年来，杰纳西协会一直邀请伊士曼作为贵宾出席宴会，而伊士曼一直拒绝。在说了十年"不"之后，他最终向谁妥协了？答案是托马斯·J.沃森。像世纪之交的其他许多伟大的企业家一样，伊士曼也深受沃森的导师约翰·帕特森的影响。帕特森建立了一种机制，让员工对他的公司——国家收银机公司（National Cash Register，NCR）提出改进建议，而伊士曼在1898年将这一做法引入了伊士曼柯达公司。沃森在1899年至1903年间结识了伊士曼，赢得了伊士曼的赞赏。沃森一再发出邀请，伊士曼终于"妥协"了。沃森是活动主持人，他的演讲优雅而亲切。他赞扬伊士曼的能力和他的博爱精神,并准确描述他"忠于合理的商业原则,在工业经济的混乱时期这很难做到……"

让我们再来回顾一下《时代周刊》的头条,作为头条,提到的是销售而不是技术,这是具有讽刺意味的,因为多年来 IBM 一直处于技术密集型产业的舞台中心。但这个标题也是准确的,因为随着整个行业的发展,销售和市场营销已成为 IBM 公司竞争优势的核心。

学习经商

对老托马斯·J. 沃森一生影响最大的人是约翰·亨利·帕特森——国家收银机公司(NCR)的创始人。沃森 21 岁的时候,失业在家,后来被 NCR 的布法罗(Buffalo)分公司聘为销售员,他头两周业绩不佳。结果他的上司——NCR 在布法罗的代理人约翰·兰吉(John Range)对沃森进行了严厉的斥责,没有一丝人情味。以至于沃森后来说,他想等兰吉冷静下来后就辞职。但是,沃森并没有辞职。

在羞辱了沃森之后,兰吉的态度完全转变了。"他轻易地控制住了自己的怒火,热情而不带歉意地安慰沃森。"兰吉提出带沃森入行,教他如何销售。精明而机敏的沃森学得很快,他很快就成为一名天天都在出差的销售员。这群"吉普赛人"唯一真正的家,就是他们穿过城市街道和乡村兜售的产品。

仅仅一年之后,沃森就成为 NCR 在东部地区的最优秀的销售员之一。1899 年,在他 25 岁的时候,他的销量已经超过兰吉。帕特森选择沃森担任 NCR 罗切斯特分公司的代理。一年之后,乔治·伊士曼在同一座城市推出了柯达布朗尼相机。

1899 年,NCR 公司在全美大约有 160 个分支机构,而罗切斯特市的业绩是最差的。其中一个原因就是市场竞争,罗切斯特是NCR公司少数几个没有获得市场垄断地位的地方之一。

沃森的竞争方法粗暴而有效。有一次,他听到主要竞争对手霍尔伍德公司(Hallwood Company)的一个销售员说打算第二天去拜访20英里外的一个潜在客户。我们不明白那位销售员为什么要对沃森说这句话,我们只知道:对老托马斯·J. 沃森不设防的代价是什么。第二天,沃森在路上遇到了这个销售员,他们都在拜访那位潜在客户的路上。不同的是,沃森和这个销售员走的是相反的方向——沃森已经达成了那笔交易,正在回城的路上。沃森说,他把这个销售员当作朋友,但是这阻碍不了他做生意。

沃森暗中监视竞争对手,他在他们的办公室附近安排"侦察员"。他教他的同事们如何蓄意破坏竞争对手的产品,使之出现故障。沃森还以专利侵权诉讼为威胁吓唬潜在的竞争对手。他成功地运用了这些策略——其中大多数在今天是违反规则的,许多在当时也是违反规则的,其中一些还可能证明了没有比丛林法则更高的道德标准——这有力地驳斥了道德能带来回报的观点。道德可能会带来回报,但沃森早期的职业生涯表明,不道德的行为也会带来回报。他在罗切斯特市的商业成功再次引起了约翰·亨利·帕特森的注意。1903年10月,帕特森把沃森召回到NCR在代顿的总部。

帕特森带着福音派的狂热,他相信书面文字无法传达这样的信息:世界上出售的每一台收银机都应该由他的公司制造。而且,他认为每一次销售出的都应该是一台新的NCR机器。因此,他把二手收银机市场的开发工作视为对公司发展不利的、没有必要的,他决定召集人马来消灭这个市场。领导这场战争的人,正是年轻的沃森。

沃森实施的计划其实很简单。他从纽约开始,在那里他和一个叫弗雷德·布雷宁（Fred Brainin）的人成了朋友。布雷宁在曼哈顿东十四街 124 号经营一家二手收银机店。不久，一家新商店在那条街开张了，这家商店就是沃森开的销售 NCR 收银机的二手交易店。

布雷宁只有一个问题，这个问题是沃森没有的，但这是个大问题。布雷宁做生意是为了赚钱，他的目标是利润。沃森没有这个目标，他做生意是为了让布雷宁破产，他的定价策略就是永远低于布雷宁的售价。当布雷宁清楚地认识到面对如此咄咄逼人的竞争对手他无法继续经营下去时，沃森提出买下他的店，条件是他同意不再重新进入这个行业。布雷宁同意了。沃森所用的钱都是从代顿、罗切斯特这些分公司洗出来的。就这样，以同样的方式，在一个又一个城市，沃森让一个又一个二手收银机的经销商走向破产。

沃森的行动只是帕特森垄断市场的宏伟计划的一部分。他的下一个行动计划就是专利诉讼的大规模使用。对帕特森来说，真正重要的不是官司的输赢，而是在诉讼中如何应对。正如他所说：

>如果兰姆森公司（Lamson Company，竞争对手）获得了一项专利，我们将提起诉讼。如果我们输了，我们会进一步上诉，这场官司要持续五六年的时间，可能还会花掉兰姆森公司 10 万美元，之后他们才会有合法的权利来使用他们自己专属的制动器和耦合器。在打官司期间，我们都有权利使用这种关键的制动器和耦合器。

NCR 的"竞争部"最初被称为"对手部"，NCR 采取了所有可能的不正当竞争手段，包括对竞争对手的雇员进行人身攻击（有关身体暴力的证据在法庭程序中被裁定为无关紧要）。为了"击败对手"，销售人员分散到全国各地，销售竞争对手的机器的复制品，但那些是不好用的复制品。NCR 的销售人员会千方百计阻止顾客购买竞争对手的机器,为了做到这一点,他们甚至会给顾客钱;如果顾客被起诉了,销售人员还会承担法律费用。这些销售人员还被训练如何破坏竞争对手已经卖出的机器。到处都有商业间谍。许多竞争对手发现,自己公司的员工竟然拿到了 NCR 公司支付的工资。NCR 公司提倡商业间谍活动,甚至发布了一个"商业间谍名录"。正如帕特森自己所说:"我们不会买断竞争对手的股权,我们搞垮他们!"

人人都知道这是违法的。1911 年和 1912 年,联邦政府开始着手解决这个问题。1912 年 2 月 22 日,约翰·帕特森、托马斯·沃森、约翰·兰吉及 NCR 公司其他 20 多名高管因违反《谢尔曼法》而被起诉。最后,所有的被告都被裁定有罪。1913 年 2 月 13 日,他们被判处一年监禁,这是法律规定的最高刑期。除帕特森外的所有人都被罚款 5 000 美元,帕特森的罚款是这个数字的两倍。

在一个公正的世界里,有罪的一方本应执行这些判决并支付罚款,他们都是罪有应得。但我们生活的世界并非公正的。所有人都上诉了,最后所有人都无缘无故地逃脱了惩罚。

人们忍不住要说,应该特别关注这个始作俑者,也就是国家收银机公司的首席执行官。约翰·帕特森常被称为"现代销售之父",这个称呼可能并不严谨、准确,但毫无疑问,帕特森在美国商业史上是一个举足轻重的人。

帕特森参加过南北战争,他 1867 年从达特茅斯学院毕业,很难想象他曾是一名大学生或士兵,因为这两种角色都要求对他人的观点和建议至少有一定程度的尊重。他的后半生丝毫没有表现出这种态度。他对军队并不怀念。谈到大学时,他说:"我学到最多的,就是各种条条框框。他们教我希腊语、拉丁语、高等数学,还有爱德华的遗嘱等,都没用。"

帕特森想要的是"简单的话,有深度的思想"。他终生不信任大学生。帕特森觉得,大学生想要的是丰厚的薪水和快速的晋升,而这些都是他们不配得到的。斯坦利·C. 阿林(Stanley C. Allyn)在 NCR 工作了半个世纪,并在 1957 年成为董事会主席。据阿林回忆,唯一打破帕特森偏见的是自己的母校威斯康星大学麦迪逊分校,这对阿林的母校来说是件幸事。

1868 年,帕特森在代顿附近的一条运河上找到一份收费员的工作。这项工作并不容易,运河上的船主们习惯谎报他们已经支付和尚未支付的过路费。帕特森不可避免地要被怀疑欺骗了雇主。"约翰·帕特森并不认为诚实是理所当然的,他认为没有什么是理所当然的。"他设计了一套收据制度来缓解这些问题。

帕特森的第二份工作是为代顿市民供应煤炭。和其他许多创业者一样,帕特森同时从事两份工作:一边打点自己的生意,一边继续做收取通行费的工作。他和他的兄弟合伙,成功地使他的公司从竞争中脱颖而出。他讨厌记账,但他有一种非凡的本领,能巧妙地利用信息来解决商业问题。他获得了质量最好的煤炭,设计了一套系统来确保顾客收到的是他们订购的煤炭,并使用收据,确保他交付的煤炭可以收到货款。

帕特森很快就在煤炭生意中展现了他的天赋,这使得他在进入收银机制造领域时脱颖而出。他想赋予煤炭运输这种看起来肮脏不堪的生意某种特定的魅力:

> 当他开始赚钱时,(帕特森)买了他能找到的最好的马……(并)给他们配备了金银饰边的马具。他让人把马车漆成棕色,并把"帕特森公司"的字样用金色的大字写在车身的一侧……(他)已经感受到一种阔绰气息的重要性;他的格言之一是,一个人要想变得富有,首先要让自己看上去很富有。

勤奋很重要，让自己看起来很勤奋也很重要。在一个没有贵族头衔、没有正式继承身份的国家，外表对成功起着至关重要的作用。帕特森、本杰明·富兰克林及老托马斯·沃森都认为：外表的力量不仅会影响他人，还会影响一个人真实的内心。在美国成功的销售人员中，这是一个反复出现的观点。我们将在本书后面看到，玫琳凯化妆品的创始人玫琳凯·艾施（Mary Kay Ash）的核心信念是："好像是"可以转化为"确实是"。

1884年，在经过各种争论和不愉快之后，帕特森卖掉了他在煤炭公司的股份，他的4万美元的投资和大量的辛勤工作仅仅变现了1.6万美元。此时他虽不是身无分文，但没有方向，没有前景。此时他已经40岁了。帕特森和他的兄弟正在科罗拉多州的斯普林斯市寻找投资地产的机会，这时他突然灵光一现，感觉头顶的乌云散开了，天空中有一台收银机出现了。

一次偶然的机会，帕特森在一次长途旅行中遇到一位美国东部的商人。帕特森问他为什么能长时间离开，不用盯着公司的生意。原来这位商人拥有能生成打孔纸的收银机，从打孔纸上可以获得公司的业务报表。这样他不用到现场就可以获得全部所需要的资料。帕特森问这个商人，这些神奇的机器是在哪儿制造的？商人回答说是在美国东部俄亥俄州的一个叫代顿的城市。

帕特森对收银机并不陌生。1882年，他在煤炭公司开始使用收银机。1883年，他以每股50美元的价格从国家制造公司（National Manufacturing Company）可售的300股股票中购买了25股，这家公司正是生产收银机的。帕特森对收银机的实用性印象深刻，但他显然没有意识到1884年他所见到的收银机所带来的商业投资机会。帕特森拖着他的弟弟弗兰克（Frank）一起匆匆赶了1 105英里的路程，赶到代顿，用6 500美元从老板乔治·菲利普斯（George

Phillips)手中买下了收银机公司,这笔交易在短时间内就迅速完成了。

就在这一天,帕特森被人嘲笑了,因为他做了一笔最糟糕的交易。他的一位熟人告诉他,那家公司一团糟。他非常沮丧,于是第二天找到卖家乔治·菲利普斯,想解除交易。他给菲利普斯 100 美元,想要取消合同,菲利普斯不感兴趣。"500 美元怎么样?"菲利普斯还是不感兴趣。然后,帕特森提出给他 2 000 美元,这几乎是购买公司的价格的三分之一,菲利普斯的回答不是那么鼓舞人心。"他对我说,"帕特森后来回忆道,"你已经买下了这个公司。你已经付了钱并且我把它交给了你,你现在要把它还给我,你现在就是说要把这个公司送给我,我也不会收下的。"

这次谈话肯定和前一天菲利普斯把公司卖给帕特森时的讨论迥然不同。这位日后成为美国商业史上无数优秀销售员的导师的人证明:他自己也相当容易因别人的推销说辞上当受骗。如果说菲利普斯的话是伤人的,那这并没有伤到帕特森。他说他会证明菲利普斯是错的。1884 年 11 月 22 日,帕特森接管了国家制造公司,他很快将公司更名为国家收银机公司。

帕特森买下来的工厂不过是一个大房间,宽 40 英尺,长 80 英尺,有 13 名员工。整个经营状况都如此混乱,以至于很难说哪里是最糟糕的。帕特森决定从销售开始入手,改变一切。正如在其他领域获得巨大成功、也是帕特森众多校友之一的理查德·H. 格兰特(Richard H. Grant)所说,"记住,好的销售技巧就是让烟从烟囱里冒出来"。

从这个时候,帕特森开始发现销售的秘密。以下所述的大部分内容都有人声称是他们的原创。事实是,在帕特森执掌国家收银机公司的 40 年里,某个公司可能采用了他在国家收银机公司制定的某一项程序,但没有哪家公司把它们全部整合在一起,也没有哪家公司拥有像帕特森这样强大的关键人物——精明、机敏、有魅力、善变,而且非常古怪。

在介绍帕特森的销售方法之前,有必要先了解一下和帕特森并肩作战的销售人员,以及他们所销售的产品。当时国家收银机公司并没有雇佣自己的销售队伍,因为负担不起。帕特森是通过销售代理人来实现销售的,这些代理人都是同时销售各种商品的独立商人。(当帕特森买下国家收银机公司时,他手下只有一名全职销售人员。)代理制度在当时很常见,现在也很常见。直到第二次世界大战,代理制度才被分公司制度完全取代。

通过代理人来销售有一些优点:最主要的是经济节约。销售人员的办公室和相关的管理费用由代理人支付;代理人是所在销售区域的当地人,所以他们通常非常了解这个区域。一个亚拉巴马州人可能比从代顿或西雅图调来的人,更了解蒙哥马利市的潜在买家。

然而,代理制度也有其缺陷。所有权的缺乏导致控制权的缺失,事实上这也是这项制度在 20 世纪 40 年代被取代的原因。帕特森很快对如何销售、销售人员如何展现自己,以及如何管理代理公司等问题形成了自己的一系列观点。然而,他没有权力命令与他有合同关系的代理人严格按照他的计划去执行,代理人不是他直接雇佣的人。

缺乏控制权成为无尽的沮丧和愤怒的来源。在进入这个行业后不久,帕特森确信他发现了最好的销售方式。事实上,他觉得自己掌握的是销售的唯一方法。任何偏差都会导致生产率下降。在市场营销方面,帕特森可以与弗雷德里克·W. 泰勒(Frederick W. Taylor)相提并论,泰勒的《科学管理原理》(*Principles of Scientific Management*)很快作为企业生产问题的解决方案呈现在世人面前。帕特森所能做的，就是说服他的代理人相信他的方法是有效的，而无法通过等级森严的命令去控制。幸运的是，帕特森的说服力无比强大。

在 1884 年，这些代理商销售的产品还是相当新潮的。有一些商人，比如 1882 年帕特森在科罗拉多州斯普林斯市邂逅的美国东部商人，以及帕特森本人，都使用过收银机。但对于大多数人而言，收银机还是个新鲜玩意。两位研究收银机早期发展脉络的专家认为，明确"谁是第一人"确实存在难度。早在 1859 年，就有一家专门生产"报警收银机"的公司。然而，直到 19 世纪 70 年代末，发明家们才开始试验一种类似于今天的收银机的装置。约翰·瑞蒂和詹姆斯·瑞蒂兄弟在 1879 年为他们的"廉洁收银机"（Incorruptible Cashier）申请了专利，这被认为是"收银机业务的真正开端"。

销售收银机面临着诸多挑战。许多商店老板需要它，但他们不知道自己需要：可能有相当数量的商店——特别是在乡村地区——人们很少使用现金，店主和他们的顾客熟识，他们把每笔交易记录在信用簿上，时不时结算一下；对于习惯使用现金的商店来说，店主并不能很快发现收银机比抽屉更好用，也许是因为抽屉可以上锁，令他们觉得更安全。

收银机的销售人员对他的顾客说：现在购买收银机，就可以给商店的将来带来真金白银的节约。尽管收银机的作用是一清二楚的，但销售人员销售的是一种抽象概念：未来的节约。对店主来说，这个概念具有长期投资意义，但收银机的价格是真实的、即将支付的。

销售过程中最大的障碍来自操作收银机的人。商店的员工们非常讨厌收银机。购买收银机，会被认为是对商店里所有工作人员诚实品质的诽谤，员工们感到气愤。收银机可能会打破商店内的人际平衡：

> 购买收银机常常是罢工的信号。（一个收银机销售员）经常被赶出去。如果销售员真的找到店主，卖给店主一台机器，那么店员们为了把收银机清理出去会想尽一切办法把它弄坏。在一些地方，商店店员和酒吧的店员会组织起来，阻止收银机的销售和使用，并传播出去信息，说收银机不准确。

店员们密切观察着寄信人地址是"国家收银机公司"的信封，并在店主看到之前将它们扔掉，这使得直接邮寄广告变得效果甚微。帕特森发现了这个猫腻，他把公司的名字从信封上去掉了，结果却发现邮戳上写着"代顿"字样的邮件也被毁了。他不得不让人把他的邮件运到其他城市的代理商那里，然后从代理商那里寄出去。

没有人需要收银机。店主需要花钱去买它，但所谓的长期节约又得不到保证；使用收银机的员工们也讨厌收银机。要在这种条件下销售收银机，的确非常困难。

如何销售

为了解决这一大堆麻烦，帕特森想方设法采用他的销售方法。帕特森销售方法的核心就是：确保独立代理人的销售区域和精确计算的销售配额（销售代理人必须每年完成销售配额）。

和帕特森销售方法的其他许多要素一样，保护销售区域并不是什么新鲜的想法。但在帕特森之前，是否有人热衷于此就不得而知了。帕特森的目标是让销售人员完全渗透到他的销售区域。在帕特森看来，在指定区域进行一次艰难的销售，比在别人的区域进行两次简单的销售更有价值。帕特森非常相信这一点,他专门设立了一项制度,来阻止销售人员在别人的市场上进行销售。在某一代理人的区域内进行的任何销售,不论是否该代理人销售出去的,都归功于该代理人。

这一政策的合理性在于:代理人之间会愿意共享信息,因为他们知道,互相帮忙其实是在帮自己,从而国家收银机公司的整体业绩会大于部分之和。相反,如果他们认为在自己的辖区内会泄露对自己不利的商业秘密,他们显然会倾向于对同行有所保留。帕特森宣称:"生意,建立在信心的基础上;成功,建立在合作的基础上。"

这一点合乎逻辑,也许帕特森就是这么告诉自己的。很快,在进入收银机行业后不久,帕特森开始相信他知道了所有关于销售的秘密。既然他知道一切,就该由他来教大家了。一个代理人能从另一个代理人那里学到什么?

保护销售区域的制度也满足了代理商们理性和感性的需求。如果每个销售员都到处销售,那么严格的配额和相应的销售佣金就很难管理。帕特森可能更担心新区域带来的挑战会分散销售人员在原有区域销售的注意力。他曾经说过,"如果你允许一个销售员进入开放的新区域,他可能宁愿花一周时间去搞定一个订单,也不愿意花三天时间在自己的区域再接一个订单"。帕特森从来没有解释过,为什么他觉得一个销售员会做出这种不理智的行为。也许在他看来,销售员天性中就有地域扩张的特征,这种非理性的冲动必须加以限制。

在20世纪60年代,帕特森被称为"控制狂魔"。他想要"编排"他人生活的愿望对人们来说已经形成了一种可预测的模式。帕特森与人打交道分为三个阶段:首先,他会粉碎销售员的意志,抹杀他们以前的身份和自我概念；然后，他会重新塑造销售员，培养他们，增强他们的自尊心，并慷慨地给予他们高额报酬；最后，他会解雇他们。

帕特森甚至对自己也有控制的执念。他说："战胜他人的人很强大，战胜自己的人更加强大。"不足为奇，帕特森是一名美食爱好者、一个注重养生的人，也是一名运动达人。据说，他曾斋戒37天，尝试素食。他是密歇根州巴特克市著名的约翰·凯洛格博士（Dr. John Kellogg）疗养院的客人。帕特森不仅关心他的消化系统，也关心他的皮肤和肌肉组织。他一天洗五次澡。在进行了37天的斋戒之后，他开始寻找一位体能教练来帮他恢复健康。大概在1906年前后，帕特森在伦敦找到了一位体操运动员和按摩专家，名叫查尔斯·帕尔默（Charles Palmer）。令人吃惊的是，帕特森竟然把帕尔默带回了代顿。

1888年，44岁的帕特森娶了凯瑟琳·达德利·贝克（Katherine Dudley Beck），很少人知道他们这段短暂的关系。帕特森夫人于1894年6月死于伤寒，年幼的儿子和襁褓中的女儿不仅失去了母亲，还几乎成了孤儿。帕特森对自己年幼的孩子"束手无策"，孩子们是由亲戚带大的。

帕特森的家族是"现金家族"（the Cash，NCR通常被这样称呼），而且有一段时间，还有个"凶狠的帕尔默先生"（Mr. Palmer）。根据作家威廉·罗杰斯（William Rodgers）的说法，帕尔默自称拥有某种神秘的力量，他可以通过研究人们的面相来识别人们真实的性格。帕特森任命帕尔默为NCR公司董事会成员，帕尔默的面相术决定了他在人事决策上的发言权。休·查尔默斯（Hugh Chalmers）发现，如果反对帕尔默制定的严苛的健康检查程序，就会被解雇。代顿媒体对帕尔默和帕特森之间的关系提出了"尖锐的质疑"。严格的规则加上随意的违规，这是一种通过恐惧来实施控制的方法，这就是 NCR 公司内部的帕特森政权。这就是帕特森竭力向他的销售员推销的东西，因为他对代理商没有所有权。

帕特森的另一项销售原则，是建立严格的年度销售配额，销售员必须完成。如果一个销售人员完成了配额，他就可以正式加入"百分俱乐部"，这将给销售员带来高度自信和经济成就感。帕特森的传记作者塞缪尔·克劳瑟（Samuel Crowther）称这个俱乐部是帕特森最著名的创新。为了嘉奖俱乐部会员，公司每年都不计成本地举办表彰销售明星的年度大会。

就像代理商专属区域制度一样，佣金销售并不新鲜。然而，帕特森再次将这种方法运用到了极致，并引入了一个新的转折点。帕特森希望收银机销售员只拿提成，没有底薪。根据克劳瑟的说法，在 19 世纪 80 年代，直接佣金销售只适合"推销员"和"人寿保险代理人"，这被认为是"不体面的"。

帕特森的做法严格来说就是"业绩销售"。销售人员完成销售后得到报酬，销售不出去则没有报酬。前面提到的有趣的转折，是帕特森真诚地希望他的推销员成功。他希望推销员们都能变得富有，至少外表和行为都是富人的样子。他希望推销员们的妻子能享受金钱带来的乐趣。帕特森知道，只要他能让想赚钱的人挣到钱，他就可以控制他们。他再一次走在了时代的前面。今天，这种策略被称为"金手铐"。

一开始，NCR 公司的代理商很难理解帕特森的这种做法，其他公司的老板对此也不太满意。代理商以为：跟其他公司一样，NCR 公司更应关注的是减少开支，而不是增加销售额。他们认为，如果因为销售了大量的收银机而赚了太多的钱，NCR 公司就会削减他们的佣金。

帕特森绝不会认同这种倒退的观念。他的基本原则之一是：所有与他有联系的人，都必须通过他来赚钱，这样他才能控制他们。当一个纽约的销售员以为自己所赚的钱已经够 NCR 公司给他的佣金而放松懈怠时，觉察到这一点的纽约代理商就会敲打他："你太傻了，如果你能在一周内卖出一百万美元，我们会雇一个乐队给你送佣金。只有你赚到钱了，我们才能赚到钱。"

收银机是一种耐用品；并且，不像照相机是出售给普通大众的，它是出售给企业的。帕特森是工业领域的营销人员，但他有大众市场营销人员的思路。他想为他的产品开发出新的消费者，就像伊士曼和福特一样。不断提高销售配额的门槛，就产生了这种效果。配额也是至关重要的，因为帕特森必须投资专用的固定资产，以维持正常生产。如果他无法预测销售量（由销售配额确保），他就有可能在工厂投资过多或过少，最终导致库存积压或者供不应求。

历史学家小阿尔弗雷德·D. 钱德勒指出：现代企业的决定性特征就是量产与量销的协调。这就是帕特森在 1888 年看到的问题。在此前一年，他说：

> 据估计，每天的订单量将增加到 30 份。所有代理人都信心十足能完成这个销售目标。为满足这一需求，工厂决定不惜代价来生产。
>
> 最近采购了大量的新机器……还对新员工进行了培训……
>
> 我们平均每天收到 17 个订单，而不是 30 个。部分生产设备已停产，但仍然积压了 300 多台收银机。我们该怎么办？关闭工厂吗？

就像安德鲁·卡耐基一样，帕特森明白，他必须让工厂满负荷同时足够稳定地运转。

销售员每年都必须完成帕特森制定的销售指标。帕特森彻底否定了市场饱和的观点。他认为：如果一个拥有20万人口的地区的销售潜力是500台机器，那么，一个一年能卖出50台收银机的销售员，在下一年至少也要卖出50台机器。等到每个应该买收银机的客户都买了收银机以后，就到了买一个新的改良升级版的收银机的时候了。

这种商业哲学至少有两层重要的含义。

第一层含义：NCR公司有必要创造和生产新的、不断改进的产品型号，这是公司努力的方向。帕特森在1884年收购NCR公司的时候，该公司销售的只有"两种收银机"。60年后，NCR公司推出了600多种型号和款式的收银机。这是产品型号多元化的一个完美例子，也是20世纪市场营销的一个标志。

第二层含义：考虑到销售配额系统，二手收银机是制约销售增长的最大因素。让我们再回到这样一个估算：每个人口20万的地区应该有500台收银机的需求量，而在这样一个地区，一个销售员一年能够销售50台机器。人们不能由此推断NCR会等10年再推出新型号的机器。这一结论的前提是，没有其他公司在销售收银机，而且每个客户都需要比自己现有的收银机更先进的机器。

当市场上需要收银机，NCR公司会竭尽所能地开发市场，而其他公司也会生产收银机，与NCR公司分一杯羹。据报道，在1887年，美国一共有5 400台收银机在运行。到了1890年，这个数字就上升到了16 395台。收银机市场以每年45%的复合增长率增长，这势必引起激烈的市场竞争。当时，NCR公司没有专利，也没有专有程序，无法将竞争者拒之门外。资金投入的市场准入门槛虽然不容忽视，但也不足以长期保护NCR公司的高利润。

在上述的第二层含义中，假定所有客户都需要新的和升级版的收银机，显然是错误的。任何一个地区的商店都高度差异化。不那么贵的二手机器会吸引那些对价格敏感的客户，在任何一个地区都是这样。这就是为什么必须消除竞争，并以公平或卑鄙的手段消除二手交易。这就是之前我们讲到的老托马斯·J.沃森在他的职业生涯之初在NCR公司忙着做的事情——消除二手市场的竞争。

然而，在NCR公司的从业经历对沃森的意义，远远超出了在高度不公平的竞争环境中得到的历练。他还学习了销售、销售培训、激励，以及商业领导力。1979年，当我加入哈佛商学院时，有人告诉我IBM公司拥有世界上最强大的销售团队。你可以将当年IBM的销售团队与90年前帕特森在NCR公司建立的销售团队联系起来。沃森改进了帕特森的销售管理方法，使之更适合20世纪的企业。但他总是称赞帕特森是销售大师。沃森认为，销售甚至超越了技术，让IBM公司在其辉煌的岁月里变得伟大。沃森从帕特森那里学到的正是如何销售，这就是为什么我们如此关注沃森在NCR公司的经历。

帕特森很快从一个销售新手变成了一个对销售无所不知的人。他最重要的老师是他的妹夫约瑟夫·H.克兰（Joseph H. Crane），克兰被认为是俄亥俄州最出色的墙纸销售员。克兰在1885年或1886年告诉帕特森（那时还可以用这种口气对帕特森说话）："你有一个好产品，但你不知道如何销售它。"帕特森聘用了克兰，克兰后来写了《如何销售收银机》（*How I Sell National Cash Register*）这本小册子。它被称为"入门手册"，成了NCR公司的销售圣经。每个人都应该知道这本小册子，并严格遵守它；任何偏离手册上所讲的原则的人，都可能被帕特森反复盘问偏离的理由。

这本入门手册提供了非常经典的管理建议，它非常实用。销售员从中得知要做什么、为什么要做、要避免什么。例如，"当你去到一个城镇，在最好的酒店住下来，并住最好的房间，你就可以向潜在的购买者展示收银机。"在评价自己提出的这些建议时，克兰写道："你代表的是一家一流的公司——从你脚下锃亮的皮鞋到你所住的豪华房间。你一定要体面，但如果没有，也要看上去很体面。"这段文字是 NCR 公司通过小册子、时事通讯和公司会议等途径向它的销售人员提出的关于销售风格的精辟归纳。做到一流；即使你并非真的一流，也要像一流那样去表现。该花钱的时候就花，有时节省是错误的。

这本入门手册告诉代理人如何接近潜在客户，如何为销售做好准备，以及如何完成销售。（正如 NCR 公司的主管理查德·格兰特所说，"毫不犹豫地报出价格"。）入门手册也为销售人员应对销售阻力做好了准备，并告诉他们如何应对这种阻力。"忘掉你自己，"这本入门手册写道，"你必须竭尽所能让潜在客户对收银机感兴趣，告诉他收银机能帮他做什么，否则他不会买。"

1887 年，帕特森开始发行《国家收银机》，这是一本内部刊物，他在刊物中敦促他的销售人员要取得更大的成就，并对入门手册中的原则进行了扩展。以下是帕特森列举的一些不该做的事情：

> 不要把收银机描述成"抓小偷的机器"。
> 不要试图证明所有的店员都在偷东西。
> 不要喋喋不休。
> 不要回答你不知道真相的问题。
> 不要等人来你的办公室买东西。
> 不要停止拜访客户，当一个客人说他不需要收银机时，你知道的，他需要。

不要认为你的区域内的客户比其他任何区域的客户都更难搞定。我们凭经验知道，他们不是。

不要试图销售没有系统的一体机。

不要以为卖出同样数量的商品，我们会比其他零售商赚的钱更多。相比之下，我们的开支很大。

不要以为你能搞定一个有100万居民的地区。事实证明，小地方比大地方更有利可图。

不要以为客户公司的生意太多，没法用我们的收银机。只有极少数的例外是不能出售的。

当你遇到任何不熟悉的问题时，不要忘了给我们写信。

不要闲着。

不要只读一遍，要读两遍。我们希望你们赚钱，不希望你们失败。

当你试图向店主销售的时候，不要忘记提醒他我们是可以赊销的。

上述引用中使用斜体字的两点（第四点和倒数第二点）值得强调，因为在19世纪末和20世纪初，这两条建议对企业来说非常关键。首先，要讲真话，而且永远讲真话。帕特森、克兰和其他人都希望他们的销售员诚实。他们相信，诚信能增强销售员的自尊，对公司的生意也有好处。

当NCR公司的高层领导如此勉励他们的销售大军时，毫无疑问他们已经违反了反垄断法。他们的行为不仅仅是在技术上违反了反垄断法，帕特森、沃森和他们的团队所做的事情，不仅是违法的，也是不道德的。从这里，我们看到了美国企业的众多悖论之一：坚如磐石的诚信和根基的腐败携手共进。

另一点是：我们希望你们成功，我们希望帮助你们成功。这展示了企业合作的一面。小艾尔弗雷德·P. 斯隆（Alfred P. Sloan Jr.）说过，他"只对所有相关方都受益的商业关系感兴趣"。帕特森也持有这一观点，他在公司内部以及处理与客户的关系时也是这么做的。因此，美国公司的另一个悖论是：为了在市场竞争中获胜，合作是至关重要的。这也是帕特森不希望销售员互相挖墙脚的另一个原因。

在 NCR 公司中，"要做"和"不要做"的事情不断循环变换，潜在客户也在"拒绝购买"和"购买"两种行为中变换。有一个广为流传的故事，讲的是肯塔基州有一个杂货铺商人，他只卖和《圣经》中的内容相关的东西。于是一位销售员来到他的店里，开始对这个杂货铺商人吟诵主祷文，当读到"使我们不受诱惑"时，他停下来说，有一种强大的力量将他带到了此时此刻，收银机最大的优点就是它不像盛放现金的抽屉，它公开地记录交易，这样所有人包括店主、顾客和售货员都能看到。而且，那个打孔的纸带记录了每一笔交易。在这个充满罪恶的世界里，哪个年轻人能没有至少一点潜在的任性？让一个可能任性的年轻人远离诱惑，还有什么比安装一台可能抵制诱惑的机器更好的方法呢？最后，交易达成了。

约瑟夫·克兰的基本原则之一是，不要犹豫。但即使是最伟大的销售员，也会遇到自己毫无准备的问题。那该怎么办呢？克兰自己在这种情况下的应对是："为什么？这正是你应该买一台收银机的原因。"

难怪克兰是个了不起的销售员，这种反应非常聪明。这样的反应就是时刻做好准备，这也符合"不要犹豫"的原则。并且，这种反应很迷惑人。一位顾客刚刚说出他不想购买收银机的理由，销售员的反应不是犹豫，不是争论，也不是反驳。相反，销售员告诉他，真实的原因实际上与他自己以为的刚好相反。克兰没有和顾客争辩，争辩就输了。他让顾客在同意销售员的意见的同时，陷入了与自己争辩的境地。

　　NCR 公司的销售培训远不止刚才列举的这些技巧。帕特森买下 NCR 公司 10 年后，该公司建立了第一所正规的培训学校。第一个校区设在帕特森的农场，在一棵榆树下的小木屋里。教员是约瑟夫·克兰，有 37 名学生。帕特森有他自己的教育理念，他的两项原则是："通过眼睛教学"和"把正确与错误的方式进行对比"。他相信简洁和具体的力量。

　　帕特森喜欢表演，也喜欢看小品表演。他感情外露，达到了戏剧化的程度。有一次，他拿起一把大锤，砸烂了一台出故障的收银机。众所周知，他会把人们的办公桌从办公室移走，然后一把火烧掉。据说，阅读帕特森的演讲文章无法体会他要传达的信息的震撼力。

　　　　帕特森在讲授销售技巧时，站在一个演示架前，手里拿着红色粉笔。他把粉笔捏碎在手里，用力地在脸上和头发上摩擦，然后举起双臂，看起来像一个头发蓬乱但衣着得体的科曼奇人（Comanche），大声喊道："用戏剧表达，用语言表达！"

　　一位高管曾说，当谈到竞争时，帕特森会大喊"干掉他们……压垮他们！""我曾见过他把一张桌子撞碎，扯掉衣领，拿起一壶水砸在地板上。"

　　帕特森教育理念的一个关键是角色扮演。帕特森本人会扮演潜在客户，模拟真实的销售场景，帮助销售人员练习。关于产品会给顾客带来的好处，销售员已经接受过整套的培训。帕特森的培训则包括观看由演员参演的销售情景短剧。NCR 公司在代顿市开设了药店、杂货店和其他零售商店，在这些真实场景中上演的短剧就是用来演示如何销售的。根据一种公认的比较奉承的说法，这些短剧"比成熟的剧本更出色"。有一张照片展示的就是在一家服装店的场景，里面有3个男演员和9个女演员。

具体化和细节是重点。因此，销售员必须随身携带精确的7.16美元的现金，这是每一次销售情景演示所需的找零金额。公司提供一个钱包，来装这由不同面额的钱组成的7.16美元。帕特森在大学里学到的所有东西，他都在自己的体系里进行了全新的理解。帕特森的方法就是迫使人付出代价。有些经验丰富的销售人员会感到被羞辱，于是选择离职。真正有才华的人——不仅包括理查德·格兰特和托马斯·沃森，据估计还有数十位销售员——最终被NCR公司解雇或主动离职。

帕特森自身充满了矛盾，只有盲目自信的人才会这样。他坚持认为，销售员是后天培养出来的，而不是天生的；但他同样认为，不管是谁来培养这些销售员，本人都必须有真才实学。他认为自己不仅仅是个商人，还是代顿市的丰碑，后来代顿市的确为他立了一座纪念碑。1913年，当迈阿密河水漫过堤岸，引发大洪水时，他自己和公司为这座城市做出了贡献。但是，他因为与当地报纸的一场很孩子气的纠纷而毫无愧疚地关闭了NCR的工厂，让两千名无辜的工人失业了。这与帕特森大肆宣扬的关心工人、为他们提供干净的水、提供厕所设施、提供照明良好的工厂相悖。前面提到的NCR未来的首席执行官斯坦利·阿林1913年第一次走进代顿公司的大厅时，一张巨大的海报引起了他的注意，它的标题是"国家收银机公司是一个好工作单位的82条理由"。其中，第5条理由给阿林留下了深刻的印象，"这里不聘用亲属"。要是他不是对这一条印象深刻，或许会更好。因为帕特森的继任者，正是他的儿子弗雷德里克。

没有什么比帕特森和沃森的关系更能说明帕特森善变的本性了。沃森深知帕特森的信条,"任何 NCR 公司太过依赖的员工都应该被解雇"。沃森在 NCR 公司工作的十多年里,一直在躲避明枪暗箭,努力在不失业的情况下变得更重要。

沃森第一次真正的麻烦发生在 1907 年或 1908 年。当时,正值帕特森在代顿开展的销售战争的高潮,代顿当地的报纸指责帕特森和他的心腹查尔斯·帕尔默正在毁掉 NCR 公司和整个代顿市。休·查尔默斯当时是 NCR 公司的首席运营官,他对帕尔默羞辱性的命令方式越来越反感。当查尔默斯开始反抗时,帕特森立即解雇了他,这使得双方在此后相互仇恨一生。沃森与查尔默斯关系密切,与查尔默斯的其他朋友一样,沃森在公司的地位受到严重的威胁。

有一天,沃森到公司去上班,发现他的办公室被另一位主管占用了,而他自己的下属也不见踪影。沃森接连几天上班,发现情况皆是如此。他没有表示反对,甚至没有说任何话。他去造访分公司,当他在代顿邂逅帕特森时,两人都很冷静,彬彬有礼。沃森如此精明,从来不问为什么他的办公室会被占用,这如同公开且蓄意地被当众扇耳光。这实在是一种羞辱,可是沃森一声不吭地接受了。

1908 年,帕特森和帕尔默一起离开美国,在欧洲待了两年。不知何故,帕特森把沃森提升为 NCR 公司的销售经理。此后两年,沃森拥有自己的 NCR 销售团队,销量翻了一番。当帕特森 1910 年回国时,他对沃森非常满意,奖励给沃森一辆昂贵的汽车(Pierce Arrow,皮尔斯银箭)和一幢房子,并带他访问了全国各地的 NCR 代理商。

1912 年，NCR 的管理层被集体起诉。离职后的查尔默斯，作为控方的主要证人，对 NCR 公司展开了甜蜜的报复。时年 37 岁的沃森，在被控告期间，遇到了珍妮特·基特雷吉（Jeannette Kittredge），她后来成了沃森的妻子。基特雷吉小姐比沃森小 9 岁，来自代顿市一个显赫、富裕的家族。帕特森和她父亲是朋友，他们住得很近，在同一个乡间俱乐部活动①。她和沃森开始约会，不久之后，他们准备结婚。沃森年近 40 岁，他远在纽约州彩哨镇的家乡的母亲也极力赞同这门婚事。但是，有一个问题：1913 年 2 月 13 日，沃森和他的同事们被判有罪，他不仅面临巨额罚款，还面临一年监禁。

基特雷吉小姐了解当时的情况，但她是个意志坚定的女人。她快 30 岁了，到结婚的时候了。据作家威廉·罗杰斯说，当沃森告诉帕特森他已经订婚时，帕特森由衷地表示高兴，他说他一直期待着这场婚礼。

1913 年 3 月 25 日，星期二，代顿市遭受了特大洪水的袭击。帕特森在许多年前就预见到了这场灾难，所以他把 NCR 公司的厂房建在高地上。在这座有 13 万人口的城市里，许多建筑遭到破坏，但 NCR 幸免于难。帕特森对洪灾的预测，并非严格意义上的长期预测。星期一一整天都在下雨，星期二早上六点半，他去了 NCR 公司办公楼的屋顶，感到情况不妙，然后开车去了河边。等帕特森回来的时候，他预言那天会有洪水，并安排公司必须做好准备照顾无家可归的人。

洪水果然到来了，NCR 公司做好了充分准备，无数代顿人因此受益。大雨停了，洪水终于退去，人们纷纷赞美帕特森和他的公

---

① 美国的乡间俱乐部（country club）是一种可供进行体育运动和社交的地方，有网球场、高尔夫球场、游泳池等。——译者注

司，甚至以前总是指责他的新闻记者也开始对他大加赞赏。几年前的停工以及帕尔默的斑斑劣迹，都被原谅和遗忘了。遭受了重创的代顿市发出了一声呐喊，它的优秀市民可能涉及的任何反垄断过失都应该得到谅解。使帕特森免受反托拉斯法律处罚的两个最重要的因素一个是他在洪水期间的义举，另一个是华盛顿政府主政者的变化，从威廉·霍华德·塔夫脱（William Howard Taft）变为伍德罗·威尔逊（Woodrow Wilson）。

对于沃森来说，这场洪水标志着他在NCR公司职业生涯的结束。在洪灾期间，他也曾为救助代顿市民付出了巨大的努力。1913年4月17日，他与珍妮特·基特雷吉在女方的家乡举行了婚礼，两周前她家的部分房子也被洪水淹没。这对新婚夫妇去度蜜月，回来后就搬进了帕特森送给他们的避暑别墅，这幢房子离帕特森家不远。

帕特森性情难测，离帕特森越近，就越容易招致危险。1913年7月，沃森负责筹备盛大的百分俱乐部大会，在此过程中遇到了一个棘手的问题：沃森的助手，最初被分配来完成这项任务的人，突然神经出了问题。在如此重要的场合，沃森只好亲自上台发言，他"有点结巴，但极具真诚和亲和力，对销售员们遇到的问题感同身受，赢得了与会者的阵阵掌声"。

到目前为止，一切顺利。但沃森还没说完，帕特森就大步跨上讲台，发表了几句计划外的临时讲话。帕特森慷慨大方地赞扬了理查德·格兰特（他在沃森之前已经发过言）。帕特森使用的语言和他的表达方式清楚地表明，是时候让格兰特大干一场了，沃森的时代结束了。随之而来的内部整肃一定是一场灾难，但是沃森以前也经历过这样的事情，他不是一个轻易认输的人。然而这一次，情况大不相同。在遭受了一系列的羞辱之后，在忍受了好几个月之后，在出色完成了所有被要求做的事情却仍然被判定有罪之后,托马斯·沃森被解雇了。

当人们审视约翰·亨利·帕特森时,他给人留下印象最深的不是他的销售方法,不是他改善工厂内部工作条件的努力,不是他的福利资本主义,也不是他的怪癖(善意的表述,帕特森总是想炒掉那些因工作或私人事情和他走得很近的人),也不是帕特森对那些努力工作以谋生的人很过分的行为,也不是他奇怪的迷信行为(比如相信数字"5"的特殊意义),他给人印象最深刻的甚至不是他轻易接受非法商业行为。帕特森给人印象最深刻的是他非凡的个人影响力。尽管帕特森在很多方面都很古怪,但他白手起家,建立了一家伟大的公司。

1921年7月6日,内部刊物《国家收银机》刊登了一条横幅标语:"六月份达到96 756点。"照片中,帕特森伸开双臂,站在一块大约15英尺长、10英尺宽的木板前,木板上贴满了来自266名达到或超过配额125%的代理商和销售员的照片。封面上的一切都是整整齐齐的,包括帕特森本人,还有他修剪得整整齐齐的大胡子。与印刷品和照片的工整对称无法统一的,是说明文字中的信息。这句说明文字采用大号字体,就像写在帕特森的演示架上一样:

我为你们感到骄傲。

——约翰·亨利·帕特森

即使在今天看起来,这些内容刊登出来后产生的效果也令人震撼。帕特森没有笑容。事实上,我从没见过帕特森微笑的照片,也没见过任何NCR公司的活动上有人微笑的照片。生意就是生意。在这张照片中,帕特森看上去很严苛但很满意——至少现在是。如果这是他满意时的样子,那么他不满意时又是什么样子呢?谁也不想知道。拍这张照片时，帕特森离去世还差一年，他已经 76 岁了，但看起来很年轻而且十分自信。

这就是这位头发斑白的内战老兵的魅力所在，沃森迫不及待地追随他。这是沃森此生最后一次和帕特森有这样的关系了。被帕特森解雇对沃森来说是一场个人灾难。他快 40 岁了，已经不年轻了。他刚刚结婚，1914 年 1 月 14 日，珍妮特生下小托马斯·J.沃森（Thomas J. Watson Jr.）。

这孩子不会在帕特森给他父亲的那幢房子里长大，他们不得不搬走。钱不是问题，至少不是眼前迫切的问题。帕特森对于钱总是很慷慨，他给了沃森数目可观的 5 万美元作为遣散费。工作机会似乎也不是什么问题。从 NCR 公司被解雇是很常见的事情，这并不会让人觉得羞耻，而且沃森似乎已经升职到了足够高的地位，在商界留下了独立于公司的印象。虽然一些领先的公司向他抛出了橄榄枝，但他对其他人提供的工作机会不感兴趣。这些工作都是有薪水的，而沃森是一个有使命感的人，他希望他的收入与个人的成就相匹配。当青年时代回到家乡彩哨镇时，他就开始有了这种使命感。

这件事对沃森而言最糟糕的部分，既不是对当前形势感到恐惧，也不是认为未来缺乏机会，而是与一个自己从不怀疑的人断绝关系所带来的震惊。沃森在 NCR 公司里总是能看到无缘无故被解雇的优秀员工，"但他从未想过把解雇和自己的命运联系起来"。正是这种分离感，才使沃森留在 NCR 公司那么久成为可能。

为什么要对这样可预测的事情感到如此震惊呢？也许这就是人类的状态。以下是托尔斯泰的名著《伊凡·伊里奇之死》（*The Death of Ivan Ilyich*）中的一段话：

除了每个人脑子里对这次死亡可能引起的工作调动和变动

所产生的种种猜测之外,一个亲密的熟人死了这一事实并没有在他们心中唤起特别的感觉,好像死去的只是其他什么人。

"嗯,那不算什么——他死了,但我没死。"这是他们每个人的想法和感受。

也许这就是沃森当时的感觉(而不是思考——人们一般不会把这种事情上升到意识层面)。"他被解雇了,但我没有。"但是这一次,轮到沃森被解雇了。

尽管经历了这些痛苦,沃森还是非常慷慨地给他的继任者——销售经理理查德·格兰特——写了一封热情洋溢、鼓励支持的信。他告诉格兰特:"得知你将接替我的工作,我可以满意地离开了……"他写道:"我真诚地希望看到你作为销售经理,能做出比我更好的业绩。"

沃森的儿子写道:"奇怪的是,父亲从来没有抱怨过这次遭遇。直到帕特森先生去世的那天,父亲都很尊敬他。"这和休·查尔默斯很不一样(在帕特森解雇了查尔默斯之后,他和帕特森相互憎恨)。据沃森的儿子说,沃森并没有生帕特森的气,而总是指责NCR公司的另一位高管——爱德华·迪兹(Edward Deeds)。在1913年公司大会前夕,迪兹曾悄悄向帕特森告密,说沃森在公司里变得越来越受欢迎。他们在以后的生活中曾多次相遇,但沃森再也没有和迪兹说过话。

我们永远不会知道迪兹是否做了沃森所怀疑的事情,但即使迪兹真这么做了,把帕特森的行为归咎于迪兹、去埋怨迪兹也是没有意义的。沃森尊敬帕特森这个人,即使帕特森差点把他送进监狱。所以,沃森把帕特森最具伤害行为的责任转嫁给了其他人。"我所知道的关于商业的一切,"沃森不止一次地告诉他的儿子,"几乎都来自帕特森先生。"那是真的。

正是从帕特森那里，沃森学会了把销售置于公司的首要位置。和帕特森一样，沃森重视销售培训。帕特森有自己的"百分俱乐部"，专门嘉奖完成了销售指标的销售人员，对沃森来说，这个"百分俱乐部"很有意义。沃森和帕特森之间还有一些相似之处。沃森夫妇的第二个孩子简（Jane）出生后，他们一家从曼哈顿的公寓搬到了位于新泽西州郊区的富裕的夏特山（Short Hills）。帕特森在代顿的房子名为"远山"（Far Hills）。后来，沃森在离夏特山30英里远的地方购置了一千英亩土地，他把这片土地叫作"山丘和山谷"（Hills and Dales）。在代顿，NCR公司的乡间俱乐部也叫"山丘和山谷"。

沃森对NCR公司的模仿体现在方方面面，无论是在公司运营方面，还是在公司更表层的方面。最重要的是，不管沃森是否有意为之，他与IBM的关系，跟帕特森与NCR的关系一样：两人都主导着自己的公司；他们都在自己及他人身上大手大脚地花钱；两人都是天生的垄断者，都被反垄断问题困扰着；无论是明示还是暗示，他们都要求别人完全忠于自己强烈的个人观点，包括如何做生意、如何生活，以至于在他们手下工作的员工不得不屈从于他们灵魂中的扩张侵略性，这样的工作模式对在自由环境中长大的人来说毫无吸引力。

帕特森和沃森都是公众人物，他们都不切实际地认为，自己对行业甚至对社会都有影响力。他们都需要并吸引着谄媚者。沃森需要但并不能常常听到那种很少人忍得了的极度夸张的赞美，这一点令威廉·罗杰斯感到很是惊讶。当你知道帕特森也表达过同样的诉求时，这就不足为奇了。不论正在演讲的是谁，两个人都会在没有事先安排的情况下毫不愧疚地大步走上讲台，抢了发言人的风头。换句话说，沃森经常对别人做的事情，就和帕特森在1913年那场灾难性的 NCR 百分俱乐部大会上对他做的事一样。他们都缺乏幽默感，都没有讽刺人的习惯，都是家长式作风，都是事业取得非凡成就的成功人士。从某种意义上说，两人都是极权主义者。

沃森并不像帕特森那样疯狂。他不像帕特森那么迷信魔法数字或饮食。他的家庭生活虽然经常不稳定，但还算成功。他不需要像帕特森那样依赖查尔斯·帕尔默，或者，像亨利·福特那样需要哈里·贝内特这样的支持者作为陪伴。

沃森对高管们的政策不像帕特森那样，因此不会对公司的未来造成恶劣影响。和亨利·福特一样，帕特森解雇了他最优秀的员工。如果他不这样做，会发生什么事呢？1914 年 5 月，在失业不到半年之后，沃森成为计算制表记录公司（CTR）的首席执行官。1924 年，他将公司更名为国际商业机器公司（International Business Machines，IBM）。在他的领导下，IBM 公司取得了辉煌的业绩。

帕特森总是以任何商业机构都不应过度依赖个人为借口，解雇表现优异的员工。但严重违反这条原则的却是他自己，他是 NCR 公司最大的驱动力，在他去世后，这种驱动力也随之消失了。

帕特森总是骄傲于自己能够准确预测经济萧条，并通过在销售方面的努力来克服经济萧条带来的负面影响。幸运的是，他的预测在 1893 年被证明是正确的，NCR 公司在那沉闷的十年中幸存了下来。帕特森于 1922 年 5 月 7 日去世，NCR 公司再也没有能够准确预测经济周期的首席执行官了。1930 年是大萧条的第一年，NCR 公司的利润削减了一半；IBM 的利润却增长了 10%，以 740 万美元对 360 万美元，首次超过了 NCR 的业绩。两家公司的利润对比在大萧条期间是惊人的，从 1930 年到 1940 年（含 1940 年），IBM 实现利润 8 350 万美元，与此同时，NCR 仅实现利润 1 610 万美元。销售额的差异则更不均衡。直到 1940 年，IBM 的销售额才超过 NCR（两者分别为 4 630 万美元和 3 990 万美元）。正如 1884 年约翰·帕特森试图证明乔治·菲利普斯低估收银机的生意是错误的一样，沃森在 1914 年"发誓要建立一家比 NCR 更大、更成功的公司"。他成功了。

沃森是帕特森不该解雇的人。

依靠自己

从某种程度上说，汤姆·沃森（汤姆是托马斯的昵称）早年起就靠自己生活了。他的家人从苏格兰移民到爱尔兰，后来又移民到纽约州。1874 年 2 月 17 日，沃森出生于纽约。一位传记作家曾指出，沃森一家总是在搬家，这在很多方面得到了证实。他的大家庭中的一部分人在布鲁克林定居，并皈依天主教，这导致他们与身为苏格兰-爱尔兰长老会教父的父亲产生了分歧。按照辈分和取名规则，沃森的名字应该是托马斯·J. 沃森（Thomas J. Wasson），但由于家族的分歧，他的名字被改为其他的（在沃森出生后不久又改回了他应该叫的名字）。

沃森出生在纽约东坎贝尔（East Campbell）附近的一个农场。这个地方在哪儿？在离彩哨镇 5 英里的地方，沃森认为那是他的家。换句话说，沃森出生在一个偏僻的地方，离埃尔米拉（Elmira）19 英里，离宾夕法尼亚州边界不远。他是五个孩子中最小的，也是托马斯·沃森和简·富尔顿·沃森（Jane Fulton Watson）唯一的儿子。

根据记载，沃森和他父亲的关系被这样描述："父亲不太容易相处，严厉而专横。两人都是脾气暴躁、固执而又傲慢的人。"沃森的父亲告诉他去接受教育，离开彩哨镇，这两个建议都很好。沃森和他的直系亲属之间，似乎有一种合情合理的亲密关系。他的母亲也是苏格兰-爱尔兰混血。他的四个姐姐都是"意志坚强、能干的女人",分别是埃菲(Effie)、珍妮(Jennie)、艾玛(Emma)和卢埃拉(Louella),都是学校教师。

沃森自己也想过在学校教书,但有一天,作为代课老师的他改变了主意。他那没读过几年书的父亲想让他上法学院,他却想去学习经商。在父亲的敦促下,沃森在当地一家小型机构米勒商学院(Miller School of Commerce)学习如何经商,之后开始了自己的职业生涯。

在某个时间点,虽然不清楚具体是什么时候,大概是在他十几岁的时候,沃森评价过他的父亲:"我相信我绝对比父亲更聪明。"多年后他说:"我对此非常肯定。如果需要证明这个想法,我觉得我能够证明。"在他20岁出头的时候,沃森实际上已经是一家之主了。当他在19世纪90年代中期去布法罗时,他的家人也跟着去了。1899年,当他成为罗切斯特市的NCR代理人时,珍妮·沃森辅助他。姐姐埃菲嫁给了一个NCR公司的销售员。终其一生,沃森都希望家人团聚在一起。

1903年,沃森被提升为NCR公司的销售经理,在去代顿赴任之前,他匆匆赶回罗切斯特看望家人,尤其是卧病在床的父亲。他的父亲慷慨地对儿子的成就表示高兴和自豪。那天晚上,父亲安然离世了。在沃森的一生中,约翰·帕特森成为真正意义上引导和帮助他的"父亲"。只有完全断绝了这种关系,沃森才有可能完全独立于前辈。然而,沃森早年对父亲的掌控,可能在他心里埋下了一种恐惧,导致他担心自己的儿子也会对他做同样的事。

沃森在40岁时失业了,可是他肩负着照顾妻子、儿子和母亲的家庭责任。人们以为,他一旦找到一份好工作,就会立刻去上班。然而,他没有。许多知名的大公司,如北极电器(Frigidaire)、蒙哥马利·沃德公司（Montgomery Ward）、雷明顿武器（Remington Arms）、电船公司（Electric Boat）和道奇公司等，纷纷向他递出橄榄枝。管理能力作为一项独立的资产，为越来越多的公司所重视。沃森收到了诸多公司的邀请信，很多行业他并没有相关从业经验。也许正是因为邀请信太多了，他更加坚定决心拒绝了这些邀请。但就像他的大儿子后来观察到的，"他对每一步的选择都十分挑剔，这给我留下了深刻的印象"。沃森的父亲解释说："他确信自己能找到好工作，因为他有擅长销售任何产品的好名声。"若换成别人，面对这样的人生挫折可能会情绪低落、灰心丧气，托马斯·J. 沃森并没有这样，他是一个自信的人，他挺过了人生中最艰难的时期之一。

销售的才能对沃森来说并非与生俱来。帕特森有一句名言——"销售员不是天生的，而是后天培养出来的。"沃森就是一个很好的例子。他也有过失败的经历，从最初他在家乡彩哨镇周围的乡村推销，到后来他加入 NCR 公司在布法罗推销。后来沃森去了代顿，尽管他身材高大，外表讨人喜欢，令人印象深刻，但在大型公开演讲时，他还是会结巴。

沃森 20 岁时身高就超过了父亲。当他还差 3 个月就满 40 岁时，他和"代理父亲"——帕特森分手了。帕特森也是在 40 岁的时候买下了 NCR 公司。沃森和帕特森的决裂，并非完全无缘无故。沃森感觉到，他为做一番大事而生，他知道自己不会永远屈居任何人之下。也许正是因为对自己的才能有信心，沃森才会在冰冷残酷的事实表明其做法不合法时，仍然凭自己的实力去谈判。也许这就是为什么尽管他的生活节奏狂乱——一直到晚年他还在不断旅行——他却仍保留着某种庄严气质。

沃森是一个善于学习的人，也善于等待时机，他知道什么时候该发挥领导作用。1914年5月1日,他第一天到他的下一家公司上班,这家公司也是他最后一个雇主——计算制表记录公司(CTR)。但直到1924年12月,沃森才成为CTR公司的首席执行官,当时他50岁,即使事实上他毫无疑问早已是这家日益繁荣的公司的商业领袖。有时候,等待是明智的,沃森就是这样明智的人。

沃森脾气暴躁,随着年龄的不断增长和事业的日益成功,越来越没有人会要求他克制自己。他经常勃然大怒,但旋即又懊悔不已。因此,沃森在他遍布世界各地的分公司张贴了许多"THINK"(思考)的标志。他虽然常常情绪失控,但他从来不慌乱。即便是两次与破产擦肩而过(分别发生在1932年和1937年),这种困难也没有动摇他对自己商业使命的信心。

沃森知道自己想要什么。他想当老板,即使一开始他并没有这个头衔;他想要钱,他希望自己的薪酬与CTR公司的业绩挂钩。沃森得到了他想要的,他的薪酬包括2.5万美元的工资、1 220股的股票期权以及未来利润增长后可商谈的工资提升机会。在1914年,2.5万美元的工资是相当高的。考虑到对沃森的反垄断指控仍在上诉中,并且CTR在当时还不是一家强大的公司,这份工资就更令人印象深刻了。

沃森被CTR的创始人查尔斯·R.弗林特(Charles R. Flint)看中招聘到CTR公司。弗林特是一个军火商人、国际名流,是CTR公司的掌权者,他在1880年参与了同一行业内的公司的兼并,并一直对此事乐此不疲(他做任何事情都是这样),直到1931年退休。在"托拉斯"遭到全世界唾弃时,弗林特发表了一篇为托拉斯辩护的演讲,芝加哥的报纸称他为"托拉斯之父"。

在他的回忆录中,弗林特声称"自己作为组织者或行业专家,参与了24个企业合并案……"他为横向兼并做辩护,强调兼并实现了规模经济,并以无数种方式提高了效率——从生产,到市场营销,到库存管理,再到咨询费用。只有当公司的合并发生在同一行业时,这些事情才会发生。弗林特并不是后来被称为"非相关多样化"策略的倡导者。

然而,弗林特确实主张,"合并产品相似但不完全相同的制造商"可以实现成本的降低。他在这方面的第一次尝试就是1911年的CTR公司。1923年,他写道,"尽管CTR不是我作为组织者参与的最大兼并,但它是并且一直都是最成功的"。

1911年,CTR公司的总裁是乔治·W.费尔柴尔德(George W. Fairchild),他是一个白手起家的人,已经在时间记录行业做了将近20年。CTR公司聘用沃森后,费尔柴尔德当上了董事会主席,并保留了名义首席执行官职位。他是一个投资者,早年也是一个活跃的经理人。然而,1906年费尔柴尔德当选为共和党众议院议员,并在1907年至1919年任职于众议院,这件事肯定分散了他的注意力。

CTR公司在成立早期市场表现并不佳,弗林特觉得必须招聘新的人才。CTR公司已经变成了由几十家公司合并而来的奇怪的、难以控制的混合体,组成它的那些公司业务其实并不相关,只是在弗林特看来很相关而已。

在世纪之交的时候,弗林特策划了计算秤(computing scale)产业和时间记录(time recording)产业的横向兼并。他开始相信,对时间和重量的度量是有联系的。因此,在1911年,他决定将时间记录和计算秤的制造商合并成一个单一的公司。这两个行业的公司合并,到底会带来什么样的经济效益?他扬言自己也从未搞清楚。

1911年,制表机公司(The Tabulating Machine Company)卷

入了这场兼并战。这个"混乱的组织"推出了一种由赫尔曼·霍尔瑞斯博士（Dr. Herman Hollerith）发明的机器装置，用于记录人口普查数据。霍尔瑞斯早在1880年就开始研究如何制表。当时，人们意识到人口的增长速度使得人口普查数据失去了应有的价值。1880年开始的第十次人口普查，花了10年时间才完成。如果需求是发明之母，那么这就到时候了。霍尔瑞斯在1889年开发了他的电子制表系统，使第十次人口普查成为最后一次手工录入的人口普查。1896年，制表机公司成立，霍尔瑞斯是经理及主要股东。

1914年5月，沃森在CTR公司遇到了许多困难，从令人畏惧的困难到似乎无法跨越的障碍，各种问题使公司一团糟。尽管弗林特善于高谈阔论，讲得很好，但公司却完全没有组织性，他们花了20年才解决这个问题。CTR是母公司，但它还有另一家控股公司作为伙伴。许多子公司在没有战略协作的情况下购买了其他公司的股份。

> 由沃森担任总经理的一些公司的资产只不过是法律上虚构的，但沃森处理业务的10家公司都有自己的公司结构，有董事会、独立的财务系统和销售代理，通常还有公司内部纷争和专利诉讼。工厂，有些不过是简易厂房，散布在全国各地……甚至主要的销售代理也很分散……

有许多交易本可以实现更多的收益。起初，CTR发行的债券是其资产的25倍，它的"资产"在很大程度上是按会计准则计算出的。然而幸运的是，会计系统本身就具有误导性，因此"沃森不必同时面对所有的坏消息"。尽管弗林特对兼并的真正经济效益进行了空想式的大力宣传，但CTR却是一个为了发起者的利益而形成的工业海市蜃楼的典型例子。如果CTR公司倒闭了，倒闭的原因一目了然。

沃森面对的最大问题还没被提及，那就是他的个人问题。弗林特聘用他的时候，沃森还深陷在司法诉讼中。当时有一个董事问弗林特："你想干什么？毁掉我们的公司吗？如果他在监狱里服刑，谁来经营这家公司呢？"

沃森与董事会的第一次会面就是今天所谓的"压力面试"。有人问他为什么离开 NCR，他的回答是"因为帕特森先生要我辞职"。他在公司会议上的第一次讲话，从一开始就不令人愉快，"受到冷遇，没有掌声……"然而，沃森很快就赢得了质疑者的支持。在这个关键时刻，他与生俱来的自信使他受益匪浅。当自己认可自己之后，尽管偶尔会有口吃，他还是能够获得别人的认可。

1915 年 3 月 13 日，美国联邦巡回上诉法院驳回了对沃森及其在 NCR 公司的同事的反垄断指控。本来应该重新审判的，但此后并没有重审，因为 NCR 公司在第一时间签署了一项协议裁决书，同意以后不再参与任何妨碍政府治理的活动。沃森拒绝签署，他始终坚称自己没有做错任何事，签署这项裁决书恰恰意味着他错了。既然他已不再掌管 NCR 公司，他是否同意签字就没有意义了。于是政府也就没有再追究了。

接下来的一个工作日，即 3 月 15 日星期一，CTR 公司董事会提升了沃森的职位。沃森已经洗清嫌疑了，他要留在公司。但沃森从未完全摆脱这件事的阴影，他从来没有告诉过小汤姆这件事。二战后不久，他的儿子小汤姆偶然从一位 IBM 高管那里得知了这一情况，这让他无比震惊、彻夜难眠。

从 CTR 到 IBM：塑造公司

在商业中，基本的洞察力是必需的，是无可替代的。值得注意的是，许多伟大的公司都有一句商业箴言，它既简明生动，又鼓舞人心，逐渐成为公司的核心价值。在本书前面的描述中，我们清楚地看到了这种现象。在柯达，这句话是"你只需要按下快门，剩下的交给我们"。在福特公司，这句话是"普通人的车"。从19世纪80年代开始，其他公司也开始阐述类似的核心价值。例如，在可口可乐，这句话是"享受清新一刻"。在通用汽车，这句话是"以各种车型满足各阶层的各种用途需求"。在美国电话电报公司，这句话是"一种政策，一种体制，普遍服务"。

这些宣传语不仅深深烙印在消费者的脑海中，还帮助销售人员形成一种思维方式，有助于他们的销售。这些宣传语似乎赋予了销售人员一种信念，即他们不是把产品推销给不情愿的顾客，而是在为人类服务。服务社会的豪言壮语遍布美国企业界，特别是在20世纪20年代。

沃森找了几十个人，也没能提出一个像上文中那些公司一样响亮的宣传语。但他确实采用了一个单词，这个词后来成为公司的标志，也就是公司前进道路上的旗帜，这个词是"THINK"（思考）。对这个词的专注，成为团结公司上下的强大力量。

和IBM的其他许多方面一样，"THINK"一词也是源于NCR公司。当时沃森正试图引起人们对某条销售方面的信息的全面关注，他站在台上，在无所不在的其中一个NCR演示架上写了"THINK"这个词。帕特森碰巧经过，他非常喜欢这种效果，因此他在办公室周围贴了写有"THINK"的标签。"THINK"这个词和沃森一起，从NCR来到CTR公司，在这里它被奉若神明。在IBM大学的大楼里，在其上演短剧用的"学习的阶梯"上，最上面一阶写着"思考"（THINK），其他四层从上到下依次是：观察（OBSERVE）、讨论（DISCUSS）、倾听（LISTEN）和阅读（READ）。

"THINK"是一个有点迷惑的战斗口号。在IBM的商业实践中,这个词是什么意思?商业在于行动,而不是深思熟虑。"思考"也并不意味着"独立思考"。当沃森说"思考"时,他的意思并不是"自己思考",而是"像我一样思考"。沃森不是穿着"灰色法兰绒西装"的"组织人",他把自己定位为知道答案的领导者。IBM员工应该思考的是总裁托马斯·J. 沃森的观点和态度。正如一名记者在《星期六晚报》(*Saturday Evening Post*)上所写的那样:"托马斯·J. 沃森很可能是一个时代的代表——在公司里一人独断专权的时代。在沃森领导的公司里,他的主管们说沃森总裁就是IBM……按照IBM员工的说法,公司的总裁不是总裁,而是领导者。"沃森对三名助手十分信任,20世纪40年代初沃森通过他们了解公司的最新情况,这是因为:根据一名记者的报道,"这三名助手的整个职业生涯都是在沃森的指导下度过的,他们的想法和他一样"。

纯粹出于偶然,成就沃森成为商业巨擘的产品竟然是一台会思考的机器。"思考"这个词并不是指向一种有思想的机器。相反,它指向的是一个收集客观数据并利用这些数据进行计算的系统。

在CTR的三个组成部分中,"T"即制表机公司,它几乎是在最后一刻才被拉进这个组合的。"C"代表"计算",它并不是计算机的前身,相反,它代表制造和销售用于各种场景的秤。"R"代表"记录",指的是钟表生意。

正是这个代表制表的"T"(tabulating)才是真正的潜力所在。这是一台可以通过不断升级来增加价值的机器。这台机器可以帮助企业降低它们都面临的非生产性成本,即会计成本和记录数据的成本。霍尔瑞斯已经通过人口普查工作证明了制表机的价值。经过不断的改进和升级,这台神奇的机器还能做什么呢?

沃森整个职业生涯的最高洞察力,就是发掘制表机的市场潜力。就像卡耐基、伊士曼和福特以及这本书中提到的其他企业家一样，沃森有一种不容易被过去或现在蒙蔽的天赋。面对未来，他没有贪恋过去，相反，他想象着可能发生的事情，并竭尽全力把他的公司推上风口浪尖。1920年，T代表的制表机仍是CTR三大业务中规模最小的，当时公司最赚钱的是R代表的时间记录设备，C代表的称重业务排在第二。

但那是过去和现在。对于未来，沃森发现，那些可以减少办公室人力的机器将会有无限的市场潜力。任何公司所做的最重要的决定就是：用什么样的产品服务什么样的市场。沃森的突破性洞察是，他要推广的产品是制表机，要服务的市场不仅有公司还有政府。如果没有这种战略眼光，沃森可能也会取得成功，但他不会成为商界的不朽人物。

1933年，国际商业机器公司（1924年沃森将CTR更名为IBM）向现代企业出售了"700多种辅助设备"，包括肉类切片机和咖啡研磨机。制表设备在1920年的公司销售中垫底，1933年已跃居首位，并在此之后一直位居首位。

到1940年，IBM销售额的四分之三以及"绝大部分利润"都来自制表机业务，制表机业务归属于电子计算器部门。咖啡研磨机和肉类切片机业务都被卖掉了。原来的国际磅秤部门剩下的部分被并入了时间记录部门，该部门包括时钟、火灾警报器和部分型号有限的商用磅秤。在1940年，制表机就是当时的未来，前景看起来很光明。

电子计算器是以其名字命名的部门的主要产品。IBM在这一产品线中占有85%的市场份额，其他都在雷明顿·兰德（Remington Rand）公司手中，没有第三个市场参与者，也没有其他可能进入该市场的公司。根据《财富》杂志的说法，"在电子计算器领域要实现盈利，必要条件是达到一定的产量规模；计算器最重要的若干功能都已经被申请了专利；而生产的工艺需要好几年的时间来完善；现有两家计算器企业已形成了很好的声誉，所以新进入者很难在这个领域中有一席之地。"

阻碍其他竞争对手进入该市场的另一个壁垒，是电子计算器部门除了穿孔卡以外的所有产品都是可以租赁而非必须采购的。租赁的做法是在世纪之交以前偶然形成的。政府想要采用霍尔瑞斯发明的制表机来开展人口普查，除此之外并不用作他用。租赁比购买制表机便宜多了，所以政府就是这么做的。

这件偶然发生的事情，最终变成了一种重要的营销工具。较低的制表机租赁价格，对政府适用，对私人公司也适用。低价入市，是渗透定价的一种形式，它可以有效地扩大市场规模，从而产生规模经济和学习曲线，就像福特 T 型车一样。

所有的市场营销人员都知道，了解客户是他们工作的关键部分，无论是销售带有服务合同的产品，还是只对客户出租产品，都是如此。然而，如果客户正在使用的产品的所有权仍然在公司手里，那么市场营销人员了解客户需求的愿望可能会更加强烈，因为作为一名市场营销人员，你要再努力一点，帮助客户把机器保养好。

从租赁业务直接获得的回报是：IBM 坚持在机器上使用自己独家生产和销售的穿孔卡，这些卡片的利润高得惊人。在 20 世纪 30 年代末，该公司每年销售 40 亿个穿孔卡。1938 年，穿孔卡的销售总额相当于电子计算器租金收入的五分之一。据说在 20 世纪 30 年代，穿孔卡业务利润占 IBM 利润的三分之一。

联邦政府不仅是 IBM 公司最大的客户之一，也是美国主要的反垄断执法机构。将 IBM 穿孔卡的销售与 IBM 机器的销售（与租赁不同）捆绑在一起，将违反《克莱顿反托拉斯法》（Clayton Antitrust Act）。另外，如果 IBM 将机器的所有权保留在自己手中，它就可以合理地说，IBM 有权查看这些机器，看看它们是否得到了良好的维护，粗制滥造的穿孔卡可能会损害 IBM 公司的机器。IBM 确实提出了这一主张，并对使用其他品牌穿孔卡的客户收取更高的租金。1936 年，政府对 IBM 公司提起诉讼，最高法院裁定：IBM 公司拥有保护其机器的权利，并不意味着它有权要求承租人使用其独家生产的穿孔卡。不过，法院同意授权 IBM 来制定其机器所使用的穿孔卡的标准。

所有这些操作的最终结果，似乎并没有对 IBM 公司造成很大的伤害。联邦政府是 IBM 的主要客户，使用其产品不仅是为了人口普查，联邦政府在 1935 年之后也使用 IBM 的产品管理社会保障系统。尽管联邦政府自己制作了一些穿孔卡，但 IBM 在这一市场的统治地位从未受到严重威胁。这些卡片的制作非常困难，如果穿孔卡未达到那些精确的标准，可能会导致错误的计算结果，机器也有可能会卡住。这些障碍有助于阻止竞争对手进入这个蓬勃发展的市场。

租赁加强了公司与客户的关系，进一步帮助 IBM 公司保持收入的平稳。IBM 公司并不是有的人所说的那样，"在大萧条中免疫"。IBM 的销售收入从 1921 年的 100 万美元，增长到 1930 年的 740 万美元。之后，IBM 的销售收入逐渐减少，在 1933 年跌至 570 万美元的低点，然后在 1940 年努力回到 940 万美元的健康水平。和其他企业在这可怕的十年里的状况相比，这是 IBM 公司值得骄傲的业绩。

到战争开始时，大量的研发投入使得新产品创意开始涌现出来，给未来带来了盈利的希望。许多面向政府、实际上也面向任何机构（公共部门或私人部门、营利组织或非营利组织，这些机构的共同点是，分类和制表对它们来说很重要）的新应用被开发出来，不管是大型组织还是小公司，不管是美国的机构还是世界上其他国家的机构，都对计数、归档、计算有大量的需求。

IBM的机器大幅削减了上述业务的成本，如果某个行业的竞争者使用了IBM的机器，该行业其他公司可能根本无法承受不使用制表机的成本。被制表机淘汰掉的工作，大多是无聊、重复、令人麻木又很重要的工作，会计或精算一旦发生错误，其代价实际上可能非常高，公司在这些方面的准确性几乎得不到保障，公司要为此承受很多痛苦。《财富》杂志在1940年指出，IBM公司的产品，其"功能具有历史意义，就像那些最令人难忘的发明一样，可以让人们减少在苦差事上的人力投入，从而节省劳动力"。就像IBM多年后的一句宣传语说的那样，"机器负责工作，人类负责思考"。

当小艾尔弗雷德·P. 斯隆在世纪之交进入商业领域时，约翰·韦斯利·海厄特（John Wesley Hyatt）——斯隆的父亲为他买下的滚珠轴承公司的创始人——对斯隆说，"只要有转轮的地方，就有减摩轴承的市场"。在汽车时代刚刚到来之时，这意味着市场机会无处不在。同样，在沃森所在的行业，这种无限的可能性在1940年就已经蔓延开来。企业需要做的是开发市场，占领市场，然后保卫市场。

IBM增加了在产品设计上的投入，以打开新市场；IBM有先进的生产设施，特别是位于纽约州恩迪科特的漂亮厂区，该厂区形成了IBM占地700英亩的工业园，沃森称之为"机会之谷"，这里离彩哨镇很近；IBM有追求全球机遇的能力；IBM在恰当的时间进入了恰当的行业——在1941年美国政府开始扩大其行政管理的职责范围（IBM第二大的销售分公司就在华盛顿），政府还通过立法要求企业保留商业记录。所有这些促进 IBM 公司发展和获得竞争优势的重要因素，与 IBM 公司的销售队伍相比，都显得苍白。

沃森有时被描述成科技的"门外汉"。的确，他从未发明过任何东西，而且直到 1941 年，IBM 制造的电子计算器的电路板上都没有能装上更多的东西。① 相比之下，同样作为公司领袖，乔治·伊士曼在 1878 年拍出了照片，亨利·福特在 1896 年制造出了四轮车。

但必须承认的是，沃森对他所出售的机器的工作机制有着清晰的理解。比如说，在 1952 年，他对计算机可能没有太多的了解——那时很少有人了解计算机。不过，在 1912 年，他对收银机和其他现代机械设备的工作原理了如指掌。他必须如此，哪怕只是为了知道如何最好地破坏竞争对手的机器。

令人吃惊的是，即使到了晚年，当他实现了从贫困卑微的社会底层到富裕、有名望的成功人士的跃迁后，他仍然保持对未来的关注。和卡耐基一样，沃森也是在经济不景气、价格低廉的时候投资和建造工厂的。1932 年 7 月，美国大萧条最严重的时候，沃森在恩迪科特为建造一个新的研究和工程实验室举行了奠基仪式，他说："经验告诉我们，公司的未来在很大程度上取决于工程部门（包括研究）的努力、工程师的智慧和能力。"公司的主要工程师直接向沃森汇报，"沃森认为他们是他的发明家。如果发明者的看法和市场研究的结果之间存在分歧，他可能会站在发明者一边。"这进一步表明，悼念者在沃森的葬礼上谈到的他对过去的忠诚可能是不准确的。

正如本书导言中提到的，资本家是"对未来下注的人"。如果以"面向未来"为衡量标准的话，沃森直到生命的尽头，一直都是

---

① 意思是电子计算器的功能还只限于制表、统计数据。——译者注

一位资本家,这一点与亨利·福特大不相同。与福特形成鲜明对比的是,沃森知道,变化是事物的本质。1943年,快70岁的沃森在谈到第二次世界大战时说:"这场战争正在改变一切。"他知道,掌控变化的关键是依靠教育以及与高校机构(比如哈佛大学和哥伦比亚大学)和政府的合作。他本人虽没有受过多少正规教育,却成为了哥伦比亚大学董事会中最重要的人物,并在二战后德怀特·D. 艾森豪威尔成为哥伦比亚大学校长的过程中发挥了关键作用。

只要是和电子学相关的,即使在战争期间以及战后,沃森在70多岁时还愿意做出重大的改变,这里的证据比较混杂。小汤姆·沃森在他的自传中说,电子学是他和父亲之间"唯一没有争执的重大问题"。但是,儿子的叙述并没有让沃森的改变听起来像是很容易就能完成的。

帕特森和NCR公司的影响,再一次体现在沃森对新产品和未来的态度上。在世纪之交的时候,帕特森在NCR公司建立了未来需求委员会(Future Demands Committee)。沃森成为其中一员,在那里他遇到了查尔斯·F. 凯特林(Charles F. Kettering)——汽车电子自动启动装置的发明者。作为一名电气工程师,凯特林于1909年创建了代顿工程实验室(Dayton Engineering Laboratories,Delco)。Delco被通用汽车收购后,凯特林担任通用汽车的研发负责人长达25年之久。沃森从这些人身上学到了"对工程师专业知识的尊重"。

正是沃森对销售的热爱,使得掌握一些产品知识成为必要。销售人员因为想销售更多的产品,所以他们不停地把新产品从实验室推向市场。由于沃森对销售人员的激励和管理很成功,所以事实上沃森给他的发明者和工程师施加了比他以为的更大的压力。

如何进行销售,这是沃森最擅长的。他知道如何将公司的产品销售给客户，如何让客户相信其销售人员，如何让公司的销售人员及其他员工相信公司，如何让美国及世界各地的民众认可 IBM。

有一个例子是艺术品。"我们认为，"沃森在 1939 年写道，"如果商界对艺术的兴趣和艺术家对做生意的兴趣都增加的话……就会产生互惠互利的结果。"有钱人购买艺术品并不是什么新鲜事。J. P. 摩根让人联想到美第奇（Medicis）家族——他收集了大量的绘画、素描和书籍。亨利·克莱·弗里克也购买了一些极具美感的艺术品，如今存放在纽约市第五大道的弗里克博物馆（Frick Museum）。但是，沃森和这些以及其他收藏家的观点是不同的。

沃森将艺术视为 IBM 获得全球认可的另一条途径。他与艺术的联系不限于绘画。由维托里奥·贾尼尼（Vittorio Gianinni）创作的 IBM 交响乐于 1938 年 1 月 18 日首次公演，当时正值 IBM 位于纽约的 20 层世界总部大楼的落成典礼。在 1939 年 5 月 4 日的 IBM 日，费城交响乐团在纽约世界博览会上也演奏了这首曲子，纪念沃森在 IBM 公司就职满 25 周年。《财富》杂志评论这首曲子"令人满意地简短，不难听懂"。IBM 的曲库中，最常被演唱的歌曲《永远向前》（*Ever Onward*）的旋律被编曲加入了交响乐的第二乐章。艺术不过是沃森表达自己关于 IBM 的想法的另一种方式。"IBM 是一个世界性的机构，"他不断强调，"而且将永远存在下去。"他不光这样说，还想用音乐来表达这个观点——尽管他五音不全。

多年来，麦格劳-希尔（Mcgraw-Hill）的商业出版物上一直刊登一则广告，旨在吸引各种机构在其商业杂志上刊登广告。在这则广告中，一位目光敏锐、怀有高度质疑态度的采购人员盯着读者问以下问题：

> 我不知道你是谁。
>
> 我不了解贵公司。

> 我不了解贵公司的产品。
> 我不知道贵公司代表什么。
> 我不认识贵公司的客户是谁。
> 我不了解贵公司的经营记录。
> 我不知道贵公司的声誉如何。
> 那么,你到底想卖给我什么?

这则广告的寓意是:在打出销售电话之前,销售就已经开始了,这就是为什么要在商业出版物上刊登广告。沃森成功地为他的销售人员回答了采购人员提出的上述所有问题,而不必支付广告费用。

事实上,IBM 是一家非常热闹的公司。从 1931 年到 1940 年,托马斯·J. 沃森平均每年会进入《纽约时报》的索引 20 次。1940 年,公司的营业收入略高于 4 600 万美元,净利润 940 万美元,资产 8 300 万美元。它是美国商界的大公司,也是行业内最大的公司。然而,在商业巨子面前,IBM 却成了侏儒。1940 年,通用汽车公司的销售额为 18 亿美元,利润为 1.96 亿美元,资产为 15 亿美元。美国电话电报公司的资产大约是 IBM 的 66 倍,利润大约是 IBM 的 24 倍。

在 1939 年和 1940 年的纽约世界博览会上,IBM 把自己的展览空间和范围定位在与通用汽车和通用电气相同的水平上,通用电气在 1940 年的销售额略低于 4.12 亿美元,利润超过 5 500 万美元。彼得·德鲁克(Peter Drucker)当时是英国某家报社的驻纽约记者,他想要报道沃森和 IBM 的故事,因为 IBM 的展位太大了。德鲁克说:"我认为这么小的一只青蛙表现得像个大人物可能会很有吸引力。'算了吧,'我的主编回信说,'我们对一个不成功的小公司的故事不感兴趣,因为在任何人看来,这个故事都不会有多大意义'。"

沃森一点也不担心，他认为自己已经掌握了通往未来的方法。这个方法的秘诀就在于——他挑选、培训和激励销售人员的方法。19世纪90年代初，当沃森开始在彩哨镇踏入销售之门时，这份工作还和自古以来一样，既没有系统性也没有科学性。自古以来，销售员自己摸索做生意的诀窍，事实上，关于销售的技巧还有很多。沃森在推销产品的同时，也在宣传自己。

沃森看到，帕特森把这种有时很庸俗低级的操作方法，转变成了一种系统的、可量化的工作任务。帕特森希望他的销售人员能够感受到自尊，只有在他们拥有自尊的时候，他们才能感受到自尊，而销售人员只有在他的帮助下才能得到自尊。沃森就是帕特森，只是没有后者那么疯狂罢了。

位于机会之谷的IBM大学，从1927年成立到第二次世界大战，共有1万人从这里毕业。毕业生中有机械师和技术员，但销售人员是其中的主体。

IBM对销售人员的打造在前期选人阶段就已经开始了。据报道，未来的销售人员是在大学校园里招募的，选拔标准主要包括"姣好的外表和得体的举止"（这些东西比其他方面更难改变，也许可以得出这样的结论：IBM的课程无法使一个丑陋的人变得英俊）。和乔治·伊士曼一样，沃森从未上过大学（除了职业学校），但和伊士曼一样，他也把学院和大学看作人才的摇篮，认为高校能给公司带来巨大的益处。

1941年，一位记者在描述IBM的培训方案时，指出其中包括参观工厂：

> 在那里，工程师为大家讲解电子计算器的原理：这是一个由大约75英里长的电线和5.5万个独立零件组成的复杂迷宫，

上面安装了一种打印计算结果的打字机……教员教年轻人如何以各种不同的组合将电线插在电话交换机上。

这些"年轻人"实际上正在接受在电话交换机上插线的能力的测试——尽管很少需要他们这样做，这样的工作在正常情况下都会交给维修人员。

至于实际的销售过程，有三个基本步骤：接洽、演示和成交。当销售人员第一次打电话与潜在客户接洽时，他一定要比客户本人更了解客户的账目。这些信息可通过如下方式获取：与潜在客户的友善的基层员工交谈；查阅可获得的客户记录；从潜在客户的商业对手那里获得，而这些对手已经在使用IBM的设备。这就是一个市场份额带来竞争优势的例子。使用IBM产品的公司远远多于使用其他品牌产品的公司，因此IBM可以获得更多的信息收集机会。

在调查了目标公司的决策过程、了解了该公司如何决策以及由谁来决定是否购买IBM销售的产品类别的设备后，销售人员将他的名片给正确的人，同时附上一封来自同一行业的客户的满意信。通常销售人员可以得到面谈机会，因为IBM向来以"服务"而非"销售"著称。进入潜在客户公司后，销售人员必须了解潜在客户的会计系统的每一个细节，并且能够有说服力地向老板展示该系统与最佳状态相比存在的偏差。

下一步，是销售人员与潜在客户的首席会计师或总簿记员面谈。这时候需要高超的谈判技巧，"IBM的培训花很多时间排练'微妙的场景'"。所谓"微妙"是因为首席会计师经常担心，如果机器取代了人力，他的员工人数将会变少。这种担心是有道理的，这就是安装机器的意义所在。

19世纪90年代，沃森在NCR公司也遇到过类似困境。与收银机关系最密切的人，如酒吧招待或售货员等实际经手现金的人，都讨厌这些机器。他们可能无法阻止老板购买这些机器设备，于是一旦这些机器设备就位，他们就会想方设法地进行破坏。

比手下员工人数减少更可怕的是，首席会计师担心IBM的机器会让他自己也处于被炒鱿鱼的危险之中，这种担忧也是合理的。然而，经过良好培训的销售人员却告诉首席会计师：率先掌握使用新机器的方法可以提升首席会计师在公司的重要性。使用了IBM的设备的那些公司的首席会计师会经常发来溢美之词，他们在公司的地位不断上升，有些人甚至升到了首席执行官的位置，这些都是销售人员的秘密武器。市场份额再一次帮了大忙。使用IBM产品的公司越多，这样的例子就越多。

这还不是全部。销售人员得到授权，可以请首席会计师来恩迪科特学习一门客户管理的课程。在恩迪科特，首席会计师被奉为"贵宾"，他们"与来自其他公司的高管会面交谈，在乡间俱乐部打保龄球和高尔夫球，于是积累起自己的社会联系和经历，这些会使潜在客户动心，在课程结束后考虑销售人员的建议"。

一旦首席会计师有了意向，销售人员就开始调研。一位记者说，正是销售过程中的这种专业调研能力，"让IBM的销售人员摆脱了上门推销的传统做法，他们是高效率的工程师"。有的调研甚至要用半年时间才完成，调研的目的是展示与其他可能的方式相比，IBM的设备是怎样做到速度更快、成本更低、所提供的信息更准确的。

一个简单的事实是，IBM确实能做到这一切。销售中常见的吹捧、近乎谎言的夸大其词，在IBM这里都是没有必要的。我们无法判断IBM的产品是否优于雷明顿·兰德公司的产品，市场份额也许可以表明IBM更优一些。但毫无疑问，IBM的产品带来的是大大优于之前手工收集信息和信息检索的方法。

IBM 的销售人员明白，管理信息远远超出了财务的范畴。管理信息的重要性，遍及业务的每一个环节。以销售管理或库存管理为例："销售部门的负责人可以随时知道公司的存货状况，也可以随时查看每位销售人员的进展情况。如果用手工的方法，可能在库存积压或销售人员松懈了几个月后，销售负责人才知道自己的生意在下滑。"

20 世纪 50 年代和 60 年代，著名广告代理人罗斯·里夫斯（Rosser Reeves）曾这样描述他所面临的最棘手的问题：一个潜在客户走进你的办公室，把两个一模一样的 50 美分硬币放在你的桌子上。这位客户说："左边那个是我的，你怎么证明它更好？"而 IBM 公司的销售员从来不用面对这样的问题，因为 IBM 销售的从来都不是"我也是"类型的产品。与 IBM 正在取代的手工方法相比，它具有真正不可抵挡的优势。

调研完成后，IBM 的销售人员重新拜访管理层。"这场战斗已经赢了过半"，因为销售人员已经彻底了解了潜在客户的信息系统。销售人员邀请客户的管理人员到当地的 IBM 分公司，为他们详细讲解产品。

如果你能描绘出这样的场景，你就能想象到，此时销售人员是如何抓住潜在客户的心的。销售人员就像客户本人一样了解他们的业务。他对客户所在行业的最新系统了解得比客户还要多，对其他行业的了解也是一样。我们现在说的不是旅行推销员或威利·洛曼（Willy Loman）[①] 这样的人物，我们说的是一个专家把一个专业系统卖给一个人，而这个人可以选择购买这个系统，也可以选择被竞争对手远远地抛在后面。

[①] 著名悲剧《推销员之死》中的男主角。——译者注

销售人员在 IBM 受过的所有销售训练，都在工作中派上了用场。客户在其整个职业生涯中可能会购买，也可能会租一到两台 IBM 的机器。相比之下，销售人员每天都在出租机器。他们所接受的销售培训，一直到二战都是最好的。在 IBM，所有的销售人员把他们的经验汇集在一起，这样他们就能为各种情况做好准备。

成交，是销售中的关键时刻，显然 IBM 大多数销售人员都不会害怕这个时刻。客户经常提出的问题是："为什么我们必须签一年的租约？"这是准客户唯一一次提出这个问题，但销售人员每天都会听到这个问题。他已经准备好了答复："我们会派客服人员去定期检查机器（IBM 的产品）；我们卖的是服务，不是机器。"

IBM 的销售人员不仅仅是上门推销，他们是一个强大的销售系统的一部分。这一系统将 IBM 公司的销售额从 1936 年的 2 620 万美元提高到 1940 年的 4 630 万美元，从 1941 年的 6 290 万美元提高到二战结束时的 1.382 亿美元，从 1946 年的 1.156 亿美元提高到 1950 年的 2.149 亿美元，从 1951 年的 2.668 亿美元提高到 1955 年的 5.635 亿美元。

1956 年 5 月 8 日，老托马斯·J. 沃森辞去 IBM 公司董事会主席和首席执行官的职务。他把公司的控制权交给了他的儿子、与他同名的小汤姆。沃森已经 82 岁了，几个星期后，他的生命走到了尽头。

1914 年 5 月 1 日，沃森刚到 CTR 公司工作时，这家公司还只是一家只有不到 400 名员工的小而无组织的公司。没人相信它会成长为一家成功的大企业，很多人都怀疑它是否能生存下去。

如果你在 1914 年购买了 100 股 CTR 公司的股份，会怎样？那时价格应该是 2 750 美元。如果你在 1925 年行使了这些股份的权利，你在那一年就会拥有总现金成本为 6 364 美元的 153 股。在沃森去世时，你将持有3 990股IBM股票，市值216.4万美元，你将获得20.9万美元的分红。你的投资（从1925年开始计算）会以每年21%的复合增长率，持续增长超过30年。

IBM在1956年的销售额为7.343亿美元，利润为6 880万美元，根据《财富》对美国最大公司的排行榜，IBM名列第48位，市盈率超过41倍。沃森去世时，《纽约时报》将讣告设在头版的第一行，并描述沃森为"伟大的IBM公司的创办者"，"伟大"这一形容词用得很恰当。

沃森不是一名技术专家，其领导的IBM的产品也并不总是领先的，但沃森是一位伟大的企业家。他年轻时第一份工作的收入是每周6美元，没有人向他传授任何东西。他有一种天赋、一种动力、一种在常人会感到沮丧的情景下仍然保持乐观的态度，这些使他总能赢得胜利。

令人困惑的是，沃森确实需要所有IBM员工对他不停地奉承吗？这对他的成功来说是必要的吗？或者说，他的成功得益于要求所有员工对IBM公司始终如一的忠诚吗？IBM有很多歌曲，公司还出版了关于这些曲子的书籍。以下是作为IBM公司之歌的《永远向前》的第一段：

> 所有人都满心激动，
> 因为我们要举杯庆祝，
> 公司遍布各地。
> 我们在这里为每一位先驱者喝彩，
> 也自豪地夸耀，
> 这个人中豪杰，是我们的朋友和指路人。
> T. J. 沃森这个名字意味着无人能阻挡的勇气；
> 我们很荣幸在这里为IBM干杯。

20世纪初,美国的公司为自己制作公司之歌这种现象很常见。这种文化现象要结合当时的环境来看。例如,一个世纪以前,可口可乐公司会在销售会议结束时,唱《前进的基督士兵》(Onward Christian Soldiers)这首歌,潜台词是:当你销售这瓶神奇的饮料时,你是在做上帝的工作。

即使在更近一些的时候,美国的公司及世界上其他地方的公司也都有许多仪式感,比如通用汽车的土星分公司(Saturn Division)。沃尔玛是20世纪下半叶最成功的零售企业,这里也充满了歌声和欢呼声。众所周知,山姆·沃尔顿要求员工们的誓言的最后一句话是"山姆,帮帮我吧"。公司成为创始人个人自我意识的延伸和放大是一个常见的现象。许多公司的欢呼文化(rah-rah culture)有助于避免员工有玩世不恭的态度,或许还有助于避免员工出现更具威胁性的厌倦情绪,这种厌倦情绪在商业领域和其他领域都会存在。而且,唱歌和幼稚的热情并非商界独有。许多学者对企业成长中的这类事情嗤之以鼻,但当他们的大学母校在一场重大比赛中失利时,他们也会泪眼朦胧。

说了这么多,就算考虑到所有的合理性,我也从未见过自由世界中的任何其他大型组织中有如此程度的盲目崇拜,不管是对IBM公司,还是对沃森个人。持续不断的赞美声是前所未有的,其中一些赞美声是沃森亲自编排的。没完没了的晚宴,没完没了的演讲,授予一些毫无意义的奖项,正如合唱中的歌词:

> 在沃森先生的带领下
> 我们将达到更高的高度……

没完没了的致敬、荣誉学位、证书、赞美……当员工们听着更多的陈词滥调时,那些没有用心表现出热情和赞赏的人受到了严厉的斥责。类似这样的行为想都不要想。

在 IBM 奢华的、不计其数的庆祝会上,沃森经常会得到各种各样的纪念品,比如牌匾。他"有时会因主持人的介绍而哽咽,眼里闪烁着泪光——尽管他之前已经检查过匾文,并批准了雕刻费用"。他哭什么呢?他是否像卡耐基一样有"选择性失忆"的能力,让他真的相信他听到的话代表了员工的心声?是因为他年轻时从纽约东坎贝尔一路走到今天而喜极而泣吗?难道这是如释重负的眼泪吗?因为再也没有人能在领奖台上像帕特森那样对待他了。难道这是因为这种荒谬的场景而笑出的眼泪吗?如何解释《名人录》中关于沃森的条目?关于沃森的描述是整本《名人录》中最长的,占了将近两页。《名人录》上列出的是所入选的人物自己对自己的介绍。为什么让世人知道他在 1946 年获得了"卢森堡大公国的大公爵"、在 1949 年获得"巴拿马共和国的埃尔罗伊·阿尔法罗国际勋章"对沃森来说很重要?是因为他很自负吗?是因为他没有安全感吗?没有人会知道答案。

这种虚假的狂热,无疑会让很多有创造力的人望而却步。毫无疑问,IBM 牺牲了许多人的感受,人们的简单常识是厌恶奴性,而这种奴性正是公司里与沃森有交集的每个人生活的一部分。他的儿子、继承人小汤姆也这么认为。"我在 IBM 工作的时间越长,"他在回忆录中写道,"我就越相信,我父亲的风格让太多的人沉默了。"

随着 20 世纪从 40 年代进入 50 年代,沃森变得越来越难以沟通。原因是 IBM 公司惊人的增长常常成为头条新闻,而沃森认为他个人应该享受这份荣誉。如果沃森内心能够更民主化一点,IBM 公司可能会更成功。但也可能不会。小汤姆在他的自传中曾经两次提到,商业是一种"独裁主义"。他写到,政府有监督和权力制衡机制，但企业的独裁许可或许"才是推动企业前进的真正动力"。而老汤姆就是那个独裁者。与亨利·福特一样，他轻视公司的组织结构。实际上，整个公司都必须向他汇报，而他自己无须听命于任何人。当他希望与 IBM 公司的某个人讨论什么事情，或者希望提拔某个员工的时候，他并不需要遵循公司的决策流程。

到处都是沃森的照片，到处都是他出版的杂志，到处都是他的格言。正如他的另一个儿子所言："1915 年，我们开始唱歌……从那以后公司利润状况良好，所以我们不敢停下来。"这家公司开始有了与《1984》中相似的棘手问题。必须指出的是：不像福特晚年那样，沃森是一个仁慈的独裁者，他有人情味和仁慈的一面，这与他的冷漠和无法控制的脾气正好相反。但是，他就是那个可以决定什么时候扮演什么角色的人。他总是一个无法被预测的人。

沃森是个严厉的监工。就像帕特森一样，一个人越靠近他，这个人就变得越危险。传记作家托马斯·G.（Thomas G.）和玛娃·R. 贝尔登（Marva R. Belden）曾写道，"尽管这种经历通常很艰难，那些坚持下来的人，如果他们过得太好，则是从沃森的嫉妒中生存下来的；如果他们过得太差，则是从沃森的蔑视中生存下来的。沃森渴望良好的伙伴关系，他对小集团的怀疑，他对能力的需要，以及他对太多东西的不信任，都使得 IBM 的员工们若能坚持下来，就会拥有美国商业领域中最有价值的职业之一……几乎每个与沃森接触过的人，最后都超越了对自己的期望"。问题是，"为什么要付出这么高的代价，才能做到最好？"原因在于沃森吗？只是因为这是 20 世纪中期美国大企业的经营方式吗？

今天，授权是先进的、恰当的管理技术。在沃森权力的顶峰时期，IBM 所践行的人际关系政策并不适合现代商业，任何一所现代商学院都不会将这种政策作为现代商业运行的典范来讲授。但毫无疑问，这种政策曾经发挥作用。是时代发生改变了吗？具体哪里发生了改变？

小汤姆指出了 IBM 更重要的一个特点。这确实是一种没有监督和制衡的独裁权力，然而，建立美国的全部意义就在于人们可以生活在一个自由的国度，而这种自由的氛围是 IBM 员工未曾享受过的。从这个意义上说，IBM 处处充满了规则，而不是例外。美国公民似乎生来就是政治自由的，但他们却不得不在企业的等级制度中谋生，即使没有枷锁，他们也绝对不是自由的。从 1914 年到 1956 年，IBM 总共只有一个自由的人。

当亚历克西·德·托克维尔（Alexis de Tocqueville）1831 年访问美国时，他惊讶地发现，与旧世界的基本事实——等级森严的阶级结构相比，他在美国所遇到的基本现实就是平等。如果一百年后他再来美国，也许他就不会那么惊讶了。在任何地方，很少有人能在人生大潮中过着像老托马斯·J. 沃森那样享受着特权和掌控权的生活，也很少有人像他的继任者那样生活。

父与子

小托马斯·J. 沃森是在他父亲接受 CTR 公司工作的那一年出生的。在他父亲从 IBM 卸任的那一天，他接过接力棒，成为 IBM 公司的首席执行官。这一年，他 42 岁，他为这个职位已经历练了 10 年。在 1957 年，也就是小汤姆掌舵 IBM 的第一个财年，IBM 公司的销售额超过了 10 亿美元。为了达到这个目标，IBM 公司花了 46 年。但仅仅 6 年后，IBM 的销售额就超过了 20 亿美元。再过一年，即 1964 年，IBM 的销售额超过了 30 亿美元。

小汤姆于 1971 年辞去 IBM 首席执行官一职，他通过开发 IBM360 系统及其后续产品，带领公司达到了计算机数据处理领域的顶峰。在小汤姆离职的那一年，IBM 公司的销售额超过了 80 亿美元，利润则超过了 1957 年的销售额。

E. L. 多克托罗（E. L. Doctorow）在他的小说《拉格泰姆》（*Ragtime*）中，将 J. P. 摩根描述为"那个经典的美国英雄，一个出身于极端富裕家庭的人，凭借辛勤工作和残酷冷静，将家族财富翻升数倍，直到他去世……"沃森和摩根一样继承了父亲的衣钵，但两者都是例外。在大企业里，更常见的是商业伟人的儿子堕落成纨绔子弟。美国无线电公司萨尔诺夫的故事是常态，而沃森在 IBM 的故事是例外。

IBM360 系统是小汤姆取得成功的秘密武器，这是一场伟大的博弈，IBM 在该产品上总共投资了 50 亿美元，这款产品于 1964 年上市。IBM 在 1960 年的总收入，不足这款产品研发成本的三分之一。它在市场领导地位和商业利润方面的成功，使一位学者称它为"自福特 T 型车以来，最成功的高价新产品……"。

1979 年，年轻的汤姆从 IBM 公司的执行委员会辞职。当年 IBM 的销售额为 229 亿美元，利润超过 30 亿美元。IBM 在全球范围内似乎超越了所有竞争对手。IBM 为员工提供宽松待遇，它具有建设性意义的企业经营行为树立了标准，它的 logo 成为那些相信私人营利性企业和公共利益之间可以协调一致的人心中的崇拜对象。

成功的代价是高昂的。对于我们这些过着普通生活的人来说，很难想象有钱有势的人生活是什么样子的。他们拥有多处富丽堂皇的豪宅、前呼后拥的随从，可以在任何地方打电话给任何人，并得到回复。他们拥有的财富太多，以至于他们从来没有想过怎么花钱的问题。他们拥有私人飞机，不用浪费时间在通勤的路上。他们是那些不想笑的时候就可以不笑的人。他们可以认识和自己一样的人。他们看上去"拥有一切"。

当然，他们从来不曾拥有一切。他们拥有的，只是我们在面临问题时想要拥有的一切而已。例如，当我们自己的房子需要修缮时，当我们在电话的一端只能听到计算机语音应答时，当我们被推搡着排队，等候着看看是否能在一架肮脏、超售、拥挤的飞机上找到座位时。

这些特殊的人，是现代世界真正的贵族，他们也有自己的困惑。他们会如何适应民主社会？当周围的人纷纷戴上假面具时，他们还能认清自己吗？如何让金钱和权力不去干扰真诚的人际交往？关于可怜的富家千金或少爷的故事常常见诸报端，却很少引发大众的同情。另外，酗酒和自杀对富人来说并不陌生。

对小汤姆·沃森来说，在家族中找到自己的位置并不容易。沃森的童年和青年时期的生活是奢侈的，但是并不快乐，也不是很稳定。他出生于父亲正处于人生的转折点之时。他出生在老沃森入职IBM（当时的CTR）的那一年。他的父亲一心一意地追求事业上的成功，如果他能成为一个理想的顾家男人，那将是一个奇迹。奇迹并没有发生，他与妻子的关系就是这种紧张关系的例证。

一向机敏而又吹毛求疵的作家威廉·罗杰斯写了一篇关于老沃森的婚姻的文章。"汤姆·沃森和珍妮特·基特雷吉在一起代表的力量和毅力，比他们单独一人所能代表的还要强大……作为沃森这样成功男人的妻子，她是无法超越的。"

这就是外界对沃森夫妇婚姻的看法，但从家庭内部来看，事实并非如此。小汤姆在回忆录中写道：

> 我的母亲不一定要嫁给一个对社会地位有野心的商人。尽管她有上流社会的家庭教养和寄宿学校的教育背景，但她有大草原塑造的开阔胸襟，这在夏特山（指沃森一家从代顿搬到新泽西富裕的郊区）是罕见的……

我和母亲越亲近，就越为父亲对待她的方式感到不安。那时，IBM 正处于一个关键阶段，需要父亲投入大量精力。在他的办公室里，他按下桌子上的按钮，一个助手就会跑进来，父亲会说"寄一封信"，很快，这封信就寄走了。他期望母亲以同样的方式服从于他。她发现这很难忍受，所以在父亲工作最紧张的那些年里，我们家的气氛也非常紧张。我记得他们不断地争吵。他们会关上卧室的门，但我和我的弟弟妹妹们会听到愤怒、低沉的争吵声。父亲会对她很粗鲁，半小时后他会教训我们，告诉我们如何善待母亲。我从来没有勇气说："那你为什么不呢？"

小汤姆还记得父母之间存在"大约十年的冲突"，而"大约在我 14 岁的时候"冲突突然结束了。时间点有点奇怪。为什么结婚四年后就开始争吵了呢？

小汤姆对父母之间突然恢复友好关系感到震惊，他认为他的母亲已经"放弃为自己挺身而出"了。事实上，她后来告诉儿子，她发现这段婚姻不可能进行下去了，所以她要求离婚。老沃森如五雷轰顶。在她确信丈夫的爱之后，她决定接受自己在丈夫的生活及工作中的角色，再也没提过离婚。不用说，他们之间的婚姻绝对不是呈现给外界的所谓爱情田园诗。

老托马斯·J. 沃森和珍妮特·基特雷吉·沃森共同育有四个孩子：小汤姆、简、海伦和亚瑟［Arthur，也被称为"迪克"（Dick）］。家庭关系是达尔文式的。年龄最大的孩子小汤姆是个问题少年，一直过着花花公子般的生活，第二次世界大战的爆发才使他长大成人。战争结束后，小汤姆毫无疑问将最终接父亲的班，成为 IBM 的首席执行官。尽管 IBM 并非一个家族企业，沃森只拥有其中很小一部分股权，但这家公司已经取得了所有人都希望看到的成功。此外，在那个时候，股东们完全没有像他们在 20 世纪末开始接管的大型上市公司中拥有的那样的权力。问题是，小汤姆还要多久才能掌舵？1946 年，他重新加入 IBM（二战前，他曾在这家公司短暂工作过），当时他 32 岁，老沃森 72 岁了。如果没有小汤姆，合乎逻辑的接班人应该是 41 岁的查尔斯·A. 柯克（Charles A. Kirk），他作为执行副总裁被称为老汤姆的二号人物，也是沃森的亲密合作伙伴。老沃森让柯克负责培养他的儿子。如果有人说，柯克因此处于异常困难的境地，那是没有根据的。

柯克和他的学生一开始相处得还算不错，但没能持续很久。柯克开始意识到，小汤姆的花花公子时代已经结束，他有能力管理公司。小汤姆不想为柯克工作，也不想等柯克几十年后退休了才掌权，他很羡慕柯克与父亲的亲密关系。不可避免地，他们之间的关系日益紧张。柯克和小汤姆于 1947 年年中前往欧洲旅行。这次旅行简直是场灾难，两人关系紧张，柯克怒火中烧，差点产生身体暴力。柯克在旅途中死于心脏病，二人之间这种紧张的关系就此画上句号。柯克不是第一个，也不是最后一个为 IBM 公司献出生命的人。

1952 年 1 月 15 日，小汤姆正式成为 IBM 的总裁。他的父亲继续担任董事会主席，两人之间责骂、懊悔与和解的模式依然存在。终于，老沃森觉得自己老了，他辞去了 IBM 的工作，把打理公司的任务交给了儿子。老沃森享年 82 岁。他花了 42 年的时间，将 IBM 从一家没有战略方向的杂乱的公司，转变为一家比同行业中其他公司都更能在未来赢得竞争的公司。

那一年，老汤姆的死亡原因是肠阻塞引起的营养不良。这种阻塞原本可以通过手术来缓解，他的生命也很有可能得到延长。但是，沃森从来没有做过手术，他也不想做。在某种程度上，他的死与乔治·伊士曼的死相似。伊士曼在身体健康每况愈下时主动结束了自己的生命。沃森则被动地选择了让病魔夺走他的生命。

小汤姆·沃森从 1956 年开始执掌 IBM，直到 1971 年心脏病发作。他自己表达的"想要完全掌控一切的愿望"终于实现了。《财富》杂志称小沃森是"有史以来最伟大的资本家"，但也指出"他是一位强硬的老板，在 20 世纪 50 年代和 60 年代帮助 IBM 树立了高度紧张的基调。尽管他对待普通员工很仁慈，但他经常粗暴地对待他的副手。他对高管进行岗位调整，把他们安排到他们无法胜任的工作中，以此来训练他们。对于那些犯了错的人，他设计了所谓的'惩罚箱'——一个临时、令人感到耻辱的中转中心，使员工失去快速晋升通道"。

小汤姆的弟弟迪克就是一个最好的例子。小汤姆说他爱他的兄弟，这无疑是真的。但是，被小汤姆喜欢的人，就如濒临灭绝的物种。在 1948 年和 1949 年老沃森重组 IBM 的时候，他想让迪克·沃森负责子公司——IBM 世界贸易公司的业务。他的直觉告诉他，迪克需要一个受保护的位置。但小汤姆认为，世界贸易公司被赋予了太多的责任。用小汤姆的话来说，在一次激烈的争吵中，"爸爸站了起来，吼道：'你想做什么，不让你弟弟有机会？'这些话让我痛不欲生，让我和我弟弟站在了对立面。爸爸会不假思索地说这种话，因为他在任何场合都想占上风"。

后来的事件表明，父亲的指责可能有些道理。1962 年，小汤姆把迪克·沃森从 IBM 世界贸易公司带回了美国，而其实迪克在世界贸易公司干得非常成功。小汤姆在自传中写道，这是"我犯过的最严重的商业和家庭错误。我不应该强迫我的弟弟和其他人竞争总部的最高职位……"

结果，迪克·沃森和残暴的 T. 文森特·利尔森（T. Vincent

Learson）在关键的 360 项目的领导权问题上产生了严重分歧。两人之间的摩擦"完全失控了"。迪克的天赋，就像他哥哥和他父亲的天赋一样，主要是在销售和激励方面。但小汤姆让他负责 360 项目的制造和工程，这是迪克不擅长的领域。小汤姆觉得不得不用利尔森代替他弟弟的位置，由此在兄弟之间产生了永远无法愈合的裂痕。

迪克·沃森于 1970 年成为美国驻法国大使。1974 年，他在康涅狄格州新迦南（New Canaan）的家中遭遇了事故。小汤姆和他的妻子匆匆赶到他的床边，但是迪克在临死前一个星期都没有恢复知觉。小汤姆对弟弟的死悲痛欲绝，他情真意切，他的愧疚不是毫无原因的。

永远向前

小托马斯·J. 沃森引人注目的自传，为我们打开了一扇探究企业巅峰时期景象的宝贵窗口。沃森家族两代人的商业成就令人印象深刻，不亚于任何父子组合。人们不禁要问，这些成就是在个人焦虑的情况下取得的吗？人际关系的紧张是取得这些成就的必然代价吗？如果这家人是德国人、日本人或英国人，而不是美国人，沃森家族的故事会有多大的不同？当来自同一个家庭的人在工作中紧密合作时，情感爆发是意料之中的吗？这种不和谐值得吗？

这些问题从来就没有答案。也许正如本杰明·富兰克林所言：没有付出就没有收获。或许，沃森家族的冲突与我们其他人的冲突并没有本质的不同，只是因为他们的冲突在如此宏大的历史画布上呈现出来，便似乎有所不同。也许，从帕特森到老沃森，再到小沃森，他们的脾气之所以如此暴躁，就是因为不控制自己的脾气。对这些人而言，没有任何外来的力量可以控制他们，他们被迫要学会控制自己，却没有做得很好。

美国人从小就被教育要相信平等。那些凭借才华或运气获得显赫地位的人，不止一次地失去方向，不知如何行动。

最后总结

就在这部手稿准备出版的时候，一本新书出版了。该书作者埃德温·布莱克（Edwin Black）在书中指责 IBM 公司从 1933 年初到二战结束前，一直不遗余力地与纳粹德国做生意。布莱克是大屠杀幸存者的儿子，他试图记录 IBM 的机器设备在定位、运输、折磨和杀害数百万人方面的使用情况。他断言：IBM 公司在希特勒十恶不赦的统治时期，仍然坚持与德国做生意。关于布莱克的论点，有一点需要说明一下，特别是在我详细讨论了亨利·福特的反犹主义之后。

首先，IBM 公司与纳粹德国做了大量生意，这是事实，也是人们长期以来就知道的事实。同样真实的是，沃森在 1937 年接受了纳粹颁发的勋章——德国鹰勋章，当时人们已经知道很多关于希特勒是谁以及希特勒干了什么的证据。不过，1940 年，沃森向德国归还了这枚勋章。这不是为 IBM 公司辩护，这只是对资本主义的重要评论——其他许多非德国公司也与纳粹德国有业务往来。只要支票兑现，商人们常常愿意与魔鬼做生意。

不用说，人们希望情况并非如此，但事实的确如此。

然而，沃森对待犹太人的态度与福特截然不同。福特是一名真正的反犹分子，他就是恨犹太人，他的偏执让很多想和他做朋友的人感到尴尬，这让他的公司损失了很多钱。

正如布莱克自己所写的，"IBM 的业务从来不是纳粹主义。这与反犹太主义无关。大家都是为了钱"。

沃森本人是全美基督徒和犹太人大会（National Conference of Christians and Jews）的赞助人之一，他并不是一名反犹分子，布莱克也从未说过他是反犹分子。他是一名向杀人犯销售重要产品的企业高管。愿意这么做的不仅是沃森，还有其他许多人，这引发了一些与其说是关于沃森不如说是关于商业的深刻问题。

老托马斯·沃森大事记

1874 年 2 月 17 日	▶	沃森出生。
1895 年	▶	沃森受雇为国家收银机公司布法罗办公室的销售员。
1899 年	▶	沃森成为 NCR 公司在罗切斯特的代理。
1908 年	▶	沃森被提升为 NCR 公司的销售经理。
1912 年 2 月 22 日	▶	沃森、帕特森和其他高管被指控违反《谢尔曼法》。
1913 年 2 月 13 日	▶	沃森和其他人被判刑。
1913 年 8 月 17 日	▶	沃森娶了珍妮特·基特雷吉。
1913 年	▶	沃森被 NCR 公司解雇。
1914 年 5 月	▶	沃森加入 CTR 公司。
1915 年	▶	沃森当上了 CTR 首席执行官。
1915 年 3 月 13 日	▶	联邦巡回上诉法院推翻了对沃森的定罪。
1924 年 2 月 14 日	▶	CTR 公司更名为 IBM。
1949 年	▶	沃森辞去总裁职务，成为董事会主席。
1956 年 5 月 8 日	▶	沃森辞去首席执行官职务。
1956 年 6 月 19 日	▶	沃森去世。

第五章 查尔斯·郎佛迅

日用消费品和电视革命

女士购买化妆品，因为化妆品寄托着她们的希望。

商业巨子，不拘一格

戴维·帕卡德（David Packard）是惠普的联合创始人〔惠普另一位创始人是威廉·休利特（William Hewlett）〕，也是20世纪最受尊敬的商业领袖之一。在其个人自传里，他回顾了有一次在惠普一处机械工厂与工厂经理一同查看厂区的情景。当时，他俩停下来，观看一位机械工专心致志地制作抛光塑料模具。帕卡德心不在焉地随手摸了摸模具，在模具上面留下了手印。"别用手指碰模具！"机械工说。陪同帕卡德的经理马上问道："你知道他是谁吗？"机械工回答："我不在乎！"对这次冷遇，帕卡德评论说：这位机械工"做得对，我也这样跟他说了。他有一份很重要的工作，并引以为傲"。

对比下列情形：

20世纪60年代晚期，露华浓公司规定，职员上班都必须签到。那时，查尔斯·郎佛迅（Charles Revson）不到上午11点是不会在办公室露面的，所以他不是好榜样。虽说如此，郎佛迅自己也会签到。一天上午，他走进公司，开始查看签到表，了解谁什么时候到的。公司负责签到的前台礼貌地告诉他，他不可以看签到表。"不，我可以。"郎佛迅说。"不可以，先生，"前台回答说，"公司有严格规定，任何人不可以动这张表，你必须把它放回原处。"这位前台是新入职的，她彬彬有礼，但语气坚定。最后，郎佛迅问："你知道我是谁吗？""不知道，先生。"她回答说。"好吧，下午结清工资后走人时，问问他们我是谁。"

以上两则故事说明了帕卡德和郎佛迅的典型特征。在几乎所有方面，他们都迥然相异。帕卡德身高6英尺5英寸，相貌堂堂，富有魅力。郎佛迅身高大概5英尺8英寸。帕卡德曾经是名运动员，喜欢户外活动。郎佛迅既不是运动员，也不喜欢户外活动。惠普一直引以为荣的是：用灵感、个人责任感以及信任激发员工的积极性。在郎佛迅时代，露华浓的特点是：充满恐惧和不可预测性。威廉·休利特和戴维·帕卡德都来自美国西部。他们曾是猎手，也都在广袤的大牧场饲养过牲畜。郎佛迅来自东部，完全专注于室内事物。在美国时尚之都纽约，人们对郎佛迅及其公司露华浓的故事耳熟能详。在露华浓，广告代理商的地位相当于工程师在惠普的地位。帕卡德公司的目标客户是男人，他是"男人中的男人"。郎佛迅的性别有点模糊，他公司的目标客户是女士。

尽管如此，惠普和露华浓的确拥有一个共同点，这一点很重要，也很关键：他们都能与时俱进。当威廉·休利特和戴维·帕卡德于1939年在硅谷创办工厂时，计算机还未问世。数年后，计算机却成为惠普公司的核心业务。当郎佛迅在1932年开业经商时，电视还未出现。到20世纪50年代，电视如同时尚一样，在纽约盛行起来，并很快风靡全美。惠普和露华浓，都成为新技术的主人。这些由他人开发出来的新技术，它们不得不适应和利用。

　　本书最后部分，在讨论英特尔的罗伯特·诺伊斯时，我们还会提及硅谷，也会提及惠普的故事。在本章，我们会考察一家纽约公司。通过创新产品和充分利用电视效应，公司的大老板挣得盆满钵满，尽管他并不是很快乐。

早期岁月

　　1939年1月，《盥洗用品和医药用品》（*Toilet Requisites and Druggists' Sundries*）杂志上出现一整页广告，标题是《来自露华浓的致谢》，广告背景为令人愉悦的红色，上面有四位年轻人的单人照，分别是：查尔斯·郎佛迅，公司总裁，据说将成为露华浓的"火花塞"；查尔斯·拉赫曼（Charles Lachman），副总裁，非凡美甲的缔造者；约瑟夫·郎佛迅（Joseph Revson），总经理和公司财务"监管人"；还有马丁·郎佛迅（Martin Revson），销售经理，自封为露华浓良好声誉的守护者。此页广告文字部分是：

　　　　公司起步时我们微不足道，只有一间小办公室。漫漫长路走来，现在我们的美甲产品在各百货商店的核心位置销售，我们已成为行业领军者。7年前，我们三人——查尔斯·郎佛迅、查尔斯·拉赫曼和约瑟夫·郎佛迅一起创立露华浓时（马丁在1935年加入），当时我们几乎身无分文。嗯……即使现在我们也还年轻，没老到胡子花白。虽说资金缺乏，但我们确实具有坚定的信念：为美国和其他地方的顾客提供最优质的美甲产品。此信念我们从未动摇过。我们相信，露华浓美甲产品在各百货店同类产品中之所以销得最快，就是因为我们信念坚定。

这段直截了当的广告词颇有吸引力。它低调、友好，甚至还有点调侃的味道，直到它提到要坚定致力于为顾客提供高品质美甲产品。广告结束部分礼貌地对所有人致谢，感谢"洗护用品购买者，柜台女销售员，以及洗护行业的所有朋友"，感谢他们使露华浓的成功变得可能。在 1939 年这样的年份，露华浓指甲油公司（Revlon Nail Enamel Corporation）的老板们确实有许多要感谢的方面。尽管经济大萧条带来各种严峻考验，尽管化妆品行业的特殊性令其生意困难重重，但他们还是成功地把一家初出茅庐的小企业打造成在业内稳稳占有一席之地的公司。

露华浓指甲油公司始创于 1932 年 3 月 1 日。查尔斯·郎佛迅和约瑟夫·郎佛迅兄弟俩提供了 300 美元的实入资金。他们的合伙人查尔斯·拉赫曼是一位化学家。拉赫曼岳父家在纽约的新罗谢尔拥有一家小小的德累斯顿化学公司（Dresden Chemical Company）。拉赫曼想拥有自己的品牌，便与郎佛迅兄弟走到一起。他给公司带来的不是资金，而是从德累斯顿化学公司赊来的指甲油。他所赊货品的账款显然从未"超过几千美元"。

前面提到的广告词将拉赫曼描述为"非凡美甲的缔造者"（显然，这些涉世未深的创业者想到的是法文拼写的非凡，即 extraordinaire）；而且，除了为露华浓赊来货品，他还须为公司提供专业知识，"情况明摆在那"。因为这些，他拥有 50% 的公司股权，其余 50% 由查尔斯·郎佛迅和约瑟夫·郎佛迅对半分。创办露华浓时，查尔斯·郎佛迅 25 岁，约瑟夫·郎佛迅比他大 16 个月，拉赫曼当时 35 岁。他们几个人选择了很可能是 20 世纪最糟糕的年份（1933

年可能是个例外）在美国创业。1932年是经济大萧条的谷底，1929年以来，美国实际国民生产总值已灾难性地下降了26.8%，接下来的一年又进一步下降。投资额，这个衡量经商者对未来经济信心的重要指数，从1929年的162亿美元降至1932年的令人大跌眼镜的8亿美元（以1929年的美元价格计算），并在接下来的一年继续下降。股市方面，纽约证券交易所1926年7月的股指为100，到1929年9月股指达到最高点216。1932年3月，当他们创立露华浓时，股指仅为54。到6月，股指跌至34。受打击最大的是就业。1929年，劳动力大军中有3%的人失业。露华浓创立时，有高达25%左右的人找不到工作，这是美国经济史上最糟糕的时期。

此次灾难的影响范围之大，无论怎么说都不为过。失业工人——某位记者用的措辞是"直立行走的虫子"——成为经济大萧条的象征。一位历史学家写道："在工业社会中，失业就等于被社会排斥和放逐。"

> 工作确立一个人的身份，它不仅关乎其他人对这个人的看法，也关乎他自己对自己的看法。失业重创一个人的自尊，并切断他与其他一些人的重要联系。失业者感觉低人一等，他们选择做隐身人。他会放弃自己在失业前的嗜好，甚至尽量远离他敬重的朋友和邻居。

由此可见，经济大萧条不仅给人们带来经济冲击，也带来心理冲击。乐观变成焦虑，希望变成恐慌。到1932年，华盛顿的政客们对这场危机已无计可施。不仅就业机会不见了，对失业者的救济和福利也消失得无影无踪。大萧条"影响深远，令人恐惧"。随着悲惨年月的到来，人们开始面临可能永远失业的可怕前景。

1933年3月4日，富兰克林·D. 罗斯福发表了首次总统就职演说。演说最精彩的地方是他对大萧条的心理维度的分析。那句著名的话是这样的:"因此,首先,我坚信,我们唯一值得恐惧的,是恐惧本身——一种莫名其妙的、丧失理智的、毫无根据的恐惧,它把人们转退为进所需的种种努力化为泡影。"(罗斯福未提及的是,恐惧本身以及人们对恐惧产生的恐惧值得人们恐惧。)罗斯福也了解大萧条最糟糕的方面。他对焦虑不安的美国人说:"我们的首要任务是,让人们有活干。"

查尔斯·郎佛迅在商业生涯中冒过许多风险。在每个新季度,每则新广告、每款新产品、每种新色彩都是一种风险。但是,从 1906 年 10 月 11 日出生,到 1975 年 8 月 24 日去世,他冒的最大风险是:放弃工作,决定自主创业。他高中文化水平,几乎身无分文,没有真正的商业计划,除了几近贫困的家庭之外没有什么人脉关系。

最糟糕的是,郎佛迅选择了两个能力很有限的合伙人。对于兄长约瑟夫,身为记者和郎佛迅传记作家的安德鲁·托比亚斯(Andrew Tobias)这样描述:"自行其是……甚至比查尔斯还怪异。"约瑟夫记忆力强,是称职的会计。然而,在大萧条中最艰难的时候,要将一家指甲油公司打造成化妆业巨头,这远远不够。

至于查尔斯·拉赫曼,他似乎非常缺乏才干。马丁·郎佛迅说,拉赫曼"对化学知之甚少"。马丁·郎佛迅说,公司创办一年后,没人叫拉赫曼"干任何事"。拉赫曼成了甩手掌柜,什么事都不管。

拉赫曼对公司最大的贡献是他姓氏的第一个字母 L。露华浓(Revlon)中的字母 L 就源于他的姓。为此,他得到了 50% 的公司股权。1938 年,他的股权占比降到了 30%。从未有人这样轻轻松松就积聚数百万美元的财富。"我姓氏中的字母 L 就是个耙子,让我一下子耙到了巨额财富。"这是拉赫曼后来对自己对公司所做贡献的总结。在后来的岁月,那个字母 L 让查尔斯·郎佛迅伤透脑筋。他后来想要把自己起的产品名称作为公司名,如伊丽莎白·雅顿(Elizabeth Arden)、蜜丝佛陀(Max Factor),以及海伦娜·鲁宾斯坦(Helena Rubenstein)。

露华浓要克服巨大困难获得成功,完全取决于查尔斯,也就是 1939 年广告中描述成"火花塞"的人。

查尔斯·郎佛迅出生于马萨诸塞州的波士顿,在新罕布什尔州的曼彻斯特长大。他父母都是出生在俄国的犹太人,均于 19 世纪晚期来到美国。塞缪尔·莫里斯·郎佛迅(Samuel Morris Revson)20 岁出头时移居美国,以逃避在俄国军队服役。在曼彻斯特,他在 R.G. 沙利文公司做"724"牌手工雪茄。他妻子珍妮特·韦斯·郎佛迅(Jeanette Weiss Revson)打小就跟着父母一起来到美国。全家在曼彻斯特生活时,她偶尔会在一家干货店打夜工。郎佛迅的父亲显然是个好高骛远的梦想家,他母亲则更有活力、更务实。

还有其他一星半点关于郎佛迅一家早期生活的宝贵资料。三兄弟(约瑟夫、查尔斯以及马丁)似乎相处得不错,他们在曼彻斯特中心中学的学业也很好(1923 年,16 岁的查尔斯毕业于那所中学)。他们一家好像处于隐居状态。因为宗教原因,在某种程度上他们与周围人互不交往(附近只有另一户犹太家庭)。他们没有融入在美的犹太人团体。马丁·郎佛迅说,在那个年代、那个地方,身为犹太人实属不易。虽然他们的种族身份是犹太人,但在家中他们并不遵循正式的宗教仪式。三个男孩都未接受犹太男子的成人礼。①

---

① 犹太男子的成人礼在 13 岁生日举行。——译者注

郎佛迅父母关系紧张，其程度超出一般家庭。"我认为，父母的婚姻算不上幸福。"马丁后来回忆说。中学毕业后，查尔斯便去纽约市发展，在服装行业打拼。当时，他的雇主是他表兄（或表弟）的匹克威克服装公司（Pickwick Dress Company）。开始他做的是销售。1930年，他做到了布匹采购员。据安德鲁·托比亚斯说，"他很快就干得得心应手，能区别黑的不同色调，这本事需要敏锐的双眼"。这一点值得注意，因为后来郎佛迅获得了"色彩天才"这个有点令人费解的名声。如果他确实拥有这种特质，或许就是他在服装业打拼7年期间获得的。

郎佛迅赚的钱大多源于他对色彩的敏感。奇怪的是，没有任何记录表明，年轻时的他对色彩感兴趣。后来，他发家了，买得起世界上第三大私人游艇［位列奥纳西斯（Onassis）和尼阿科斯（Niarchos）之后］，另外还有44艘游艇为他服务。他不是严肃艺术的收藏家。如果他称得上"色彩天才"，那么这种特质就是类似冲动和本能的东西。

1930年，据说郎佛迅被匹克威克服装公司开除了，因为他多买了一种他喜欢的布料。那种布料做的服装很快销售一空，但此时他已和他的新娘前往芝加哥了。新娘是位"艳舞女郎"，是宾夕法尼亚州一个农民的女儿。在芝加哥，他找了一份兜售促销材料的工作。那时，商业萧条，食品奇缺。马丁·郎佛迅说，当时查尔斯在芝加哥"真的快饿死了"。数月后，他回到纽约，还是干老本行，但并未交好运。他的婚姻破裂了，他搬到了自己父母家里。那时，他家人已从曼彻斯特搬出，先是搬到布鲁克林，后来又搬到了曼哈顿的173街和阿姆斯特丹大道。郎佛迅后来到纽瓦克的埃尔卡化妆品公司（Elka cosmetics）工作。

进军化妆品行业

1930年或1931年，兜售促销材料干不下去了。之后，查尔斯便加入新泽西州纽瓦克的埃尔卡化妆品公司。埃尔卡化妆品公司很小——"小得可怜"，马丁记得。该公司在指甲油行业占有一席之地。查尔斯负责"大纽约区"的分销工作。

为什么加入这家公司？为什么进入这个行业？为什么选择指甲油产品线？他是如何获得这份工作的？他的薪水是怎么算的——底薪加提成，还是只有提成？这些我们都不知道。在化妆品销售方面，郎佛迅是个不错的人选。之前，他在女士服装行业干了7年。与化妆品行业一样，女装业也高度受时尚左右，主导市场的都是些小型公司。虽然并非他所有的销售都获得了成功，但他具有这方面的经验。周围熟人认为，他销售的产品颇具"女人气"，但他不在乎。在出售东西给女客户方面，他很有一套——"激发某些女客户身上的女性本能，激发另一些女客户身上的母性本能。"

查尔斯信心十足，相信自己能说服哥哥约瑟夫辞去他在通用汽车的装配厂（位于哈德逊上游的塔利镇）的工作，和他一起在纽约总部对外分销埃尔卡公司的产品。所谓的"总部"，是他另一表兄（或表弟）的位于曼哈顿西21街38号的灯厂的一个小角落。约瑟夫辞职非同小可。到1931年，工作越来越难找。一般人很容易就能预测：埃尔卡和通用汽车，哪家公司更可能挺过经济萧条期。这两位年轻人在冒很大的险。与查尔斯相比，约瑟夫可能更得不偿失。

现在，我们说到了郎佛迅职业生涯的一个关键节点。这位后来成为世界知名的、商界最伟大营销大师之一的人，邂逅了一种产品——一种他感觉自己可以改变这个行业的产品。我们永远都不知道，他是如何或在何地邂逅此产品的。传记作家托比亚斯说，此产品是埃尔卡化妆品公司开发出来的。1970年和1971年,通过到处走访以及阅读相关行业出版物,我试图找到此问题的答案。我发现,这种产品或者是由颇受非议的查尔斯·拉赫曼(到1970年时,他变得非常富有)研发的,或者是由拉赫曼曾为之工作过的、他岳父家的化学公司研发的。

到1932年为止,查尔斯·郎佛迅打了9年工。为他人工作了将近10年后,是什么赋予他自己单飞的决心和勇气?他离开埃尔卡的直接起因是,他想要做全美的分销商,而不仅仅局限于大纽约区。埃尔卡公司拒绝了他的要求。埃尔卡公司此举足以解释,为什么到现在无人为此公司著书立传。确实,郎佛迅可能觉得,与创立自己的公司相比,继续在埃尔卡待下去的风险更大。

也许,郎佛迅确实是在埃尔卡发现了此产品,有了如何进行营销的想法,这个想法使他萌发了自主创业的念头。如果是这样,那前提是,埃尔卡的这个产品还未申请专利,而且郎佛迅知道如何制造此产品。而且,郎佛迅是要在埃尔卡的产品上打自己的牌子后,自己另立门户进行销售。如果是拉赫曼或拉赫曼的妻子,或者是为他们工作的某个化学家开发出的这种产品,那他们可能是听从了郎佛迅的建议而开发的(他的建议是指甲油的特性必须得有销路才行)。

我们不猜测了,看看事实吧。正如托比亚斯所说,郎佛迅凭一己之力,"进入了一个羽翼未丰、专业化程度不高的行业,而且,就将其打造成价值50亿美元的行业(到20世纪70年代中期)而言,他的贡献超过其他任何人"。显然,从经济角度来说,与能促进经济或破坏经济的大型产业相比,化妆品一直都是小众产业。然而,由于非常显而易见的原因,化妆品行业的社会影响要远远大于同等规模的其他行业。化妆品公司花在营销上的费用占比很高。化妆品在许多方面都很重要。假设郎佛迅创立的公司销售的不是化妆品,而是钢制法兰盘,那么,同样的销售额,郎佛迅在化妆品行业所产生的历史影响要比他在钢制法兰盘行业所产生的影响更深远。

我们知道,截至1932年3月1日,郎佛迅凭一款指甲油产品进入商界。在一个充满潜规则的"我也是"(me, too)的竞争环境中,此产品传达出某种特别的意味。

> 这款指甲油是不透明的,而市面上其他指甲油都是透明的,这种差异有其潜在优势。其他指甲油用染料制成,只有三种红色色调:浅红、中红和深红;郎佛迅的后来被称作"乳脂状指甲油"的产品是用颜料制成的,它会完全盖住指甲原色,而且可调制出多种色调。郎佛迅觉得,这款产品在市场上会很有吸引力。

郎佛迅不想对市场上已有的指甲油产品进行更好的营销,他想要彻底改变女士涂指甲油的意义(这是比较委婉的说法)。20世纪30年代早期,许多人将红色指甲油与妓女联系在一起。"那时,很多女人并不涂抹指甲油。如果涂,她们一般涂无色透明的那种。当时人们使用的透明指甲油无法提供一些浅色色调,红色的指甲油几乎只有深红色调,而人们认为这种深红色调品味欠佳。"20世纪30年代,大多数美国妇女购买时髦的指甲油不会比购买新潮的灯泡更积极。郎佛迅用乳脂状的、不透明的指甲油产品给化妆品行业带来了革命。郎佛迅拥有企业家的想象力。

露华浓指甲油公司(1932—1939年)

回想一下1933年富兰克林·D. 罗斯福在总统就职典礼上发表的著名讲话:"我们唯一值得恐惧的,是恐惧本身。"此前一年,越来越多的美国人生活在后来被称作胡佛村的棚户区。在大城市,曾经自信的人们追着垃圾车，希望能拾取一些残羹冷炙。如果说城市的情况可能是那样的话，农民的情况更糟。因为无法还贷，农民的土地被银行作为抵押品没收。他们唯一的收获便是"愤怒的葡萄"[①]。数以十万计的人饥寒交迫，流离失所，远走他乡。他们或开着破车，或是跳上货运列车，茫然不知去向何方。

查尔斯·郎佛迅也行走在路上，但他目标明确。他从一家美容店跑到另一家美容店，与店主和美甲师交谈，回应他们对美甲产品的意见。郎佛迅并没有罗斯福所说的"莫名其妙的、丧失理智的、毫无根据的恐惧"。他没有对恐惧本身的惧怕，他的恐惧全都非常具体，其中之一跟那款奇妙的新款指甲油有关。现在，他是这款产品的拥有人，他很自豪。有时，他的美甲产品并不十分满足人们的期待。"露华浓产品对颜色的控制不是很完美。一开始涂抹时很好看，但过一会儿，颜色就变黄了。"

这种情况并非每次都出现，但出现的频次还是足以让郎佛迅在美容店之间疲于奔波。他会在桌旁坐下，"取出一些小瓶子，将瓶子里不同的有色液体混到一起，仔细观察它们混合的情况"。郎佛迅跟美容店店主说："把你们全部的意见都告诉我。"

如果郎佛迅要销售的不是"深红色指甲油"，而是"热带天蓝色指甲油"，并且将新款指甲油定在较高的价位，那么产品质量必须无可争议。产品质量这类重要的事他没有推给化学家，他自己把控。拉赫曼岳父家的德累斯顿化学公司达不到郎佛迅的标准，1937年他换了产品供应商。

在早期岁月，很难说，产品质量和资金哪个才是大问题，或哪

---

① 指《愤怒的葡萄》这部长篇小说描写的美国20世纪30年代经济恐慌期间大批农民破产、逃荒的故事。——译者注

个是更巨大而且是实实在在令人担心害怕的问题。1932 年和 1933 年，露华浓是小本经营，但即使是小本经营也要花钱。郎佛迅从亲戚那儿借了房子，员工也来自亲戚。公司初创时郎佛迅的母亲曾在公司短暂工作过。1933 年，他母亲去世，死于链球菌感染。

郎佛迅无法向家人借钱——他们没有任何钱。银行也帮不上多少忙——郎佛迅没有什么可供抵押以获得贷款，而且在 1932 年的银行还没有风险评估机制。现在人们熟知的风投业当时还没有出现。总之，当时没人做任何类型的风险投资。为了把生意做下去，郎佛迅求助于高利贷。"大概在第一年，"他后来说，"我们让夏洛克①赚了不少钱——为了生存下去，我们每月常常偿还 2% 的贷款。"

开张头 10 个月，露华浓的销售额是 4 055.09 美元。如果我们假设露华浓全年销售平稳，那它一年的销售额就是 4 866.11 美元。此业绩是好还是差？不够好，还不足以让马丁·郎佛迅放弃在华尔街周薪 35 美元的职员工作。露华浓是场赌博，郎佛迅一家需要有人赚一份稳定的薪水养家。

然而，尽管一切不是很顺，露华浓还是熬过了最艰难的岁月，生存了下来，直到郎佛迅去世多年后的 1984 年。许多初创公司都撑不过头 10 个月，尤其在大萧条时期。

1935 年以前，露华浓只通过美容院这个渠道进行销售。这就是说，大部分产品很可能是通过美容用品批发商销售出去的，而不是通过美容用品商店销售出去的。郎佛迅一定是在埃尔卡公司因工作关系结识了那些批发商，也或许那些批发商认识他，当露华浓成立时，他们已经了解那款产品了。

露华浓一年售出价值约 4 000 美元的指甲油，这意味着，这家新

---

① 指放高利贷者。——译者注

公司（其产品是新的，或至少不是很成熟）的产品的买家肯定至少超过36人，或许达到双倍。1934年春，郎佛迅将价值400美元的产品直接出售给了位于芝加哥马歇尔·菲尔德的一家美容院。这是那时为止最大的单笔生意，1932年的订单金额肯定比这小得多。

郎佛迅肯定打了很多一对一的销售电话。成功率如何？每做成一笔生意他打了多少电话？5次？10次？还是更多？我们不知道，但常识告诉我们，在大萧条时期，试图推销一种价格昂贵的新款指甲油，他一定遭到了很多次的拒绝。

郎佛迅被迫吞下多少坏账的苦果？托比亚斯写道："露华浓公司是货到付款。"但不可能所有买卖都如此。的确，托比亚斯也叙述过1933年发生的一件事。那时，为了跟塞利格曼和拉茨公司（Seligman and Latz）的老板伯纳德·拉茨（Bernard Latz）谈上话，郎佛迅曾苦等"很久"。拉茨的公司拥有或供货给30~40家美容院。该公司从露华浓赊了价值48美元的指甲油。

肯定有些货款没有收到。人们知道，大公司一般不会马上给小公司支付货款。而且人们知道，它们一般不会付全款。有时它们会赖账，特别是当产品效果不好时。我们必须再次强调，时值经济大萧条时期，郎佛迅一定经历过将产品卖给诚信友善的老板，而这些人的公司后来却破产倒闭的事。

假如我们推测，郎佛迅跟批发商——也可能包括几家大型美容院（如华尔道夫酒店、广场酒店和曼哈顿的其他大型酒店内的美容院）——做40笔买卖，那就意味着可能有约100家店铺的美甲师为愿意尝试新事物的顾客试用露华浓的指甲油。那就是说，会有100家不同的店铺可能会出状况。顾客可能会投诉，说指甲油颜色变黄，或抱怨说美甲师不知道怎样正确涂抹指甲油。也就是说，查尔斯·郎佛迅肯定忙个不停，疲于应对。

曾于 20 世纪 30 年代在塞利格曼和拉茨公司工作过的雇员告诉托比亚斯说:"那时美甲师的涂抹方式跟现在的肯定不同……那时,人们将指甲月牙处和指尖的部分涂成白色,将指甲的中间部分涂成红色。"这位女士还提到说:"我想,他们的周薪是 25 美元,如业务超出一定的量,他们还有小比例的提成。"

这是一个不小的数字。一些美甲师可能要挣钱养家,所以,供应商提供"销售提成"(push money,本章稍后部分会讨论这个),他们一定很高兴。1932 年,露华浓没有资金用于促销宣传(20 年之后他们才这样做)。幸而,那时露华浓的竞争对手也没有用于促销的资金。实际上,1932 年市场上已出现的、如今在市场上仍可见到的指甲油品牌,除了露华浓,我能想到的就只有珂苔丝(Cutex)了。进入此行业的门槛不高,退出此行业的门槛也很低。其他品牌出现了,又消失了。露华浓出现了,一直未消失。在这样的背景下,它在 1932 年的业绩令人印象深刻。

接下来的一年,露华浓的销售额跃升到 11 246.98 美元。销售成绩背后的开销情况见表 5-1。

表 5-1　　　　　　　　露华浓公司 1933 年的开销

购买物品费用 (指甲油、瓶子、盖子、刷子等)	4 792.26 美元
职工工资	813.80 美元
房租	330.00 美元
杂费	161.29 美元
包裹邮寄费	345.67 美元
材料运费	71.71 美元
广告费(在行业杂志登出)	978.32 美元
电话费	136.88 美元
差旅费	772.13 美元
总额	8 402.06 美元

除去开销，还剩下 2 844.92 美元的利润，三位合伙人一起分享。拉赫曼得到一半，郎佛迅兄弟俩均分剩下的一半。

这样的收益不算差，情况甚至在快速转好。1935 年，马丁·郎佛迅辞去华尔街的职员工作，加入露华浓公司。他可以发挥他大哥约瑟夫和拉赫曼都不擅长的销售专长。那年，露华浓的销售额为 68 000 美元——很可观的增长。1938 年，查尔斯税后实得 39 000 美元；与 1932 年相比，公司销售收益增长近 10 倍。接下来的一年，因为露华浓引入新的口红产品线，公司销售额翻了一番。

露华浓的做法带有其行业独特的气质。通过发起"唇膏和美甲同色"的宣传活动，公司向顾客推广了一种将唇膏色彩和指甲油色彩匹配一致的理念。在化妆品这样的产业，这种理念无疑是一种突破性思维。露华浓投入重金在高端时尚杂志做色彩广告。在整个宏大经济体的背景下，这也许不算一个惊天动地的想法，但它显示出了一种特殊的创造力和聪明才智，其回报也是巨大的。1940 年，露华浓的销售额为 280 万美元。在不到 10 年的时间内，它的销量有了明显增长。

刚起步时，露华浓要解决很多问题：它需要有效果良好的产品；需要给供货商付款；需要想办法让业内人士和顾客了解产品的益处；需要建立销售渠道，使产品从实验室进入生产工厂，从生产工厂进入库房，再从库房进入消费者手中。需要强调的是，所有这些问题都必须同时解决。解决所有这些问题时，他们都可能面对怀疑和嘲笑。露华浓，闻所未闻的品牌！销售的产品主要靠一个男人的想象力支撑，而且其品牌在业内还有不太可靠的名声，所以为什么要和露华浓做生意呢？

郎佛迅相信自己。既然可以踏入这扇大门，他觉得也可以将产品带入这扇大门。可是踏入哪里的大门？20 世纪 30 年代，指甲油在众多销售地进行零售，不仅包括美容院，也包括药店、百货商场、杂货店（如伍尔沃斯杂货店）。

郎佛迅选择美容院作为销售点，用一位商业记者的话说，这个选择"真正使这家公司快速发展起来"。露华浓的一位高管后来回忆说，美甲师是"专家，专业人士，他们为女士决定其需要什么"。美甲师的推荐起到了"内置广告"的作用。在美容院用过露华浓产品的女士会去一些零售店询问和购买该产品。问询次数足够多了之后，郎佛迅找百货商场老板要求开零售专柜这事就容易多了。

虽然没有郎佛迅当时讨论此事的记录，但从他的行动中我们可以推断出他的策略。他的做法本质上就是：让指甲油成为时尚世界的一部分。他要让美国女性把指甲油看成和衣柜里的衬衫、鞋子或手袋一样重要的必备品。

如果郎佛迅能成功地使指甲油成为时尚用品，他可以在许多方面有所作为，而他的竞争对手可能想都没想过这些。首先便是产品价格。购买时尚用品时，顾客看待价格的心态跟她们购买一般用品时的心态截然不同。如果购买一瓶化学混合制品，她们出手有限。但是，如果购买的是魅力、神秘感、性感，她们出手会如何？那就慷慨得多了。

通过将指甲油从化学制品升级为梦幻产品，露华浓使顾客的购买心理发生了转变——从理性购物转为感性购物。郎佛迅使产品的销售价格游离于成本价格，这种从理性到感性转变的关键在于他的想象力，以及多年来他聘请的一些杰出文案撰写人和业务员的想象力。

露华浓不仅出售产品，还出售故事。20世纪五六十年代，比阿特丽斯·卡斯尔（Beatrice Castle）曾为露华浓做过广告宣传工作。她曾谈到参与推广一款波斯香瓜（Persian Melon）色产品的情景:"我们设计了这样的全景——一位女士躺在波斯国王的泳池旁,国王正向她走来,手中拿着为他的宝贝准备的一条簇新的、熠熠生辉的翠绿色宝石项链。现在,难道你不认为,美国中产阶层的夫人在洗浴时也会憧憬同样的美事?她们当然会。"

从一开始,露华浓定价就很大胆。梦想不会在这个世界的伍尔沃斯杂货店实现——露华浓没有想通过这类地方销售产品。它销售产品首先通过美甲师,接着通过时尚百货商场。露华浓首次在百货商场零售瓶装指甲油(而非出售给在百货商场工作的美甲师)是在萨克斯第五大道精品百货店。

1935年,露华浓将全年335.56美元的广告预算全花在了刊登在《纽约客》(The New Yorker)杂志上的名为"指甲油夏日色调"的广告上。这里的夏日色调是指阳光玫瑰色(Sun Rose)和栗色(Chestnut),广告中形容这两种色调"新颖、令人兴奋、独有",而且"由纽约一位社交名媛独创"。后面的话与稍早提及的"国王拿着簇新的、熠熠生辉的翠绿色宝石项链"的场景一样令人浮想联翩。此广告最后说:"详情请咨询你的美甲师。"

这则广告很好地阐释了露华浓的营销策略。产品很特别,面向高端客户。除了提升产品对人们的情感吸引力,露华浓也欢迎读者持怀疑态度并求证。购买前,她应该先征询一下美甲师的意见。美甲师是行家,他们之前已购买过查尔斯的产品。还有一点要注意:露华浓推出了两种色调,而不是一种。在夏季,人们需要夏季色调的指甲油,这个主意很新颖。

对时尚产品而言,价格往往代表其价值。因此,高价即意味着物有所值。如果露华浓声称,该产品在杂货店一毛钱就可买到,那这则广告就毫无意义。有意思的是,露华浓的广告压根不提价格。"出于愿赌服输心理,或自信自己做法正确,郎佛迅将一瓶指甲油定价 50 美分，而竞争对手的定价是 10 美分。当其他唇膏定价 49 美分时，他将自己公司推出的唇膏定价 1 美元。广告商警告郎佛迅说，定这么高的价格，永远都不会成功。但是，郎佛迅却成功地提升了露华浓所有化妆品的价格水平。"

郎佛迅非常佩服通用汽车。在某种意义上，这有点扯。他和小艾尔弗雷德·P. 斯隆（Alfred P. Sloan Jr.）截然不同，世上几乎找不出比他俩更迥然相异的人，也找不出像露华浓和通用汽车经营方式更迥然相异的公司。然而，在一些细节上，郎佛迅确实模仿了斯隆。对郎佛迅有吸引力的是斯隆的这些做法：有计划地淘汰旧产品，提供产品线而非单一产品。产品线的目标对准的是——如俗语所说——"所有女士钱包和所有不同场景"。

价格不太贵的产品出现在露华浓发展后期。最佳案例就是一款价格适中的名为"查理"的香水。这款产品在市场上取得了令人瞩目的成功，成为同类时尚产品中最畅销的品牌。但是，在早期，露华浓产品确实是以高价进入市场的。后来很多产品的销售价格直接跌至底价。露华浓产品的成本一般是柜台销售价的 10%。

20 世纪 30 年代末，露华浓不仅广泛地进行广告宣传，还通过包装、展示和融入百货商场的时尚主题这些方法进行宣传。郎佛迅较早就知道"如何通过女性时尚杂志，将促销宣传做得透彻。他在杂志、（女装）制造商和美国主要城市的大型百货商场之间建立起促销合作关系。在这些商店，他利用各种销售柜台展示、戏剧性橱窗展示来表明露华浓的产品'就像人们在杂志上看到的一样'"。

有计划地淘汰产品，推出新产品，定高价，搞"新闻"，这些都是郎佛迅市场营销的重要部分。人们一般会使用某物品，直到用完为止。在郎佛迅进入市场前，一位女士可能拥有一瓶指甲油，用完后才会扔掉。郎佛迅进入市场后，一位女士可能拥有两瓶指甲油,既有阳光玫瑰色调的,也有栗色色调的。虽然之前一直使用的春季款的指甲油还有很多没用完,但她可能会扔掉春季款的。在这方面到底有多大的发挥空间?1952年,露华浓在接受商业媒体采访时表示:为了捕捉"女性的秋思",公司有近5 000种色调……各种红色色调供客户选择。很可能没有多少女士拥有5 000种红色色调的指甲油,但是,现在大多数使用指甲油的女士很可能拥有不止一种色调的指甲油。郎佛迅创造了一个市场。

为了服务市场,分销环节至关重要。马丁加入公司后,很快构建起销售团队。截至30年代末,露华浓的产品显然已行销全美。到1941年,除了"几乎垄断"美容院之外,露华浓产品还进入了百货商场和药店。

露华浓愿意进入的药店一般坐落于条件较好的街区。露华浓对零售商态度比较强硬。它要求这些药店只卖露华浓的产品,或至少在货架空间和产品展示方面给予露华浓产品优厚待遇。露华浓虔诚地致力于公平交易。如果露华浓产品被搁置在脏兮兮的商店一角,上面挂着标有"折后39美分"字样的俗气招牌,那就没有顾客会相信,该产品如查尔斯所说的"像凯迪拉克一样高端"。

露华浓的销售人员光顾一些零售店时,会有一些不太好的事发生。托比亚斯这样写道:

> 如果销售人员将沉鱼牌(Chen-Yu)指甲油色号图表偷偷塞进手提包并设法离开零售店……嗯,露华浓色号图表总能取而代之。如果沉鱼牌指甲油的一些盖子有点松动,指甲油变硬了……嗯,店家或顾客就知道,劣质品牌的指甲油不能再买。如果,为了确保露华浓的产品占据足够空间,销售人员真的会展开双臂,装作不小心地将竞争对手的产品从柜台上碰到柜台外或柜台里的地上……嗯,销售人员被授权按照零售价赔偿损

坏的货品，然后用露华浓的产品取而代之。

20世纪30年代末和40年代初，随着露华浓成为业内最热门的品牌，控制分销渠道的问题变得更紧迫了。在美容院生意方面，露华浓坚持要求露华浓产品线的批发商不可以批发露华浓竞争对手的产品。联邦贸易委员会认为，露华浓和批发商之间的协议违反了1954年的《罗宾逊-帕特曼法》（Robinson-Patman Act）。经过5年的较量，协议被终止了。据1956年一名商业记者说，协议的终止"并没有动摇露华浓对美容院的控制；据露华浓估计，现在超过90%的美容院仍然只用露华浓的指甲油产品，露华浓据此事实提出，那些限制性协议从来都不具有真正的意义"。露华浓的说法引出了一个问题：如果公司本可以在不违反《反垄断法》的情况下击败竞争对手，那它为什么还要违反《反垄断法》呢？

对露华浓来说，在药店控制产品的销售更加困难。要记得，郎佛迅不仅出售产品，还出售戏剧和梦想。在药店，露华浓的产品摆放凌乱，药店管理粗放。或许最糟糕的是，为吸引顾客进店，露华浓的产品被大幅度降价出售。也许，顾客进店后却被店主说服购买其他产品。这些做法损害了郎佛迅试图打造产品魅力的核心。在露华浓看来，问题的解决办法是：进行选择性分销，并认真地加以把控。

另外，在零售商看来，露华浓打造的高端时尚、利润丰厚的化妆品品牌是一个赚钱机会。拥有露华浓特许经销权的零售商本身也可以搞批发业务。通过超量采购，然后以高价将多买部分卖给露华浓拒绝打交道的商店，这些有特许经销权的零售商就可以赚取差价。之前无法购进露华浓产品的商店如今也有了这些产品。有了这些产品，便有机会满足顾客需求，进而改善自己店铺的形象。

各方都受益获利……当然，除了露华浓。露华浓奋斗的目标不是提升低端商店的形象，而是从高端商场的销售中获益。私自批发露华浓产品的后果是：分销力度超出露华浓的预期，最后演变为价格竞争。最终结果将是，该品牌变得越来越不值钱，露华浓这座空中城堡的薄弱地基可能会在瞬间消失。

怎么办？没有官司，没有宣誓证词，没有定罪宣判，但我们有理由相信，露华浓是通过使用肌肉力量这种传统方式来解决这一难题的。到20世纪70年代，露华浓发展初期一些不法特许经销商遭遇状况的故事仍在坊间流传。有传言说到"暴力团伙"，他们做的远不只是偷色调图表或弄坏竞争对手产品，他们还会殴打涉事零售商。至少，他们会威胁说要暴打涉事者，这种做法倒是典型的露华浓风格。

20世纪30年代末，投资圈中仍然有许多人对化妆品行业持怀疑态度。据一篇文章的描述，由于不可避免的广告费与销售额的高比率，化妆品行业"从经济角度来说位列世界上最不稳健行业之中"。

总之，化妆品行业基本上是投机性的。尽管此行业仍在发展，但激烈的竞争、一直较低的价格水平和高税收困扰着它。最糟糕的是，它为美国女性善变的时尚观念所左右。即使是业内收入最高的高管，在预测新产品的受欢迎程度时，也时常"会失手"。

通过突出产品的时尚性并保持时尚领先地位，郎佛迅希望降低露华浓产品的"投机性"。遗憾的是，强化时尚也会出现负面效应。利润可能很高，但时尚变幻不定。从其定义来看，时尚本身就是不可预测的。成功的公司必须成为"时尚创造者"，而非"时尚跟风者"。20 世纪 20 年代,通用汽车将时尚引入汽车工业,但是它对汽车行业的控制非常强有力,所以在大萧条期间通用没有经历其他汽车公司所遭受的挫折,收获了经济回报。这也是郎佛迅佩服通用汽车的另一个原因。郎佛迅也想引领时尚,而不是被时尚左右。

战争时期及战后(1939—1950 年)

第二次世界大战影响了美国的所有企业,露华浓也不例外。宏观经济形势几乎一夜之间发生了转变。从 1939 年到 1944 年,实际国民生产总值增长了 93%。随着生产量的飙升和武装力量的急剧增长,失业情况消失了。在此期间,有 300 万妇女加入了劳动力大军。自 19 世纪 20 年代马萨诸塞州洛厄尔(Lowell)开办纺织厂以来,女性就开始为赚取工资而工作。但从未有如此多的妇女在如此短的时间内开始挣取丰厚的报酬。如果你在化妆品行业工作,这是个重要发展时机。

由于战时需求,所有企业的人事都受到了影响,露华浓也不例外。约瑟夫·郎佛迅参军入伍了。但毫无疑问,马丁遭受的损失更大,1943 年 4 月,他应征入伍,而就在三个月前,他刚被选为全国美容美发协会主席。

查尔斯没有入伍,他成了军方的供应商。露华浓为军方生产急救箱;而且郎佛迅在 1942 年还成立了沃塞特公司(Vorset Corporation),为美国陆军生产手雷,为美国海军生产彩色标记笔。陆军和海军有关方面对露华浓都非常满意。1944 年 7 月,公司因表现出色获得了"卓越成就奖"。人们对沃塞特了解甚少,这很遗憾,因为沃塞特公司的成功运营表明,郎佛迅是位能干的管理者。陆军方面不需要高级时尚的手雷,海军方面也不需要 5 000 种不同色号的红色标记笔。一切按战时的国防合同要求生产。商家销售的产品必须好用，因为产品关乎生死。沃塞特任务完成得不错，获得了军方的认可。

就化妆品行业而言，在珍珠港事件之前很早的时候，二战就给此行业带来了一些问题。早在 1939 年 12 月，该行业就叫苦说，各种油料和包装材料出现短缺。美国参战后，情况似乎开始变得更糟。1942 年初，战时生产委员会对化妆品行业实施限制措施。但是，在经历"行业代表们的高压游说"后，这些限制措施在短暂实施数月后就被取消了。反对限制化妆品行业的人指出，化妆品对提升后方女性的士气很重要。

因此，二战期间化妆品继续在美国销售，如同在英国和德国一样。事实上，根据某消息源，美国化妆品销量增长迅速，从 1940 年的 4 亿美元增长到 1945 年的 6.59 亿美元。主要交战大国中，只有美国的总消费性开支是增长的。具体说来，从 1938 年到 1944 年，美国的总消费性开支增长了 22%，而同一时期英国的总消费性开支下降了 20%。

提到在军工厂工作的女性，或是刚刚受雇的军工厂工人的妻子，郎佛迅相当坦率地指出，"现在，这些女性突然变富有了，她们平生第一次可以花钱享用之前经常听说的美容产品：老板娘用的化妆品，有钱朋友买的优质美容用品"。

总体而言，二战期间时尚产业的活力不及二战后。战时生产委员会想要节省纺织物，他们努力让"美国妇女和姑娘放心，战争期间服装样式不会有很大变化……她们现有的服装不会因为时尚的巨大变化而过时"。

因此，主打时尚的产品的购销受到了一定的限制和打压。但是在二战期间，时尚并没有在美国消失。好莱坞一直在制作电影。人们对新电影的关注可以给精明的营销者以启发，使他们知道如何搭乘电影带来的免费宣传这个便车。

例如，1942年，米高梅（MGM）电影公司发行了《米尼弗夫人》（Mrs. Miniver，又译作《忠勇之家》）。这部电影是"米高梅战时向英勇的英格兰人致敬之作"。影片大获成功，斩获了五项奥斯卡奖。据露华浓的广告宣传和促销总监海伦·格尔贝（Helen Golby，在业内被形容为"才华横溢、高度神经质的女孩，经常威胁要辞职，却一如既往地将她对色彩的理念通过百货商场以前所未有的力度进行推广"）所说：

> 《米尼弗夫人》取得了成功，令人难忘。在电影公司没有给予任何提示的情况下，露华浓从这部电影中提取了玫瑰花这个要素，创造了今年最迷人的色号之一——"米尼弗玫瑰色"……这款色号很快用于印花面料、皮革制品、人造玫瑰花和真玫瑰花的研发。基于令人难忘的米尼弗夫人这个荧幕形象，全新风格的女性形象出现在了时尚界，并被全美各地的重要商店争相采用。

在露华浓投入50万美元开展的这场"米尼弗玫瑰色"宣传推广活动仅仅六个月后，露华浓就不再重点宣传令人难忘的米尼弗夫人形象，推出了新命名的新款色号。也许至少在这个案例中，计划性地推陈出新是最好的做法。《米尼弗夫人》过去是、现在仍然是一部很差劲的影片。美国著名影评人宝琳·凯尔（Pauline Kael）称这部电影是"所有奥斯卡奖得主中最过于自以为是的电影之一"，称格里尔·加森（Greer Garson）则是"极其完美的女英雄典范"。

格尔贝的叙述有诸多夸大之处。与战时类似"米尼弗夫人""粉红闪电""致命苹果"这些时尚主题推广活动相比，战后时尚主题推广活动更协调、更纯粹。但是，这些促销活动确实表明，战时生产委员会的愿望落空了，时尚世界的活动和计划性地推陈出新在战时并未停歇。

1946年，任何战时禁令都已成为过去，露华浓向市场发起了猛攻。那年春天的推广主题是"单身男子的康乃馨"，因为"这是男孩子从海外回来的第一个春天，他们脱去制服，身着便装，手中的红色康乃馨耀眼夺目"。对花店老板来说，此次推广活动是个利好消息，他们借助露华浓的广告宣传主题，推出同主题的花店橱窗展示。10月份，露华浓的宣传主题是"超级紫罗兰"，而且这次活动也搭上了免费宣传的便利。年轻的流行歌手黛娜·肖尔（Dinah Shore）一首《谁会买我的超级紫罗兰》单曲唱片打破销量纪录。

对于每年两次的促销活动，露华浓制定了相应的时间表，这样新品发布和联合市场营销有更好的安排。情况常常是，在推出新款色号产品时，露华浓会继续营销之前的色号产品。这样，就增强了产品多样性，堵住了一些不法分销渠道。露华浓努力采用系统化方法来应对一个高度不可预测的行业。然而，不管广告投入力度有多大、宣传有多广泛，此行业都不可避免地存在预测的因素。就连格尔贝也在1947年承认说："确定产品的色号和名称就是场大赌博。" 10年后，当露华浓成为家喻户晓的品牌时，《财富》杂志记者仍然可以这样评论说："任何重大的推广宣传都有可能转变为波及全公司的危机。"

预测时尚是查尔斯分管的事，他必须得猜对。露华浓仍是时尚的接受者，而无法创造时尚。

成功和阵痛（20世纪50年代）

1955年12月7日，露华浓成为上市公司，从那一天起，该公司有史以来首次有了经审计的财务报表。在公司上市所提供的文档中，相关数据可以追溯到1949年，其中部分统计数据见表5-2。

表5-2　　　　露华浓1949—1960年部分财务数据

年份 （至12月31日）	净销售额（美元）	广告、促销、销售， 以及管理费用（美元）	净收入 （美元）
1949	16 929 484	6 511 537	1 132 055
1950	19 147 286	7 188 014	1 417 435
1951	22 392 062	8 896 728	987 273
1952	25 490 613	10 167 805	1 188 365
1953	28 306 898	12 837 548	983 330
1954	33 604 037	15 335 919	1 297 826
1955	51 646 612	22 598 733	3 655 950
1956	85 767 651	34 411 395	8 375 502
1957	93 656 256	无	8 999 337
1958	108 762 302	无	9 688 307
1959	123 115 147	无	10 836 797
1960	134 443 070	无	11 321 095

表5-2中的数据给人的感觉是：露华浓的业绩已经很好了，不该苛求更好了。但披露这些数据是有代价的。到1960年，露华浓的肮脏小秘密既不小也不再是秘密了。在这些年里，露华浓发起了"火与冰"的宣传推广活动，并赞助了电视节目《最难回答的问题》。这两项活动都值得我们关注。

火与冰

露华浓要求其广告代理商理解露华浓的公司形象，他们必须根据"露华浓形象"这个宣传主题安排半年度的推广活动。"露华浓形象"是一位"富有异国情调且身价不菲"的女性。一位广告人这样描述她:"只在晚上出门,乍看像个高级妓女,但是你知道的,她其实是个好女孩。"露华浓一位高管说,郎佛迅相信,每个女人内心都有点邪念,都有放荡不羁和冒险的冲动。露华浓的广告针对的就是这种不羁和冒险的冲动。

那些年,露华浓最令人难忘的促销活动是 1952 年秋季的"火与冰",它给化妆品行业留下了永久的深刻印象。活动的策划工作开始得比较早。新年刚过,露华浓就召集所谓的创意策划委员会开会。春季促销的计划刚刚制订完成,尽管名为"粉红街区"的春季促销活动再过一个月才会拉开序幕,但此时应该开始考虑秋季促销活动了。

创意策划委员会的打算是:1952 年最后一个季度,人们将见证一种另类时尚、一种对当前时尚风格的逆反。委员会认为,美国女性已厌倦了束身衣和细腰带对她们的束缚,时尚界的新形象"将是美人鱼般自然、舒展的形象"。现在,露华浓必须为其口红和指甲油选定一种色调,使其能表达出这种新时尚。从该公司声称的可供选择的数千种红色色调中,查尔斯·郎佛迅选择了"一种丰满的、充满激情的色调,它是公司有史以来推出的最丰盈的色调"。

至少在《商业周刊》杂志上,露华浓是这样描述它新推出的色号的。然而,一位参与"火与冰"促销活动的女士对此色号的回忆却截然不同。比阿特丽斯·卡斯尔是露华浓的时尚总监,她负责与露华浓的广告代理凯·戴利(Kay Daly)一道为这次活动设计一个名称。卡斯尔对这种新色号的感觉并不怎么好:"我们看到的是一无是处的色调。颜色本身不会令人脑海里闪现出一个非凡的名字……它就是款正红色……中号的红,没什么新鲜的,无法令人怦然心动。"

据卡斯尔说,她和戴利每天早上 8 点半在鲁本斯熟食店见面,讨论此次推广活动用什么名字。查尔斯想到将军肩上的四颗星，提议用"四星红"这个名字。"嗯，再怎么也不能用它，"卡斯尔说道，"不合适！"卡斯尔和戴利讨论了其他许多名字，如"纯红"和"红如是"。"最后一刻"，卡斯尔提出了"火与冰"这个稍显"老土"的标题："……意大利一些新晋电影明星令我想起每位女性都具有两面性……一方面，所有女性，她们为各种事务奔忙……另一方面，在赚钱和获取承包合同方面，有些女性非常厉害，前所未见。"

戴利喜欢这个想法，并建议在广告中加入一份调查问卷。如果读者对一些问题的回答是肯定的，就可获得"火与冰"口红。在马丁·郎佛迅的帮助下，广告得到了进一步完善。最终，一共选定了15个问题，这些问题"文明世界的每位女性均可作答，这就像是搞一项成本不高的市场调查分析"。

除此之外，这则杂志广告还有两个方面至关重要。首先，露华浓必须找到一位象征"火与冰"的模特；其次，必须为模特选择合适的服饰和发型。凯·戴利选择了多里安·利（Dorian Leigh）作为模特，让她额前留着使人联想到冰的黑色垂发。利身穿一件专为此广告设计的紧身露背银色全水钻女裙。她在裙子外面披了一件红色披风，代表着火焰。披风色彩与她的口红和指甲油颜色相匹配。

这只是当时情况的一种说法。托比亚斯采访了凯·戴利，并写到，戴利对"火与冰"之源的说法"在一些关键点上与比阿特丽斯·卡斯尔的说法有所不同"。戴利曾分别做过诺曼（Norman）、克雷格（Craig）和库梅尔（Kummel）公司的副总裁兼创意总监。20世纪50年代，她是服务露华浓的广告代理之一。1961年，她成为露华浓负责创意的副总裁；在十多年的时间里，她是露华浓唯一的一位女性高管。郎佛迅死后不久，她也去世了。不管怎样，戴利这样说,"火与冰"是她的创意,可卡斯尔不喜欢这个创意,基本上没使上什么劲。真相如何,永远无人知晓。可以肯定的是,"火与冰"推广活动的主题不是查尔斯的创意。

1952年11月,《服饰与美容》(Vogue)、《女性家庭杂志》(Ladies' Home Journal)、《生活》(Life)、《纽约客》(The New Yorker)、《魅力》(Glamour)等杂志终于刊登了两个版面的"火与冰"色调宣传广告。左边广告页是模特多里安·利身穿上述服饰的照片。在她身上的腰部印有这样一些字:

> 我眼中,你不惧烈火……
> 我眼中,你不畏寒冰……
> 露华浓之"火与冰"色调
> 朱唇和绛甲相得益彰。
> 丰盈,激情四射的猩红……
> 如燃烧之钻石舞动在月亮之上!

广告右边那页上写着:

> "火与冰"非你莫属?
> 回答下列问题,便可见分晓。
> 美国女孩是什么样的?与糖、香料及其他食材为伴?① 从吉布森女孩②时代起,情况就不同了!这里是一位美国新时尚丽人……既风骚又妩媚,既动人又妖冶,既充满活力又端庄娴静。男人觉得她既有点令人迷惑又使人愉悦。有时,她有点令人疯狂。然而他们承认,她无疑是世上最令人心动的丽人!她

---

① 形容女性在厨房里忙碌。——译者注
② 美国插画家查尔斯·达纳·吉布森的作品是后来许多著名艺术作品的素材。——译者注

是1952年年度美国丽人，具有融化男人的万全之策！她是"火与冰"女孩。（你是吗？）

你有脱去鞋子光脚跳舞的举动吗？

你曾对着新月许愿吗？

发现自己在与他人调情时，你会脸红吗？

做菜需加一点苦味时，你是否认为双份苦味会更好？

你是否暗自希望，邂逅的下一个男人是位精神病医生？

你是否有时觉得其他女人对你反感？

你是否曾想过脚上戴脚镯？

黑貂皮会令你兴奋吗，哪怕是看别的女人穿它？

你是否有过这样的经历：看到聚会上人头攒动感到恐慌，可结果却是，你度过了一段美好时光？

吉普赛音乐让你伤感吗？

你是否认为有男人真正了解你？

你会不告知丈夫就将头发染成淡金黄色吗？

如果有去火星的旅游航班，你会去吗？

别人吻你时，你会闭上双眼吗？

你能如实地用"是"回答以上至少8个问题吗？那好，"火与冰"非你莫属！

这则广告引人注目，富有戏剧性和独创性（而且还相当奇妙）。但是，广告宣传只是销售化妆品的一个环节。之后，"火与冰"色号的耐用润唇口红、普通口红、磨砂指甲油和改良配方指甲油被投放市场，在全美数千家特许药店和数百家高档百货商场出售。露华浓竭尽全力，让零售商为"火与冰"色调的产品提供尽可能多的橱窗展示空间，让他们在售卖时尽可能多地给予关注。

在药店和规模较小的百货商场，露华浓没有派驻自己的产品展示员。现如今，公司有能力支付商场女店员一些费用，这笔费用叫作提成。此做法于 20 世纪 50 年代开始风行起来。根据马丁·郎佛迅的说法，"向女店员支付提成，目的就是让她对露华浓的产品产生足够兴趣。这样她就会主动向顾客介绍产品，而不是简单地把产品递给顾客就完事"。因此，被一般顾客认为在为商场工作的女店员，其实也在为露华浓工作，她会格外积极地推销露华浓的产品。化妆品柜台前的顾客常常会问女店员："有什么新货吗？"因为提成的缘故，女店员很可能会回答："火与冰。"露华浓绝不是唯一一家付给店员提成的化妆品公司。但据说，与竞争对手相比较，露华浓更广泛、熟练地运用了这一做法。在"火与冰"推广活动期间，露华浓付给女店员的提成总数，以及拿提成的女店员总数，比任何竞争对手都要多。1952 年秋天，《商业周刊》评论说："提成现象已普遍存在，到处都有。"

1952 年夏天，露华浓派销售代表到全国各地的百货商场，提议商场以"火与冰"为主题，在店内各处销售露华浓产品，尤其是在女装部。有 300 到 500 家百货商场对此提议反应热烈。例如，在辛辛那提的波格（Pogue）百货商场橱窗里，"亮片、刺绣、珠子、火红和灰白两色的绸缎闪闪发光，还有莱茵石珠宝……摆放在一起，呈现出该商场的'火与冰'主题秀"。在店里面：

> 人们将打上灯光的新色调口红和指甲油与服饰放在一起展示，以配合主题宣传。这些展示遍及商店三层时装区、玫瑰屋①、儿童服饰区、大众服饰区、内衣区、运动服饰区和女帽区。露华浓的产品展示也出现在配饰区——针织品、手袋、珠宝、手套、鞋子、腰带的销售区。在电梯和自动扶梯的指示牌

---

① 卧室用品展示区。——译者注

上，以及电梯内部，总共有26个宣传"火与冰"主题的标志。

除了自己做广告以及与商场合作打广告外，露华浓还从辛辛那提的新闻媒体那里获得了"火与冰"主题的免费宣传。《辛辛那提问询报》（Cincinnati Enquirer）的一位专栏作家以幽默的口吻描述了波格百货商场的促销推广活动。当地广播和电视评论员以及一种在酒店流通的周刊也对此次推广活动给予了许多关注。

这些发生在半个世纪前，事情过去都这么久了，人们更难弄清楚类似"火与冰"这样的促销活动到底是怎样的情形。1952年1月，露华浓要求公司的"创意策划委员会"预测当年秋天"美国女人的心情"，这意味着什么？露华浓"选择一种能表达那种情绪的色调"，这意味着什么？如果"创意策划委员会"选中了另一种色调，情况是否真的会不一样？回想一下，当比阿特丽斯·卡斯尔第一次看到那款红色——那款从5 000种不同色调中选出来的色调时，她大失所望——"它就是款正红色……中号的红，没什么新鲜的，无法令人怦然心动。"

有人因此得出结论说：色调本身毫无意义。凭借其经验、人脉、营销能力、提成和广告宣传，露华浓也可以用靓丽的绿色作为其唇膏和指甲油的色调。露华浓最终成了时尚引领者而非时尚追随者。常识告诉我们，1952年1月，一些把自己关在曼哈顿一幢办公楼里"闭门造车"的生意人是不会预测到当年11月份流行的"时尚色调"的。

1952年1月到11月期间发生了很多事情。那年4月，为避免工人罢工，杜鲁门总统接管了相关钢铁厂；但之后不久，钢铁厂老板们又重新获得了这些钢铁厂的控制权，因为政府接管被裁定有违宪法。那年7月，共和党提名德怀特·D. 艾森豪威尔（Dwight D. Eisenhower）为总统候选人。此前，艾森豪威尔击败来自俄亥俄州的美国参议员罗伯特·A. 塔夫脱（Robert A. Taft，是"西部的女王之城"辛辛那提的当地人）成为总统候选人。在波格百货商场购物时，顾客的心情是否会受到这种不可预测的形势变化的影响？那年 9 月 4 日，艾森豪威尔当选总统，成为自 1928 年赫伯特·胡佛（Herbert Hoover）之后第一位入主白宫的共和党人。这是否会影响到人们的情绪？

在国际上，美国陷入了朝鲜战争的泥潭。在战场上，红色不代表时尚，它意味着鲜血；政治上，红色意味着共产主义。1952 年，参议员约瑟夫·R. 麦卡锡（Joseph R. McCarthy）的政治压迫和白色恐怖达到了巅峰。在叙述"火与冰"策划和执行情况的回忆录或媒体采访中，我发现，这些事件和情况根本未有提及。

还有就是广告本身的问题。广告中模特多里安·利就好似（不管怎样，在我看来）来自外太空的生物，或许是外星人和吸血鬼的产儿。她令人联想起这样的歌词："冷酷无情的汉娜——热带草原上的妖孽。对男人她铁石心肠，落井下石。"

研究化妆品发展史的凯西·佩斯（Kathy Peiss）写道："引人注目的是，'火与冰'刻画了一个至纯魅力时刻……模特'在太空中飘然若仙……完全沉浸在属于自己的世界里'。这里没有与异性的邂逅，没有浪漫的场景，只有一个自我沉醉或自信满满的女人。"佩斯强调了广告所显示的"厉害"但"纯粹女人"的特质。广告呈现出女人非常自我的、与主流社会格格不入的特质。这种反常的倔强特质成为后来出现在 1970 年代的女权主义的一种先兆。这真的是美国中产阶级的夫人"在洗浴时憧憬"的美事吗？

这张夸张的照片后面，我们只看到一些测试题，没其他内容。测试题！又一张表格要填写！很难想象还有什么比这更乏味了。这种做法的实效如何，很难判断。但另一方面，应该承认，人们总是很难客观公正地评价过去的时尚。1999年夏天,美容院的经营者们说,OPI(一种专业美甲品牌)指甲油热销。当被问及原因时,他们说:"这些指甲油颜色不错。"

为时尚商品选择合适的颜色以利促销,这里面存在一定的道理。不论可能存在什么道理,多位成功的高管表示说,这都无法进行理性分析。凯·戴利问:"你是否敢……把那些从哈佛商学院毕业、带着圆边眼镜、留着平头、受过方法训练的年轻人,安排到化妆品行业(一个感性胜过理性的行业)担任重职?……无论何时,只要这种情况出现,我们就会发现产品销量下滑。"

尽管露华浓大张旗鼓地宣传"火与冰"主题的色调产品,但公司报告数据表明,其销售业绩并未显著增长。虽然1952年(不要忘记,"火与冰"促销宣传始于当年11月)和1953年的销售额肯定是增加了,然而,如表5-3所示,与之前的业绩相比,这种增长并没什么不同寻常的。

表5-3　露华浓1950—1960年销售和收益的变化一览表

年份	销售增长(美元)	收益增长(美元)
1950	2 217 802	285 380
1951	3 244 776	(430 162)
1952	3 098 551	201 092
1953	2 816 285	(205 035)
1954	5 297 139	314 496
1955	18 042 575	2 358 124
1956	34 121 039	4 719 552
1957	7 888 605	623 835
1958	15 106 046	688 970
1959	14 352 845	1 148 490
1960	11 327 923	484 298

资料来源:根据表5-2计算得来。

如表 5-2 所示，1951 年至 1952 年期间，露华浓的广告、促销、销售和管理费用几乎增长了 15%。1952 年到 1953 年期间，此数据增长了 25% 以上。提成和其他支出费用大大削减了收益。

从 1949 年到 1954 年，露华浓的销售稳步增长。在那些年里，公司销售额的年均复合增长率达到惊人的 14.7%，结果，在五年内露华浓的销售额几乎翻了一番。但是，1952 年和 1953 年，即"火与冰"推广宣传的年份，公司的销售增长率并没有显著提升。事实上，1953 年以美元计算的销售增幅低于 1952 年的，而 1952 年的销售增幅又低于 1951 年的。因此，尽管存在各种说法，但就销售和利润而言，"火与冰"宣传的效果肯定是令人失望的。

要了解真正大获成功的广告和促销活动带来的改变，只须看看 1955 年和 1956 年的销售增长情况。这两年的销售增长率分别为 54% 和 66%，收益则增长了 182% 和 129%，这些增长是露华浓公司的内部增长，而非外部收购的结果。从 1954 年到 1959 年，露华浓的销售和收益的年均复合增长率分别为 29.7% 和 52.9%。这期间的销售增长的基数要高于 1949 年至 1954 年期间的。至于收益，1949 年至 1954 年期间的收益毫无起色。1954 年，公司收益低于 1950 年的。但是，到 1956 年，露华浓已成为美国最大型的公司之一。

20 世纪 50 年代，电视广告对消费品生产公司的影响非常大，上面提到的数字最能说明问题。1955 年 6 月 7 日，《最难回答的问题》系列电视竞猜节目首次出现在哥伦比亚广播电视中。露华浓是此节目的赞助商，露华浓的赞助使其在美国商界声名鹊起。

查尔斯·郎佛迅成长于一个以市场营销为导向的行业，此行业的终极营销手段是：在高端时尚女性杂志上登出全彩色亮光版面广告。引发人们的兴趣、树立品牌形象，并且帮助产品销售的是色彩和模特。由模特多里安·利演绎的"冷酷无情的汉娜"处在一个双性同体的"至纯魅力时刻","在太空中飘然若仙"。这是郎佛迅20多年来一直乐此不疲的广告典范。经历了"火与冰"之后,他对化妆品广告和促销的方法了如指掌。"火与冰"推广活动就是一场交响乐,郎佛迅是这场交响乐的作曲者,作为公司的露华浓是指挥家,他们都是最棒的。

然后,一项新技术突然横空出世,它不仅将改变化妆行业的所有规则,也会改变所有消费品的营销环境,从最便宜的产品到汽车,无不如此。

这项新技术就是电视。就在郎佛迅在原有游戏规则下取得成功之后,由于公司和行业外部的技术发展,游戏规则发生了变化。这种变化不仅是一种"颠覆",还是一场地震。在此关键时刻,不变的商业法则——适应或死亡——无情地撼动着整个商界。

虽然"火与冰"在化妆品行业产生了巨大影响,虽然"火与冰"对于露华浓成为行业领军者功不可没,虽然"火与冰"为公司赚了不少钱,但是,看看表5-2中的数据,人们很难就此说,"火与冰"改变了世界。看看电视普及后的数据,这样的结论却很容易得出。"火与冰"主题推广是"常规科学",而《最难回答的问题》电视竞答节目则是一种新"范式"。1967年,约翰·肯尼斯·加尔布雷斯(John Kenneth Galbraith)提出:"产业体系深度依赖商业电视。如果没有商业电视,产业体系就不会是现在这个样子。"露华浓的故事充分印证了他的观点。

在化妆品这样一个不稳定的行业,郎佛迅是如何华丽转身、适应这种根本性变化的?他赢了先前的游戏。50岁时,当他赚钱的主要手段,即广告,发生了根本性变化时,他是如何适应变化而不被淘汰的?

《最难回答的问题》

正如我们了解的那样,查尔斯·郎佛迅一开始被吹捧为露华浓的"色彩天才"。据说,露华浓有数千种不同深浅的红色色号可供选择,他们会为每种色号构思故事、起恰当的名称。有给人以感官冲击的色号,有令人心平气和的色号,也有表情达意的色号,这些是露华浓的必备产品。对于郎佛迅以及他要传达的信息而言,最完美的媒介是高端时尚女性杂志,其奢华、多彩、浓郁、靓丽的广告页面都是为产品推广精心设计的。没有色彩,"火与冰"的广告根本无从谈起。

电视媒体与杂志截然不同。首先且最重要的是,20 世纪 50 年代的电视是黑白的,不是彩色的。其次,电视播放的内容,包括商业广告,都受到联邦通信委员会(Federal Communications Commission,FCC)的监管。最后,与可能出现的监管同等重要的是,没人知道大众会对电视有何种反应。电视不仅能发出声音(当然,能发出声音的收音机已问世几十年了),还能直接将现场图像呈现在人们的起居室。

收音机的商业化发生在第一次世界大战后,电视的商业化发生在第二次世界大战后。笼统地从商界角度看,这两种媒体有许多共同点:它们都将人的话语带进了千家万户,任何拥有接收器的人都可以免费听到别人说话,全国民众都可以同时收听同样的事。

印刷的内容可以反复阅读,人们可以轻易将它收起来,以备将来翻阅。因为印刷品可以用彩色印刷,所以它可以以夸张的方式吸引人的注意力(收音机无法做到这一点),可以呈现彩色的现实世界(在 20 世纪 60 年代中期之前,电视无法做到这一点)。

然而,先是收音机,后是电视,它们的问世都立刻改变了世界。它们能陪伴我们左右,它们大众化,因为听众不需要有什么文化教育背景,文盲能听,孩子也能听。它们是真正的大众媒体。收音机和电视能提供实时的播报,这令人兴奋。

同时应该指出,从历史角度看,收音机和电视之间存在着重要的差异。收音机先问世。20世纪40年代和50年代,许多原本可能会在电视的监管方面出现的问题,在20世纪20年代和30年代收音机问世后就得到了解决。例如,根据1934年的《通信法案》而成立的联邦通信委员会确立了针对私人使用公共电波的公共管理基本模式。

收音机一统天下时,其核心赢利模式也构建起来了;与联邦政府的监管一样,赢利模式同样不是小事。无线电[①]不是由商界发明的,也不是为商界而发明的。1895年,伽利尔摩·马可尼(Guglielmo Marconi)出于很特殊的个人原因,在意大利的家中发明了无线电。不久,世界各国政府、陆军和海军都认识到无线电在各自领域的用途。

商人们追随的脚步有点慢。所有人都知道无线电通信前所未有,所有人都知道它不可小觑,所有人都知道它会与人们朝夕相伴。世界因它而改变,昔日一去不复返,一切都不一样了。在这些方面,无线电就如同一个世纪后的互联网。

所有人都不知道的是,如何充分利用无线电赚钱,这是无线电与互联网的另一个相似之处。无线电通信是像电话或电报那样一对一发送,还是一对多发送?如果是一对多,那么这里的"多"是指私人家庭还是在公共场所聚集的团体?这种新型通信系统到底会传输什么内容?在这个价值链中,价值体现在哪里,是体现在内容上

[①] 收音机其实就是无线电,在英文中都为 radio 一词。——译者注

还是体现在渠道上？获得电台经营许可的商家能赚多少钱？电台应该联网吗？制造无线电接收器能赚多少钱？无线电接收器应如何定价？回顾第一次世界大战后的情形，通用电气公司的研究员威廉·C. 怀特（William C. White）承认说"我们当时盲目无知得令人吃惊……我们什么都有，就是没想法"。某一天，也许在不远的将来，那些努力实现居家网购的商业化的工程师或运营人员也会说出类似的话。

要解决无线电的商业化（在无线电发展早期，商业化被排除在外）这个难题，一种办法是播放付费广告。1922 年，赫伯特·胡佛在华盛顿无线电大会上说："不可想象，我们居然让喋喋不休的广告淹没收音机可能提供的大量服务。"他这句话值得关注，原因有很多。大萧条时期，胡佛总统选举失利，这令我们对他的印象蒙上了阴影。但在 1922 年，他可能是全国最有声望的公众人物。他是位白手起家的百万富翁。第一次世界大战期间，他的人道主义努力，特别是他非常有效地为比利时提供粮食救济的努力，得到了人们的广泛称颂。他参加了巴黎和会。会后，约翰·梅纳德·凯恩斯（John Maynard Keynes）说，胡佛"是唯一一位在巴黎和会后威望变得更高的人"。

此外，1922 年时，胡佛是商务部长（他从 1921 年干起，直到 1928 年他参加总统竞选）。1912 年颁布的《无线电法案》确立了联邦政府对无线电的监管权力，并具体由胡佛办公室执行——虽然并不清晰，也未经测试。他说的话很有分量。埃里克·巴诺（Erik Barnouw）在其诸多权威的广播史著作中，多次对付费广告成为无线电未来财政收入来源和社会常态的可能性表示怀疑。在其中一本著作中，他说，这会"令多数人不快"。

除非大众购买并拥有收音机，否则无线电台和电台执照都没有价值。公众购买收音机的速度之快，出乎所有人的预料（除了美国无线电公司的大卫·萨尔诺夫和其他少数几人）。从1922年到1929年，人们用于购买收音机的年度总支出增长了一个量级，从6 000万美元增长到8.4亿美元。1922年，6万美国家庭拥有收音机；7年后，这个数据是1 025万。

因为每家每户都有了收音机，商界人士便开始讨论如何向收音机听众推销商品，一些想法逐步开始酝酿。广告先驱阿尔伯特·D.拉斯克（Albert D. Lasker）为电台连续剧《阿莫斯和安迪》（*Amos 'n' Andy*）做赞助广告，用"探索性的""独特的销售主张"硬是对白速得牙膏（Pepsodent）进行推销时，向收音机听众推销产品的方法便有了。1929年，当拉斯克为白速得牙膏购得这个广告播放权时，此牙膏广告已经不是由一家电台播放，而是由新成立的国家广播公司（NBC）的广播网络（1926年成立）进行空中播放了，这家新公司是美国无线电公司的全资子公司。几周之内，牙膏销量翻了两番。这样的广告效果回答了关于无线电商业前景的许多问题。

二战阻碍了电视的发展，但战争结束后，情况发生了变化。电视以惊人的速度成为全国公众关注的东西。1946年，8 000户美国家庭拥有电视机。到1956年，这个数字约为3 500万。在其他许多国家，电视可能不会商业化；但毫无疑问，在美国，电视肯定会商业化。

20世纪50年代中期，电视广告产生了巨大影响。现代电视观众需要调动起丰富的想象力来领会这种影响力。那时，遥控器还没有问世。因此，如果看电视，就避免不了商业广告，除非你从椅子上起来关掉电视。你无法坐在那儿按键来关闭电视或让电视静音。你也不能进行频道搜索。即使你换频道，除了正在看的频道外，也没有多少其他频道可供选择。只有在美国最大的一些都市区才能搜到超过3个电视频道，许多城市只有1到2个电视频道。

那时人们看到的广告和今天的不一样。那时的电视广告通常采用现场直播的方式，不是预先录制的。广告持续时间不是十秒，而是长达两分钟，甚至更长。商家有时会将产品名称嵌入节目中。例如，在《可口可乐时间》(Coke Time)节目中，明星埃迪·费舍尔（Eddie Fisher）唱了一首包含可口可乐口号的歌曲，整个节目中没有多少内容超出广告范畴。

这些广告具有很大的权威性。它们看上去如此真实。商家在电视里播放虚假的东西，这不可想象。全美刚刚从二战——对的、正义的战争中崛起。20世纪50年代，美国正在进行另一场同样对的、正义的战争，尽管此次战争是"冷战"非"热战"。这是一个纯真年代，越战、水门事件、克林顿的糟心事还未出现。时任总统是一位英勇的战争领袖——艾森豪威尔，他对美国人民说："要全力以赴，享受过程，鄙视邪恶。"人们相信他，也信任他。

大众也相信电视里播放的内容，他们天真得令人难受。电视被以大众无法想象的方式操纵着。就像收音机的情形一样，按惯例，节目赞助商支付费用以在节目中播放其广告，不仅如此，他们还对节目内容行使否决权。例如，R. J. 雷诺兹（R. J. Reynolds）的骆驼香烟赞助了电视剧《人类对抗犯罪》(Man Against Crime)。赞助商要求该电视剧中的人物"吸烟姿态要优雅，不要显得局促不安"。写剧本的人被告知，不要"让烟鬼或任何声名狼藉的人吸烟，在不堪的场景和情节中不要安排抽烟的情节"。在《人类对抗犯罪》这部电视剧中，纵火不属于人类要对抗的犯罪，因为这可能会使人想起吸烟引发的火灾。还有更过分的，剧中人物不得咳嗽。

雷诺兹对新闻内容的操控同样严苛。在约翰·卡梅伦·斯韦兹

（John Cameron Swayze）主持的《骆驼新闻车》(Camel News Car)节目里，除了温斯顿·丘吉尔之外，不允许任何有新闻价值的人物以抽雪茄的形象出现在新闻节目里。"禁止吸烟"的标识不可以出现在新闻画面里。

电视不仅可以帮助销售消费品，还可以帮助提高公司声誉。对美国钢铁公司和美国铝业公司来说，电视有益于它们的公关。对可口可乐和宝洁来说，电视意味着高销量。以前不为人知的产品做了电视广告后，销量会出现戏剧性的上涨，这显示出电视的真正魔力。1950年，哈泽尔·毕晓普公司（Hazel Bishop）卖出价值5万美元的口红；1952年，多亏了电视广告，它的销售额达到了450万美元。

这么好的效果引起了化妆品从业者的注意。查尔斯·郎佛迅一直在积极寻求合适的赞助节目，其努力程度无人能及。1955年，他找到了。因此，我们的故事又回到了那年的6月7日，那一天《最难回答的问题》（以下简称《问题》）首次在哥伦比亚广播公司（CBS）电视网播出。

赞助这个节目背后的想法并没什么新意。自20世纪30年代中期以来，广播电台一直热衷于竞赛和游戏节目，利用美国人对事实的热情来提高收视率。多年来，节目组会以各种方式派送现金，或派送制造商免费提供的小商品。《问题》的新颖之处在于现金的数目。现金数目有了"巨大飞跃"，竞猜失败者可得到一辆凯迪拉克汽车作为安慰奖。

电视竞答节目《问题》的形式很简单。制片人挑选一位参赛者，让他选择某个主题，然后回答关于此主题的问题。问题会越来越难，问题难易程度决定它们的价值多少，具体从64美元到6.4万美元不等。如果参赛者不想进入下一轮更高层次问题的竞答，他可以退出。但如果参赛者选择继续竞答,却没能获胜,他就会失去奖金,只能得到一辆凯迪拉克汽车。

通过巧妙的运作,制作人增强了竞答节目的真实性和紧张氛围。竞答题被存放在制造商信托公司(Manufacturers Trust Company)的保险库里,由一名银行职员在两名武装护卫的保护下带到演播室。随着奖金的增加,选手在"暗示厄运即将来临的不祥音乐"中,进入舞台上一个封闭的玻璃"隔离间",以防观众给他提示。因为参赛选手会连续几周返场竞猜,而非一次回答所有问题,所以,观众有时间考虑参赛者是会见好就收拿奖金走人,还是会继续下一轮竞猜(他们也有时间考虑下一个问题可能有多难)。

竞答节目《问题》提供的奖金是到那时为止电台或电视节目所提供的最大一笔奖金。因为掌握大量某领域的知识,一名竞猜者会从成千上万名申请者中脱颖而出,节目主持人会向他发问。虽然公众知道参赛者经过严格筛选,但筛选过程的性质他们并不清楚。节目策划者让公众相信,竞猜问题是由美国西北大学的一位教授事先准备好的,而且是严格保密的。

这个节目一下子就火了。那年 9 月,估计有 5 500 万人坐在电视机前收看此节目,此节目观众人数是理查德·尼克松著名的基金演讲(也称跳棋演讲)的观众人数的两倍,全美 84.8% 在使用中的电视机都在播放此节目。众多观众见证了 28 岁的海军上校理查德·S. 麦克卡特森(Richard S. McCutchen)成为第一个大奖得主的过程,他擅长的知识领域是美食。

早期参与的竞猜者大多数似乎都很普通,他们掌握一些不为人知且与他们平淡无奇的日常生活相去甚远的知识。因此,麦克卡特森被问到的是高级烹饪而不是两栖攻击方面的问题。这样的安排并非偶然。其目的不仅是利用一些新奇的东西来提升节目的新颖度,还在于让观众更轻松地融入欢快的氛围中。所有那些积累了许多与日常生活不相关的无用知识的人,都可以幻想知识变黄金的美事。

短短几个月,《问题》竞猜电视节目造就了一个庞大的新"消费社群"。这是历史学家丹尼尔·布尔斯汀(Daniel Boorstin)给出的标签,它是指 20 世纪美国社会所特有的非意识形态化的、大众的、边界模糊而且变化迅速的群体。突然之间,全美很大一部分人拥有了共同的纽带,完全陌生的人可以因它而汇聚。矛盾的是,为了归属这个群体,人们不得不在物理空间上与他人分离开。大家足不出户待在家里看节目,而不是呼朋唤友一起欢庆。在节目播放期间,电影院生意急剧下滑,商店和街道空空荡荡。

所有与此节目沾边的人似乎都有了好的发展。参赛者除了获奖之外,还收到了一些大公司诱人的邀约,他们被邀请做公关工作,或出演电影。《问题》节目的创作者路易斯·考恩(Louis Cowan)是一名独立节目制作人,他后来成为哥伦比亚广播公司旗下有线电视台的总裁。可见,电视台的高管对节目播出获得成功有多高兴。甚至那位把密封支票从保险库取出来的银行职员后来也被提拔为银行副总裁。但节目的最大受益者还是赞助商。

1955 年 3 月,露华浓出钱购买了竞猜电视节目《问题》。在 6 月节目首播后不久,露华浓便开始在这档颇受大众青睐的节目中投放精心设计的广告,并因此获利。1955 年底,露华浓上市。

《问题》的成功也带来了极大的不利之处。世界各地出现了大量跟风模仿者。在美国,各类有奖竞猜电视节目层出不穷,人们希望电视节目能"用文化来影响商业化的微弱渴望再度受挫"。幸运的是,大多数类似节目都被人遗忘。但有一个对美国的影响堪比《问题》。

这个电视竞猜节目名叫《21》，由两位独立节目制作人巴里（Barry）和恩赖特（Enright）的公司开发。比赛的形式不同，特别不一样的地方是，它安排两位选手互相竞争，奖金不封顶，但节目的基本理念相同。每个问题被赋予一定的分值，分值与能挣得的奖金相关。又一次，"江轮赌徒①的把戏"与参赛者记忆中的各类信息（伪装的聪明智慧）相结合，结果是一场有利可图的表演。

巴里和恩赖特将《21》节目的赞助权出让给了制药股份有限公司（Pharmaceuticals）。1956年10月12日，该节目在美国全国广播公司（NBC）首次播出。制药股份有限公司（其著名的产品是Geritol，即巨力多，一种补药）很快发现，他们有充分的理由对此节目感到满意。虽然《21》没有达到《问题》的收视率，但它成功击败了电视史上最受欢迎的节目之一《我爱露西》（I Love Lucy），引起了广泛关注。尽管制药股份有限公司的广告主管不太愿意将公司销售额的增长完全归功于《21》，但节目肯定无损于销售业绩。1957年，制药股份有限公司的销售额比上一年增长了三分之一。

与《问题》不同的是，《21》没有回避受过高等教育的人。《21》节目的一位参赛者成了这个国家人们用知识成就财富的代表。查尔斯·范多伦（Charles Van Doren）的例子表明，知识分子可以相貌堂堂、英俊潇洒，可以变得富有，也可以成为超级明星。就像棒球选手一样，知识型选手也可以赢得名声和财富。

范多伦的家族真正称得上美国的书香门第。范多伦的叔叔卡尔（Carl）是17世纪荷兰移民的后裔，他是一位文学评论家，曾为本杰明·富兰克林撰写过传记。该传记在1939年荣获普利策奖。范多伦的父亲马克（Mark）于1940年荣获普利策诗歌奖；作为哥伦

---

① 由威廉姆斯制作的以赌博为主题的弹球机。——译者注

比亚大学的英语教授，他在课堂上的成就也同样闻名。范多伦兄弟的妻子们也都精通文学，他们形成非常有文学素养的四人组合。范多伦一家有时住在康涅狄格州的乡村别墅，有时住在格林威治村的市内住宅。多年来，他们的客人包括辛克莱·刘易斯（Sinclair Lewis）、莫蒂默·阿德勒（Mortimer Adler）、约瑟夫·伍德·克鲁奇（Joseph Wood Krutch）和莫里斯·恩斯特（Morris Ernst）。这个家族是智慧和活力的象征。

20世纪50年代的竞答类节目中，最让人难忘的是《问题》。在这类节目的所有参赛者中，令人印象最深的是查尔斯·范多伦（和其他许多人一样，他最终也被曝光）。到现在为止，仍有人认为范多伦参加了《问题》竞答节目，其实他压根就没有。

露华浓历史上最大的手笔就是赞助了《问题》和《最大的挑战》（以下简称《挑战》，《问题》的续集）电视节目。公司从1955年6月到11月赞助了《问题》，从1955年10月到1958年9月赞助了《挑战》，销售和收益都直线上升。在巅峰时期，《问题》创下当时的收视纪录，其观众人数比当时其他任何电视节目的观众人数都要多。

露华浓的销售增长究竟有多少应归功于《问题》，这不好说。在赞助该节目的几年中，露华浓继续搞促销活动，聘用了化妆品行业的精英，并推出了许多新产品。然而，毫无疑问，露华浓那些年销售的显著增长很大程度上应归功于赞助了《问题》及其后续的《挑战》电视节目，尤其是《问题》。

1955年3月，在郎佛迅获得《问题》的赞助权之前，其他潜在的赞助商也曾收到《问题》的赞助请求，但他们都拒绝了。节目首播时，郎佛迅对广告代理商很恼火，因为他确信，他们推荐的这档节目肯定意味着代价高昂的失败。《纽约时报》跟他的看法一样：

"哈尔·马奇（Hal March）是这个节目的主持人。台上还有一名银行官员，他负责从保险箱里抽取问题。他的身边有两名武装护卫。他们不像参赛者那样会得到凯迪拉克，他们沉着脸冷眼旁观整个奇怪的竞答过程。"

《问题》首播后，郎佛迅可能对此节目持悲观态度，但无论如何，他之前批准了对该节目的赞助。《问题》的受欢迎程度超出所有人的预料。即使是哈泽尔·毕晓普公司（Hazel Bishop）的老总也承认说，它"出乎意料地抓住了美国大众的想象力"。一种观点认为，节目之所以成功，是因为它真实、生动、不可预测，而且吸引了观众运用自己的才智。它"以亲切、直接、热情的方式进入千家万户"。

在描述《问题》对公司的贡献时，露华浓负责广告业务的副总裁乔治·F. 艾布拉姆斯（George F. Abrams）极尽溢美之词。

> 《问题》的促销作用简直太奇妙了，这无疑是化妆品行业历史上最神奇的成功销售案例。露华浓没有一款产品不从中受益……在零售层面《问题》有巨大的商业价值，它为我们的推销员开启了方便之门。零售业务原本很难做，但现在变容易了。开设新零售网点也不成问题。我们如今的大问题是，处理产品逾期交付的投诉。几家百货商场特地将6.4万美元[①]现金展示在橱窗里，以吸人眼球。一家商场在电视节目播放期间曾进行了一整天的促销活动。

露华浓公司称，其一些产品的广告在《问题》播出后，销售额增长高达500%。因为在《问题》上打了广告，一款叫作"粉红之爱"的露华浓口红在全国销售一空。据《巴伦周刊》（Barron's

---

① 这是竞猜类节目的最高奖金。——译者注

报道，露华浓一些竞争对手的产品销售也出现增长，至少部分是《问题》电视节目带来的效应，因为它"令女性比以往任何时候都更在意自己的外表，它像磁铁一样把女性吸引到化妆品柜台前，这使所有相关生产企业都从中受惠"。

《问题》确实显示了电视广告令人惊叹的商品促销能力。全国观众每周都会通过电视观看一位名叫芭芭拉·布里顿（Barbara Britton）的女演员推广露华浓产品。"如果女人相信她（布里顿），那就是因为她很真实。"《印刷者油墨》（Printers' Ink）[①] 杂志这样报道说。她（布里顿）既不卖东西，也不在观众面前表演，她只聊天。露华浓在《问题》节目中的广告使该公司成为"商业发展的先驱，它将产品代言人的个性和魅力融入颇具说服力的产品展示当中"。在《印刷者油墨》杂志看来，尽管布里顿很漂亮，但女观众并未因此产生反感，而是接纳了她，因为她的推销方式没有给人带来多大的压力。当然，布里顿在镜头前看似自然的真实表现并非偶然，它是露华浓及其代理商付出大量努力的结果。她外表和举止的每一个细节都是经过精心设计的。

这个案例令人困惑的方面是，《问题》时期的露华浓和"火与冰"时期的露华浓之间的鲜明对比。同一家公司，相同的产品，前后的广告形象却迥异。"火与冰"中的模特多里安·利的卖点肯定不是"真实的自我"。那则广告所描绘的女人前所未有，她也不"聊天"。而在《问题》中，芭芭拉·布里顿一点也不像"吸血鬼"，她被设计成一个甜蜜温婉、和蔼可亲的邻家女孩。在她（布里顿）身上没有任何雌雄同体的东西。露华浓的代言人从吸血鬼变成了贝蒂·克罗克（Betty Crocker，也称贝蒂妙厨，是一家提供主食、配

[①] 美国第一家广告专业杂志，创办于1888年。——译者注

菜、甜点及烘焙食品的生产商)。

如今,人们观看《问题》电视竞猜节目时,会发现它似乎无聊至极,广告毫无新意。难怪当郎佛迅首次看到该节目时,就肯定说它不会成功。向郎佛迅推荐《问题》节目的一位广告公司合伙人说,郎佛迅认为,该节目"与化妆品相去甚远,不利于营造一种他想看到的、能渲染自己产品的感性氛围和环境"。

郎佛迅说得一点没错。《问题》电视节目和广告与他毕生所创立的东西相去甚远。但销售情况本身说明了问题,他很快就改变了态度。

露华浓获得《问题》的赞助权时,《问题》看上去还是个诚实的节目。大约六周后,一家新公司接手了这个节目的制作,该公司以一种不为公众所知的方式操控问题和参赛者。这家娱乐制作公司(entertainment productions, incorporated,EPI)的主管们不仅想办法吸引有趣的、个性鲜明的参赛者,他们还设法使他们尽可能长时间地留在节目中,并将那些观众不感兴趣的人淘汰掉。为了达到这一目的,当过两年《问题》制片人、后又做过六个月《挑战》制片人的娱乐制作公司高管默顿·科普林(Merton Koplin)会拜访每一位潜在参赛者,跟他(或她)讨论他们的知识领域。从讨论中,科普林会了解到参赛者通晓什么,这样他便常常可以让他们留在节目中,或者通过设计适当的问题来让他们离开。有时,参赛者了解的东西与科普林猜测的会有些出入,所以,根据他的预估,能有效操控部分的比例是80%。他说:"不是简单走过来说,这些是问题,这些是答案。那些问题是根据参赛者的各自情况经过精心考量好不容易设计出来的。"据说,科普林的方法很微妙,一些参赛者自己并不清楚其中的玄机。

每周,制片人都会与露华浓的乔治·艾布拉姆斯、马丁·郎佛迅,以及露华浓广告代理公司的代表开会,讨论《问题》的制作事宜。这些到底是什么性质的会议,在众议院小组委员会对这个节目进行调查时,证人们对此存在很大分歧。

《问题》首播时,乔治·艾布拉姆斯是露华浓负责广告的副总裁,他作证说:

> 这些会议的主要目的是讨论如何保持节目的好评度,或如何提升好评度。一些保存下来的图表显示了当时参赛者在节目中的表现,以及他们在节目中出现时的"观众投票"情况。在这些会议上,我们会与制片人和广告代理公司一起讨论,看哪位参赛者的个性有趣、哪位乏味无趣,他们具有怎样的如当时简报中提及的宣传点。如果某位参赛者很有趣,大家一般会一致认同说,他应该继续留在节目中。如果某位参赛者乏味无趣,我们会建议制片人说,这位选手最好不要在后续的节目中出现。
>
> 我们知道,控制参赛选手命运的方法是,基于遴选过程中对潜在参赛人所擅长的知识领域(制作人事先已划定某些领域)的了解,制作人提出难易程度不等的问题。如果参赛选手或竞猜结果不是我们当初建议的,赞助商和广告代理公司的代表会不安,并表达不满——表达方式常常很激烈……

大多数情况下,制片人都会令赞助商如愿以偿。

在众议院小组委员会进行调查时,证人史蒂夫·卡林(Steve Carlin,默顿·科普林在娱乐制作公司时的老板)也谈到这些每周一次的会议。他的证词没有太多怀旧味道。

询问者: 你是说,即使可能,也很难对赞助商露华浓的提议说"不"?

卡林：电视行业有个传统，就是尽力讨好客户。如果与客户每13周才碰一次面，讨好他就相对简单。但是，如果每周都跟他见面，而且他口才超好，能说会道，讨好他就很难。你每周都得讨好他，而不是每13周才来一次。我们是愿意讨好客户的。

露华浓对制片人卡林施加了某种压力，而《挑战》节目的联合赞助人、香烟制造商罗瑞拉德（Lorillard）公司却没这么做。1959年，卡林承认说，考虑到露华浓可能会终止赞助《问题》节目，"我们感到紧张，这有点傻"，因为《问题》很受欢迎，找到其他赞助商应该不会太难。不过，他也说，"无论节目是火还是不火，当节目赞助期限快到时，你都会惴惴不安"。此外，露华浓在《问题》节目推出后不久就以6.4万美元的价格买下后续的《挑战》（和罗瑞拉德一起）节目的赞助权，因此"我们如今是在与赞助了我们两档节目的客户打交道。我们隐约感到，露华浓如此认同《问题》，试图另寻《挑战》赞助商，这不是上策"。

从1958年1月起，卡林的手下雪莉·伯恩斯坦（Shirley Bernstein，伦纳德·伯恩斯坦①的妹妹）担任《挑战》的制作人，负责为节目准备问题，就像之前默顿·科普林的角色。她作证说，她认为在每周一次的会议上，露华浓都在就谁赢谁输指手画脚。"节目制作方与赞助人多次开会，"她说，"每次会议结束回来后，卡林先生都会气得脸色发白。"

伯恩斯坦说，她没能完全有效地实现露华浓想要的结果，因为与《21》节目不同，无论是《问题》还是《挑战》都不是完全幕后策划好的。娱乐制作公司想尽办法了解选手们所掌握的知识，然后

---

① 伦纳德·伯恩斯坦（Leonard Bernstein）是美国指挥家和作曲家。——译者注

让主持人提问设计好的问题，目的就是让受欢迎的参赛选手频频返场，而让不受欢迎的选手遭到淘汰。

1959年11月4日，马丁·郎佛迅出庭作证时，众议院小组委员会已掌握情况，胸有成竹，可是马丁却毫不松口。是的，他是参加了每周一次的会议。是的，他的确提出了诸多建议，范围"从最宽泛的指导性事务到最细微的细节问题"。至于节目的暗箱操作，他毫不知情。"我从未想过制作人可以控制竞猜的输赢。"

乔治·艾布拉姆斯和娱乐制作公司人员证实，为了取悦以马丁·郎佛迅为代表的赞助商，该公司会根据参赛者在《问题》和《挑战》竞猜节目中受欢迎程度的等级在内部为其量身定制问题。一位国会议员就这一点详细地询问了马丁。

询问者：乔治·艾布拉姆斯除了曾经是你的亲密同事外，还曾经是你非常亲密的朋友，对吧？

马丁：他现在仍然是我的朋友……

询问者：作证时，他为什么撒谎？

马丁：我不知道。

询问者：你的意思是说，他作证时撒谎了？

马丁：我没说他撒谎了。我是说，我不认同你说的……

询问者：每位获得超过3.2万美元的竞猜获胜者都接受过指导或受到操控，你难道不知道？

马丁：绝对不知道。绝对不知道，闻所未闻。

询问者：这里有人在撒谎。

关于娱乐制作公司代表的发言，马丁表示对此感到震惊。

询问者：制片人可能操控问题的难易程度，从而操控竞猜结果，对此你难道不知情？

马丁：绝对不知情。据我们所知，这些问题是由（西北大学的）卑尔根·埃文斯博士（Dr. Bergen Evans）准备的。

在这件事上，马丁断言他被娱乐制作公司给骗了。在说到默顿·科普林的证词时，马丁说，他"感到惊讶和意外，因为在会议上他几乎从不开口。开会时，他就像只小老鼠一言不发"。提到伯恩斯坦，他说："即使我在会上见过她，现在也都不记得了，因为她太不起眼了。"

谈到露华浓与娱乐制作公司的合同，马丁·郎佛迅就谁掌控《问题》和《挑战》节目的主导权清楚表明了他的看法：

这些节目属于谁？我可以简单地告诉你，它们不属于露华浓。相反，这些节目是由娱乐制作公司构思和制作的，也是由该公司拥有和运作的。我们只依据合同购买了该公司制作好的节目的电视播放权……

总之，娱乐制作公司是老板，节目的方方面面最后都由他们拍板决定。如果我们不喜欢，我们也无能为力。

娱乐制作公司的人明确表示，他们并不需要露华浓。他们一直跟我们说，能赞助这个节目是我们的运气好，要求赞助此节目的其他赞助商在门口排着长队呢。

乔治·艾布拉姆斯先是提交了书面证词。在马丁·郎佛迅提供证词后，众议院小组委员会也质询了乔治·艾布拉姆斯。他被要求解释为什么他和马丁的证词截然不同。他无法解释。他断定，参加那些会议的任何人都心知肚明：参赛者受到操纵。"坦率地说，"他说，"对马丁的证词我感到很惊讶，因为在我看来马丁是个坦诚的人。我和他一起共事已经有大概四年了。坦率地说，我不理解为什么他那样回答。是不是他（在会议期间）专注于处理许多其他事务的缘故。"

一个名叫詹姆斯·韦伯（James Webb）的广告代理人在众议院小组委员会前作证，支持马丁的说法。詹姆斯·韦伯是一家广告公司的总裁，该公司负责露华浓的部分广告业务。

韦伯：听到被宣读的乔治·艾布拉姆斯先生的证词，我感到很惊讶。我们参加的好像是些不同的会议。

询问者：那在你记忆中，这些会议的情况和马丁·郎佛迅回忆的一样吗？

韦伯：是的，先生。

这不是众议院小组委员会想要听到的。韦伯的可信度受到质疑，因为他当时仍跟露华浓有业务往来，而且在作证前曾与露华浓的律师见过面。与之形成鲜明对比的是，因为"非常诚实、非常坦率、非常合理"地总结了赞助方和制作方之间的关系，艾布拉姆斯的证词受到了欢迎。

众议院小组委员会分别于10月6日至10日、10月12日、11月2日至6日举行公开听证会（这些听证会很公开透明）。直到11月4日，星期三，在马丁·郎佛迅作证之后，查尔斯·郎佛迅才在他的律师、华盛顿的重要人物克拉克·克利福德（Clark Clifford）的陪同下，出现在众议院小组委员会面前。

在长达1 156页的证词记录中，郎佛迅的证词只有短短33页，内容和他弟弟（以及詹姆斯·韦伯）的证词很相似。例如："娱乐制作公司说了算……"郎佛迅告诉众议院小组委员会，他对自己公司赞助的竞猜节目被操控感到震惊。他对暗箱操作一无所知，直到人们都这样说。

从商业角度来看，商家如果知道赞助的是一档结果早已内定的电视竞猜节目,这毫无意义,"(就公众对露华浓产品的接受度而言)如果我们动什么手脚,就会面临太多风险……对我们公司会产生负面影响"。就个人角度而言,郎佛迅说他和其他人一样:

> 只要有可能,我从不错过任何一期竞猜节目。周二晚上,我会走出剧院,放弃正在看的舞台剧,只为收看竞猜节目。我会从正在进行的大型宴请中走出来(我本该在那儿聆听演讲的),只为确定那个意大利鞋匠能否答对关于意大利歌剧的问题,并赢得3.2万美元大奖……
>
> 早知道这些节目是事先安排好的、不正当的、被操控的,你认为我还会看吗?

查尔斯·郎佛迅参加听证会的次数屈指可数,而且每次都短短几分钟。他声称,发现《问题》和《挑战》节目是事先安排好的时候,他"绝对大吃一惊";他说,自己和其他美国公众一起被愚弄了,以至于相信这些节目没有问题。他坚称,节目制作人是在试图将自己的错误嫁祸给露华浓。他指出,首先,露华浓没有操纵节目的权力,"我们不是这两档项目的拥有者,我们从娱乐制作公司租来这些节目,娱乐制作公司是这些节目的拥有人,该公司完全掌控除广告之外的其他一切。换句话说,娱乐制作公司说了算,我们负责埋单,我们有权提出建议,除此之外,我们没有其他权力……"其次,露华浓一直在努力维持公司的良好声誉,"不顾24年来建立起的良好声誉,将其置于一档虚假的竞猜节目的风险之下,这样做毫无意义——无论节目的收视率有多高"。当"另一电视网的另一档节目《21》遭抨击时",郎佛迅建议,电视竞猜节目制作人应该成立一个协会，任命一名"沙皇"① 来确保电视节目的诚实可信，"就像棒球赛事一样"。郎佛迅说，他曾反复提出此建议，但从未被接受。

　　如果查看完整的听证记录，我们会发现有许多说法互相矛盾。这些说法涉及谁听命于谁、谁在行使权力、以何种方式行使权力。是的，娱乐制作公司是《问题》和《挑战》节目的拥有者，但它是向广告公司兜售创意的小公司，广告公司再将这些创意推销给赞助商。是的，娱乐制作公司控制这些电视节目，但是，和商业电视早期出售节目创意的许多小公司一样，娱乐制作公司能在多大程度上与大的广告客户抗争呢？何况，未来还会出现其他的节目（与其竞争）。

　　的确，露华浓严密地监控这些节目的收视率和选手的受欢迎度，其监控程度异乎寻常。与露华浓联合赞助《挑战》的还有罗瑞拉德（它与露华浓各出一半的赞助费），该赞助商没有与制片人举行每周一次的会面。另外，我们不妨看看露华浓砸钱的情况。根据马丁的证词，一开始，露华浓为《问题》节目投入的费用为"每周约7.5万至8万美元"。这包括"广告费和其他一切费用"。每周有1.5万美元专门用于支付奖金，这可是一大笔钱，它使电视竞猜游戏节目产生了极大吸引力。之所以引起极大关注，是因为节目的竞猜选手收获大笔奖金。正如前面已提及的，即使竞猜失利，竞猜选手也可得到一辆凯迪拉克轿车。在1955年，拥有一辆凯迪拉克是普通美国人想都不敢想的事。但是，与投资黄金时段的电视剧或好莱坞制作的西部片相比，它又不是那么烧钱。

　　电视网方面，他们声称，自己和公众一起被愚弄了，就像美国

---

① 这里的意思是"行业监督"。——译者注

联邦通信委员会被愚弄了一样。电视网和国会都对这一丑闻做出了回应。国会通过了一项立法，来规范竞猜类节目的行为。电视网的回应有两方面。

第一，电视网会对电视播放的内容进行更强有力的监控，监控力度远超电视或广播史上的任何时期。在他们看来，无论谁该对这次丑闻负主要责任——电视节目的独立制作公司或赞助商——被称为电视广播广告的神奇印钞机的运行不会再一帆风顺了。电视太有价值了，不能任其受制于内容创造者（电视节目制作人）或者那些为节目内容埋单的人（广告赞助商）。

各电视网采取的第二项行动是，为美国两大政党提供免费档期，在1960年总统竞选期间举行四场系列辩论。这些辩论在候选人理查德·M.尼克松（Richard M. Nixon）和约翰·F.肯尼迪（John F. Kennedy）之间展开。每逢总统选举年，公众就会收看的"辩论"就发源于此。历史学家丹尼尔·布尔斯汀指出，政治辩论与国家治理之间相去甚远，就好比竞猜节目与真正的知识钻研之间相去甚远一样。在布尔斯汀看来，实际上这些政治辩论与竞猜节目本身有着可笑的相似之处。政治辩论中，如果一方答题答得好，便可赢得一份年薪10万美元、为期四年的工作。无论如何，各电视网的这项行动可以看作对1934年《通信法案》相关内容的一种认可。该法案规定，电视广播的运营应符合"公众的利益、便利和需求"（此条款经常被引用却又经常被忽视）。让有可能成为拥有至高权力的政客免费在电视节目中露面，还有什么比这更能讨好他们呢？

如果从"谁对谁做了什么"的视角转向更宽泛的视角，从近半个世纪的视角来看电视竞猜节目现象，我们可以发现什么？我认为答案是，那些证人的证词虽然在当时似乎很不一致，互相矛盾，但实际上他们指向了同一件事。所有人都清楚，这些节目受到操控，当然，并非所有人都知道操控的程度。的确，不同节目的操控程度不一样。马丁·郎佛迅的建议被制作人理解为命令，这一点貌似有理，这令人想起亨利二世对他四个家臣说的那句名言："难道没有人帮我除掉这位教区牧师吗？"四名家臣便骑马离开，在坎特伯雷大教堂谋杀了托马斯·贝克特（Thomas à Becket）。亨利并没有直接命令他们，但他的意愿就是命令。娱乐制作公司也是一样的，它也得取悦主家。

历史视角带来的另一个问题是：为什么公众人物对竞猜节目的丑闻如此不安？许多重要政界人士和专栏作家确实对此深感担忧。艾森豪威尔总统将这场骗局与1919年美国职业棒球大联盟总决赛上的"黑袜丑闻"事件相类比。

他们担忧的真正原因是，没有人知道这些丑闻会对公众产生什么深刻影响。毕竟，电视走进了千家万户。联邦政府有权监管它，因为广播的电波通过空气传播，而美国的空气属于所有美国人。如果少数美国人为获利而得到某些垄断权，他们必须在受到制约的环境中经营，而且，至少在理论上，这样也符合维护公众利益的目的。很难说那些虚假竞猜节目是符合此目的的。

有趣的是，社会大众（相对于公众人物）对披露出的竞猜节目作假现象泰然处之，他们只要这些事情可以调查清楚就行。因此，虽然许多人感到担忧，但也有许多人并不担忧。如此多普通民众的漠然态度本身引起了精英阶层的担忧。多数民众也许会对自己那么容易被骗感到诧异，但是在美国，以前也出现过无害人行为的犯罪。许多人似乎不得不接受这一点，即还会再出现类似无害人行为的犯罪。

由于无线电波的特性，广播具有一些天然的垄断特征。垄断行为在美国是受到管制的。广播电视公司知道，它们在竞猜节目上触碰了红线，于是便急忙后撤回来。电视一直以来都有准入问题。广播电视公司想要控制准入问题，它们成功了。

从露华浓的利益角度来看，决定赞助《问题》可谓天才之举。多亏了《问题》这个电视节目，露华浓牢固确立了其通过商场进行化妆品零售（不像雅芳那样挨家挨户地推销产品）的霸主地位。1955 年 12 月，露华浓的股票在纽约证交所上市，售价为每股 12 美元。很快股价便飙升至每股 30 美元，成为"大赢家……该股表现太出色了，几乎到了令人咋舌的地步"。竞猜节目丑闻曝光后，一天内股价下跌了 5.5 个点，但很快股价又恢复到原来的水平。从长远来看，露华浓的销售和公司的良好形象都没有受到损害。听证会结束后，《时代周刊》很快刊登了一篇文章，把查尔斯描述为"艳丽的化妆品世界里无可争议的天才人物"。

关于《问题》，马丁·郎佛迅曾这样说："我敢说，如果没有这档电视竞猜节目，我知道我们不会像现在这样成功。"他说得对，因为在赞助《问题》之前，露华浓还只是市场众多竞争者之一。赞助《问题》之后，露华浓在行业内便独占鳌头。

如何评价查尔斯·郎佛迅在《问题》中扮演的角色？他并非《问题》电视竞猜节目的创作者。节目刚播出时，他并不喜欢。这不是他心目中化妆品产业该有的样子。与芭芭拉·布里顿在乏味的电视广告中所扮演的、在任何意义上都毫无色彩的《脱线家族》（*Brady Bunch*，美国混合家庭情景喜剧）形象相比，他更喜欢露华浓杂志广告中出现的许多性别模糊的女性形象。但是，郎佛迅做生意就是为了赚钱，而通过赞助这些电视节目他赚到了一大笔钱。起初郎佛迅的商业眼光没有被这些节目吸引，但是，一旦做起来了，他和公司便全身心地投入其中。

怎样看待这些节目的操控情况？查尔斯·郎佛迅是罪魁祸首吗？是，也不是。不难理解，他为什么没有参加与制片人就节目的操控事项开的会议。这些会很无趣。同样不难理解的是，任何为他工作的人都会知道，为了得到结果他会不惜一切代价。露华浓在这些电视节目上砸了很多钱。为了让电视广告带动产品销售，必须让很多人看广告。要让观众收看竞猜节目，参赛者就必须激起观众的兴趣。至于如何维持高收视率，郎佛迅将这些细节留给了其他人去落实。

事情就这么简单。《问题》首次播出时，郎佛迅已在化妆品行业做了20多年。所有人都知道他是谁，他要得到什么。查尔斯·郎佛迅操控智力竞猜节目，这是自然而然的事，就如同戴维·帕卡德（惠普的联合创始人之一）不可能做出这种事情是一样的道理。

然而，哪怕是在收视率高达82%的电视节目上做广告，哪怕是为像化妆品这样广告密集的行业做广告，公司的成功之道也并不在于广告本身。我们了解这一点，因为哈泽尔·毕晓普公司在电视广告上曾经击败过露华浓。哈泽尔·毕晓普公司的总裁亲自负责广告宣传，该公司将销售收入的一半投入广告，大部分投放在了电视广告上。赞助《这是你的生活》电视节目使该公司脱颖而出，但没过多久，这家公司就像石头一样沉沦下去了。维持企业的成功不仅靠广告宣传，还靠企业管理。

高压管理

露华浓发展历史进程中令人非常不解的方面是它的管理。从1932年公司成立到1975年，也就是查尔斯·郎佛迅去世那一年，露华浓一直是恶名远扬的独裁公司。美国各商学院的教授的每一条规则、美国最受尊敬的公司所采用的每一种做法，郎佛迅都反其道而行之。令人惊奇的是，该公司不仅生存了下来，还在一种可以说骇人听闻的工作氛围中蓬勃发展。

查尔斯的管理方式给公司带来怎样的收益？查尔斯在一个周日去世。在前面的周五，即 1975 年 8 月 22 日，露华浓的市值为 988 455 000 美元。对于一家化妆品行业的公司来说，这在当时是很大一笔钱。

说郎佛迅在麦迪逊大道上声誉不佳，这样说是轻的。广告公司想要做露华浓的业务，因为露华浓规模庞大，而且在不断扩大，但它们并不喜欢与查尔斯·郎佛迅打交道。在广告方面，郎佛迅和露华浓公司被描述为"格外挑剔"，他们对广告公司的制作人才和制作时间会提出极其严苛的要求。

1957 年夏末，露华浓从天联广告公司（Batten, Barton, Durstine, and Osborn, BBDO）撤回 800 万美元的账户，停止与该公司的业务往来。此事发生时，BBDO 公司一位忠诚的高管报告说："我的手没有颤抖，我很清醒，也很愉快，我对生活还是很乐观，这个公司将继续前行。"当露华浓与不同广告公司打交道时，《时代周刊》报道说：

> 尽管渴望得到美国最具活力的化妆品制造商露华浓这个大客户，但资深广告人一想到自己要与查尔斯·郎佛迅这位自美国烟草公司（American Tobacco）已故董事长乔治·华盛顿·希尔（George Washington Hill）以来最令人恐惧、最令人欢喜、最受嘲讽的广告客户打交道，他们就会不安地将吉布森鸡尾酒一饮而尽。乔治·华盛顿·希尔曾无所畏惧地将"好彩香烟"（Lucky Strike Green，香烟品牌）打入二战战场（二战时期，"好彩香烟"是美国军队的特供烟）。BBDO 公司最大的问题是，它面对的客户郎佛迅对广告的品质要求极高，他会一直

不断地给广告人施压,让他们疲于应对。疲倦不堪的广告人开始烦郎佛迅了,对他的好主意和馊主意照单全收,以便能拖着疲惫身躯回家见老婆和孩子。他标志性的粗暴个人主义占了上风,那些习惯了与身穿灰色法兰绒西装、形似高管、彬彬有礼的客户打交道的广告人只能甘拜下风。

20世纪40年代末,郎佛迅开始出名了,人们知道,他是个"天才,(但)也是个夸夸其谈、勤奋得可怕、有点疯魔、恨不得把人嚼碎了咽下去的家伙"。那些年,露华浓本身动荡不安。一度,管理人员的年均流动率达到130%。有一年,一个重要的经理职位先后走马灯似的换了六个人。郎佛迅对公司主管和自己很严厉,对合作的广告公司同样严厉。1944年至1948年间,在麦肯·爱里克森(McCann-Erickson)广告公司先后有18位不同的业务主管为露华浓服务。

郎佛迅眼睛总是瞄着竞争对手,以便抄袭对手的作业,巧妙地占为己有,而且,他也想挖走对手最宝贵的人才。一名前雇员称:"查尔斯……是美国或世界上最伟大的抄袭艺术家之一,因为他会抄袭人家的东西……但他会加以改善,使之尽善尽美——质量更上乘、包装更漂亮、定价更合理、广告更吸引人……所以,如果竞争对手出了好产品,他就会出更好的产品。由于对其他公司的促销计划感兴趣,他惹上了官司。因为露华浓涉嫌商业间谍行为,1955年科蒂公司(Coty)起诉了露华浓;1958年,法贝格(Fabergé)的一家分公司朱丽叶·马格伦(Juliette Marglen)也以同样事由将露华浓告上了法庭。另外,坊间也有许多传言,说露华浓窃听了哈泽尔·毕晓普公司的一些电话内容。

郎佛迅聘用了一些精明强干的人。据一些观察家称,这些人是化妆品行业最能干的人。郎佛迅会了解谁是竞争对手业绩增长的功臣，然后用高薪和股票期权等承诺将这些高管挖走。据说，化妆品行业中他提供的薪酬最高。然而，他发现，自己很难与许多他招来的才华横溢的人相处。

郎佛迅对自己的手下控制过多。由于他手下的高管自身都比较敏感，所以他们常常觉得郎佛迅令人难以忍受。

露华浓公司，尤其是郎佛迅，试图操控公司职员的例子随处可见，从销售人员到高管，不胜枚举。40年代末和50年代初，露华浓用所谓的"心理分析—露华浓法"（"Psycho-Revlon Method"）来提高销售业绩。在年度销售会议上，马丁·郎佛迅和销售大区主管会与一些销售人员进行交谈，看看他们如何能提高销售能力。

> 除了马丁解释销售方法的部分，我们还有具体销售场景的展示——真人表演的行动场景。这些场景刻画出推销员会有的心理障碍，然后我们努力消除那些心理障碍。这些让我们感觉到，如果一个人有正常的智力水平和驱动力，愿意出去工作，并且确实在工作，在这样的情况下如果没取得成功，那么他一定有心理障碍。换句话说，他没有动用自己足够的意志力去影响和说服客户，那我们就必须探究原因何在——是不是家庭生活不顺心，或者觉得自己不能那么强大。

这些都是高压策略，但可以合理地认为，这是令员工发挥最大潜能的方式。然而，1955年11月，纽约州立法委员会发现，露华浓在监控公司里员工的电话。被监控的大部分电话都在负责订单的部门。公司发言人解释说，窃听内部电话是为了更好地服务公众。当时的电话公司为航空公司机票预订服务台提供监控服务，所以这种做法大家并不陌生。然而，露华浓还窃听公司内一些忠诚度受到质疑的高管的电话。窃听器不是由电话公司安装的，电话谈话内容由露华浓公司的控制人监控,"对任何公司控制人来说,这都是好奇怪的事"。

查尔斯将矛头指向自己公司的所有高管,包括他的兄弟们。随着露华浓越来越成功,查尔斯的行为举止似乎也越来越恶劣。1955年,露华浓上市前不久,约瑟夫就不再积极过问公司的事务(他也因此放弃了数百万美元的财富)。1958年,马丁也离开了露华浓,也没得到多少利益。到 1959 年,电视竞猜节目听证会举行的时候,查尔斯和马丁已经互不搭理了,这导致一些尴尬和令人困惑的局面。两年后,马丁控告查尔斯诈骗他 60 万美元。马丁的诉讼声称:

> 查尔斯·郎佛迅粗暴对待露华浓高管,不把他们看作有尊严的个体。他的行为极其过分。那些在露华浓公司干过、之前或后来在全国知名公司担任要职的有才干的人都曾蒙受羞辱,干不下去,然后离开,以便不再受气。露华浓高管的高流动率成了人们开低俗玩笑的话题。

马丁表示,他在 1958 年选择离开露华浓,因为他认为查尔斯的人事政策正在危及公司未来。这样直言不讳的批评出自查尔斯自己的弟弟(自 1935 年以来他一直在露华浓工作)之口,并不是没有根据的。

查尔斯粗暴对待许多雇员,这一点毋庸置疑。许多高管抱怨说,他们自己和员工在他手下很憋屈。即使那些喜欢他的人也都说,查尔斯一直在营造一种"操控下的恐惧"和激烈的内部竞争的公司氛围。他相信,这种方式对他的公司(他最珍视的)有利无害。

马丁可能是对的,但事实是他错了。查尔斯的人事政策并没有导致露华浓的崩塌。如果没有这些人事政策,很难说露华浓的增长是否会更快。

我对露华浓在1970年和1971年期间的情况进行了研究。在这期间,查尔斯·郎佛迅的名字在曼哈顿中城令人不寒而栗。他严酷无情的例子数不胜数。下面我引述一下他是如何经营露华浓的。叙述者当时是一位受人尊敬的高管,在露华浓他是高层人物,但他后来离职了。

我记得有一次,郎佛迅亲口说出了他的管理方针。我们以前每周和他开一次讨论广告的会议……我的广告部门分若干品牌小组,我会带着品牌小组负责人到会做广告展示。当然,我事先已审查所有广告材料,并与品牌小组的经理逐个一起完善了那些材料。我记得,那时我缺一个聪明的品牌经理……在旧金山我找到一个女孩,她为一家广告公司工作,是那里的重要文案。我费了好大劲,才说服她搬到纽约,接受那份工作。郎佛迅从未见过她。她是非常好的女孩,很有才华。我让她在公司工作了一个月,积累经验,然后才带她参加与郎佛迅的广告讨论会议。

会上,她展示了一个宣传活动方案。这是她第一次做这样的展示……出于某种原因,他(郎佛迅)决定对她发泄不满。他使用所有可以想象得出的脏字来评价她展示的东西。她坐在那里,完全惊呆了。我想,在她一生中,从未有人这样跟她说过话。她非常文雅,说话轻声细语,是一位很有才华的年轻女子,完全是个淑女,一个男人却用那样不堪的语言来中伤她的努力,她完全懵了。

他一发泄完,我就看出女孩变得局促不安,然后她终于哭了起来,她不知如何是好。我急忙打圆场,我说:"等一下,查尔斯。我批准了这个宣传计划,这位小姐在做展示,因为宣传计划我认可了,我和她一起弄的。关于这个宣传计划,你有什么要说的,就说我,不要说她。"这时,女孩坐在桌子一头,擦着眼睛。她完全不知所措……

查尔斯伸出手来,放在我手上,拍了拍说:"听着,小家伙,创业时我混蛋,搞经营时我也混蛋。我一直就是个混蛋,你永远别想改变我。"

这便是他全部的管理理念。他的理念是,打击员工越厉害,让他们越痛苦,他们就会为你表现得越好。

任何熟悉郎佛迅的人对这种故事太熟悉不过了。他就是这样行事的。然而,他的公司成功了,而其他人的却失败了。郎佛迅去世后,他亲手选定的继任者米歇尔·伯格拉克(Michel Bergerac)接管了公司。伯格拉克是一位真正的职业经理人。郎佛迅1974年聘用他之前,他执掌 ITT 工业集团的欧洲业务。人们不禁要问,为什么郎佛迅聘请一个背景和处事方式与自己大相径庭的外人执掌他的公司?

无论如何,露华浓在柏格拉克的领导下仍然蒸蒸日上,一直到20世纪80年代初。自那以后,露华浓业务快速下滑。下滑的原因是,1984年和1985年,罗恩·佩雷尔曼(Ron Perelman)恶意收购了它。如今,佩雷尔曼拿它不知如何是好。

一个曾经的行业领军者已经日薄西山。它将以何种形式生存下来,这充满很大的不确定性。

查尔斯·郎佛迅无法与他人友好相处,也从未与自己妥协。一些非常了解他的人知道,他骨子里憎恨女人。

郎佛迅和玫琳凯化妆品的创始人玫琳凯·艾施截然不同,两者的对比堪称极致。他们从事同一行业:赋予女性美。但是,玫琳凯·艾施认为，她的化妆品公司的宗旨之一是：使女性从这个在她看来很大程度上是男人的世界中挣脱出来。她为自己公司设立的愿景是：玫琳凯不仅是一个营利组织，还是一场运动、一项事业，以及一种生活方式。她的世界里没有讥讽和压制。如果你愿意，就可以获得幸福。

玫琳凯认为，化妆品的功能是：帮助人们形成良好的自我感觉来面对世界。她的高明之处是，她相信"外在"的你可以而且必将成为"内在"的你："你看，装出一副开心的面容很有意思。如果你一次又一次地装出一副开心的面容，很快开心面容便与你朝夕相伴。你便真的会成为一个拥有开心面容的人。"换句话说，她不是在向销售主管、客户顾问和客户推销希望，而是在向他们推销一种成就感。玫琳凯粉红色包装的产品便带有她自己无可抑制的乐观精神。她说："我遇见的每一位企业家，都是无可救药的乐观主义者。"她肯定从未遇见过郎佛迅，因为郎佛迅跟她的想法迥然相异。

如果阅读所有关于郎佛迅的故事（这里只叙述了其中几个），人们会觉得郎佛迅的人格严重扭曲。令人感到神秘不解的是，他不仅将公司紧紧维系住了，而且在构建公司的同时疏离了周围的所有人。虽然不中听，但他似乎做到了一点：在让自己令人反感的同时使自己取得了成功。当他去世时，他是那个时代最富有、最成功的商业巨头之一。

查尔斯·郎佛迅大事记

1906年10月11日	郎佛迅出生。出生证上的名字是海曼·查尔斯·郎佛迅。
1923年	郎佛迅高中毕业，开始做匹克威克服装公司的销售员。
1930年	郎佛迅结婚，但婚姻只持续了几个月。
1931年	郎佛迅被聘为埃尔卡公司的分销商。
1932年3月1日	露华浓指甲油公司成立。
1952年11月	"火与冰"主题推广活动启动。
1955年6月7日	《最难回答的问题》节目在哥伦比亚广播公司首播。
1955年12月7日	露华浓成为上市公司。
1975年8月24日	郎佛迅去世。

第三部分

摇摆的年代

山姆·沃尔顿

罗伯特·诺伊斯

他们与时代

早在一个半世纪前，美国经济的崛起、美国企业的组织形式，以及美国公民的创新能力就引起了广泛的关注。1851年，在水晶宫国际工业博览会（Crystal Palace Exhibition）上，伦敦民众看到了美国的制造工艺展示。这些制造工艺非常新颖，引发了热议。英国议会组织撰写了报告，以考察"美国制造业体系"（当时尚未被贴上此标签）。1851年后，每次国际工业博览会上，人们都会看到充分而明显的证据，表明美国正在引领一种新型的、更有效的生产制造方法。到了1880年，俄国小说中情感丰富的人物也发出赞叹——美国人"在机械制造方面很棒"。

美国的先进制造技术不仅令西方国家印象深刻，也给东方国家留下了深刻印象。伦敦水晶宫国际工业博览会后不久，日本政府在东京港接待了一位不受欢迎的客人，他就是美国海军准将马修·C. 佩里（Matthew C. Perry）及其率领的美国舰队。他们此次造访日本的目的是，令日本开放通商贸易港口。日美互换了礼物，象征双方建立起了新的"友好"关系。日方赠送给美方的是贝壳、花盆和珊瑚，美方赠送给日方的是步枪、电报设备和火车模型。日本人很快意识到，要避免成为西方帝国主义的牺牲品，就必须进行重大改革，而且速度要快。1868年，日本开始明治维新，实施"富国强兵"政策。日本学生被派往国外学习现代方法，美国便是留学目的国之一。世纪之交，英国人弗雷德·A. 麦肯齐（Fred A. McKenzie）出版了《美国入侵者：计划、战术和进展》（The American Invaders：Their Plans, Tactics and Progress）一书。那是1901年，维多利亚女王去世的年份，也是大英帝国的鼎盛期。麦肯齐写道：

> 美国产业入侵最危险的方面在于，美国人几乎控制了过去15年出现的所有新兴产业……伦敦人的生活有哪些新的重要变化？我想，这些变化包括电话、便携式照相机、留声机、有轨电车、汽车、打字机、电梯及各种各样的机械设备。在所有这些领域（燃油汽车除外），美国制造商都是领先的；在其中几个领域，他们处于垄断地位。

如果这本书再晚10年出版，麦肯齐就会将"燃油汽车"也包括在内。

到了20世纪60年代，美国经济会称霸世界已成为一种普遍的认识。亨利·卢斯（Henry Luce）所赞叹的"美国世纪"，在法国人眼里更像"美国挑战"。1967年，法国记者让-雅克·塞尔万-施赖伯（Jean-Jacques Servan-Schreiber）认为，"问题很复杂，涉及很多因素。并不是说，我们正被美国人用不了的过剩美元所淹没，也不是说这些美元只是暂时流入共同市场。相反,这是个全新的、严重得多的问题:一种新企业组织方式扩展到了欧洲,对我们而言它仍然是谜一样"。亨利·卢斯的梦想似乎确实成真了,美国商业的强大力量使他的梦想变成了现实。

然后,突然之间,美国在商业顶峰的地位变得摇摆不定,岌岌可危。到1975年,也就是查尔斯·郎佛迅去世那年,美国似乎不再像几年前那样自信满满了。1961年,约翰·F.肯尼迪(John F. Kennedy)还曾发表宣言,说美国要在10年内将载人飞船送上月球并使其安全返回。这个宣言令人激动不已。总统在全世界面前公开宣布此事,因此没有任何的回旋余地。月亮很遥远,它存在很久了。当肯尼迪说出那番话时,还从未有人登上过月球。肯尼迪对火箭技术了解甚少,这种情形如同之前的罗斯福一样。当罗斯福公开承诺说,美国将每年生产5万架飞机时,他对飞机制造也了解甚少。他们都觉得,具体实施细节可以放心地交给其他人做。关键是,这是美国,他们都是总统,言出必果。

由于种种原因,"摇摆的60年代"后,便是"冷静的70年代"。到70年代末,吉米·卡特(Jimmy Carter)总统抱怨说,美国陷入了一种"不安"状态。这种自信缺失的情况令人吃惊。政治上,糟糕的越战和"水门事件"叠加在一起,改变了美国人的自我认知,并使老一代和年轻一代之间形成了鸿沟。这个国家的领导者收受贿赂,如副总统皮罗·T. 阿格纽(Spiro T. Agnew);这个国家的领导者们知道战争不会取得最后的胜利,却依然坚持将越战打下去,如得到许多人支持的罗伯特·S. 麦克纳马拉(Robert S. McNamara);这个国家的领导者们支持了有损于宪法所规定的自由的行为——自美国独立战争后美国人视宪法自由为每个人应有的权利。1974年,理查德·M. 尼克松(Richard M. Nixon)成为第一位被迫下台的总统。所有这些混乱和灾难，令人很难重拾早先的自信。

从商业角度看，20世纪70年代的情况似乎在不断恶化。1973年和1979年，全美经济遭受石油危机冲击。与塞尔万-施赖伯说的不同，情况似乎是，日本人而非美国人开始掌握商业组织的秘密。

20世纪50年代，美国人已习惯从日本进口纺织品和其他产品，这些产品通常技术含量低、质量差。那时，"日本制造"成了"劣质"的同义词。第一辆日本汽车进入美国市场时，因质量太差不得不从市场上撤回，也就不足为奇了。《时代》杂志评选通用汽车公司首席执行官哈洛·柯蒂斯（Harlow Curtice）为1955年"年度人物"。在这一年，几乎没有其他国家的汽车销售到美国。

到20世纪70年代，情况完全扭转过来。高效、美观的日本汽车重新回到美国市场，且来势凶猛。不仅是汽车本身，整个汽车产业价值链（如轮胎）都受到日本进口的渗透，这一切在10年前根本无法想象。仅汽车一项，美国对日本就开始产生巨大的贸易逆差。到1980年，是日本而非美国成为世界领先的汽车生产国。自1908年以来，美国就一直是汽车行业的领军者。可是到了1980年，克莱斯勒汽车公司亏损17亿美元，如果没有联邦贷款担保，它就会破产。福特公司亏损达15亿美元，似乎紧随克莱斯勒之后。

在其他产业，美国不仅在全球竞争中成为输家，自己的国内市场也不保，其他国家的产品大行其道。几十年来，美国在钢铁制造方面一直处于世界领先地位，但最终却输给了日本。家庭娱乐产业——留声机、收音机、电视——都是在美国发明和发展起来的，如今，没有一台电视由总部设在美国的公司生产制造。

因此，到20世纪70年代末，似乎是日本破解了征服全球经济的密码。这不仅涉及纺织等传统产业或汽车等现代产业，还涉及决定国家未来财富的产业。半导体产业就是绝佳例子。日本公司在碾压英特尔（半导体产业的创建者）的内存芯片市场。

20世纪70年代和80年代，其他国家对美国经济霸权地位的挑战几乎完全来自生产制造领域，美国在产品研发和销售方面受到的挑战会小很多。美国历史上，或许也是世界历史上最伟大的零售商山姆·沃尔顿（Sam Walton），便是本书此部分第一章的主题。

沃尔顿从小精力过人，具有超凡魅力，而且特别争强好胜。他天生自信满满，认为只要决定做某事并专注于此，他就一定能成功。求学期间，无论是体育运动还是学生活动，他都获得了成功。这位杰出人物有一个显著特点：不会因为取得成就而自满和膨胀（自满常常伴随成就而来）。他总觉得还要征服新的世界，征服新世界的关键就是获取知识。

山姆·沃尔顿认为，从任何人那儿他都能学到东西。他一生都在孜孜以求，学习更多关于零售的知识。无论别人处于什么社会阶层，他都发自内心地给予爱和尊重，他也非常渴望别人喜欢自己。零售是典型的关乎"人"的行业（沃尔玛成为了美国最大的私人雇主）。他的这些特质令他受益匪浅。

与所有行业一样，零售业也受到过去半个世纪所发生的信息革命（通过计算机处理数据）的影响。沃尔顿欣然拥抱新技术，但总持有适度的怀疑态度。他知道如何运用技术。技术是实现目标的手段，不是目标本身。公司的最终目标是服务消费者。

沃尔顿的客户服务做得非常好，因此即使在20世纪70年代的停滞和"不安"阶段，沃尔玛仍表现出色，而其他零售商却遭受重创。他的例子表明，即使在大环境充满挑战的情况下，富有创造力、机敏且充满活力的领导者也能有所作为。

"全球买，本地卖"多年来一直是商家的零售策略。为了获得零售业领导地位,此口号被修改升级为"宇宙买,全国卖"。全球采购使商品价格下降。"本地卖"迎合了消费者的特定个人需求。了解消费者需求对零售业至关重要,因此一些零售商很难在国外经营得很好。相对而言,沃尔玛未受到日本产品打入美国市场的影响。事实上,20世纪90年代,沃尔玛比史上任何一家零售商都更积极地向海外扩张。

半导体行业的情况则完全不同。与汽车相比,它更是地道的美国本土产业。半导体和基于此技术的微处理器对21世纪的技术发展至关重要。半导体是德州仪器公司（Texas Instruments）的杰克·基尔比（Jack Kilby）和我们最后一篇传记的主人公罗伯特·诺顿·诺伊斯（Robert Norton Noyce）同时独立发明出来的。

和山姆·沃尔顿一样,诺伊斯也出生在美国中部,出生地是艾奥瓦州的丹麦镇（Denmark）。沃尔顿来自有强烈南方归属感的美国南方（曾经的美国南方邦联）中部,出生地是俄克拉何马州的金菲舍镇。沃尔玛总部设在阿肯色州,该州在1860年和1861年期间脱离美利坚联邦,与其他10个州一起成立了美利坚联盟国（Confederate States of America,又称南方邦联）。诺伊斯来自美国中西部。即使在东部学习和生活了若干年,即使后来他搬到了加州,他对美国中西部也一直念念不忘。

诺伊斯博学多才。他唱情歌,开自己的私人飞机,创办公司,还是集成电路的两位发明者之一。许多人可能会指出,对于位于旧金山以南的硅谷出现一批高科技公司,他功不可没（公正地说,相比其他任何人,诺伊斯的功劳更大）。他的创造力、个人魅力和专业知识集合到一起,酿造出一种强劲的美酒,美国和世界各地许多最聪明的人都想品尝它的美味。

诺伊斯并没有问他能为公司做什么（套用约翰·F.肯尼迪就

职演说中的话），而是公司能为他做什么。并不是说诺伊斯自私自利。恰恰相反，只是说，他的公司愿景包括盈利，但也包括更大的目标。对诺伊斯来说，公司助力他实现个人目标的同时，也拓展了前沿技术。

诺伊斯与他人联合创办的英特尔公司在近年来的科技革命中发挥了关键作用。但这一切差一点就泡汤了。20世纪80年代初期和中期，在来自日本竞争对手的猛烈攻击下，英特尔在重要市场的领导地位几乎不保。

不仅是英特尔，美国整个半导体行业都清楚，必须找到在全球竞争的创新方法，否则美国或许会永远落后于其他经济体。然而，一些法律和惯例方面的制度障碍，令美国半导体产业的协作困难重重。法国记者让-雅克·塞尔万-施赖伯曾指出，企业的组织艺术是美国的最强实力，但是与日本为称雄产业而能调动的资源相比，此优势似乎成了美国的最大弱点。

美国的高端科技界需要一位众望所归的领军人物挺身而出、出手相助，将相关企业团结起来，为半导体行业和国家利益通力协作。完全出于无私的胸怀，诺伊斯愿意担当此领导角色。他成为美国半导体制造技术联盟（Sematech）的首任主席。虽然他并不喜欢这份差事，但此工作非他莫属。1990年夏天，在战略联盟的任期即将结束之时，诺伊斯突发心脏病去世。

第六章　山姆·沃尔顿
美国精神的典范

伟大的企业家天生具备乐观的精神，当结果令人失望时，他们相信那是暂时的偏差。

山姆·沃尔顿和本杰明·富兰克林

经过再三请求，79岁的本杰明·富兰克林（Benjamin Franklin，简称本·富兰克林）最终征得国会同意，辞去美国驻法国大使一职，乘船回国。富兰克林是世上最著名的美国人之一。他一生成就卓著，在各领域多有建树，才气绝不仅限于一两方面，可谓多才多艺、万事精通。富兰克林曾是没有文化、身无分文的流浪汉，后来却成为伟大的科学家、畅销书作家、富有的企业家、伟大的发明家，他是其移居地宾夕法尼亚州和费城的首位公民，是卓越的外交家、优秀的变革者，以及美国六大开国元勋之一。另五位是詹姆斯·麦迪逊（James Madison）、亚历山大·汉密尔顿（Alexander Hamilton）、托马斯·杰斐逊（Thomas Jefferson）、乔治·华盛顿（George

Washington）和约翰·亚当斯（John Adams）。当杰斐逊赴法担任驻法大使时，人们大都这样问他："先生，是您取代富兰克林吗？"杰斐逊通常这样答："先生，无人可以取代他，我只是继任者。"

富兰克林的人格和事业影响深远。他的信念、才思和智慧（无论是遵循传统还是创新改革，他都常常备受尊崇）深深渗透到19世纪的美国社会中。许多企业家和教育家指出，富兰克林的激励是他们获得成功的关键。时至今日，富兰克林的形象和成就，特别是他从出身布衣到举世闻名的历程和他朴素的民主思想，仍然伴随着美国人。

最后一次从法国勒阿弗尔（Le Havre）回费城时，这位伟人（谈论富兰克林时，"伟大"一词的使用率太高）是如何打发船上时光的？他撰写了三篇文章，其中两篇非常实用：《烟囱中的烟的产生机理和改进方法》和《一种新型无烟煤炉的说明》。

富兰克林回到费城时，人们举行各类活动，庆贺他回来。活动结束后，他继续为政府工作。他还扩建了自己的房子，使之更宽敞。1787年9月17日，他在美利坚合众国制宪会议（Constitutional Convention，又称费城会议、联邦会议或费城大会）上致闭幕词，提议每位会议成员"不要认为自己一贯正确，要有一点自我怀疑精神"。

然而，有趣的并非富兰克林仍投身于公众生活，而是他一如既往地从事自己的个人研究和探索。杰斐逊曾预测说，7年驻外的外交生涯足以毁掉一个美国人。而富兰克林任美国驻法大使21年有余，却仍然对烟囱和火炉感兴趣，仍然保有一颗平常心。"回到费城时，国人给予富兰克林的赞誉和尊荣无人能及。但回来后，他却像普通人一样，左邻右舍一眼便能将他认出，他还是之前大家熟悉的那个人：印刷工本·富兰克林。"

1790年，富兰克林逝世；1992年，塞缪尔·摩尔·沃尔顿（Samuel Moore Walton）① 逝世。如果沃尔顿活到现在，看到自己的名字和本杰明·富兰克林一同出现，他可能会感到震惊，诚惶诚恐。无论如何，他们俩确实有一些共同特质：都特别平易近人；都强烈意识到，了解与之打交道的人的心理很重要；都精明强干；都知道如何获得自己想要的东西；他们的初心都不是金钱；都天生具备领导力；都是变革者。

我时常觉得，山姆·沃尔顿经营的第一家商店的店名是"本·富兰克林"，这不只是巧合。本·富兰克林店位于阿肯色州的纽波特（Newport），是芝加哥的巴特勒兄弟（Butler Brothers）所拥有的连锁杂货店旗下的一家店。

开端

1918年3月29日，周五，塞缪尔·摩尔·沃尔顿出生在俄克拉何马州金菲舍镇附近的一处农舍。山姆出生时，父亲托马斯·吉布森·沃尔顿（Thomas Gibson Walton）26岁；母亲，曾用名南尼亚·李·劳伦斯（Nannia Lee Lawrence，即南·沃尔顿），19岁。山姆的母亲是农场主的女儿，结婚后便退了学。山姆的父亲托马斯购得一处小农场，他们夫妇便在小农场成家立业。

托马斯·沃尔顿对自己的父母知之甚少。母亲克拉拉（Clara）和父亲塞缪尔·W. 沃尔顿（Samuel W. Walton）（山姆·沃尔顿的名字即源于其祖父）在他出生一年多便在几个月内相继去世。托马斯由亲戚抚养长大，他的童年一定充满艰辛。沃尔顿家族的人居住在美国南部的偏北地区，靠近南北交界的地方。家族始祖威廉·P.

---

① 山姆（Sam）是塞缪尔（Samuel）的比较随意的叫法。——译者注

沃尔顿（William P. Walton）从弗吉尼亚州搬到了密苏里州中部拉米恩（LaMine）郊外的农场。他儿子山姆成了拉米恩邮政局长，还开了一家小杂货店。因此，山姆·沃尔顿的祖父（山姆与祖父同名）是沃尔顿家族的第一位商人。

摩尔是托马斯·沃尔顿母亲家族的姓，山姆的中间名即由此而来。摩尔家族和沃尔顿家族一样，也曾游走于美国南北交界处。约瑟夫·T. 摩尔（Joseph T. Moore）出生在田纳西州的吉尔斯县，后迁到密苏里州的马什菲尔德（Marshfield）。他同情美国联邦（南北战争时期的北部），是一名共和党人，曾在密苏里第八骑兵队服役，在阿肯色州西北部的本顿维尔镇以北约10英里的豌豆岭和其他地方亲历了兵团作战行动。19世纪80年代，他曾在密苏里州的立法机构任职两届。

托马斯·沃尔顿中学毕业后，开始参与其亲戚J. W. 沃尔顿的农场借贷生意。J. W. 沃尔顿参与了始于1889年4月22日的俄克拉何马州土地哄抢热，并在距离政府计划建立金菲舍镇的地点7英里的地方立杆圈地。据记者兼作家鲍勃·奥尔特加（Bob Ortega）说，J. W. 沃尔顿认为，有些谋生方法比耕种劳作更轻松容易。他看到有些占领土地的农户破产并失去了土地，他便"决定从事借贷业务，成为农场借贷经纪人"。据奥尔特加推测，J. W. 沃尔顿曾服务于一家保险公司或州立银行。

J. W. 沃尔顿迈出的这一步非常关键。这意味着，他不会像其他俄克拉何马州人那样，再次向美国更西部迁移，继续开荒种地，然后再次以失败告终；相反，这一步意味着，他有可能让全家人安安稳稳地生活在一起，不至于为生计而不断迁移漂泊、家人分离。在所有父亲给儿子的建议中，最著名的是《哈姆雷特》剧中人物普罗尼尔斯（Polonius）给他儿子莱尔特斯（Laertes）的忠告:"不要借钱给人,也不要向别人借钱。"J. W. 沃尔顿则认为,如果受境况所迫,必须在借款和放贷之间做出选择,那么最好选择后者。

历史证明,J. W. 沃尔顿的选择是对的。美国是从乡村发展而来的。独立战争时期,美国只有费城和纽约两个城市,总人口 2.5 万多。但是,美国人不断向城市迁徙,过程缓慢但势不可当。美国花了很长时间实现完全的城市化。20 世纪初,与其他早期工业化国家相比,美国农村人口比例要高很多。一直到 1920 年,美国人口普查才显示,大多数美国人居住在城区(人口达到或超过 2 500 人的城镇)。1790 年,第一次联邦政府人口普查发现,有 97% 的受访者说自己是农民。在 1990 年的人口普查中,该比例只有 3%。

农场曾是美国人心之所系。杰斐逊在《弗吉尼亚州笔记》(*Notes on the State of Virginia*)中写道:"如果上帝真有特选子民,那就是在土地上劳作的人们……"遗憾的是,农场也是令美国人伤心失望的地方。农民必须足够精明强干才能兴旺发达,特别是在政府于 20 世纪下半叶大规模实施联邦福利和补贴计划之前。那时,农民必须拥有大量土地,种植合适的农作物,饲养合适的牲畜,还要精打细算,做好财务管理。

我们现在就来认识这样一位精明强干的人。他就是来自俄克拉何马州克莱尔莫尔镇(Claremore)的利兰·斯坦福德·罗布森(Leland Stanford Robson)。罗布森不仅经营农场和牧场,也做生意,还在政府任职,他是小镇上的大人物。若干年后,沃尔玛强势崛起,在一些小镇上开建大型商店。罗布森的女儿海伦·爱丽丝·罗布森(Helen Alice Robson)后来成了山姆·沃尔顿的妻子,他们于 1943 年 2 月 14 日结婚,那天正好是情人节。

托马斯·沃尔顿的首份工作是在他叔叔 J. W. 沃尔顿手下从事

借贷业务，但托马斯不喜欢经商。我们已了解到，1917年他在俄克拉何马州金菲舍镇附近成了家，并弃商从农。1918年，山姆出生。3年后的12月20日，山姆母亲给他生了个弟弟，叫詹姆斯·L，大家称他"巴德"（Bud）。

20世纪20年代对农场主来说是艰难时期，托马斯·沃尔顿在这种大环境下也无法独善其身。坚持几年后他放弃了，去了异父（或异母）弟弟杰西·沃尔顿（Jesse Walton）的公司做事。公司名叫沃尔顿抵押贷款公司，此公司应该是大都会人寿保险公司（Metropolitan Life）在密苏里州的斯普林菲尔德（Springfield）镇的代理处。杰西将托马斯派到密苏里州中部的马歇尔工作。不久，托马斯决定另立门户，自己从事农场抵押贷款业务，但他自主创业失败了。幸运的是，杰西又让他重新回到公司工作。托马斯遵从杰西的意愿，一家人搬到了密苏里州的谢尔比纳（Shelbina）。斯普林菲尔德是成年后的山姆·沃尔顿记忆中的第一个小镇，他的求学时代就从那开始，然后和家人一起搬到马歇尔，然后搬到谢尔比纳，最后到哥伦比亚。哥伦比亚是密苏里大学主校区所在地。1940年，山姆从密苏里大学毕业，取得经济学学士学位。

在生命的最后，山姆与《财富》杂志编辑约翰·休伊（John Huey）合作撰写自传。此前经常有人想为山姆写书，都被他回绝了。最终，家人说服他与《华尔街日报》的一位作者埃里克·莫根瑟尔（Eric Morgenthaler）合作。然而，此次合作并不愉快，此时，他被诊断出得了癌症。生命即将落幕时，山姆决定"只做自己喜欢的事"以"简化生活"。与埃里克·莫根瑟尔合作撰写自传与此决定背道而驰，于是，山姆终止并买断了合同，他支付了莫根瑟尔一笔钱，让莫根瑟尔将未完成的工作交给了自己的家人。

然而，由于家人和朋友的提醒，加上山姆自己意识到，有人未经授权在撰写关于他生平的书，他便再次同意和别人合作出书。由于他身体每况愈下，所以他是否会足够重视此书的撰写值得怀疑。然而最后的成书虽简短，却很有趣。下面是山姆提到父亲时的一番话："我父亲……特别勤劳，他每天都起得很早，工作时间很长，是个完全彻底的诚实之人，他因为正直可靠而被许多人记住。他还颇有个性，喜欢做交易，几乎什么东西都拿来交易……"

沃尔顿说他父亲具有"不同寻常的本事"：知道谈判对方的底价，并能谈成那个底价。父亲有时出价太低，让沃尔顿感到难堪。沃尔顿认为，自己不是世上最佳的谈判者（很多与他谈判过的人不会认同这一点）。他说，自己的兄弟兼搭档巴德遗传了父亲讨价还价的本事。

沃尔顿相信：

> 父亲从来没有自主经营的抱负或信心，他认为负债不好……他就只得为他人打工，继续做旧农场借贷业务。农场的贷款多数都无法偿还。从1929到1931年期间，父亲不得不从那些很不错的人那里没收掉他们毕生经营的农场。有几次，我与他同去，场面令人伤心，父亲感到棘手和为难，但他尽可能给那些农场主足够的尊严。尽管我完全不记得当时自己是否说过类似"我永远不要做穷人"之类的话，但所有这一切肯定令当时还是孩子的我印象深刻。

此段叙述值得注意，因为它平铺直叙，几乎没什么引人入胜的内容，读起来就像休伊一直在听沃尔顿聊家常，聊他父亲的点点滴滴。巴德曾说，他兄弟山姆"继承了母亲身上的许多品质"。然而，沃尔顿对母亲的评述与对父亲的评述一样平淡无奇。

沃尔顿父母作为个人似乎没有对他产生多大影响，但有两点除外。第一点是他父母一致赞同的地方,"父母对金钱的态度完全一致:能不花就不花"。第二点是,托马斯·沃尔顿和南·沃尔顿在一起不合适,婚后他俩处不来。据山姆说:

> 他们总是拌嘴,他俩没有离婚确实只是为了我和巴德。我们长大后,他们甚至短暂分居,各过各的……作为家里的老大,我觉得这种家庭矛盾让我承受很多。我不是很清楚它对我个性影响有多大(这可能是我让自己忙个不停的部分原因),但我很早就发誓:如果我成了家,绝不像他们那样争吵。

托马斯·沃尔顿和南·沃尔顿的婚姻持续了33年。1950年秋,南·沃尔顿因癌症去世,那年她52岁。他们的婚姻就此画上了句号。托马斯·沃尔顿于1984年8月15日逝世,终年92岁。他活得够长久,见证了沃尔玛渐入佳境、开疆扩土的伟大时代。去世两年前,他还在沃尔玛金菲舍店的盛大开幕式上发表了简短讲话。

沃尔顿从父母身上似乎学到了如何避免一些负面东西,这些比他从他们身上学到的正面东西更多。这些包括:避免像父母那样争吵,避免像父亲那样格局小,要有远大抱负。直到1942年春天,遇到未来岳父利兰·斯坦福德·罗布森时,沃尔顿才有了可以作为榜样学习的长辈。

沃尔顿说:

> 听罗布森先生说话,这本身就是一种学习。他对我影响很大。他是出色的推销员,是我遇见的最令人信服的人之一。我确信,他在商业方面的成功和他渊博的金融与法律知识,以及他的人生观对我影响都很大。我天生争强好胜,所以很羡慕他取得的成就。我不嫉妒,只是钦佩。我对自己说:也许将来某一天我也会像他一样成功。

在追求罗布森的女儿（沃尔顿未来的妻子）海伦时，沃尔顿见到了罗布森。当时，罗布森 58 岁，沃尔顿 24 岁。罗布森出生并生长在佐治亚州。1909 年，他前往俄克拉何马州。据奥尔特加说，他"一路上兜售壶罐、平底锅、《圣经》和相框之类的小东西"。据说当时最难卖的是《圣经》，因为每个想读《圣经》的人都早已人手一本。无论如何，后来罗布森回到佐治亚州，上了法学院，然后又返回俄克拉何马州，打算在塔尔萨（Tulsa）开业做律师。之后，他又搬到塔尔萨西北部的克莱尔莫尔，那儿距塔尔萨 20 英里。

就是在克莱尔莫尔这个地方，罗布森取得了成功。

在那里，他的律师业务做得风生水起。正如所有生活在小镇上同时又有些才华、表现突出的人一样，罗布森也喜欢在镇上管一些事。他负责镇上的法律事务 12 年。大萧条时期，他以极低的价格抢购到 18 500 英亩土地，并开始经营农牧场。1936 年，在克莱尔莫尔的罗杰斯县，他创立了罗杰斯县银行（Rogers County Bank）；在随后的 30 年里，他先后担任银行董事、总裁以及董事长之职。二战期间，他成功谋取到俄克拉何马州公路委员会（Oklahoma Highway Commission）的成员资格。他的一生，在煤矿开采、农业种植和其他行业，都干过。

我们言归正传。1942 年遇见罗布森时，山姆·沃尔顿已经知道如何学习，也学会了如何领导他人。从孩提时代起，沃尔顿就拥有远大抱负。在沃尔顿和休伊共同完成的自传中，他无意间提到一个有意思的冲突，沃尔顿说，早在读五年级的时候他就知道，团队合作就是生活的全部。"只追求个人荣誉，不会有多大成就……"在此前一页他告诉我们，1931 年，他 13 岁，赢了与几个朋友的赌约，成为密苏里州历史上"鹰级童子军"（Eagle Scout）的最小成员；而此后一页，谈到打篮球时，他说："我想，我喜欢主导球队。"

去密苏里州哥伦比亚的希克曼中学（Hickman High School）读书时，沃尔顿就已有约四年的球队运动经验。那时的他高5英尺9英寸（约1.75米），尽管如此，他还是被篮球队"选中"。篮球队战绩如何？那个赛季他们所向披靡，赢得了州冠军。

他在橄榄球场的表现也毫不逊色。沃尔顿从五年级起开始打橄榄球。在希克曼中学，他是橄榄球队的防守后卫，进攻时，也是负责指挥的四分卫。这支橄榄球队战绩如何？也是所向披靡，赢得了州冠军。沃尔顿从未输过一场他参与的橄榄球比赛。他说："我从未想过自己可能会输。对我来说，就好像我天生有权赢得胜利。"根据沃尔顿自己的描述，他不是天才运动员。他说："我想，自己可能就是太争强好胜……我在团队运动中的主要才能可能和我作为零售商的才能一样——我擅长鼓舞他人。"

沃尔顿还说，作为学生，自己并不优秀，"但我确实很努力，光荣榜上有我的名字"。除了参加运动和完成学业外，沃尔顿还担任学生会主席，参加了许多学生社团。他还被投票推举为"最多才多艺男孩"，遗憾的是未找到相关实据。他那时肯定非常出色，卓尔不群。

从中学毕业，沃尔顿非常顺利地进入大学。对多数大一新生而言，进入规模较大的大学后首先了解到的情况是，曾是中学明星的学生比比皆是。如果新生是来自小镇的"土包子"，家庭经济条件拮据，刚进入大学时肯定有诸多不适，沃尔顿对此感受更深。尽管如此，沃尔顿还是热切地融入了密苏里大学的生活。他解释说：

> 我决定竞选大学学生会主席。我早就知道，成为校园领袖是最简单不过的事：有人从旁边朝你走来时，主动先跟他打招呼。我在大学就是这样做的……我总是目视前方，同迎面走来

的人打招呼。如果认识他们，我就叫他们的名字；即使遇到不认识的人，我仍会主动问好。很快，我在大学里的朋友多到无人能及。这些朋友都认得我，把我当朋友。只要学校有学生机构职位空缺，我就去竞选。我被选为高年级学生荣誉协会主席、兄弟会干部、高年级主席。我还曾是"鞘与刀"（Scabbard and Blade，隶属于美国预备役军官学校的精英军事组织）的队长和主席。

大学课余时间，沃尔顿组织了一个周日大型读经班（他是卫理公会教徒）。沃尔顿还通过送报纸挣钱（他将部分活分包出去），用以支付学费、互助费及社交费用。他的衣服都是自己买。他说，到了1939年和1940年，他每年大概赚4 000～5 000美元，可能比教他的教授挣的多得多。那时，他赚到的可不是一笔小钱。考虑到通货膨胀因素，那时的5 000美元相当于2000年的61 500美元左右。作家范斯·特林布尔（Vance Trimble）曾去谢尔比纳小镇（沃尔顿一家在搬去哥伦比亚之前住在此地），采访过沃尔顿的小学同学埃弗里特·奥尔（Everett Orr）。据奥尔说，"虽然他（指沃尔顿）很害羞，但沃尔顿很容易跟人成为朋友。人们对他的态度似乎若即若离……如此害羞的家伙怎么会成为领导者，我就是搞不懂。"但没有其他证据表明，沃尔顿小时候很害羞，所以奥尔的说法很可能不对。还有一个有意思的观点，认为沃尔顿可能是采用了一种行为方法，即为了克服可能产生的羞涩感而主动开口跟别人说话。

1940年5月31日，沃尔顿从密苏里大学毕业。他得到了西尔斯（Sears）和杰西潘尼（J. C. Penney）两家公司的工作机会。他选择了杰西潘尼公司，并在艾奥瓦州得梅因市（Des Moines）的杰西潘尼店做管理实习生，月薪75美元。从一开始，沃尔顿就热爱零售业。他是天生的销售员，与顾客打交道得心应手。在职业生涯早期，他甚至还在附近的店做过收银员。这次经历的最精彩之处是，他见到了詹姆斯·卡什·潘尼先生（James Cash Penney，杰西潘尼公司的创始人）本人。

美国加入二战时，沃尔顿还在得梅因市的杰西潘尼店工作。大学时，从美国预备役军官学校毕业后，他就已经是美国陆军预备队炮兵部队的少尉。人们猜想，这个级别的军人可能不需要体检。沃尔顿最终还是在1942年早期接受了体检。医生的检查结果"令他意外和震惊"。他被诊断为"束支部分阻滞"（一种心脏缺陷，它对心脏的传导系统有影响，可能会导致心律不齐）。沃尔顿仍然可以入伍，但只能履行有限的职责。二战时，他只待在国内，未赴境外参战。相比之下，他弟弟巴德作为鱼雷轰炸机飞行员被派往境外，前往马尼拉湾，参与了进攻冲绳的军事行动。

沃尔顿一边在杰西潘尼店工作，一边等待入伍服役。等了一年半后，他辞去杰西潘尼店的工作。根据他和休伊合作的传记记载，辞职后，他便"向南方徘徊，朝着塔尔萨方向而去，隐约想去看看石油工业是怎么回事"。可他却在一家弹药厂找了份工作，这家工厂"位于普赖尔镇，离塔尔萨不远"。他似乎在普赖尔没有找到住处。在自传中他说，他租下了他可以找到的唯一住处，此住处"就在附近，在克莱尔莫尔镇上"。

1942年4月的一个夜晚，山姆·沃尔顿去克莱尔莫尔镇的保龄球馆打保龄球。旁边球道上有位漂亮姑娘也在玩。山姆微笑着对姑娘说："我以前是不是在哪儿见过你？"我猜想，过去的男孩子真的会用这种套话和漂亮姑娘搭讪。这个特别漂亮的姑娘就是海伦·爱丽丝·罗布森小姐（Miss Helen Alice Robson）。

为何沃尔顿还未被征召入伍就辞去杰西潘尼店的工作？答案可能是，他与得梅因市杰西潘尼店一位名叫贝丝·哈姆奎斯特（Beth

Hamquist）的收银姑娘产生了感情。这让沃尔顿陷入了两难。一方面，哈姆奎斯特觉得，她和沃尔顿算是确定关系了；另一方面，杰西潘尼公司规定，"合伙人"（在杰西潘尼公司就是指店员）之间禁止谈恋爱。

哈姆奎斯特坚信，沃尔顿就是她的未婚夫，所以之后她也去了克莱尔莫尔。她在那里待了几天（两天到两周之间）。一位作者引用哈姆奎斯特的房东的话说："山姆提出了分手。哎呀，那个姑娘伤心极了，他们好像大吵了起来。之后，那女孩便乘坐最近一趟火车离开了。"

这段叙述是根据零碎资料拼凑而来的，还有很多问题尚待厘清。比如，山姆·沃尔顿热衷零售业，甚至乐意领低薪（少拿三分之二的薪水）干全职杰西潘尼店工作，这样的人为何不仅离开了杰西潘尼店，还离开了零售行业？他为什么要去卡特（Carter）和亨伯尔（Humble）① 两大石油公司找工作？两家公司都将他拒之门外，据说是因为他们知道，沃尔顿很快会参军入伍。最终，他在普赖尔的杜邦火药厂找到了一份调查员工作，负责调查求职者的情况。对于具有沃尔顿这样个性的人而言，这种工作几乎没什么乐趣可言。

为何沃尔顿"徘徊"（用他自己的话说）在相距 396 英里的得梅因和塔尔萨之间？石油产业的吸引力难道有那么大吗？那时候，他父母分居，父亲住在密苏里州的富尔顿，此地位于哥伦比亚以东 22 英里、圣路易斯以西 93 英里；他母亲住在密苏里州的圣路易斯（一直住到 1943 年）。没有任何记载说，沃尔顿曾顺道去看望父亲或母亲，虽然，只须稍微瞥一眼地图就知道，从得梅因到塔尔萨，

---

① 如今的埃克森美孚公司。——译者注

密苏里州是必经之路，很难绕过。

1942年，山姆·沃尔顿24岁，可以说他无家可归。他离开杰西潘尼店、返回俄克拉何马的举动不能理解成任何意义的寻根之旅。没错，他是出生在金菲舍镇，但还在塔尔萨的西边115英里处；与周边任何地方相比，俄克拉何马城最靠近金菲舍镇（只相距14英里）。

沃尔顿与贝丝·哈姆奎斯特之间的关系也存在疑问。哈姆奎斯特有何理由认为自己是沃尔顿的未婚妻？他们俩是恋人吗？她怎么知道沃尔顿暂住在俄克拉何马的克莱尔莫尔？为什么沃尔顿在他和休伊合作的自传中甚至都没提到她？

我稍稍留意了这些问题，因为在我看来，这是沃尔顿生平唯一一段彷徨和徘徊时期。沃尔顿的父亲虽然谈不上是失败者，但也不是成功人士，不是沃尔顿可以效仿的榜样。更糟糕的是，他的原生家庭也不幸福。沃尔顿的弟弟巴德成人离家后，他父母便分居了，此后他们很少待在一起。沃尔顿是在小镇上长大成人的。我想，很少有读者能在地图上找到或者听说过俄克拉何马州的金菲舍、克莱尔莫尔或普赖尔，或者密苏里州的马歇尔或谢尔比纳吧？他小时候住过的每个镇上的人可能都知道他父母不和。

还有更糟糕的，沃尔顿成长于大萧条时期，他成长的地区受到的冲击特别大。多年后，他回忆说，善良无辜的人们世代在这片土地上辛苦劳作，大萧条期间他们失去了自己的土地。当然，这不是他父亲的错，他父亲只是代理人，替别人收走农场主们的土地。记者奥尔特加说，托马斯·沃尔顿是"收贷先生，这差事不容易，但确实很稳定"。

尽管如此，在中学和大学时期，沃尔顿精力充沛，才智出众。后来，他得到几个公司青睐，最终选择了去全美最具名望的零售企业实习，甚至见到了杰出的 J.C. 潘尼本人。我记得他大学时的一位橄榄球教练曾这样描述他：作为四分卫球员和球队队长，他既不擅长跑，也不擅长传球，但他天生就是赢家。这就是沃尔顿克服一些阻碍，成功构建的个人形象。他总是朝积极的方面想，他认为："积极乐观，往往会如愿以偿。"这听起来和玫琳凯·艾施的理念如出一辙。

1941 年和 1942 年，沃尔顿连续遭受三重打击。第一，多年的争吵不休让沃尔顿父母的婚姻名存实亡。对沃尔顿而言，家庭很重要，终其一生他和弟弟都保持亲密关系，他很珍惜自己与妻子建立的家庭，创建沃尔玛时他常以家庭打比方。第二，无论他和贝丝·哈姆奎斯特的关系如何，显然他们最后以不愉快收场，这段感情吵吵闹闹不欢而散，这肯定让沃尔顿想起无法和睦相处的父母。第三，也许是最重要的一点，就是参军体检时的"意外"发现。沃尔顿有着无与伦比的激励天赋，所以他似乎不是一个内向、心事重重的人。他曾说："我总是热衷于行动……"他不会去想太多，而且似乎并不十分了解自己的身体状况。一个不时时自检的人生更适合他。

可是，无论是否积极主动地了解以及是否去想它，得知自己身体有恙总归不是好事。你会心事重重，心理负担重。而且，这不像体重缺陷（打橄榄球时他克服了这一点），也不像身高缺陷（打篮球时他克服了这一点）。无论沃尔顿有多积极乐观，这种身体状况都会对他产生重大影响。沃尔顿，这位读大学时曾担任美国预备役军官学校的精英军事组织"鞘与刀"主席的人物，因体检未达标，便永远无法参与战斗行动，永远不能组建和带领队伍，永远无法成为史上最大规模战争的英雄。后来，沃尔顿曾说："我希望自己可以叙述一段英勇的军旅生涯，像我弟弟巴德那样……但我的军旅岁月实在平淡无奇,乏善可陈。我先是中尉,然后升到上尉,我的职责包括监督飞机工厂和战俘营的安全之类的事务。"

进军零售业

服役两年的沃尔顿并非毫无收获。他确定了两件大事:"我不仅确定要投身零售业,还确定要自主创业。"服役时,他的雄心壮志并没有束之高阁,相反,那段时间他如饥似渴地阅读零售方面的书。战争接近尾声时,他和海伦有了第一个孩子塞缪尔·罗布森·沃尔顿(Samuel Robson Walton,人们称他罗伯)。孩子生于1944年。沃尔顿夫妇一致认为,他们不应该返回克莱尔莫尔。虽然两个人都很敬佩海伦的父亲罗布森,但他们都不希望山姆依靠他发达。沃尔顿夫妇还一致认为(在海伦的提议下),他们全家应该搬到小镇生活。"只要你不要求我住在大城市,我愿意随你去任何你想去的地方,"沃尔顿退役后,海伦对他说,"对我来说,人口一万的小镇就行。"

1945年秋,山姆一家搬到了阿肯色州的纽波特镇。小镇位于孟菲斯西北约78英里处、小石城(Little Rock)东北约89英里处。1940年纽波特人口为4 301人,1950年人口数为6 254人。纽波特位于怀特河边,是杰克逊县的县府所在地。"铁路运输、棉花、山核桃、制鞋、金属冶炼和其他行业构成小镇的经济基础。"

纽波特并非沃尔顿安家的第一选择。他有个朋友叫汤姆·贝茨(Tom Bates),大学时曾和沃尔顿在同一兄弟会活动并做过室友。二战接近尾声时,贝茨在圣路易斯的巴特勒兄弟百货商场(Butler Brothers)的售鞋部工作。巴特勒兄弟公司是一家批发商,旗下有两项特许经营项目:连锁百货商场(联合百货)和连锁杂货店(本·富兰克林)。贝茨提议,他和沃尔顿合伙,每人各出2万美元，买下位于圣路易斯的德玛大街（Del Mar Avenue）上的一家联合百货商店。沃尔顿觉得该主意"非常棒"。他可以拿出自己和海伦攒下的5 000美元，"而且我知道，其余部分我们可以向海伦父亲借"。沃尔顿没有遗传自己的父亲对借债的反感。

然而，是去小镇子还是大城市，海伦"说了算"。就这样，圣路易斯被否决了。她也不同意和别人合伙，因为她见过一些合伙人"最后不欢而散"。基于这些原因，沃尔顿便放弃合伙，再看看巴特勒兄弟公司那儿有无其他机会。最终，沃尔顿预付了2.5万美元，成了巴特勒兄弟公司在纽波特镇的特许经营者。就这样，沃尔顿夫妇和他们年幼的儿子就在那儿安了家。

沃尔顿的杂货店开张了，此店总面积为5 000平方英尺（约合464.5平方米），"位于小镇中心，朝向铁路"。此时是1945年9月1日，沃尔顿27岁。此时，沃尔顿精力充沛、乐观向上，渴望大干一场。"我一直相信设定目标大有裨益，所以我给自己设定了一个目标：5年内，我要让我在纽波特的店成为阿肯色州最出色、最赚钱的。"

这个看似简单的故事其实有几点值得注意。第一个是融资渠道。1945年，2.5万美元是一笔不小的投资。考虑到通货膨胀因素，这笔钱相当于2000年的24万美元。

沃尔顿拿出的5 000美元中，假设沃尔顿和海伦各有一半，即2 500美元（此假设合理，因为大学期间、大学毕业后以及二战服役时沃尔顿都挣了钱，海伦父亲也有钱），那么沃尔顿拥有开店所需资金的十分之一。这就是说，沃尔顿后来写书时所说的海伦"说了算"可能不只是说说而已。如果不是妻子和岳父的投资，他是否能通过银行或其他渠道筹措到开店所需资金，这是个问题。他自己的父母肯定没有资助他。

第二个值得关注的重要方面是开店所需资金的数额。2.5万美元只是买下特许经营权的费用。巴特勒兄弟公司对特许经营商有严格规定。沃尔顿说:"他们要求我们完全依照他们的章程办事。实际上,他们不允许我们这些特许经营店自由经营。"特许经营店里至少80%的货都必须从他们那儿进,而他们把货物价格标得蛮高。换句话说,根据经济学原理,巴特勒兄弟公司的特许经营店不可能成为折扣店。

沃尔顿开杂货店最值得注意的方面关乎两个地名:阿肯色州和纽波特镇。1945年时,阿肯色州不是一个吸引人的地方,特别是对雄心勃勃的人来说。该州一位历史学家说:"除非自己拥有土地或企业,否则,那些离开阿肯色州奔赴二战前线的人或为国防服务的高薪国防工作者,(在二战结束时)基本不会出于经济原因返回阿肯色州。"

阿肯色州位于美国最贫困的地区,又小又穷,人口越来越少。1940年,阿肯色州总人口为1 949 387人,到1950年,人数降到1 909 511人,降幅为2%;而在这10年内,美国总人口从131 669 275人增长到150 697 361人,涨幅约15%。1940年,阿肯色州(总人口)在美国48个州中位列第二十四(阿拉斯加和夏威夷直到1959年才纳入美国版图),到1950年它位列第三十。不错,20世纪40年代纽波特的人口有所增长,但我们不知道是何时增长的(战时或战后?还是一直稳步增长?)以及因何增长。没有证据表明,沃尔顿是看到纽波特具有发展潜力才选择到这个小镇安家的。到1990年,纽波特的人口只有区区7 459人。

1929年,美国人均收入705美元,阿肯色州人均收入306美元,不到全国平均水平的一半;1940年,阿肯色州人均收入254美元,而全国平均值为592美元。相比于大萧条时期,二战时期的10

年内阿肯色州人均收入得到大幅度提高，从 254 美元增长到 825 美元。然而，阿肯色州的整体经济水平仍严重落后于国家整体水平。1950 年，美国人均收入已达四位数，为 1 496 美元。注意，这是在美国全国总人口增长的前提下实现的，而阿肯色州的总人口却是减少的。

阿肯色"不是典型的美国南方州"。阿肯色的农场更小，人更穷。阿肯色的非裔美国人占比从 1940 年的 24.7% 下降到 1950 年的 22.3%，远低于南部"黑带"诸州，如南卡罗来纳、佐治亚、亚拉巴马和密西西比。1861 年，阿肯色与上述四州，会同其他六州一起，脱离美利坚联邦政府，组成了美利坚联盟国。撰写此书时，美国南北战争仅仅是人们模糊的记忆，但是，在 1945 年，这段历史仍然栩栩如生、历历在目，特别是对战败的诸州而言。

南方 11 州组成的联盟国已成为历史。在与联邦政府的武装冲突的关键战役中，他们战败了。南方的政治文化随之衰落了。南方联盟国"伟大"的失败之后，美国社会种族主义越发严重。无疑，种族主义是一种全美现象，不仅限于美国南方。然而，种族隔离以及黑人无权参与特许店的经营的风气在南方很盛行。

以下是一位历史学家对经济大萧条时期阿肯色州政治生态的描述：

> 在阿肯色州，政客之所以能崛起，不是因为他在一些问题上立场鲜明，而是因为他背后有对的人在选举时支持他（地方领导人可以为他拉票，支持他的有钱人可以为他提供竞选资金），而且还因为他知道在竞选中该说什么——回顾过去，表达对 19 世纪 60 年代（美国南北战争时期）的愤懑，表达对从那以后一直压迫南方人的贪婪北方佬的不满，也许还会以含蓄的方式提及无时不在的来自"黑鬼"的威胁。

当然，这套蛊惑人心的说辞对在美国最贫困州中名列第二的阿肯色州的普通公民来说没有任何好处。但是，种族隔离、一党独大确实就是阿色肯州那时的政治状况，而且此状况一直持续，多年后才有所改观。从1955年到1967年，奥瓦尔·E.法布斯（Orval E. Faubus）连任六届州长，为公众"服务"。然而，在取消学校种族隔离期间，他处置失当，表现恶劣，迫使艾森豪威尔总统动用第101空降部队（该部队曾在诺曼底作战），将其部署到阿肯色州首府小石城，以维持当地治安。

与美国同时期的其他许多地方相比，阿肯色州纽波特镇的沃尔顿杂货店算是比较落后的。就在这样一个地方，山姆·沃尔顿开始进军零售业，开启了自己的职业生涯。那家店原本是一个"来自圣路易斯的家伙"经营的，但他的"生意根本没有任何起色"。山姆接手之前一年，店营业额为7.2万美元。街对面曾有一家早被人们遗忘的斯特林（Sterling）连锁店，它的年营业额为15万美元，是沃尔顿接手的店的两倍多一点。1945年9月，沃尔顿的本·富兰克林店开始营业。显然，对于新店主沃尔顿来说，要把刚接手的杂货店开成纽波特当地最成功的，还有很长的路要走，更不用说开成阿肯色州最成功的了。沃尔顿后来回忆说，那个前店主"生意每况愈下，我就是巴特勒兄弟公司派来拯救他的傻子"。

山姆·沃尔顿的首家商店开在美国二流州（没有人认为阿肯色是美国的一流州）的二流城镇，商店本身也属二流。在20世纪的进程中，美国数以百万计（不是虚指，是实指）的小店倒闭了。1945年，美国共有约170万家零售企业，沃尔顿的杂货店似乎难逃一劫。

无疑，在1945年，任何分析家可能都会说，沃尔顿很可能会失败。他自己这样说："尽管我信心满满，但我从未经营过杂货店，毫无经验……"他其实可以加一句：他没有经营任何生意的经验。甚至店还未开，沃尔顿就为自己的无知和过度热情付出了代价。他选错了店，而且出价太高。他说："达成协议后，我才意识到了问题。"店面租金是营业额的5%。沃尔顿当时觉得并不多，但签了租约后，他才发现"租金高得离谱，业内人士闻所未闻，没有人会将营业额的5%用于交租金"。诸多因素使沃尔顿难以用低价优势与同行竞争，而租金高便是其中之一。而且租赁这一块还存在更多、更严重的问题，沃尔顿5年后才发现这些问题。

沃尔顿似乎遭遇了很多不利因素，但他开的第一家店却获得了巨大成功。为什么？从一开始，他身上就明显具备出色商人应有的一些特质。首先，他了解所有规则。然后，他打破所有在他看来毫无意义的规则（这意味着打破几乎所有规则）。他所做的一切现在看来显而易见——在当时本就该如此。山姆·沃尔顿成为亿万富翁，并非因为他是天才（尽管他确实聪明、精明、机敏），他获得成功的真正原因是，他有坚定的信念和勇气。

巴特勒兄弟公司会给其特许杂货店提供培训，于是，新店开张前沃尔顿便前往阿肯色州的阿卡德尔菲亚（Arkadelphia）接受了两周的培训。他觉得受益颇多。他说："任何人都有值得我学习的地方。"他在事业生涯中表现出来的一个重要特质就是终生学习。他学习巴特勒兄弟公司的经验，阅读零售业方面的书刊，甚至请教他的竞争对手——斯特林商店的经理约翰·邓纳姆（John Dunham）。据海伦说："真正对山姆起激励作用的是街对面的竞争对手——约翰·邓纳姆。山姆总会跑去他店里转悠，一直去。他去看看商品价格，看看货物陈设，看看店里的动态……我确定，一开始，邓纳姆肯定很恼火。"

没过多久，沃尔顿便开始不满巴特勒兄弟公司严格的进货制度。他开始四处寻找其他能提供便宜货的供应商。他找到了。如果说沃尔顿的商业战略对其他经商者有任何启发的话，这种启发就体现在他下一步的做法：找到能提供更便宜货品的供应商后，沃尔顿没有以通常价格出售商品，相反，他实行打折销售，让利给消费者，靠销量而非高价盈利，薄利多销。沃尔顿自己承认说，这"够简单的"，但他花了 10 年时间才真正领略到此战略的威力。一旦获得了这种威力，永不放弃这种威力便成为后来沃尔玛伟大事业的核心。

未来的路还很漫长。巴特勒兄弟公司对沃尔顿不按规矩、我行我素的做法反应冷淡，但沃尔顿的经营业绩令他们感到欣慰。沃尔顿接手杂货店整整一年后，销售额增长超过 45％，达 10.5 万美元。第二年，销售额又增长了三分之一，达 14 万美元。第三年，他超过了竞争对手邓纳姆，销售额比第二年增长了 25％，达到 17.5 万美元。开业两年半后，沃尔顿还清了欠岳父的债。经营位于阿肯色州纽波特镇前街（Front Street）的富兰克林小店的第五年，沃尔顿（巴特勒兄弟公司一直在寻觅的傻子）完成了 25 万美元的销售额，实现了 3 万～4 万美元的利润。因这个偏僻之地的商店沃尔顿本可能会承受巨大的损失，他却靠自己的努力做出了销售额年均复合增长率超过 28％的业绩。短短几年，沃尔顿就将富兰克林店打造成阿肯色州首屈一指的杂货店，也许在邻近几个州也是无出其右。

然后，突然之间，沃尔顿失去了一切。

问题出在他 1945 年签的位于前街的商店的租约上。租约没有列出续租条款，然而，可续租应该是沃尔顿签署的租约必备的条款。据说，罗布森对沃尔顿的失误大为震惊。

在纽波特，沃尔顿不仅生意做得很成功，他还投入精力参与镇上事务。他积极参与"扶轮社"活动，加入基督长老会，成为执事之一("尽管我是卫理公会教徒,但加入长老会也很不错"),还当上了商会会长。

同样重要的是,妻子海伦爱上了纽波特。在纽波特开店的五年中,她四个孩子中的三个相继出生:老二约翰·托马斯(John Thomas,1946)、老三詹姆斯·卡尔(James Carr,1948)和小女儿爱丽丝(Alice,1949)。1992年,海伦回忆说:"我们在那儿安家立业,至今那里还有我那时结交的一些好友。"现在,他们在纽波特找不到其他地方开店,所以不得不离开。

"这是我一生的低谷。"沃尔顿回忆说。

> 我很难受,我不相信这事发生在我身上,简直像一场噩梦。我打造出整个地区最好的杂货店,还积极投身社区事务,没有做错任何事,如今我却被踢出这个镇。这似乎太不公平了。我怪自己傻,居然被如此糟糕的租约给坑了。对于出租人,我也怒不可遏。海伦刚刚适应纽波特的生活,我们刚建起全新的四口之家,现在却要离开纽波特,海伦感到痛心。但是事已至此,我们只得离开。

沃尔顿对情况的评述透露出很多信息。第一,他确实伤心;第二,他责怪自己;第三,他很"傻"(此词又一次出现);第四,尽管他自己认栽,但他发现,自己经历的这些从本质上说有失公平。他"没有做错任何事",可是却没有好报,被迫离开。

其他许多伟大的企业家也遭遇过类似挫折。许多人犯错,确实是他们自己的失误;许多人遭遇挫折,未能实现预期的目标,他们觉得是本质上的不公平所致。总体而言,伟大的企业家天生具备乐观的精神(这方面查尔斯·郎佛迅是个例外)。他们相信,只要够诚实、聪慧,你的努力一定会收获相应的回报。他们不相信生活不公平。如果他们没有做错任何事，结果却令人失望，那原因便是：暂时的偏差。这些偏差在适当的时候会得到修正，有时上天会以更大的回报来弥补这种偏差。

1881年，当乔治·伊士曼在罗切斯特储蓄银行未得到升迁时，他并不只是接受和认命。他反抗了，用几乎和沃尔顿一样的措辞说：“这不公平，这是错的，这有违所有公平正义。”

和其他伟大的企业家一样，沃尔顿也不给自己太重的思想包袱。他不钻牛角尖：“对待挫折，我从不耿耿于怀。那件糟心事出了后，我也一样。我知道，从那以后，我审读租约非常仔细。也许我还稍稍明白了这个世道会有多险恶……但我并没有一直耿耿于怀。”

这里有必要提一下，为何沃尔顿的房东P. K. 霍姆斯（P. K. Holmes）先生不同意续租？霍姆斯有显而易见的理由留下沃尔顿而非赶走他。沃尔顿的才干给纽波特当地带来了鲜有的活力。沃尔顿也在重复他在中学和大学时代的辉煌，成为当地最受欢迎的人。还有一个不可能毫无意义的问题，那就是经济账。沃尔顿接手纽波特的富兰克林小店之前，该店年营业额为7.2万美元。沃尔顿取得经营权的5年中，营业额达到25万美元。如果按销售额的5%收取租金，那就意味着，霍姆斯先生的收入从3 600美元增加到了12 500美元，或者说，他比5年前多赚8 900美元。考虑到通货膨胀因素，1945年的8 900美元相当于2000年的85 000多美元。霍姆斯先生自己什么都不做，躺着就能挣到这笔钱。海伦·沃尔顿想在小镇安家；巴特勒兄弟公司急需摆脱纽波特小镇上的（原）富兰克林店这个负担；而且接手小店的"傻子"后来成为有史以来最伟大的商人。所有这些对霍姆斯先生来说，纯粹是他的福分。

展望一下未来。假定沃尔顿的商店销售额的年均复合增长率从28％下降到18％，那么再过5年，那家商店的年销售额就会达到57.2万美元，铺面租金就会高达2.8万多美元。什么都不做，霍姆斯就能轻松得到一大笔收入，真想象不出有比沃尔顿更好的租客了。

沃尔顿此前在纽波特租下了克罗格（Kroger）店搬离后腾出的一个房子，开了一家小型百货店（他称之为鹰店）。这一情况也许与后来霍姆斯不同意续租有关。沃尔顿并没打算认真经营百货店业务，他租下那个地方是不想让此店落入"友好"对手约翰·邓纳姆之手，以防后者扩大斯特林店。当时，纽波特已有几家百货店，其中一家恰好为霍姆斯所有。霍姆斯不会不知道沃尔顿租下房子自己开鹰店的事情。

然而，沃尔顿相信（很可能他是对的），霍姆斯之所以不惜代价拒绝续租，是因为他看到富兰克林店生意兴隆、蒸蒸日上。租约到期后，霍姆斯以5万美元（沃尔顿自己认为"公道的价格"）买下了富兰克林店的存货和货架。因此，沃尔顿离开纽波特并非两手空空。霍姆斯将店原封不动地交给他儿子经营打理。因此，在某种意义上，沃尔顿和伊士曼一样，吃了亲疏有别的亏。霍姆斯肯定这样想，如果他们自己经营能获益100％，那就没有理由满足于5％的利益。

赚了大钱后，伊士曼以董事身份重返罗切斯特储蓄银行。后来，沃尔顿从未返回纽波特居住，他是以商人身份返回的。他这样说：

> 1969年，沃尔玛第18号分店在纽波特开张。这标志着我们的回归。被"踢出"小镇19年后，我们又重返纽波特……那时，我早忘记当年我们在镇上遭遇的一切，我并没有报复的

念头……后来，我们的沃尔玛纽波特店生意特别好。不久，我曾经营过的位于前街的老富兰克林店关门停业了。你不能说，是我们把那个家伙（那个房东的儿子）赶走了，是顾客弃他而去，顾客用脚投了票。

也许沃尔顿没有一心想要报复，但这种想法很可能隐藏在他内心深处。在临终前写的简短自传里，他能提到沃尔玛第18号分店，这就说明了问题。

本顿维尔

纽波特店没能续约，沃尔顿感到失望、痛苦、愤怒和自责。尽管如此，在经营此店期间，他表现出色，成就非凡。在竞争中，虽然沃尔顿起步晚，他却收获了成功。他学到了打破规则的重要性。

例如，在商品采购方面，他摆脱了巴特勒兄弟公司的进货渠道，到其他各地以较低价格进货（最远到纽约市）。他将节省的费用让利给顾客，使店里的顾客"喜出望外"。纽波特虽然不是阿肯色州最穷的地方，但该镇和周边地区属于全美最穷的地区之一，所以低价、折扣很吸引人们的眼球。

沃尔顿还学到很多商店促销、提高商店知名度方面的知识。还是那句话，要让人们喜出望外、感到惊奇。他自己说得最好：

> 我们尝试过许多切实有效的促销方法。起初，我们在人行道上摆放了一台爆米花机，结果爆米花简直卖疯了。于是，我又思来想去，最终断定，那儿我们还需要一台冰淇淋机。我鼓足勇气去银行贷了1 800美元（在那时是很大的数字）买了台冰淇淋机。那是我第一次从银行贷款。然后，我们把冰淇淋机也弄到人行道上，搁在爆米花机旁边。我的意思是，我们用这

两样东西吸引了人们的注意力。这确实标新立异，又一次令人喜出望外，我们确实因此尝到了甜头。

沃尔顿说："我做的几乎所有事情都是照搬他人的。"他做的很多事的确都是从别人那里学来的。沃尔顿后来采取各种措施，将沃尔玛打造成行业领军者。沃尔顿认为给他提供借鉴的其他商人功不可没。

不过，关于照搬他人这一点，沃尔顿有点谦虚了。职业生涯中，他的许多举措都很有新意。我们看到，从一开始他就别出心裁，爆米花机和冰淇淋机就是很好的例子。在他所在的区域，还从来没有人那样干过。1983年，沃尔玛公司发射了一颗卫星，为人们提供通信便利，此前也没有其他零售商那样干过。

因此，当沃尔顿携带妻子和四个年幼的孩子撤离纽波特，搬往阿肯色州的本顿维尔小镇（Bentonville，沃尔玛总部所在地）时，他在纽波特的杂货店已经取得了实实在在的成绩。搬家及相关的一切烦琐而无趣。海伦·沃尔顿喜欢纽波特。于她而言，纽波特是"欣欣向荣的棉花小镇，不是毫无生机的一潭死水"，她坦言："我真不乐意离开它。"

关于本顿维尔，很难说此地有什么令人高兴的东西。本顿维尔坐落于奥扎克高原（Ozarks），而奥扎克高原位于阿肯色州遥远的西北角，距纽波特174英里。本顿维尔夹在密苏里州和俄克拉何马州之间。1940年，本顿维尔镇人口为2 359人。1950年，也就是沃尔顿全家搬去的那一年，小镇人口为2 912人。

本顿维尔并非沃尔顿的第一选择。沃尔顿曾试图接手西洛阿姆·斯普林斯镇（Siloam Springs，正好位于俄克拉何马州的边界）上的一家店铺，但未能和该店老板谈成。当他和岳父首次驱车来到本顿维尔，环顾四周时，映入他们眼帘的景象有点荒凉。海伦·沃尔顿能想到的本顿维尔最令人高兴的一点是，有一条铁路通到镇上。

海伦说："我记得，当时简直不敢相信，我们居然要在那个地方定居下来。"实际上，他们差一点就错过那地方。沃尔顿租店面的过程很艰难。海伦的父亲帮他们找到了一家店铺，店铺主人是"来自堪萨斯城的两位老寡妇，在相关条款上她们就是不愿让步"。罗布森为沃尔顿签了一份99年的合同，这样就不会重复纽波特店的失误了。

相比之下，本顿维尔店的规模减小了，不仅比纽波特店1950年的规模小，也比1945年纽波特店开张时的规模要小。沃尔顿买下本顿维尔这家店之前，它的年营业额为3.2万美元。虽然本顿维尔只有纽波特一半大，但镇上却有3家杂货店。沃尔顿后来写道："关系不大，因为我有宏大计划，要大展宏图。"

沃尔顿在小镇孕育的宏大计划很快结出了硕果。沃尔顿马上扩大店面，盘下了隔壁理发店，拆掉了两店之间的墙，将两店合二为一。现在，他的店有50英尺（约15米）的地方面朝小镇广场，广场那里竖立着一尊联盟国士兵的雕像（在南方只有极少数州才有这样的雕像）。扩大了的店面有4 000平方英尺（约合372平方米），几乎全是售卖空间。扩大店面之前，沃尔顿没有进行任何市场需求评估，他靠的是直觉。

1950年7月，沃尔顿在本顿维尔的新店正式开张，开张之际搞了新店酬宾销售活动。尽管此店还是本·富兰克林连锁店，但人们都称其为"沃尔顿杂货店"（Walton's 5&10）。花在店铺上的全部费用为5.5万美元，比沃尔顿卖掉纽波特店存货及货架所得款还多5 000美元。可见，沃尔顿在孤注一掷。

直到1950年底，沃尔顿才搬空纽波特镇上的杂货店。沃尔顿全家 1951 年 1 月搬到本顿维尔。因此，从 1950 年 7 月到 1950 年底，他在纽波特和本顿维尔之间奔波了大约 6 个月。虽然两镇之间直线距离是 174 英里，但奥扎克高原道路崎岖蜿蜒，只有两车道，实际行驶距离超过 250 英里。沃尔顿及其家人一向都有动作不麻利的名声，一个单程就要花去 8 小时，有时甚至是 10 小时的时间。沃尔顿一向雷厉风行，路上要耽误一天时间一定让他相当气恼。在职业生涯早期，沃尔顿就产生了购买私人飞机的想法。了解沃尔顿开车习惯的朋友知道他这个想法后，都为他捏把汗。

此时，沃尔顿同时为几件大事在忙碌：经营两处商店，举家搬迁（虽然妻子、可能还有已在纽波特交了朋友的孩子们对此不开心）。就在这时，圣路易斯那边传来消息，山姆的母亲南·沃尔顿罹患癌症，需要动手术。据沃尔顿的一位传记作者说："山姆和巴德马上赶了过去。"但我们不知道，他们的父亲当时是否去了医院。手术后不久，南·沃尔顿就撒手人寰。

耐人寻味的是，沃尔顿在自传中没有提及母亲的离世。但是，不难看出，沃尔顿此刻可能感触颇深。那时，他 32 岁，只比母亲小 20 岁，已经知道自己心脏有问题。沃尔顿是步履匆匆，只争朝夕。有人不禁这样想，母亲在这特定时刻的离世可能促使他更加加快步伐，努力前行。

1951 年 1 月 1 日，沃尔顿回到本顿维尔，开始经营一家杂货店，不再双肩挑。以本顿维尔为起点，沃尔顿再次向人们证明，他可以白手起家、再造辉煌。很快，这家原来销售额与纽波特店的利润差不多的杂货店，其销量比原来增加了两倍。沃尔顿很快开始寻找更多开店机会，寻找更多让新店生意兴隆的点子。他多方寻觅，收获不少。美国有 150 多万家商店，创新点子随处可见。

明尼苏达州的派普斯通镇（Pipestone）和沃辛顿镇（Worthington) 一些店里发生的变化就是很好的例子。沃尔顿一直大量阅读关于零售的文章书籍。他得到风声，说这两个小镇的本·富兰克林店在实行自助购物。沃尔顿总是相信眼见为实，他必须亲眼目睹，亲身感受，身临其境。所以，他立即搭乘大巴车亲自去这些店实地考察。沃辛顿与本顿维尔相距 506 英里；派普斯通距本顿维尔更远，还要多走 32 英里。因为是乘大巴去，所以旅程更长，但此次旅行非常值得。

在那些商店，沃尔顿看到，商店不再是每个柜台都有现金收银机，而是用一个中心付款收银机取而代之。这样做有不少益处，所以很值得。这意味着，商店需要的收银机少了，从而降低了成本；收银机减少，意味着收银员也会相应减少。员工工资一直是零售业很大的支出项，任何能降低工资支出的事都值得关注。接触现金的雇员越少，算错账或现金被盗的发生概率就越小。节省下来的费用可以让利给顾客，从而产生薄利多销的效应。

结账次数少了意味着顾客用于付款的时间少了，用于购物的时间就多了。这意味着，顾客买东西时就较少关注自己花了多少钱。人们发现，如果商店实行自助购物，一般消费者每次在店里会花更多钱。沃尔顿很快便领会到了这一点并将其实施。

1952 年 10 月 30 日，在本顿维尔以南 20 英里的费耶特维尔镇（Fayetteville）（属于阿肯色州），沃尔顿开了第二家杂货店。和本顿维尔及纽波特一样，费耶特维尔也是县府所在地。它也是阿肯色大学的所在地。自助购物在费耶特维尔杂货店大获成功，于是沃尔顿也将本顿维尔杂货店进行改建，引入自助购物方式。1953 年，沃尔顿又拿下另一家杂货店，此店位于堪萨斯城郊的拉斯金高地（Ruskin Heights），位于本顿维尔以北 200 英里处。

在他所有的店里，沃尔顿都大显身手，施展神奇魔力。各店销量和利润的增长幅度超出所有人的预期。取得这些成功之后,沃尔顿便萌生了搞购物中心的想法。他的直觉是对的。在 20 世纪 50 年代的美国,购物中心确实是零售业的未来。但沃尔顿没有资金搞购物中心。花了两年时间,投入 2.5 万美元的资金后,沃尔顿又回到他最熟悉的零售领域。他的杂货店帝国一路攻城略地,迅猛发展。1957 年,沃尔顿为自己买了一架飞机,这样他想去哪里立刻就能飞过去。如果没有私人飞机,他很可能就无法管理好像沃尔玛(总部位于偏远的本顿维尔)这样的大型公司。

到 20 世纪 60 年代初,沃尔顿已取得了惊人的成绩:"那段时期——大部分研究我们的人几乎都没注意到这一时期——我们确实非常成功。在 15 年内,我们成为全美最大的杂货店独立经营商。" 40 岁刚出头的沃尔顿已经很富有了。他已经学到了很多的经验教训,这些经验教训在未来让他受益匪浅。

零售业是典型的人员密集型行业。人们会出于多种因素选择在某特定商店购物,有些因素人们自己都没意识到。商品种类和价格是重要因素,然而其他一些因素也很重要。顾客在店里的感受及受欢迎程度、商店概貌、店员服务以及经营者声誉,所有这些都很重要。

零售业经营者不仅要管理好有形的商品,还要管理好看不见、摸不着的其他东西。要将这两块都管理好,沃尔顿意识到必须聘用最好的经理。但这并不容易,首先,他必须能发现人才;其次,因为出色的店面经理无一例外都已经在管理岗位上了,所以沃尔顿必须有能力把他们从其他商店吸引过来,说服他们为他工作。沃尔顿在这两方面都很擅长。他生来就会慧眼识珠,发现零售人才。沃尔顿有一个终身习惯:不管去哪里,他都会去看看当地的零售店。他很快就练就出一双慧眼,能看出"那家店看起来经营得真的很不错"。正如他所说：职业生涯早期开始，他就一直"到其他人经营的商店打探，物色优秀人才，一点都不感到羞愧或难堪"。

为了让人才对公司一直忠心耿耿，沃尔顿采取措施满足他们在金钱和精神两个层次的需求。金钱方面，店面经理以及后来的商店"合伙人"（店员）可从公司慷慨的利润分享计划中获益。精神方面，沃尔顿给经理相当大的自主经营权。巴特勒兄弟公司和相当多的其他连锁店经营者认为，他们而且只有他们才最清楚如何经营。沃尔顿不会重蹈他们的覆辙。毕竟，招到很有点子的人才，却又不让他们施展拳脚，那又何必呢？

就这样，在偏远的小镇，沃尔顿接手了一家快要倒闭的旧商店，然后向人们证明，只要敢想敢干就可以获得成功。到1960年，他的15家店的年销售额达140万美元，他成为当时全美最大的独立杂货店经营者，既成功又富有，而且他完全有理由相信，未来还会取得更多类似的成功、创造更多的财富。

"低价购入、大量进货、便宜出售"

那些分布在核心地段、正规经营的零售店也会搞打折销售。到1960年，此类现象已比较普遍了。打折销售是指以低于竞争商家的价格出售商品。一些商家用这种方式大赚特赚，如西尔斯商场的罗森瓦尔德店（Rosenwalds）和大西洋与太平洋百货商场（A&P）的哈特福德店（Hartfords）。这是被证明行之有效的成功之道。商品价格也许是消费者决定去哪家商店购物的因素之一，但此因素尤其重要，原因有以下几点。

首先，非常显而易见的是，如果买不起某商品，不管你多么想要它，或者商店氛围多么吸引你，你都不会买。其次，如果顾客买到的某牙膏价格是 1.39 美元，而隔几个街区同样的牙膏只卖 1.19 美元，他们就会很不开心，尽管两角钱对他们来说并不算什么。

20 世纪，商家利用多种可能的条件搞打折销售。从制造工厂到消费者家中，商品一路走来，经过重重环节，经受重重考验。总批发商、分批发商、运货司机、销售代表（这取决于商品类型），所有这些中间人都参与商品的分销。他们都会分走一块蛋糕，这样便抬高了商品价格。具有商业洞察力的零售商通过批量采购，从而绕开一些中间环节。如果某零售商选择将节省的成本让利给顾客（在他看来，可以通过多销来弥补低价的损失），那么他就是折扣零售商。

在过去一百年里，还有两件事为零售商打折销售创造了可能性。其一是制造品牌以及全国范围广告的兴起。无论如何，佳洁士牙膏就是佳洁士牙膏。缅因州波特兰市的佳洁士和俄勒冈州波特兰市的佳洁士没什么不同，为什么要多付钱？这个问题很难回答。其二，制造商投钱做的商品广告（先期是利用无线电收音机，后来是通过电视）带来了前所未有的巨大影响。在关于郎佛迅的章节中，我们领略了电视广告的影响。

尽管如此，在美国及其他一些国家，总销和零售很久以来就具有"就业海绵"的功能。我的意思是，任何一对夫妻，只要能凑齐一小笔资金、愿意长时间工作、与左邻右舍相处和睦，都可以开一家俗称的"夫妻店"。这类商店往往经济效率低下，因此他们一直受到其他管理有方、商品价廉的商家碾压，从而面临竞争风险。然而，每对夫妻都有权发声。多年来，一些人一直为所谓的公平贸易而抗争。根据公平贸易政策，制造商可以决定以何价格出售商品。公平贸易政策使效率低下的零售商受益，因为这可以保护他们，使他们摆脱低价竞争。

许多制造商也觉得，公平贸易政策对他们有利。为了在消费者心中树立品牌声誉，制造商花了大钱。如果折扣店以低价定位其品牌产品，那他们的品牌形象可能受损。如果一些零售商尽量以制造商的建议零售价出售商品，而另一些零售商却以更低的价格出售同样的商品，那么，后者的行为将会令前者感到愤怒。露华浓化妆品公司一直都在提防未授权的零售商私卖他们公司的产品，其原因就在于此。

这种利用制造商的品牌踢"价格足球"（搞打折销售）的局面，从长远来看可能会削弱商品的品牌价值。主流零售商也许无法以正常价格售卖在其他店被打折销售的品牌商品。而且折扣零售商可能会先引诱顾客进店，承诺说店内某些名牌商品打折。顾客进店后会发现那些名牌商品无货，他们就只得转而购买该店的自有品牌商品。

总之，打折销售意味着分销的无序和混乱。对许多人而言，只有分销有序，他们的利益才有保障。而对其他人而言，比如了不起的山姆·沃尔顿，无序和混乱则意味着机遇。（作为一家成熟公司，沃尔玛创造了一个井然有序的打折销售环境，从而打破了旧有秩序。）

不同国家采用了不同方式应对打折销售的价格战。在很多地方，在看待作为雇员的公民和作为经营者的公民这两类人时存在偏见，没有把他们当作消费者。这就意味着，特定区域的法律及其他限制措施大行其道，保护了效率低下的小型商家，阻碍了大宗采购的大型折扣零售店的发展。日本就是常常被引用的案例。

美国的情况恰恰相反。在美国，消费者一直是高高在上的王者。在美国，没有人比山姆·沃尔顿更适合在这样的背景下竞争，他不断念叨"服务顾客"的公司准则。留意一下他对自己1969年重回纽波特开沃尔玛第 18 分店的描述。并不是他将本·富兰克林店搞破产了,是消费者让此店停业了,"他们用脚投了票"。沃尔顿坚定推崇保护消费者的民主权利。在一个自由国度,消费者拥有选择权,他们"惠顾我们的商店,'投票'支持我们"。

在美国,消费者至关重要。因此,公平贸易和维持零售价格(简称为价格管制)的做法,总会招致大量反对意见。公平贸易的相关法律本是严肃的事物,却难以执行。20 世纪 50 年代和 60 年代期间,公平贸易相关法律在各州被逐一废止;1975 年,国会颁布立法,终止了价格管制做法。

尽管沃尔顿各处的杂货店生意兴隆,他还是在不断寻找新颖的、更好的经营之道。他知道世界不会因为他成功了而停止运转。沃尔顿总是愿意舍弃旧的经营之道(即使是行之有效的)而去拥抱新的经营策略。虽然各处杂货店生意不错,但是,20 世纪 60 年代早期,当沃尔顿对生意情况进行评估时,其结果未能使他激动和兴奋:"生意本身似乎不够大。每家店的销售额都太少,整体看起来似乎没有多少。我的意思是说,从开第一家店到现在,整整 15 年过去了。到 1960 年,15 家店的总销售额只有 140 万美元。如今,你是知道我的秉性的。我那时便开始四处仔细考察,寻找新点子。无论什么新点子,只要让我们突破自我、有所创新,让我们付出的所有努力都得到略微更好的经济回报就行。"

沃尔顿从不满足。他一直在寻找发展壮大的方法。他感觉,其他零售商也一直在寻求同样的答案。如果他的生意未能发展壮大,竞争者可能会抢占先机,届时他会为此付出代价。

1962 年,沃尔顿在密苏里州圣罗伯特开设了第一家沃尔顿家庭中心(Walton Family Center)。就是这家店让他偶然捕捉到了未来公司发展壮大的灵感。圣罗伯特位于伍德堡军事基地附近,全镇仅有 1 500 人。然而，沃尔顿在那里开了一家很大的商店，面积 1.3 万平方英尺（约合 1 208 平方米）。该店开张后生意猛增。那年年底前，沃尔顿把该店扩大到 2 万平方英尺（约合 1 858 平方米）。该店第一年的销售额达 200 万美元，比 1960 年他经营的全部 15 家连锁杂货店的总销售额还要多。此后不久，沃尔顿在阿肯色州贝里维尔（Berryville）小镇又开了一家大型杂货店，面积 1.3 万平方英尺（约合 1 208 平方米），贝里维尔镇人口为 2 000 人。

1962 年，沃尔顿验证了自己的想法：在很小的镇子也能开好特大店。此想法将成为沃尔玛成长壮大的路径。他目前面临的问题是，其他经营者的商店，特别是折扣店，也在此时跃跃欲试，大力扩张。他目之所及的每个地方都有大老虎在吞噬旧的零售世界。在东北部，有 E. J. 科尔维特（E. J. Korvette）公司、安 &. 霍普公司（Ann and Hope）、来自哈里森的两友公司（Two Guys）等。在西部，有索尔·普赖斯（Sol Price）公司，该公司旗下的费德玛（Fed-Mart）商店备受沃尔顿赞赏。在沃尔顿自己所在区域，有赫伯·吉布森（Herb Gibson，来自贝里维尔的理发师）。赫伯·吉布森在得克萨斯州起步进入折扣零售行业。1959 年，他的生意扩展到了阿肯色州西北部。对于零售业，沃尔顿的目标是成为全国性的零售商，而不只是地区性的，所以他知道吉布森对他构成了威胁。吉布森搞折扣销售，这不是孤立现象，而是大势所趋。吉布森折扣店的经营理念是："低价购入，大量进货，便宜出售。"沃尔顿后来写道："我知道折扣销售是零售业的未来趋向。"

1962 年，很多人和沃尔顿想到一处了。由弗兰克·W. 伍尔沃斯（Frank W. Woolworth）于 1879 年创立的伍尔沃斯连锁店（Woolworth）在宾夕法尼亚州兰开斯特镇成立了伍尔科折扣店（Woolco）。中西部百货公司巨头戴顿-哈德森（Dayton-Hudson）

创立了塔吉特（Target）。最具威胁的是，另一家中西部零售商克莱斯基（S. S. Kresge）创立了凯马特（Kmart）。创立凯马特是哈里·B. 坎宁安（Harry B. Cunningham）数年潜心研究后的大手笔。沃尔顿称哈里·坎宁安为"史上零售业领军者之一"。所有这些都发生在 1962 年。同年 7 月 2 日，山姆·沃尔顿在阿肯色州罗杰斯镇开设的第一家沃尔玛店也开张迎客。

设想一下，如果 1962 年有人搞民意调查，其中一个问题是："伍尔科、塔吉特、凯马特和沃尔玛这四家公司，哪一家会脱颖而出，称雄 20 世纪的零售业？"会有多少人的答案是沃尔玛？也许没多少。沃尔顿说："我自己都觉得沃尔玛不会。"

对于折扣销售，沃尔顿的看法无疑是对的。折扣销售是零售业的未来。而且，凭借其背景、能力和个性，沃尔顿在这样的未来竞争中会得心应手。要知道原因何在，可以了解下列对折扣零售行业的几点观察。

首先，让我们看看折扣零售的内涵中包含的诸多"不"字。折扣零售不高大上：商品不高端，商店也不吸引人，员工也不优秀，顾客也不显赫。想想罗迪奥大道（Rodeo Drive）、圣霍诺雷大道（St. Honoré）、福堡大道（Rue du Faubourg）、萨维尔大道（Savile Row），这些著名的林荫大道所代表的每样东西都跟折扣零售不相干。

折扣商店出售的大多是常用的、批量生产的商品。从用于保健、美容的小商品，一直到家用电器和汽车配件，店里出售的都是人们日常生活的必需品。各类商品可供选择的品牌超乎想象。店里必须有最知名品牌的商品，原因有两个。首先，打折商店的唯一吸引力是低价。绝大多数店里都出售知名品牌商品，所以消费者可以很容易地进行价格比对。其次，因为低成本运营绝对重要，所以，为了降低成本，不能雇太多的销售人员；即便雇了少量销售人员，也只能支付他们最低工资。店里的员工大部分必须是兼职，这样就可以不用给他们提供全职工才有的福利。由于兼职店员没有受过培训，而且总体而言，他们也缺乏动力，所以这些销售人员无法向顾客解释，为什么此品牌可能要好于彼品牌。从卫生用纸到滤油器，产品只能自我推销，靠品牌说话。

与折扣店相关的一切都必须尽可能便宜，包括租金、货架、照明、休息室等所有方面。顾客是奔着低价来的，不是来娱乐或寻刺激的。

顾客会是些喜欢淘便宜货的人。多数人会根据需要去寻找最便宜的商品，少数人是喜好使然。但他们不会是忠实的顾客，他们到店里只为购物，不带任何情感。他们中的很多人可能不是很富有，却有大把时间。一旦发现某家店的某商品比你家的便宜，他们马上会奔那家店而去。

这种竞争环境可能非常有利可图。在零售界，顶级折扣店的股权收益率向来令人眼红。可问题是，折扣零售业残酷无情。如果不再专注于商店的唯一目标，即为顾客提供最低价的商品，你就有大问题了。很多商家不再专注于提供最低价的商品这个目标，结果最终生意倒闭。这样的情形频频出现。回顾一下 1965 年很红火的那些折扣店，在世纪之交时许多都倒闭了，比如 E. J. 科尔维特、洲际（Interstate）、吉布森产品（Gib-son Products）、扎伊尔（Zayre）、宝石国际（GEM International）、沃纳多（Vornado）、克莱因（S. Klein）和食品汇（Food Fair）。为什么？

为了在以最低价出售商品的同时有利可图，必须把经营成本降到最低。零售业的历史表明，要长期保持低成本非常困难。供应商的供货效率久而久之会有变化；顾客会搬到新住处；新建的道路会改变商店营业面积,也可能令你面临新的竞争。新技术被开发出来,这些技术可能最终会降低运营成本,如升级库存管理的技术。但你怎么知道该投资哪方面?你怎么知道投资是否有回报?倘若投资了一项新技术,却没有获得预期的效果,该怎么办?另外,假如没有投资某项技术,而竞争对手却投了,并且此技术确有成效,又该如何?

除了所有这些,还有就是折扣店经营者膨胀的自我意识。许多折扣店经营者开始是在没有装饰、没有货架(实际上就是在仓库或废弃厂房)的地方经营,因为他们租不起任何更好的地方。一旦初尝成功的滋味,他们就不知不觉产生想法,觉得自己的商店应该有更好的观感。换上更好的商品标识牌,地面铺些地毯,将行政办公室打造得更好看些,这样,家人和朋友来参观时就会羡慕不已,他们自己则更开心。

这听起来没什么,但是,这种做法就像是大功率引擎,它会一次又一次驱动企业成本上升,继而抬高商品价格。沃尔顿这样说:"1962年,折扣零售界有很多生活高端、花钱大方、开凯迪拉克四处兜风的家伙,比如赫伯·吉布森。他们踌躇满志,一切尽在他们掌握中。但其中没几个人称得上你所说的优秀经营者……"

对许多企业家,尤其是白手起家、克服艰难困苦终获成功的企业家而言,从事折扣零售业的全部意义就是,日后过上高端生活、花钱大方、开凯迪拉克四处兜风。在生命的最后日子里,沃尔顿认为,这种奢侈的、炫耀性的消费与他努力构建的企业文化背道而驰:

> 事实上,我们公司很多人都赚了大钱……看到他们炫耀摆阔,我简直要发疯。我认为豪宅、靓车不是沃尔玛应该代表的企业文化。赚到钱了,不用再为钱发愁了,这很好。一些员工

年纪轻轻就发达了，去钓鱼享乐，我很开心。但如果过于沉迷于享乐，很可能你该走人了。道理很简单，因为你已淡忘了应该专注的事：服务顾客。

从以上对折扣零售业的观察中，人们可以了解很多有关沃尔顿取得成功的关键。折扣店经营者的毛病，或者许许多多人早期取得成功后来却失败的原因是，不再专注于服务顾客。不再专注于服务顾客时，他们就松懈了，而毫不松懈是折扣店成功的关键。每天都必须找到新的方法来降低成本。成本节省下来了，才能让利给顾客。这个准则必须成为坚定的信仰。沃尔顿认为，毫不松懈不仅应成为沃尔玛高管在职场的特点，也应该是他们私人生活的特点。对许多美国人而言，如果老板对他们上班时的要求延续到工作后回到家中时，他们会不以为然。作为沃尔顿的属下，如果你也不以为然，那他会直言不讳地说："很可能你该走人了。"换句话说，沃尔玛并不适合所有人。如果你想与少数充满正能量的人为伍，带领顾客摆脱高价束缚，走入低价的应许之地，那么沃尔玛公司就非你莫属；如果你对沃尔玛不怎么感兴趣，那么有很多乐意为公司高管花钱而不乐意替顾客省钱的其他好公司，欢迎你去那些公司工作。

沃尔玛

1962年7月2日，第一家沃尔玛门店在阿肯色州的罗杰斯开门迎客。山姆·沃尔顿进入了折扣零售业。他最终会改变美国人的购物方式。但在第一家沃尔玛店盛大开业前期，以及开业当天，几乎所有不认识沃尔顿的人对此事显然没什么印象。沃尔顿曾试图让巴特勒兄弟对他的计划感兴趣并投资，但没有成功。他又去找赫伯·吉布森，希望成为吉布森的特许经销商。吉布森"断然予以拒绝"，认为他是个"二流杂货店店主,既无资金,又无折扣销售经验,他开吉布森连锁店肯定不会成功"。

然而,沃尔顿并不气馁,也不害怕举债。他已发现,如果生意打理得当,小镇上也可以开好大商店。沃尔顿具有一种特别的本领,那就是预见未来。世上没几个这样的人。未来是折扣零售业的天下,但前提是,从业者必须坚守初心,毫不松懈。正如沃尔玛店内的标语所示,"天天低价,始终如一"。沃尔顿知道,要做到始终如一的天天低价,就必须一直不断地做出改变,因为世界一直在变化。

沃尔顿的杂货店生意很好地阐明了这一点。沃尔顿发现,如果小商店出售太多不同种类的商品,它就无法始终维持低成本运营。商品种类繁多的任何折扣店都会有固定开支和经营问题,包括店铺租金、固定设施费用、员工招募和培训、供应链(商品采购渠道)管理,等等。要降低成本,投入的固定成本就必须尽可能多地、尽可能快地回笼。杂货店的经营特点是:开在小镇上,规模小,售卖区域小。杂货店这种经营模式永远无法与大商场相匹敌。结合沃尔顿之前的发现,即在小镇上开主打低价的大型商店将会是一门好生意(因为人们会从很远的地方开车去那儿购物),可以断定,杂货店的末日到了。

1962年,沃尔顿开了第一家沃尔玛门店之后便开始退出杂货店生意。他将资产和重心慢慢转向沃尔玛。迟至1970年,他仍经营着14家杂货店,这些杂货店收入占公司总收入的26%。直到1978年,沃尔顿的最后一家杂货店——位于密苏里州韦恩斯维尔的家庭中心才关门停业。

从杂货店转向新的沃尔玛店,这种转型的重要性再怎么强调都不为过。到那时为止,沃尔顿取得了看似不可能的成就。先在纽波特，后在本顿维尔，接着在一个又一个其他小镇，沃尔顿将开在偏僻荒凉地方的毫不起眼的杂货店变成了赢家。为什么不一鼓作气继续开下去呢？1962年，沃尔顿44岁，要养活六口之家，他为什么要转型？

如果是处于沃尔顿当时的情况下，大部分人都不会选择转型。这么说是因为当时多数杂货店经营商都没有转型。日复一日，年复一年，他们认为一切都不会变。他们的表现跟多数人一样：面对未来，不思进取。曾在纽波特经营着一家本·富兰克林店的霍姆斯和他儿子就是如此。实际上，本·富兰克林连锁店及其母公司巴特勒兄弟公司也是如此，现在它们已踪迹全无。

1976年，杂货店经营商W. T. 格兰特（W. T. Grant）宣布破产。伍尔沃斯曾是美国最大的零售商之一，总部设在纽约市的伍尔沃斯大厦。1913年至1930年期间，伍尔沃斯大厦是当时世上最高的建筑。1997年，伍尔沃斯宣布，公司在逐个关闭旗下的店。

山姆·沃尔顿能区分看似不可能和真正不可能之间的差异。其他那些人则不能，对他们来说，开零售店或连锁店就是为赚钱养老。对沃尔顿来说，经营商店的最终目标是服务顾客。他知道，为顾客提供最佳服务这个目的是移动目标，要与时俱进。

为了实现这一目标，沃尔顿开创了沃尔玛：沃尔玛名字由wal和mart组成，"mart"是市场（market）的缩略，"wal"是沃尔顿姓氏第一个音节的字母。沃尔玛是本顿维尔沃尔顿杂货店的首任经理鲍勃·博格勒（Bob Bogle）提出来的。他指出，名字越短，要买的做商店招牌的字母就越少。运营首日，他们就开始厉行节约。招牌一侧写着"保您满意"，另一侧写着"花钱更少"。从一开始，沃尔玛店主打价廉物美牌就一目了然。

沃尔玛1号店面积1.6万平方英尺（约合1 486平方米）。店内商品琳琅满目：从男孩衣服，到书籍，再到汽车用品，应有尽有。店内有 25 名店员，他们的时薪在 0.5~0.6 美元，低于当时美国最低工资标准。店面经理唐·惠特克（Don Whitaker）大张旗鼓地进行宣传，告诉大家店内的全美知名品牌商品价格比其他店的价格低25%~50%。沃尔玛在报纸上打出广告，声称沃尔玛"只卖一流商品；店内不卖二流商品，也不卖残次品，我们的政策不允许这样做"。那么，沃尔玛是如何抓住零售业的"圣杯"①，以更低的价格出售最好的商品的？惠特克解释说："我们减少了中间分销环节。我们大部分商品都是直接采购自制造商，这样就能将节省下来的开支让利给消费者。"

到 1962 年，对多数商品种类而言，公平贸易的提出几乎是一纸空文。如果它得到严格执行，沃尔玛店就不可能成为现实。即便如此，商品采购仍然是公司面临的大问题，并且此后 10 多年一直如此。沃尔玛 1 号店盛大开幕那天，所有商品是否确实直接采购自制造商，这令人怀疑。沃尔顿这样说："开始那会儿，情况有点令人沮丧，因为那的一切都靠我们自己。我们没有基本的货物分类系统，也没有真正的补货系统……我们没有现成的供应商。没有人给我们贷款……不客气地说，那些日子，许多供应商相当傲慢，我们吃了不少亏。他们不需要我们，所以一副爱理不理的样子。"

进货很可能是沃尔玛最大的问题，当然还有无数其他问题。尽管如此，沃尔玛立即获得了成功。沃尔玛 1 号店开了两年多之后，沃尔顿才开了 2 号店。个中原因尚不清楚，或许是沃尔顿当时资金太吃紧的缘故。沃尔顿说："开了沃尔玛罗杰斯店后，我们便稍作休整，用了两年时间蓄势以重新出发。"

---

① 指长期以来梦寐以求的具有神奇能力的东西。——译者注

曾在密苏里州斯普林菲尔德的克拉克药店（Crank Drugs，另一家如今无人知晓的公司）工作过的大卫·D.格拉斯（David D. Glass），观察了沃尔玛2号店的盛大开业。他对沃尔玛2号店的开业情景的描述使这次开业声名远扬。沃尔玛2号店位于阿肯色州的有6 000人口的哈里森（Harrison）。当时，时值1964年的8月份。即使天气晴好，这家商店也不会令人眼前一亮：水泥地板，天花板8英尺（约2.4米）高，木质货架，店内没有洗手间。商店以前是养牛场的一处建筑。沃尔顿自己将那天2号店开张的情景描述为"促销氛围浓烈，场面惨不忍睹"。格拉斯去的那天天气不好，他这样描述：

> 那是我见过的最差劲的零售店。山姆进了两卡车西瓜，堆在人行道上。在停车场，他骑驴转了一圈。当时的气温大概华氏115度（约46摄氏度），西瓜开始炸裂，驴开始不受约束乱来。乱七八糟的东西都混到一起，停车场到处是垃圾。进店后，乱象仍在延续，地上也到处是污渍。山姆这家伙待人很好，但我还是要直言不讳，情况太糟了。

没错，沃尔玛2号店是粗陋。但它出售的商品和哈里森镇中心斯特林百货店出售的商品一样，而价格却低20%。沃尔玛2号店获得巨大成功。

现在，沃尔顿开始快速推进更多沃尔玛分店的开设：1964年开了2家，1965年开了1家，1966年和1967年分别开了2家，1968年和1969年分别开了5家，1970年公司上市时又开了2家。这样，除了保留下来的杂货店，沃尔顿拥有了20家沃尔玛分店。从阿肯色州的莫里顿（Morrilton）到密苏里州的锡克斯顿（Sikeston）……从密苏里州的内奥斯霍（Neosho）到俄克拉何马州的克莱尔莫尔……从俄克拉何马州的塔勒夸（Tahlequah）到阿肯色州的范布伦（Van Buren），在一个又一个不知名的小镇上，沃尔玛店如雨后春笋般冒出来。这些小镇不为人所知，坐落或藏匿于奥扎克高原。这种情况与其说是困境，不如说是机遇。在这些小镇可以开好大型折扣店。但是，与其他任何零售商相比，沃尔顿更了解这些地方。他很清楚，这些小镇无法容纳两家如沃尔玛规模的店。

一旦沃尔顿在那些小镇开设了大型折扣店，其他实力相当的折扣店就进不来了。这种情况非常类似于互联网时代人们频繁使用的"先发优势"一词。"一山不容二虎"：我来了，你就别想来。从本顿维尔开始，沃尔玛一直向四周扩张，获得了该地区市场的垄断地位。只有沃尔顿才真正了解此市场的巨大潜力。

采购商品，然后将商品发送到辽阔大地上偏远地区的商店，这常常构成考验和挑战。沃尔顿和公司花了很长时间才解决了这些问题。

看看克劳德·哈里斯（Claude Harris）是如何应对此问题的。哈里斯是沃尔玛的首位采购员。他是沃尔顿发现的不可多得的人才。沃尔顿解释说："我们在孟菲斯城伍尔沃斯店发现了克劳德。他是俄克拉何马州马斯科吉（Muskogee）人，有约四分之一的印第安人血统。中学毕业后，他就进了伍尔沃斯店工作。"哈里斯说：

> 我们常常跟供货商斗智斗勇。你不能让步，不能让他们得手，因为他们只为自己的利益着想。你的职责是为顾客的利益着想。我会威胁宝洁说，不进他们的货了。他们会说："老兄，不进我们的货，你们玩不转。"我就会说："那你们等着瞧，我把你们的货放在靠边货架上，把高露洁放在走道的顶头显眼处，定价比你们的货便宜一美分。你们就等着瞧吧。"他们气

得不行，于是去找山姆理论。山姆说："不管克劳德说什么，他说了算。"

1969年至1979年间，沃尔玛建立了多个物流配送中心，以应对不断增长的采购量，便于将适当的商品运送至各门店。第一处物流配送中心位于本顿维尔以南1英里处，面积6万平方英尺，建造费用仅为50多万美元。1975年初，第二处物流配送中心在本顿维尔投入使用，其面积是第一处的两倍多。1978年，占地39万平方英尺、位于阿肯色州的塞西（Searcy）物流配送中心启用。1979年，又一处占地39万平方英尺的物流配送中心在本顿维尔投入运营。同年，位于得克萨斯州巴勒斯坦（Palestine）的又一处物流配送中心也在建设中。

采购能力、门店网络以及大型物流配送中心网络（通过配送中心为那些门店供货），所有这些都成为沃尔玛"先发优势"的一部分。阿肯色州、密苏里州南部、俄克拉何马州东部以及得克萨斯州东南部，这些区域是全国市场的有机组成部分，但这片区域的市场很大程度上被凯马特等全国零售商巨头和西尔斯等高档连锁百货商场所忽略。与吉布森这样的地区折扣零售店经营者或伍尔沃斯这样的杂货店经营者相比，沃尔顿远比他们更投入、更专注，思路远比他们更清晰，他明白自己在做什么。

由于沃尔顿的目标市场并非大都市，服务的顾客也不是都市消费者，所以他不得不建立大型的物流配送中心，并最终组建了自己的货运车队。卡车货运公司一般不开设定期往返俄克拉何马州的塔勒夸或密苏里州的内奥斯霍的线路，像凯马特这样的大型折扣店也没有大型物流配送中心去服务这些小镇，因为不合算。沃尔顿系统地创建起可以辐射周边的物流配送网络（主要配送枢纽一开始就设在本顿维尔）。这样，他的卡车不仅可以将多得多的商品运送到商店，还可以把商品从商店运回物流配送中心，以便重新分销。沃尔玛的卡车返程时总是比竞争对手的卡车装得更满。

还是那个沃尔顿大力强调的理念和战略："服务顾客。"沃尔玛的物流配送系统是此战略的有机部分。跟沃尔顿的其他许多做法一样，"服务顾客"也看似简单。确实，几乎没有公司会承认，它们没有为顾客服务。不同的是，在沃尔玛，很大程度上由于沃尔顿的个人领导和激励，"服务顾客"这句话被赋予了独特的意义，这种意义在其他公司几乎见不到。

沃尔玛货物采购和配送的情况说明，沃尔玛"服务顾客"的理念已渗透进公司的每个组织细胞。从傲慢的供货商那儿进货不易，讨价还价很难，会伤及自尊。但是，如果像克劳德·哈里斯那样，认为自己身负使命，要为顾客省钱，而且，如果你知道老板会一直支持你这个崇高的追求，一切就不会那么难了。

对零售业而言，货物运输是比较费钱的现实问题。然而，这方面省下的小钱和在其他方面省下的小钱没什么区别。顾客不了解也不关心他们购买的商品是怎么来的。但是，作为零售商，你最好多多关心。如果你的货运成本低于竞争对手的，这就是优势。此优势会直接转化为低价格、高销量，商店在消费者中的声誉会更好。沃尔顿不仅大力降低分销环节的成本，他同样热衷于以省钱的方式鼓舞士气。他会抽空去物流配送中心，与卡车司机打成一片，也常常参加谈论司机安全的会议。1970年，沃尔玛制定了利润分享计划，沃尔顿承诺给卡车司机长期的经济奖励。卡车司机们觉得这似乎难以置信。最终，沃尔顿发给司机们的奖励远远超出他起初承诺的。

零售业有一个有趣的方面：零售企业里的绝大部分东西都公开展示，所有人都可以看到。分类商品、价格、展板，以及其他所有一切都一目了然。商店的地点清清楚楚，不用问，物流仓储地点也如此。如果你要在类似阿肯色州的塞西或得克萨斯州的巴勒斯坦等地打造面积为39万平方英尺的仓储中心，那么任何对此感兴趣的人都很容易发现这些大型仓库。

包含保密技术的产品和工艺流程（有时受到专利保护）在20世纪的商业经济发展中发挥了至关重要的作用。伊士曼柯达公司和IBM公司就是很好的例子。本书下一章要介绍的罗伯特·诺伊斯的英特尔公司也是如此。高科技公司自始至终都高度重视安全问题并保持安全保护意识。

沃尔顿尽可能不让自己和公司的发展引人瞩目。这样的玩笑开始流传开来：沃尔顿，谁呀？沃尔玛，什么呀？本顿维尔，在哪里呀？对于这种状态，沃尔顿乐在其中。他不想让别人知道他。他曾经说："这件事我们做得最棒：悄悄在奥扎克高原地区创立公司，而后让人们来寻找和发现我们。"沃尔顿取得如此巨大的成就，这一切再也不可能秘而不宣了。

沃尔玛开始公开募股，成为上市公司。因此，依照证券法相关要求，沃尔顿的私人信息得以披露。披露的信息相当耐人寻味。例如，1966年，有16家沃尔玛门店在运营，销售额为624.6万美元，利润为24.6万美元；到了1970年，有双倍的沃尔玛门店在运营，销售额增长了几乎5倍，利润增长了将近6倍。起初，沃尔顿白手起家，创建了零售店。如今，他将白手起家建立起来的事业发展成了商业帝国。

这种成功不仅在继续，而且在如火如荼地加速。1970年时，相比于西尔斯、杰西潘尼及许多区域性折扣店，以及由哈里·坎宁安（Harry Cunningham）创立的被誉为"折扣商之王"的凯马特，沃尔玛的规模还很小。到1980年，沃尔玛的规模还算不上最大，但肯定不小。那时，它共有 276 家门店，销售额达 12.48176 亿美元，利润达 4 115.1 万美元。

整个 20 世纪 80 年代，沃尔玛持续扩张。1990 年，沃尔玛经营着 1 525 家门店（包括 123 家山姆会员店）；销售额达 258.10656 亿美元；利润创历史新高，突破 10 亿美元，达 10.759 亿美元。1991 年，沃尔玛取代西尔斯，成为美国最大的零售商。自 1965 年超越安＆霍普（A&P）公司以来，西尔斯一直稳居美国最大零售商之位。西尔斯和安＆霍普两家公司都是做折扣零售起家的，如今它们都迷失了发展方向，失去了行业优势。正是山姆·沃尔顿的天赋——套用列宁的话来说——让沃尔玛的革命事业永远年轻。

1992 年 4 月 5 日，山姆·沃尔顿逝世。在他逝世三周前，乔治·布什总统和夫人曾前往本顿维尔，授予他"总统自由勋章"。沃尔顿称之为"我们整个事业的最精彩时刻"。沃尔顿去世那年，共有 1 928 家沃尔玛门店（包括 208 家山姆会员店）在运营，销售额达 438.86902 亿美元，比 1991 年增加了 110 亿美元，利润达 16.08476 亿美元。早在 1985 年，沃尔顿就被《福布斯》杂志列为美国首富；到 1992 年，沃尔顿家族拥有很大部分沃尔玛的财富，成为世上最富有的家族之一。

74 年前，塞缪尔·摩尔·沃尔顿出生在俄克拉何马州的金菲舍镇。他的原生家庭跟美国数无数家庭并无二样。他决定从事零售业。这个行业不是靠独家拥有某拳头产品而获利，它是所有行业中最透明的，无处可跑，无处可藏。世上所有零售商的目标都一样，而且说起来很简单：以合适的价格在合适的时间将合适的产品卖到合适的地方。

沃尔顿去世时，他可能是美国历史上最成功的零售商。不仅如此，他可能还是美国最成功的公司高管。他是如何做到这一切的？

山姆·沃尔顿现象

当然，前面的问题并没有满意的答案。然而，我们可以通过观察沃尔顿具体扮演的一些角色来了解他的成功之道。

沃尔顿是一名天生的领导者，他的领导力表现在很多方面。他以身作则；他爱学习、爱进步、爱竞争，所以他热爱工作；他喜欢那些"疯狂"时刻，喜欢那些完全别出心裁的促销手段。世上所有商业战略计划都不会采用那些促销方法，但它们就出自沃尔玛门店经理们的创意。创立早期，沃尔玛以奇特的促销方法闻名：将大量要出售的汰渍洗衣粉堆成小山，或者将防冻液的价格降至极低。

这些促销活动可以起到"一石多鸟"的作用。促销活动成了新闻，产生了免费推广的效果，吸引了方圆数英里的新顾客。促销活动让沃尔玛的高管和员工（领时薪的员工）感到，每个新的一天都可能不同于往日。活动使沃尔玛上上下下都觉得，一切皆有可能。更重要的是，这些活动趣味横生。

在沃尔玛，没有人比沃尔顿工作更努力、工作时间更长。很可能他走访过的门店比谁都多，包括他自己的店、竞争对手的店，以及非竞争对手的其他类别的商店。越工作，他就越乐在其中。

其他人也被他带入了此节奏。沃尔玛公司喝彩加油的文化是真实存在的。周六晨会上，沃尔玛员工会热情奔放地庆祝公司取得的成功。在20世纪70年代，这种做法确实罕见。沃尔玛的做法使人想起托马斯·沃森在IBM初创时召开的旨在互相激励的会议，以及更早时期宗教复兴主义者进行的野营布道会。这就是"引人入胜的资本主义"。

托克维尔（de Tocqueville）在19世纪30年代访美时曾指出，自发组建社团是美国人的特征。在沃尔玛早期有很多这样的情况，

"女子组合"就是一例。由盗窃或错放而导致的店内货物非正常性减少是零售业的死敌。为了与该死敌斗争，路易斯安那州新伊比利亚门店的一些女店员组团建起一支拉拉队。她们会一起高喊口号，比如，"面对问题怎么办？彻底解决！彻底解决！"沃尔顿对员工此举显然很开心。他说，"女子组合"拉拉队是模仿了公司一次年会上的类似活动，当时人们喊的口号是：

> 加州的橘子，德州的仙人球，
> 凯马特比不上我们牛！

为何员工自发组建类似"女子组合"这样的团体？其中一个原因是，1971年，沃尔顿制定了覆盖所有员工的利润分享计划。员工将通过利润分享计划获得的收益的很大一部分又用于购买沃尔玛的股票。20世纪70到80年代，随着沃尔玛公司股价的飙升，那些做梦都想不到自己会积累资本的人发现，他们竟然持有价值数十万美元的股票，有个别人甚至拥有100多万美元的股票。如果真有平凡之人行不平凡之事的情况，或者换个角度说，如果真有人发现许多没有获得过美国社会标准证书文凭（比如，他们从未上过大学）的美国人事实上一点都不平凡，那么，20世纪70到80年代沃尔玛的经理和员工对沃尔玛的承诺和担当就是这样的情况。

沃尔玛员工的激情和创造力不只是金钱激发出来的，有些东西金钱买不来。沃尔顿或许很欣赏托马斯·沃森的激励法，但沃森也做了很多沃尔顿想都想不到的事。沃森在IBM举行了很多假的庆祝活动，员工是被迫表现出激情，开心也是迫不得已装出来的。大权在握的人既可能和蔼可亲，也可能专横跋扈。查尔斯·郎佛迅也许可以将现成的人才招致麾下，却很难将他们中的大多数人留住。在一个自由国家，靠营造恐惧气氛来治理公司并期望公司能长久立足，是很难的。

沃尔顿似乎发自内心地敬重和钦佩奋斗者和成功者。他认为自己最大的强项是懂得如何激励别人。能帮助人们充分发掘潜能，他备感自豪。如果潜能得到充分发掘，人们就会自我感觉良好，这种心理上的满足是金钱买不来的。

沃尔顿总是以身作则。每当无聊季（通常为夏季）到来时，沃尔顿会既当教练又当球员，而不只在边线旁观望。1984年，沃尔顿与大卫·格拉斯（1964年，格拉斯曾描述沃尔玛2号店开业的情况，说沃尔顿是个待人不错的家伙，但能力欠佳。现如今，格拉斯已是沃尔玛的二号人物）打赌，认为沃尔玛当年的税前利润不可能超过8％。最后，沃尔顿输了，格拉斯坚持让沃尔顿履行赌约。按照赌约，沃尔顿要穿上草裙在华尔街跳草裙舞。此事引起了大量媒体关注，沃尔玛的员工无疑也大笑不已。沃尔顿写道："很多人可能会想，沃尔玛的董事长很古怪，他作的秀很原始。但他们不知道，这样的秀一直在沃尔玛上演。我们总是想方设法尽可能让生活变得有趣、新颖，让沃尔玛成为有意思的话题。"

沃尔顿承认说，草裙舞对他来说有点过了。当时他66岁，在一些草裙舞者和音乐人的陪伴下，"跳得还算不错，令我真正感到尴尬的公司作秀活动很少，而此次是其中之一"。那时的沃尔顿已经极为成功和富有，但他还是委屈自己跳了草裙舞。沃尔顿这样做，是因为格拉斯要他兑现赌约。他本可以马上炒掉格拉斯的，但他没有。此事发生时，沃尔顿在投资圈和零售界已是知名人士，但他和沃尔玛在美国东部还不怎么为人所知。对于看到这则新闻的普通纽约民众而言，沃尔顿的舞蹈展示肯定看起来十分滑稽可笑。

他为什么这么做？想一想，从早期的约翰·雅各布·阿斯特（John Jacob Astor）一直到IBM的杰克·韦尔奇（Jack Welch）这些美国商业巨子，很难想象他们任何人会打这样的赌，或者会愿赌服输履行赌约。他们都太自负，太庄重，太低调，或者太习惯于让别人按照他们的方式行事。也很难想象，这些领导者身旁的员工会要求领导在这样的事情上说话算话。沃尔顿说："但是在沃尔玛，如果你打了像我那样的赌，你总是会履行赌约。"而且，跳草裙舞"跟与狗熊摔跤相比，根本不算什么"。一位仓库经理曾就公司生产效率问题和人打赌，后来他输了，只得去和狗熊摔跤。

在某种程度上，这是沃尔玛对美国东北部和中西部刻板保守、温文尔雅的商业世界的回应。这是阿肯色州版本的硅谷（在自由包容的硅谷，性、毒品和摇滚后来大行其道）。20 世纪 70 年代，想打破规则不是坏事，因为那些制定规则的人，无论在公众场合还是私底下，都令人大失所望；照章行事的人给民众带来了痛苦的越战和丑陋的"水门事件"。公共部门的领导者或企业老板的主要特征似乎就是呆板无趣。西尔斯公司就是很好的例子，公司的工作变得单调乏味，毫无乐趣可言。传统的方式无法带来好的结果。而"女子组合"、跳草裙舞、和狗熊摔跤等做法却令人耳目一新。

更重要的是，此举（沃尔顿并不想在华尔街跳草裙舞，但他还是跳了）表明，沃尔顿将沃尔玛和员工置于自己个人意愿之上。沃尔玛公司比他个人更重要。

无论何时，当具有人格魅力的伟大领导者出现并创立新的组织时，人们不禁会问：后来怎么样？答案通常是：后来不怎样。有时回答甚至是：后来什么都不是了。这种现象不是个例。亨利·福特或托马斯·沃森年事渐高后，他们所在的公司给人的感觉是：没有领导者或没有他们的公司就玩不转。确实，一些伟人去世前似乎想要毁掉他们创造的东西。亨利·福特就是这样的情况，他给美国商界造成了很大的损害。

沃尔顿希望沃尔玛能长存下去。他对员工产生了一种亲情，其程度在零售界独一无二；而且他对沃尔玛公司的宗旨，即服务顾客，坚信不疑。

沃尔玛一直被低估，这是幸事。沃尔顿是非常独特的商人，沃尔玛的成功也异乎寻常，因此人们很容易认为，没有沃尔顿就不可能有沃尔玛。沃尔顿创业初期，海伦·沃尔顿希望丈夫生意不要做得太大。对他们生平情况的叙述表明，沃尔顿一家在纽波特的日子是海伦最幸福的时光。在那儿，沃尔顿不仅忙于经营杂货店，还照顾家庭并参与社区事务。

当沃尔顿具有做零售的独特天赋这一点渐渐明朗时，沃尔顿感到，应该利用好自己的天赋，让家人过上满意的生活。沃尔玛上市对公司获得资金建设物流配送分销网络至关重要，但这让海伦感到不安，因为公司上市意味着他们一家的隐私将被曝露。"我们的公司还不够大吗？我们还不够成功吗？为了公司，我们家还要做多少牺牲？"

对沃尔顿而言，妻子的意见一向很有分量。1974年，他决定采取行动，实现海伦的愿望。沃尔顿经商近30年，也许是时候干点别的事了。此时，沃尔顿和海伦身家1.3亿美元，够他们一家在本顿维尔过上体面的生活了。

沃尔顿挑中了努力进取、技术超前的罗恩·梅耶（Ron Mayer）担任沃尔玛董事长兼首席执行官，另外挑中了费罗德·阿伦德（Ferold Arend，从普林斯顿大学毕业后，他就一直供职于沃尔玛）为总裁兼首席运营官。对整个零售业而言，1974年可谓举步维艰。美国经济发生衰退。随着中东爆发阿以战争（阿拉伯—以色列赎罪日战争），欧佩克（石油输出国组织）大幅提高了油价。尽管如此，在梅耶和阿伦德组成的领导团队的带领下，公司销量和利润还是实现了快速增长。

问题是，梅耶和阿伦德组成的领导团队根本算不上团队。他们各自拉帮结派。一位高管说："我认为，我们公司的情况在急剧恶化。我不是危言耸听，我的意思是说，我们那时情况确实不妙。"1976年6月，沃尔顿告诉梅耶，他打算重返公司担任董事长兼首席执行官。他邀请梅耶留下来担任高管，但梅耶辞职不干了。

公司创始人察觉到公司发展态势不对时，他们会重新执掌公司，这种情况并不少见。戴维·帕卡德是惠普公司的联合创始人。发现公司业绩欠佳后，他于1990年——离开公司很长时间之后——又返回公司并承担起更多的责任。1943年，儿子埃德塞尔去世后，亨利·福特也试图重新执掌福特汽车公司。因此，考虑到沃尔顿掌控的股权和他自己的个人魅力，他重新执掌公司经营权很正常，并不令人意外。然而，这样做确实导致了一些负面的问题。

罗恩·梅耶离开后，很多重要的人才也随他而去。此后不久，又有另一批经理很快离职。沃尔顿估计，他重新执掌公司后沃尔玛损失了三分之一的管理人员。想当初，这位"老人"似乎不会再参与公司管理了。对许多高管而言，沃尔顿不再管理公司也许是好事。他们也许认为，在沃尔顿时代，他没什么不好，但他的时代——在农村杂货店搞促销时西瓜爆裂、毛驴随便骑的时代——已结束了。当初沃尔顿拒绝高消费，一定让一些人感到了不爽。沃尔玛需要少壮派，他们将为成长中的公司带来现代销售方法和信息化管理，而且为了成功不介意花大钱。

当这位老人决定公司经营仍由他说了算的时候，很多人觉得，何时才轮到自己大展拳脚啊！他们再也不想等了，于是便离职走人。在所有人看来，沃尔玛发展得好得令人难以置信，它终究不可能一直这么好下去。然而情况却是，沃尔玛拥有很多后备人才，足以填补相关空缺。沃尔玛前进的步伐并没有停顿,人们又一次低估了沃尔顿和沃尔玛。

离开沃尔玛后,梅耶及其同伙的命运耐人寻味。借助于一些金融机构(其中有些跟沃尔玛有密切的业务往来)的支持,梅耶接管了总部位于印第安纳波利斯的折扣零售店艾尔威(Ayrway)。他不再受制于过去那套陈旧的东西,他的机会来了,有可能他会成为下一个山姆·沃尔顿。然而,梅耶接手干了不到四年,公司停滞不前,他被迫出局。之后,梅耶继续住在印第安纳波利斯,在当地经营着几家小零售商店。

梅耶的出走和他随后的失败再次令人对沃尔顿心生敬意,也成为研究缺乏领导力的管理者最终命运的案例。和沃尔玛公司内部任何人一样,梅耶对沃尔玛也了解得一清二楚。他了解沃尔玛的战略、执行情况和人员情况;他了解造就伟大的沃尔玛公司的硬实力和软实力是什么;他知道沃尔顿的短板,也了解最先进的管理方法。但是,梅耶显然不具备沃尔顿特有的魔力。梅耶另立门户的目标直指沃尔顿和沃尔玛,就像他们之前目标直指凯马特一样。但事实证明,缺了沃尔顿,沃尔顿经营模式不会奏效;而缺了那些高管,沃尔顿一样能行。沃尔玛的成功不可轻易被复制。

一位经济学家曾将首席执行官定义为无可替代的决策者。就沃尔顿的案例而言,首席执行官是将赢的精神注入公司的人。

沃尔玛从一大波高管离职的事件中挺了过来,那些背叛者自立门户的努力失败了。所有这些使人再次对沃尔顿个人钦佩不已。但是,沃尔顿和沃尔玛的投资人都不得不担心:没有人长生不老,未来某一天,沃尔顿终将离开沃尔玛。查尔斯·郎佛迅未能成功地将公司传给他人。在这方面,其他企业家也好不到哪儿去。人们没有特别的理由相信,留在沃尔玛的高管比那些离开的更能干。

无论如何，沃尔顿回来了，沃尔玛再次突飞猛进。20 世纪上半叶，中端零售市场是西尔斯和沃德（Ward）的天下。20 世纪 70 年代和 80 年代，西尔斯一个接一个地出台新的举措，一路踉跄而行，结果是一错再错。到 20 世纪 80 年代末，有传言说，西尔斯可能成为别人垂涎的恶意收购的目标。至于沃德，到 1980 年，它已不再是市场独立实体了。

20 世纪 70 年代，凯马特似乎是值得关注的零售商；但在接下来的 10 年，它也迷失了方向。相比之下，沃尔玛似乎做到了零出错。无论销售额、利润还是市值，20 世纪 80 年代都是沃尔玛最辉煌的时代。可见 1976 年沃尔顿再次担任首席运营官和首席执行官完全是成功之举。他还扮演一个在其他公司的组织结构中少见的角色，那就是沃尔玛的首席精神激励官。谁将接过他的接力棒？这是一个不得不面对的问题。

据说，拿破仑的初衷并非征服世界，他只是想打败邻国。山姆·沃尔顿的初衷也不是征服世界。费罗德·阿伦德曾经问他："嗯，山姆，现在你说说，你到底想要沃尔玛发展到多大规模？你有什么计划？"沃尔顿回答说："费罗德，我们会顺其自然。如果我们靠自己的财务实力的话，也许再开一两家分店吧。"1992 年，也就是沃尔顿去世那年，沃尔玛经营的门店共有 1 900 多家，员工 43 万多名，销售额突破 550 亿美元，成为全球最大的零售商，利润近 20 亿美元。

20 世纪 80 年代中期，沃尔顿开始把接力棒交给新的管理层。1988 年 2 月 1 日，他将首席执行官之职交给了大卫·格拉斯。沃尔顿仍是公司董事长，继续走访巡视分店，向快速增长的组织灌输沃尔玛的价值观。与 70 年代中期的那次交班不同，沃尔顿这次真要退了，他让格拉斯全权经营沃尔玛。

尽管如此，沃尔顿在公司内还是频频出现，而他在公众中出现的频次更多，他都有点烦了。事实上，他已成为美国人的偶像。在虚伪的世界里，山姆·沃尔顿却是实实在在了不起的人。

沃尔顿逝世后，沃尔玛确实遇到了些坎坷。股价上升乏力，员工士气低迷。或许更重要的是，无人能继承他作为激励者的衣钵。也许选中格拉斯做接班人的原因就在于此：他与沃尔顿有相似的价值观。但他与沃尔顿的性格如此迥异，他从未尝试去模仿沃尔顿所扮演的激励者的角色。

沃尔顿似乎从容不迫，对什么都应对自如。而格拉斯的禀赋和个性却不一样。在公共场合，他无法像沃尔顿一样表现得轻松自如。格拉斯在电视上露面后，沃尔玛的公共形象严重受挫。之前因沃尔玛而破产的许多小镇零售商憋了一肚子气，那些遭受沃尔玛这个大客户无情碾压的小供货商们也如此。沃尔顿在位时，他们有气无处发；现在格拉斯任首席执行官，他们终于可以拿他当出气筒，发泄他们的不满了。沃尔顿离去后，一些大公司也伺机而动。比如，沃尔顿逝世后，塔吉特（Target）对沃尔玛发起攻击，声称沃尔玛发布了误导消费者的价格比较信息，还坚称："如果山姆·沃尔顿还活着，绝不会发生这种情况。"

沃尔顿逝世后不久，格拉斯便意识到"沃尔顿无可替代。但是之前沃尔顿已做好准备，无论他在或不在，沃尔玛都能运转良好"。20世纪70年代的情况与此不同，那时，当沃尔顿尝试退居幕后时，公司管理层出现了混乱。到20世纪80年代末，公司运转十分顺利，沃尔顿成功完成了所有企业家都会面临的最艰巨的任务：把自己的公司、自己的创造成果交给继任者。此次成功原因何在？

20世纪70年代中期，沃尔顿试图退居幕后，但未能如愿，因为那时他还未准备好，公司也未准备好，而且罗恩·梅耶自视过高。但到了 20 世纪 80 年代后期，情况已发生了变化。

1981 年，沃尔顿被诊断出患上了毛细胞白血病。回想当年，他母亲患癌早逝。沃尔顿确诊时，年龄比他母亲患癌的年龄大不到 10 岁。他的治疗很成功，病情也有所缓解。但是，任何有患癌体验的人都会告诉你，癌症会让你看重生命。患病后，一切都跟以前不再一样了。尽管依旧日程满满，也似乎从未博取他人的同情，但得知自己患病，人们会改变对未来的看法。

另外，沃尔顿发现，虽然大卫·格拉斯和他自己的性格迥异，但格拉斯清楚沃尔玛的成功之道，也知道如何让沃尔玛迈向更大的成功。格拉斯认同科技在零售业转型中发挥的作用；他还认为，科技若不能与零售中的一线经验相结合，便不能带来零售业绩的提升。西尔斯和凯马特就是例证。

沃尔顿是一位杰出的管理者，因为他的管理理念和方法能够与他的领导能力和远见卓识完美契合。作为管理者，他是低成本运营的代表人物。

沃尔玛公司的高管一直坚持巡视门店，而且常常不事先通知。"总部与分店"之间如何协调一直是零售业面临的挑战。沃尔玛的解决方法不是在各地建立办事处，而是使用公司私人飞机。20 世纪 90 年代初，每周一早晨，沃尔玛大区副总裁、采购员和数十位公司高管会乘坐公司的飞机（总共有 15 架），从本顿维尔飞往分店巡视。每次他们必须"至少带回一个新想法，才算不枉此行"。

每次外出，他们都厉行节约。高管两人住一间房，租他们能租到的最便宜的汽车去分店。他们真的是这样做的。这些高管个人身价达数千万美元。如果他们外出时自己掏钱享受奢华，也不会对他们的财富有什么影响。但那样就违背了沃尔玛的企业文化，山姆会不高兴。

据哈佛商学院两位教授所说：

沃尔顿将自己的管理风格描述为"通过走访和乘飞机巡查来管理公司"。沃尔玛的其他人将其管理风格描述为"让你累趴式管理"和"严密监视式管理"。在人员管理方面，沃尔顿说："必须让他们担责，你得信任他们，而且要有检查。"沃尔顿与其员工的合伙关系意味着公司信息共享。沃尔顿公开公司的经营情况，始终坚持公开透明。沃尔玛的目标是：通过授权给员工、保持技术优势，以及在员工、顾客和供应商之间构建忠诚来成就卓越。

沃尔顿管理严苛。无论是在工作业绩还是个人行为方面，他对员工都是执行最高标准、最严要求。与20世纪美国其他一些大公司相比，沃尔顿在世时的沃尔玛公司，管理和领导并没有区分得那么分明。

沃尔顿一开始就采取了绝妙的战略。他觉察到零售市场存在一些机遇，零售商都忽略了美国农村和小镇的市场需求。沃尔顿有条不紊地利用这些机遇，逐步将事业发展壮大。他从不让成功冲昏头脑，也不容忍公司任何人因成功而自满。他的管理方式使沃尔玛所有人每天都保持清醒，力求上进。

去分店走访巡查的政策就是很好的例子。巡查意味着牺牲个人的舒适，离开温暖的家。然而，从本顿维尔总部去分店巡视，而不是直接在各地设立办事处，每年可为公司节省相当于销售额2%的费用。省下的费用部分直接转化为利润，良好的业绩进一步推升股价，让股东受益；另一些省下的费用以低价的形式让利给消费者，进一步扩大了销量。在沃尔玛，有许多这样的良性循环。对竞争对手而言，这些一目了然，他们都懂，但要效仿起来却极其困难。

事实上,还从未有人模仿成功。山姆·沃尔顿,这位克勤克俭的折扣零售商界定了行业规则,并不断向敬佩他的公司员工与高管解释和说明这些规则。在零售业这个游戏中,他得心应手,没有人能击败他。

山姆·沃尔顿大事记

1918 年 3 月 29 日	沃尔顿出生。
1940 年 5 月 31 日	沃尔顿从密苏里大学毕业。
1940 年	沃尔顿进入杰西潘尼公司工作,为时 1 年半。
1943 年 2 月 14 日	沃尔顿与海伦·爱丽丝·罗布森结婚。
1945 年 9 月 1 日	沃尔顿在阿肯色州纽波特开设了第一家杂货店。
1950 年	沃尔顿在阿肯色州本顿维尔新开了一家沃尔顿杂货店。
1962 年 7 月 2 日	沃尔顿在阿肯色州罗杰斯开设了第一家沃尔玛折扣店。
1969 年 10 月 31 日	沃尔玛股份有限公司成立。
1974 年	沃尔顿选中罗恩·梅耶接任首席执行官;两年后重新执掌公司。
1988 年	沃尔顿选中大卫·格拉斯继任首席执行官。
1992 年 4 月 5 日	沃尔顿逝世。

第七章　罗伯特·诺伊斯和硅谷

走向一个新的商业世界

参与英特尔公司上市的一位投行高管把诺伊斯描述为"国家宝藏"。回顾他的一生，人们觉得，他让人们遇见了美国最美好的时代。

自由包容的科技界

从 250 万年前的石器时代到今天，人类一直在利用科技努力驯服自然、征服同类。从一开始，人类便将科技用于战争与和平，两者紧密相连。锋利的石头可用来剥动物的皮毛，也可以用来屠杀刚刚剥了动物皮毛的人。

回顾历史，微弱的科技优势有时意味着成为主宰，摆脱奴役。更先进的航海技术可以改变海上力量的平衡。马镫的出现使马匹成为战场上的武器，其影响波及整个社会。

在 20 世纪的英国和美国，二战加速了科技的进步。由于冷战（以及随之而来的太空竞赛），美国的科技进步尤其迅猛。到 20 世纪末，来自美国军方的订单推动了加州北部旧金山以南和圣何塞

(San Jose)以北的山谷地带的经济转型，原来的水果种植核心区转型为世界科技发明和创新的温床。

美国南北战争之后的商业史越来越受到技术变革的驱动，其程度超过世界任何其他地区，也超过世界历史上任何时期。阅读全书，我们会发现，美国商业成功的关键在于新技术的创造或应用。钢铁一度是稀缺金属，但是，通过投入前所未有的巨额资金，加上掌握了商业成功的关键要素，安德鲁·卡耐基带来了所谓的"最大规模的变革"。他建造了世界上最大规模的钢铁厂，其选址极具战略性。他会大刀阔斧地废弃旧工厂然后再在其他地方重建。他颠覆了整个钢铁行业，令竞争对手震惊。

20世纪后半叶，在后来被称为硅谷的地方，一场同等重要的变革席卷了美国和世界。这是一场"微型革命"，硅谷没有巨型工厂，没有埃德加·汤姆森钢铁厂，没有柯达公园（影像制作工厂，建于19世纪后期，面积超过2 000英亩），没有胭脂河（福特汽车工厂所在地）。硅谷几乎没有什么豪华办公大楼，许多公司没有吸引人目光的展示区，对此这些公司欣然处之。当我为撰写本书去采访戈登·摩尔（Gordon Moore）这位美国科技大佬、亿万富翁、英特尔联合创始人时，我发现，他办公的地方不是一间办公室而是一个小隔间。他从未拥有过一件高档定制衬衫。

与其他任何公司相比，英特尔或许更能代表20世纪60年代末的硅谷。英特尔初创于1968年。对美国人而言，从建国开始，美国就意味着"一个新世界"，意味着重生，意味着新的机遇、新的开始。同样，加州梦是美国人新的开始、新的开拓前沿。加州的硅谷是英特尔的理想之地，英特尔是硅谷的理想公司。据说英特尔这个名字是"集成电子"——英特尔公司所从事的产业——的简称。然而，有人认为英特尔是"聪慧"（intelligence）一词的简称，而这正是英特尔公司两位创始人——戈登·摩尔和罗伯特·诺伊斯所具备的特质，也是他们之前任职的公司的老板在公司管理中欠缺的东西。（有人想把该公司叫作"摩尔—诺伊斯"，即"moore noyce"，但这听起来太像"更多的噪音"，即 more noise，于是此想法被放弃。）

摩尔和诺伊斯以及他们创立的公司并没有打破定律，也不能说他们墨守成规，更确切地说，他们提出了定律，或者说他们发现了定律。1965 年，戈登·摩尔为《电子》（*Electronics*）杂志创刊 35 周年撰写了一篇文章。在文中，他预测，集成电路（或"芯片"）上的晶体管、电容器、二极管和电阻的数量会以一定速度成倍增加。这只是一个猜测、一种基于过去情况的预感。在过去 6 年内，芯片上的晶体管数从 1 个增加到 64 个。这种增加是以保持价格不变实现的，因此生产效率得到大幅度提升。摩尔是个非常谦虚、直率的人，他并不完全相信自己的预测将可能带来的变化。他的预测意味着，到 1975 年人们可以在集成电路上塞进 6.5 万个晶体管。令摩尔和其他人颇为惊讶的是，预言居然成真了，于是"摩尔定律"由此产生。到 1975 年，人类已经生产出了有 65 536 个晶体管的存储芯片。1975 年，摩尔说："我到现在还不敢相信，我们现在可以生产出这样的芯片。"而这仅仅是个开始。

硅芯片集成电路技术发展成熟起来，其发展历程超出人们的想象。20 世纪末，集成电路已成为席卷全球的信息革命的重要部分。如果没有发明集成电路所必需的物理学和电子学的突破，人们就不可能最终开发出一系列的硅芯片，包括堪称计算机大脑的微处理器。很大程度上，由于一系列基于集成电路的后续发明创造，我们才能在办公室和家里用上电脑。电脑出现后，互联网发展了起来。现在，数据正以前所未有的速度和量级在全球范围内传输。

20世纪过去了，我们面临更多的不确定性，没有人可以自信满满地预测新世界会将人们带向何方。事实上，历史经验表明，我们甚至无法猜测未来将会发生什么。我们比较确定的是，世界依赖交通和通信运转。任何使交通和通信更快、更可靠、更高效和更便捷的发明创造，都会给商业和个人带来重大影响。

技术变革的发生依赖于技术自身的逻辑，并且具有不可逆性和随机性。摩尔定律完美阐释了技术进步理性的那一面。摩尔没有理由相信"摩尔定律"所描述的趋势会停下来，即便这个趋势未来真的会停止，在他观察到这一定律之后的十年间，晶体管的数量将会增加三个数量级。

技术变革的不可逆性随处可见。无论铁路运输行业会遭遇多大的财务困境，没有铁路的世界已回不来了；同样，没有钢铁、摄影、电视或电脑的世界也一去不复返了。从这个角度来看，科技和产业变革与政治变革非常不同。今天的德国更像20世纪20年代魏玛共和国时期的德国，而非纳粹时期或德意志第二帝国时期（1871—1918年）的德国。科技在发展，政治上的妖魔鬼怪仍然到处兴风作浪，分裂原子的知识和能力①仍然对人类构成威胁。

技术变革的随机性部分来自不同技术之间的相互影响，当这些技术成熟时便会相互融合。当蒸汽机被发明出来时，没人想到铁路和火车。当铁路被发明出来时，没人想到制冷的冰箱。但是，当火车的冷藏车厢得到完善后，人们便可以在美国中西部的城市芝加哥以低成本方式屠宰牛肉，然后运到千里之外的东部城市供消费者品尝。

再来看看马镫。马镫的出现使马匹从交通工具演变为移动的战

---

① 指制造核武器的知识和能力。——译者注

争武器，因为马镫使骑手可以在马上站稳脚跟，保持平衡，从而有效地挥动刀剑、舞动长矛。马匹成了重要的军事装备，但是养马的成本很高，除了其他费用，还需要土地产出饲料来喂养它们。就这样，复杂的土地等级所有制和效忠制度便形成了，这种"军事—农业综合体"后来被称为封建制。马镫的出现就是对封建制度的"微型革命"。马镫类似于集成电路，一个小小的发明改变了整个世界。

硅基集成电路（简称硅集成电路）的发明者便是罗伯特·N.诺伊斯。

人们使用硅集成电路中的硅这个字来给这片区域命名，硅谷曾经被称为圣克拉拉谷。硅谷并不只是地图上的一个点，它已然成为一个新行业的代名词——一个尚未被清晰定义的混合体——包含电脑、电脑制造厂商及网络端口这些事物。1848年至1849年，在萨特的磨坊（Sutter's Mill）附近发现黄金后，第一次加州淘金热便出现了，而距离萨特的磨坊约150英里处就是英特尔公司位于圣克拉拉的总部。如今，只要驱车行驶在硅谷的高速公路上，人们就能看到第二次淘金热的标志：英特尔、苹果、SUN、雅虎、惠普、甲骨文等。这些公司中，有很多是初创企业，投入这些企业的资金不计其数。多数初创企业会失败，少数会成为未来的行业巨头。20世纪80年代和90年代，硅谷是高科技的孵化室。

20世纪早期，硅谷是一片景色优美的自然区域。肥沃的土壤和终年温和的气候使它成为水果种植的理想之地，到处是杏园、枣园和李子园。

到20世纪40年代，硅谷已成为专注高科技电子产品开发和生产的军方承包商的聚集地。1938年，戴维·帕卡德（惠普联合创始人）和他的妻子露西尔（Lucile）搬入了位于帕罗奥多（Palo Alto）市爱迪生大道367号的新家。在此房子后面，威廉·休利特

（William Hewlett，惠普联合创始人）租了一间小屋居住。这两位斯坦福的同学便开始在附近的一处小车库一起工作。1989年，加州地标委员会将此地定为"硅谷诞生地"。惠普公司（Hewlett-Packard，帕卡德和休利特用投掷硬币的方式决定了两人姓名的先后次序）成了硅谷的关键公司。惠普成为高科技领域的领军者，到1996年（帕卡德去世那一年，休利特于2001年去世），惠普员工人数达11.2万人，销售额为384亿美元，利润为26亿美元。1996年3月26日（帕卡德去世那天），公司市值为474亿美元。

休利特和帕卡德合伙创建的惠普公司与其说是硅谷的典范，不如说是硅谷的先驱。惠普预示了硅谷的未来，因为惠普创始人并不仅仅致力于财务上的成功。用帕卡德的话说，从一开始，惠普就致力于"为促进科学、产业和人类福祉的进步做出重要科技贡献。此目标崇高而远大。但是，从一开始，比尔（威廉·休利特的昵称）和我就明白，我们不想成为'山寨'公司，不想只复制市场上已出现的产品"。

休利特在旧金山出生并长大，帕卡德则来自科罗拉多州的普韦布洛。他俩都来自西部，人们对他俩以及他们的初创企业的普遍感觉是：潜力巨大。两人都生于大萧条时期（休利特生于1912年，帕卡德生于1913年）；如同许多美国人一样，大萧条也给他们及其公司留下了印记。

与休利特相比，这种印记在帕卡德身上可能更深刻。休利特来自中上层家庭，帕卡德的家庭条件要寒酸些。但他们都目睹了"大萧条对人的毁灭性影响，波及了许多与我们关系密切的亲朋好友"。与山姆·沃尔顿及其父亲的经历类似，帕卡德的父亲也是律师，曾被任命为科罗拉多州的破产案的仲裁人。"20世纪30年代，每当夏天回到普韦布洛时，我常帮父亲查阅那些破产公司的相关记录。"

和沃尔顿一样，帕卡德也从未想过事业破产的事，失败的可能性似乎从未在他脑中闪现过；他也从未因大萧条的缘故而痛下决心说，自己永远不做穷人。但是，大萧条的经历对帕卡德来说确实很重要。惠普公司在成立之初的融资就很保守（没有长期债务），因为大萧条期间他看到太多人因债务而破产，进而丧失抵押品赎回权。

20世纪后期，惠普成为美国商界正能量的代表。由于创始人来自美国西部，所以惠普是西部风格的公司。与传统的东部公司，如通用电气（从斯坦福大学毕业后，帕卡德曾在通用电气工作过）相比，惠普的公司氛围更民主。惠普经营的业务必须得有意义——利用技术来开辟新领域。员工应为自己所做的工作感到自豪。包括休利特和帕卡德在内的公司管理层非常了解自己的公司——从技术层面来说。因此，只要四处走动巡查，他们就能评估出雇员的素质。事实上，"四处走动式管理"就源于惠普，但是，如果管理者没有技术背景，即便四处走动查看，他也无法对所看到的情况进行评估。

此外，还有一种行事的"惠普之道"，其精髓在于诚信和担当。从一开始，惠普就立志超越一般公司，追求更高境界。所有企业都必须追求利润，惠普当然也不例外。然而，它还要肩负使命和担当。这不是说惠普或其创始人头脑冷静，而是说他们态度严肃认真。

越战期间，戴维·帕卡德曾在尼克松政府担任过国防部副部长，这并不令人意外。和硅谷的许多其他公司一样，惠普数年来（到1969年帕卡德担任公职时）一直依靠军方的承包合同而生存。帕卡德夫妇是赫伯特·胡佛（美国第31任总统）的座上宾，这并不奇怪。

想想以上这些情况，再想想史蒂夫·乔布斯（Steve Jobs）、斯蒂夫·沃兹尼亚克（Steve Wozniak）和苹果电脑。在休利特和帕卡德合伙创建惠普公司40年后，苹果公司成立了，公司地址就在库比蒂诺（Cupertino），从帕罗奥多向前的路上。与帕卡德很不同，我们很难想象乔布斯或沃兹尼亚克担任公职。休利特和帕卡德与山姆·沃尔顿（生于1918年）倒有某些相似之处：在公司经营方式方面，他们都推崇宽松自由；但在政治和家庭事务方面，他们却都十分保守。休利特和帕卡德生性乐善好施。无须公司公关顾问告知，他们就知道做慈善对公司声誉有益。

休利特和帕卡德是搞技术的，但没人给他们贴上"书呆子"的标签。帕卡德在条件艰苦的小镇长大，在斯坦福大学求学时打过橄榄球，身体结实。他、休利特和他们的朋友都爱好户外活动。露营、攀岩、打猎和钓鱼是他们的消遣方式（山姆·沃尔顿也非常热衷于狩猎）。休利特、帕卡德和沃尔顿不仅经历了大萧条，也经历了二战。休利特和沃尔顿都是退役老兵。

时间跨越半个世纪，前后的情况会有多大不同？史蒂夫·乔布斯生于二战结束10年后。在他出生的次年，威廉·肖克利（William Shockley）从贝尔实验室搬回他西部的老家帕罗奥多，创办了肖克利半导体公司。当马里奥·萨维奥（Mario Savio）在加州大学伯克利分校发起"言论自由"运动时，当1960年代变成有特定意义的"60年代"时，乔布斯才9岁。当1960年代的一部关于加州、关于伯克利、关于成人愚蠢行为的电影《毕业生》首映时，乔布斯12岁。

史蒂夫·乔布斯所处的世界与休利特和帕卡德所处的世界完全不同。乔布斯所处的世界处处是疾驰的轿车、炫目的展示以及全面的巨大成就。这两个世界的一个共同特点是：互相联通。20世纪80年代，虽然世界各地的人们来到硅谷，使硅谷人口呈爆炸式增长，但是硅谷也呈现出它作为小镇可爱的一面。在纽约，绝大多数人彼此都很陌生。与此相反，硅谷的人们相互认识，各家门户都敞开，人们彼此分享，互相借用或互相窃取各类想法和人才。在这个资本主义的中心，合作始终是它的一道风景线。

研究硅谷的学者安娜莉·萨克森宁（AnnaLee Saxenian，曾经是来自东方的难民）声称，"硅谷的工程师有一种对彼此以及对推动技术进步的承诺，而不是狭隘地只为了某家公司或为某个行业而做出承诺"。这听起来有点太高尚，令人难以置信。在硅谷，很多人就想赚大钱，而且想赚快钱。他们的生活寄托是工作成就，而不是良好的人际关系。他们"吸毒酗酒，拼命工作，借贷度日，与家人疏离，然后离婚，最终生活遭受重创"。而美国东部老牌公司的特征是守旧、冷漠、按部就班以及明哲保身。

尽管如此，一直以来，硅谷还是有它的特别之处。在美国还有其他一些创新中心，如波士顿周边、奥斯丁周边以及西雅图地区。不仅是在美国，在全世界有一些城市、国家都在寻求破解硅谷成功的密码，以期复制或超越硅谷，取得伟大的技术进步，创造巨额的财富。

我认为，硅谷成为美国现象绝非偶然。美国历来都处于劳动力短缺的状态，在征服北美大陆的过程中，技术发挥了重要作用。欧洲人来到美洲是要寻找黄金。如果北美这块处女地所产出的矿产和农业资源能与加工工厂和销售市场相结合，那么，与这些矿产和农业资源相比，他们最终发现的黄金根本就不值一提。铁路和电报使这些资源的加工和销售成为可能。这些发明创造告诉我们，技术具有改变经济和改变世界的强大力量。

发明家在美国占有特殊地位。人们不会对发明有任何的偏见。如果它能让生活变得更美好，其他的都无足轻重。无论发明者是男还是女,是黑人还是白人,是外国人还是本地人,这些都无关紧要。重要的是发明本身以及它背后包含的智慧。尊重创造性就是颂扬其价值。

对创造性的颂扬一直是硅谷的动力来源。一位墨西哥前总统说过,资本可能没有良心,但它也没有仇恨或偏见。真正的资本家不会太偏执。无论史蒂夫·乔布斯和斯蒂夫·沃兹尼亚克的性情在传统保守的商人看来有多古怪,投资人都应该听听他们的想法。

罗伯特·诺伊斯和戈登·摩尔于1968年合伙创立了英特尔公司。加入新公司的第三名员工是摩尔聘请来的安德鲁·S.格鲁夫(Andrew S. Grove),后来他成为美国商业史上最伟大的首席执行官之一。摩尔曾于1963年聘请格鲁夫在仙童半导体公司工作。格鲁夫于1936年出生在匈牙利。对于犹太人而言,出生在那个年份真是太糟糕了。格鲁夫设法逃脱了大屠杀。1956年苏联入侵匈牙利后,他逃往西方。他先是在纽约市立大学(City College of New York)读书。后来,因为不喜欢东部的冬天,他就来到西部的伯克利大学继续自己的学业,用三年时间拿到了化学工程博士学位。

摩尔为什么要聘请格鲁夫?摩尔不仅在硅谷长大,他出生的地方离硅谷也很近。他的同龄人当中,很少有人像他这样在高科技领域取得如此大的成功。摩尔生性安静,做事谨慎,富有聪明才智。而格鲁夫不仅不是加州人,甚至也不是西方人;他的出生地不在美国,他也不信奉基督教。1963年,他当时还很年轻,在后来被称为"伯克利人民共和国"的伯克利大学待得有点久了。他当时说英语时一定带着明显的口音。他这样描述当时的自己:"30岁左右,愣头青一个,像喝醉的老鼠一样四处奔跑。"简言之,摩尔和格鲁夫的背景差异太大,很难想象还有哪两个人比他俩更不同了。考虑到所有这些差异,我曾经问摩尔,他如何能抛开所有明显的差异,聘请格鲁夫来英特尔公司工作。他靠在椅背上，愉悦地说："那些差异不重要。"格鲁夫表现出色，这一点才重要。多年来，格鲁夫一直在摩尔手下工作。显然，他们相互尊重，相处融洽。在30年的时间里，他们从零开始构建起一家伟大的公司。

摩尔请到格鲁夫来英特尔效力，这是硅谷的巅峰时期。而帮忙促成此事及无数类似事情的是罗伯特·诺伊斯。

早期岁月

在硅谷这个高科技港湾的早期发展及成熟时期，罗伯特·诺伊斯占据了核心地位。他不像休利特或帕卡德那样保守，不像乔布斯那样粗野，不像摩尔那样谦逊，不像软件巨头甲骨文的拉里·埃里森（Larry Ellison）那样自大，不像格鲁夫那么精于管理，也不像肖克利那样缺乏管理才干。鲍勃·诺伊斯（鲍勃是罗伯特的昵称）是可以信赖的人。

在许多类型的活动中，诺伊斯都表现出非凡的才华。他对20世纪50年代电子学最先进的东西有透彻的理解。有一段时间，他自己就走在了前沿，创造未来。美国专利号2981877就是诺伊斯的集成电路专利。德州仪器公司的杰克·基尔比（Jack Kilby）和诺伊斯曾就是谁首先发明的集成电路进行过冗长乏味的争论。他们以及世界上其他地方的人们最终达成一致，他们俩应该被视为共同发明人。将集成电路嵌入硅而不是锗，这是诺伊斯的想法。锗是50年代早期晶体管收音机的首选材料。锗和硅都是半导体，锗更易处理，但不耐高温；硅比较脆不易处理，但它耐高温。最后，硅胜出，这就是为什么旧金山和圣何塞之间的地区被称为硅谷而不是锗谷。

1927年12月12日，诺伊斯出生于艾奥瓦州的伯灵顿镇或丹麦镇（根据不同参考资料）；家中有四个男孩，他位列第三。同其他许多美国人一样，他也是在小镇上长大的。他的家乡是平原地区，有广阔的大草原。他在丹麦镇待的时间不长，只有六周，不过，想到他人生的始发点是这个叫丹麦的小镇，这是令人愉快的事。丹麦人尼尔斯·波尔（Niels Bohr）是科学史上最伟大的物理学家之一，还是一位杰出的人道主义者。就在诺伊斯出生的五年前，即 1922 年，尼尔斯·波尔荣获了诺贝尔物理学奖。

诺伊斯的父亲是一位公理会牧师（他的祖父和外祖父也都是）。诺伊斯一家人后来离开了丹麦镇，这样他父亲就可以在该州另一端的大西洋镇（作为艾奥瓦州的一个小镇，这名字挺奇怪的）做一个新教区的牧师。诺伊斯一家人在那里生活了八年。"关于那段时期，我最早的记忆是，那是大萧条时期。教堂没有钱付给爸爸，所以他们就用农产品抵作钱给我爸爸。"

20 世纪 30 年代，山姆·沃尔顿和鲍勃·诺伊斯住在相邻的两个州（就密西西比州西部广袤的地区而言，他们之间相距不算太远）。沃尔顿比诺伊斯大十岁，因此沃尔顿对大萧条的印象来得更深刻。对诺伊斯的父亲来说，没有现金收入却要养活六口之家，其艰难可想而知。但在 20 世纪 30 年代的艾奥瓦州农村地区，那里的人们知道如何谋生。在诺伊斯家里，贫穷似乎从来都不是问题。继艾奥瓦州的大西洋镇之后，1935 年诺伊斯一家人又搬到了德科拉镇（Decorah）。诺伊斯童年就在艾奥瓦这个地域广袤的州的四个角中的三个居住过（除了西北角）。两年后，诺伊斯一家又从德科拉搬到了韦伯斯特市（Webster City）。诺伊斯 12 岁时，他家又搬到了利诺（Rennow）。第二年，全家又搬到了格林内尔（Grinnell）。在人生的前 13 年，诺伊斯先后在 6 个镇居住过。

格林内尔是艾奥瓦州公理教会联盟所在地，诺伊斯的父亲成为其中等级最不分明的一个教派的副主管。他们家在格林内尔住了大约七年,这"使鲍勃和他兄弟们的生活有了一定程度的稳定感。现在,他们可以深度参与所在社区的各类活动。他们参加童子军,在有组织的体育活动中展示自己;参加舞会,结识女孩子。他们的生活放松了下来,不再担心要再次打点行装,离开他们认为重要的一切"。据我们可以收集到的资料,诺伊斯的父母彼此相爱,对四个儿子也充满爱,尽心尽职。他们有温暖的家,有自己的信仰;但在诺伊斯的整个青少年时代,他都是随家人四处漂泊。尽管有人怀疑,不停搬家是否导致了他的羞怯(这是后来岁月里他最亲近的人对他的印象),但他对此似乎并不在意。

格林内尔位于得梅因(Des Moines)市以东50英里处,正好位于美国广袤的大平原的中心。格林内尔小镇四周都是玉米地,一派乡村气息。每年冬天都被严寒侵袭:寒风刺骨、黑夜漫长,冬季长得似乎没有尽头。这个偏僻小镇不仅是艾奥瓦州的公理教会的总部所在地(如果总部一词不太夸张的话),它也是美国最优秀的大学之一——格林内尔学院所在地(虽然这么说有些不合适)。

格林内尔学院建于1846年,以公理教会的牧师乔赛亚·格林内尔(Josiah Grinnell)的名字命名。这是一所和俄勒冈州的里德学院(史蒂夫·乔布斯就是从里德学院辍学的)一样的精英大学。里德学院不为普通美国人所熟知,但因其卓越在教育圈内有很高的声誉。诺伊斯逐渐爱上了格林内尔。他常常将自己后来大部分的成功归因于这个小镇(尽管它可能是僵化的、共和主义的、宗教色彩的)以及镇上的格林内尔学院的精英教育。一位记者这样写道,"格林内尔是诺伊斯第一个,也许是唯一真正的家园"。他后来把自己的财产慷慨地捐献给格林内尔学院,并为之投入时间、人脉和热情。

年轻时,诺伊斯有动手做东西、修理东西、赚钱的爱好。早期,他似乎并未认定自己的未来会怎样。他只是喜欢做事情,也有时间和场地来捣鼓机械装置。他还形成了一种无所畏惧的心态。他总是有很多点子,而且在机械方面很有天赋,但他认为自己的动手能力没什么了不起。"这就是生活本来的样子。爸爸总是设法在家中地下室搞个类似工作间的地方。夏天收获,冬天收藏,就是农村常见的情景。"没什么特别的。

中学快结束时,诺伊斯"开始觉得,也许我比普通水平要更优秀些……"他在物理、数学以及某些方面的特殊天赋在后来改变了一个时代。还在上中学时,他就在格林内尔学院听课,因为他想要寻找更多的挑战。诺伊斯一生都积极活跃。中学时,除了学业出色,课余他还干农活、送报纸、整理草坪、为镇上的人家照看小孩。其中一位服务对象是格林内尔学院物理系主任格兰特·O. 盖尔(Grant O. Gale)教授。

对诺伊斯家来说,是时候再次搬家了,这次他们终于跨越了艾奥瓦州与伊利诺伊州的边界。但是,鲍勃留了下来,他已决定在格林内尔学院跟盖尔教授学习物理。那是 1945 年的秋天,以他在中学的成绩,诺伊斯可以上美国任何一所大学。但他喜爱物理,和盖尔教授相处得不错,在格林内尔学院很开心,所以为什么要离开呢?

数十年来,硅谷一直被人们当作范例,用以阐明相关经济活动深度聚集的优势。与此形成鲜明对比的是,格林内尔则是另一范例,用以阐明卓越人才分散于偏远的各处的好处。格林内尔学院地处辽阔的玉米种植带,离任何其他学院(更不用说任何重要的研究型大学)都有很远的路程。格林内尔学院的格兰特·盖尔是美国最见多识广的物理学家之一,他对诺伊斯的影响巨大(多年后,诺伊斯将自己名下基金的四分之一以盖尔的名义捐给了格林内尔学院天文台)。看来，盖尔肯定也是一位非常杰出的教师。

盖尔在威斯康星大学有位大学同学，名叫约翰·巴丁（John Bardeen），巴丁也是物理学家。1947年12月23日，巴丁与沃尔特·H. 布拉顿（Walter H. Brattain）一起，在威廉·肖克利的指导下（他们并不总是能和谐共处）发明了晶体管。

晶体管是一种有三个极的器件，可以调节或放大电流或电压，起到开关的作用。在《微型革命》（*Revolution in Miniature*）一书中，欧内斯特·布劳恩（Ernest Braun）和斯图尔特·麦克唐纳（Stuart MacDonald）的看法无疑是正确的，他们认为："将晶体管看作某三个人、某实验室或物理学的成就，以及将它看作20世纪40年代的成就，这都不切实际。更准确地说，晶体管的发明是来自许多不同地方的许多不同领域的数百位科学家多年来共同努力做出各自贡献的结果。"

确实如此，从大背景来说，晶体管的出现是以下三者发展过程中的巅峰时刻："无线电技术，它带来广播、电视的发展；电子管的成功，它极大地拓展了电子学的范围，远远超出了最初的无线电报应用；固态物理的纯科学研究，这方面总是时不时地，常常是偶然性地有各种固态物理装置的新发明。"其中一些发展可以追溯到17世纪。

另一方面，事实上1947年12月22日晶体管还没有被发明出来，而是在12月24日才出现的。将晶体管集成到电子器件中，需要解决很多相关问题，而且早期有人对这种器件的实用性表示怀疑。但它的价值很快在许多应用中显现出来，比如助听器。晶体管的发明者被授予1956年诺贝尔物理学奖。1972年，约翰·巴丁，这位诺伊斯的老师、格兰特·盖尔的朋友再次获得诺贝尔奖，这次是因为他在超导方面的研究而获奖。显然，如果要成为前沿物理学家，巴丁是可以结交的不可多得的好朋友。

虽然说晶体管是几个世纪内相关人员在不同领域的研究共同产生的结果，但它的发明和推广才带来电子功率的阶跃函数递增。晶体管最重要的一点是，它不是真空管。相对于晶体管，真空管非常大、很笨重、不灵巧，而且容易碎。由于需要将作为阴极的细丝或金属管加热，真空管比晶体管需要多得多的电力。真空管启动慢，因为加热阴极耗费时间。真空管会释放热量，这意味着不能将它们放到一起。如果某样设备需要用许多真空管，就像早期计算机需要的那么多，就需要对存储真空管的空间进行冷却。真空管会发光，吸引昆虫。"调试"一词（de-bug，bug 即虫子）起初就是用来描述清除电脑真空管中的飞蛾的。当时的电脑很大，要占据房间很大的空间。

微型革命中，晶体管的发明具有突破性意义。它不仅比真空管体积更小、功率更大，而且"晶体管工作原理完全不同……这使全新的电子学成为可能"。它"不仅是一种新型放大器，还是全新电子学的先驱。它不仅可以影响相关产业或学科，还带来文化的变革"。

有些人看到了晶体管对未来的意义，或者至少他们清楚，晶体管的意义具体是什么还不好说，但肯定意义重大。格兰特·盖尔就是其中之一。由于与巴丁的友谊，盖尔（与学生一起）是最早研究晶体管的物理学家之一。1948 年，他拥有两个晶体管，和他一起研究的学生中有一位叫诺伊斯。

诺伊斯喜欢格林内尔学院。在那里，他读了物理和数学双学位，学业优异。在其他各方面，他的表现也很出色。他相貌英俊，体格健壮，有着迷人的男中音嗓音，曾在当地电台的肥皂剧中出演角色。在游泳比赛中,他曾因成绩优异而获奖(获赠带有学校名称缩写标志的徽章)。他曾是州跳水冠军,会弹奏双簧管,还曾在合唱团中待过。毕业时,他的成绩名列班级前茅。他还被授予布朗德比奖(Brown Derby Award),以褒奖他成绩优秀、学习高效。

俗话说,牧师的儿子会捣蛋。就诺伊斯而言,这话一点不假。有一次,为了在宿舍搞夏威夷式烧烤派对,他竟偷了一头重25磅的猪。派对开得很成功,但学校领导并没有觉得好笑。诺伊斯被格林内尔学院勒令停学一学期。如果不是盖尔极力为他辩解,惩罚可能会更重。

被勒令停学期间,诺伊斯去了纽约市。之前的暑假,他曾去过纽约及周边地区,所以对这个城市他并不感到震惊。他的长兄唐纳德(Donald)在哥伦比亚大学读书,所以他并不是完全孤陋寡闻。在纽约期间,他学了很多统计学知识,成了一名精算师,并在公平人寿保险公司(Equitable)找到一份工作。对保险业务有足够了解后,他发现,至少对他来说,"干保险这一行很无聊"。

在纽约,诺伊斯没有迷失,没有震惊,也没有胆怯。他想做的是,回格林内尔完成学业。他特别想回去继续专注于晶体管的探索。诺伊斯是很快领悟到晶体管巨大潜力的人之一:"这简直太神奇了。想想看,你可以在没有真空管的情况下进行放大。这个想法像原子弹一样击中了我。它让你跳出常规,以不同的方式思考问题。"

从格林内尔学院毕业后,接下来便是读研。他选择了麻省理工学院(MIT),可结果发现,那里"没有一个教授对晶体管有任何了解"。由于盖尔的人脉和充满活力的好奇心,格林内尔学院比美国首屈一指的理工类高等学府麻省理工学院更先进。无论如何,诺伊斯还是继续留在了麻省理工学院深造,拿到了物理学博士学位。他博士论文的题目是《绝缘体表面状态的光电研究》。虽然与晶体管没有直接关系，但论文确实引用了肖克利、巴丁和布拉顿的研究论文。这些引用帮助诺伊斯进一步熟悉了半导体和相关技术词汇，后来这些词汇在他一生的工作中都成了家常便饭。"当时这一领域的主要问题是：从阴极射线和真空管发射电子。但真空管仍有许多（与晶体管）相同的物理特性，需要学习的东西很多，包括物质的量子理论等。"

一位作家这样写道："诺伊斯的一生，基本上是一个接一个的成功……"从诺伊斯从事的专业角度来看，这种说法很有道理。他在学术的道路上跨越了一个又一个"跨栏"，并且留下了很多的亮点。中学毕业时，他是毕业典礼上致辞的学生代表。大学毕业时，他还是美国大学优等生荣誉协会的成员。他进的不是普通大学的研究生院，而是美国最好的理工类高等学府麻省理工学院的研究生院，并获得了自然科学博士学位。他一路很顺，没有将跨栏碰倒。他当过助教，在电子研究实验室做过助手，获得过奖学金，还曾被选为美国自然科学荣誉协会会员（Sigma Xi）。他投身商界后，我们会看到同样的情形，他会征服一座又一座山峰。

诺伊斯生活在快车道上。如果以线性方式一一叙述他参与的活动，而非多头并进地予以描述，根本显示不出他的无所不能和多才多艺。例如，在麻省理工学院读书时，他参加的关于晶体管的专业学术会议不多，随着人们广泛认识到半导体的重要性，此类会议后来快速增多。他一生都对音乐和戏剧着迷，通常，他会参与到这些艺术活动中来，而不只是做一名欣赏者。

诺伊斯不仅积极参与到戏剧活动中来，还在其中扮演角色。在塔夫斯大学（Tufts）上演的一出音乐剧中，负责为演员更换演出服的是一位名叫伊丽莎白·波顿利（Elizabeth Bottomley）的年轻女孩。1953年，他们相识后很快就结婚了。贝蒂（伊丽莎白的昵称)和鲍勃·诺伊斯共育有四个孩子。结婚 21 年后,在美国的另一个地方,在一个完全不同的新时代,他们离婚了。在外人看来,他们的婚姻似乎一直美满幸福,然而最终却以离婚收场。婚姻失败令人刻骨铭心。诺伊斯的一生获取了一个接一个非凡的成功,而婚姻的失败却是令人扎心的例外。本书后面会更详细地介绍他的个人生活情况。

多年来,诺伊斯一直与麻省理工学院保持联系,但对他来说,这所大学似乎没什么特别之处。他对此大学的看法似乎与他对纽约市的看法相似。麻省理工学院很有趣,也是非常著名的大学,但并没有令人惊叹的特别之处。在四周都是玉米地的家乡的那所大学,他们对晶体管了解得更多。诺伊斯从未在其写作中提及他的论文导师韦恩·B. 诺丁汉(Wayne B. Nottingham)教授(我迄今看过的关于诺伊斯的任何资料中对他也未有任何提及)。

拿到学位后,该找工作了。显然,诺伊斯从未想过从事学术研究工作。对于政府或任何非营利研究机构的工作,他也不感兴趣。他要进入商界。凭他出色的简历,他可以选择加入优秀的公司或机构:通用电气、美国无线电公司(RCA)、贝尔实验室。然而,他却选择了"不起眼的菲尔科(Philco)"。他说:"我当时这样想,菲尔科确实需要我。而在其他公司,他们熟悉业内情形,知道自己在做什么。"记者迈克尔·S. 马龙(Michael S. Malone)说,同样重要的是,诺伊斯更喜欢在小池塘里做条大鱼。他不想在贝尔实验室这样庞大的机构里失去自我。在所有的可选工作中,菲尔科公司提供的薪水最低,但在那里,他"能身兼数职,既可以搞研究,又能搞经营,还能跳来跳去,参与到不同项目中"。

"跳来跳去"是诺伊斯常干的事。的确,有人批评他做事投入得不够深。搞经营不可避免地要面对矛盾和冲突,这一直令他非常不适。在他担任要职的公司，有时需要解雇人员，这些事他一般让别人来干。那时候，他常常外出，不在城里。他曾经说："我经营不好大型组织，我没有经营大型组织的定力，做不到坚持不懈、锲而不舍。"

随着年岁的增长，诺伊斯"跳来跳去"的倾向甚至更加明显。对他来说，这个世界在向他张开怀抱。无论走到哪里，他都能获得成功，他让成功看起来轻而易举。他的成功不仅有工作方面的，也有消遣方面的。成年后，他开始学习滑雪。他滑得非常出色，朋友们甚至建议他参加有组织的比赛。除了在舞台上（无论是表演还是唱歌）驾轻就熟，他还是一名训练有素的飞行员和潜水员。

不管怎么说，诺伊斯是一个很有天赋的人，并且他有自控力和自驱力来激发自己的天赋。在深夜独处时，他的自控力和自驱力就展现出来。虽然在认识晶体管的重要性方面麻省理工学院进展缓慢，但它有相关技术标准，物理学博士学位还是有一定含金量的。毫无疑问，诺伊斯独立完成了自己博士论文的撰写。

在人们眼里，诺伊斯动手能力强。年轻时，他常常摆弄箱形风筝和引擎。他会在格林内尔家中的工作间动手做东西，解决问题，然后把成果拿给喜欢鼓励他人的父亲看。他说，"在小镇上，如果东西坏了，你不用等着买新零件，因为买不到，自己修一下就好了"。读到诺伊斯对自己发明的集成电路的描述时，人们会有相似的感觉：他喜欢动手做实用的器物。

确实，诺伊斯更倾向于实践而非理论，最好把他看成工程师而非科学家。然而，我收集的资料显示，这只是一种偏向，并不是说他脑力有限。在他的成长过程中，人们不能通过订购新零件（"因为买不到"）来解决问题，所以自己解决实际问题成了当时生活的日常。

没有人会质疑他的选择,他的成就明摆在那儿。然而,在我看来,值得一提的是,如果他将自己的才华转向理论而非实践,那么在理论方面,他可能同样会取得引人瞩目的成就。1970年,诺伊斯说:"不要被过往历史捆住手脚,去干吧,展现你的精彩。"这句话不仅适用于现实世界,也适用于各学术门类(不止是历史科目)。

有人说,菲尔科公司为诺伊斯提供了"将严肃科学付诸实践的机会"。在一些关于半导体的专业会议上,他展示了自己的论文。他的专项是工艺。1955年,他向美国物理学会介绍了他的关于"基层超宽击穿现象"(base widening punch-through)的论文。听众当中就包括威廉·肖克利。

诺伊斯和肖克利半导体公司

如果说诺伊斯是半导体行业的刀刃,那么肖克利就是刀刃的尖端。诺伊斯后来说:"肖克利绝对是半导体电子行业最重要的人物。"1956年1月,肖克利打电话给诺伊斯说,他要离开贝尔实验室,在加州的帕罗奥多(他长大的地方)创立自己的公司,将先进的晶体管推向市场。他想知道诺伊斯是否有兴趣来面试加入公司。诺伊斯说,在菲尔科公司潜心实践学到了一些东西之后,"到肖克利那儿干,就意味着自己将和业内大佬共事"。

诺伊斯那时需要养活妻子和两个孩子(比尔2岁,佩妮6个月),而且很明显他在银行没什么存款。然而,没怎么犹豫,诺伊斯就同意去面试了。他辞去了一家成熟公司的稳定职位,放弃了可预见的职业前景,匆忙前往当时还被称为圣克拉拉谷的地方,到一家当时还没有创立的公司面试。那时是1956年,也是在这一年,记者威廉·H. 怀特(William H. Whyte)出版了颇具影响力的著作《组织人》(*The Organization Man*),该书的主题讲的就是美国企业的高管都不会做这类事情。

诺伊斯到了帕罗奥多,当天上午他买了房子,下午便去见了肖克利。这两件事的先后次序经常被用来说明问题。也就是说,他还没面试就把房子买了。尽管他的长兄、曾在哥伦比亚大学读书的唐纳德当时在加州大学伯克利分校教书,但是诺伊斯在购房前甚至都没去看看这所房子所在的区域。"嗯,你知道的,他在来信里都说,那里阳光灿烂,风和日丽……"

毫无疑问,诺伊斯得到了这份工作,肖克利则继续招人。他招募的人出类拔萃,其中有三位物理学家让·霍尼(Jean Hoerni)、杰伊·拉斯特(Jay Last)和诺伊斯,冶金专家谢尔顿·罗伯茨(Sheldon Roberts),机械工程师朱利叶斯·布兰克(Julius Blank),电气工程师维克多·格里希(Victor Grinich),工业工程师尤金·克莱纳(Eugene Kleiner),还有一位物理化学家戈登·摩尔(Gordon Moore)。"这是迄今为止所能招募到的电子人才的最强阵容。他们年龄都是30岁以下,风华正茂。"对于这样的拥有各领域领军者的世界顶级专家阵容,人们的期望值再怎么高都不为过!无论多么雄心勃勃的突破都有可能!诺伊斯,这位英俊、自信、可爱、敏锐的天才,似乎很自然而然地就被吸引到了肖克利公司中的职位上,他的前途不可限量!

诺伊斯说过,硅谷"握有通往一个王国的钥匙"。什么王国?"人们常说,工业革命使人类可以运用和掌控的力量超出了肌肉的力量,而电子学扩展了人们的智力。"硅谷那些家伙雄心勃勃。

1956年,肖克利半导体公司开张了,公司由阿诺德·贝克曼(Arnold Beckman)和他的贝克曼仪器公司(Beckman Instruments Company)出资。11月1日上午,肖克利接到一个电话,说他和布拉顿、巴丁因发明晶体管一起荣获了诺贝尔奖。那天上班后,肖克利便让大家暂停工作,他带着所有人去帕罗奥多的埃尔卡米诺里尔(El Camino Real)的"黛娜的小屋"(Dinah's Shack)喝香槟、吃早餐,庆贺获奖。

关于这次庆贺活动,有一张很棒的照片。照片中,潇洒的肖克利坐在桌子一头,看上去像一位和蔼可亲的家长,正在接受他的员工/助手们的敬酒。这张照片令人想起莎士比亚笔下亨利五世在阿金库尔战役(英法百年战争中著名的以少胜多的战役)胜利日向他的军队发表的圣克里斯宾节(St. Crispin's Day)的演讲:"我们几个人,我们快乐的几个人,我们一帮兄弟们……"这是神奇的时刻,诺伊斯将此照片保存了很久。它捕捉到了一种颇具代表性的新型职场方式和氛围。照片里没人穿西装,只有两人系领带。这里是美国西部,不是美国东部。人们在一个改造过的杏仓(肖克利半导体公司总部)工作,然后去当地一家小餐馆庆贺获得诺奖——这是一种崭新的方式。人们注重成就,不注重形式和外表。

遗憾的是,拍摄这张照片时,肖克利半导体公司已经出现乱象了。照片中有些年轻人可能有点得意忘形、忘乎所以了。肖克利后来变得很怪异,据说他在贝尔实验室工作时很善于管理,可是,回到帕罗奥多后,他这方面的才能却消失了。

作为一名理论物理学家和工程师(他拥有超过90项专利),肖克利的能力毋庸置疑。在有清晰规则的领域,肖克利的表现令人印象深刻。诺伊斯曾说,肖克利"具备一种神奇的能力,他能做出正确的简单假设,然后会从数字中理出头绪,直到你对情况有一个基本的具象的了解……"肖克利的前同事、德国固态物理学家汉斯·奎塞尔(Hans Queisser)指出,肖克利"能极为快速地理解科学问题……他的策略是,快速抵达事物的核心"。

肖克利的情况表明,智商高不是经营公司的成功之道(事实已多次证明这一点）。无论大庭广众之下还是私底下，肖克利都会以各种方式羞辱员工。员工提出想法时，他不会表示应有的尊重，他会当场给贝尔实验室的朋友打电话，询问这个想法是否有价值。他对每个人都进行心理测试，因为他相信，公司里10%的人心理有问题，他要让这些人离开。（有谣传说，对诺伊斯的测试结果表明，他是一位很有天赋的物理学家，但是管理能力差。）肖克利开始对心理学产生兴趣。他这种兴趣既浪费资源，又令人生厌，最终他遭到唾弃。肖克利没有商业头脑，他的产品构想不可行，营销理念也看不到希望。

非常奇怪的是，肖克利后来对思考（thinking）本身非常着迷。20世纪60年代，他给斯坦福大学的大一新生上课时，课程的主题便是"科学思考的心理工具"。他给学生布置作业，让大家阅读他写的题为《对思考的思考有助于思考》（"Thinking About Thinking Improves Thinking"）的文章。奇怪的是，IBM的沃森也痴迷于"思考"一词，他曾在IBM公司到处张贴该词，就好像重复该词就会达到某种目的。此行业的科学家和工程师着迷于思考，这也许不奇怪。他们制造出模仿人类思维的机器，而且围绕思考这个课题，出现了被称为人工智能的完整科研领域。

很快，人们对肖克利就大失所望。到1957年，公司七名顶级科学家和工程师开始另寻出路。这七人本可以各找各的工作，但他们希望抱团继续合作。在美国商业史上，这并非没有先例。二战期间曾在美国陆军航空队做统计工作的一些非常聪明的年轻人，在战争结束后，抱团一起寻找私企的工作机会，最终他们加入了福特。然而，汽车工业在当时已为人们所熟知，几乎已有半个世纪的历史，而半导体却是新兴产业。

七位不满现状的员工中，有一位与华尔街投行海登斯通

(Hayden Stone)取得了联系,希望在那儿找到为他们投资的股东。在海登斯通,他们七人吸引了亚瑟·洛克(Arthur Rock)的注意。洛克在美国东部出生并长大,来自乔治·伊士曼的家乡罗切斯特,曾就读于雪城大学(Syracuse University),并于1951年毕业于哈佛商学院。亚瑟·洛克于是向20多家投资公司推荐了这些青年才俊,但都没有什么进展。与此同时,肖克利的七位被叛者变成了八位。诺伊斯很清楚,他们七人心怀不满,而且他也颇有同感。但是,让他与肖克利分手似乎有点为难他。肖克利才华横溢,但显然精神不太正常;然而,他的过激行为中似乎含有一丝童真。虽然肖克利自私、贪婪、毫无顾忌、野心勃勃,但他有一般书呆子所不具备的可爱之处。"他热情,健谈,爱出风头",他的幽默很有感染力。换句话说,肖克利的个性有其吸引人的一面,他眼中英俊的"金童"诺伊斯可能比其他人更了解他。作为科学家和工程师,肖克利是位天才人物,对他的这一面诺伊斯始终心怀敬意。然而,无可否认的是,作为企业家的肖克利是彻底的失败者。亚瑟·洛克说,在经营方面他根本不可理喻,肖克利半导体公司从未拿出一件可行的产品。

俗话说:有人生来伟大,有人成就伟大,有人被推向伟大。多数伟大的人身上这三者兼而有之。但在诺伊斯身上似乎被推向伟大的成分尤其明显。例如,在一群优秀的人当中,肖克利选中了他。此外,决定离开肖克利的七个人以及他们的投行都认为,诺伊斯会给新创企业的所有人带来他们特别需要的东西。他们似乎已自发形成了一种共识,即创办新企业需要点燃人们内心的火花,而这个火花只有诺伊斯能提供。七个人找诺伊斯谈,最后他同意和他们一起离开。在吃了20多次闭门羹后,亚瑟·洛克终于为他们找到了投资人。此人名叫谢尔曼·费尔柴尔德,是个"爱好享乐的单身汉",

他和他的姨妈梅（May）住在曼哈顿东 65 街一幢时尚前卫的别墅里。"那个地方看起来就好像《飞侠哥顿》中的水晶宫一样。"这与美国无线电公司（RCA）或通用电气公司的高管们的家相差很大。

费尔柴尔德是名飞行员，他的公司专注于航空摄影，公司总部设在长岛的塞奥瑟（Syosset）。他非常富有，他和他姨妈是公司的所有者。更重要的是，谢尔曼拥有我们前面已提及的 IBM 公司最大份额的股份。他持有的股份比大沃森或小沃森所持有的都要多。他持有最大股份的原因是，他是乔治·温斯洛普·费尔柴尔德（George Winthrop Fairchild，做过记者，是来自纽约州北部的国会议员）的独子。不知何故，查尔斯·弗林特①任命乔治·温斯洛普·费尔柴尔德为计算制表记录公司（后来的 IBM）的首席执行官。人们可能还记得，在弗林特用大沃森替换掉费尔柴尔德之后，公司便更名为 IBM。显然，费尔柴尔德家人选择了将最初得到的股份原封不动地保留在家族人手中。结果令人欢喜，谢尔曼·费尔柴尔德拥有了巨额财富。

由费尔柴尔德出资，一家新公司，即仙童半导体公司（Fairchild Semiconductor Corporation）于 1957 年 10 月在硅谷成立了。诺伊斯出任公司研发部主管，后来，他成了公司的"1 号位"——无论是从管理角度看还是从组织角度看。八名技术专家每人需要投入 500 美元作为"保证金"，但前提是，公司可以自行决定购回他们的股票。仙童的办公地点位于帕罗奥多的查尔斯顿街 844 号。

仙童半导体公司宣布成立当天，肖克利发表了一份声明，称这八名员工的离开"对肖克利实验室没有实质的影响"。从某种意义

---

① 在讲述托马斯·沃森的一章中有讲到，查尔斯·弗林特是计算制表记录公司（CTR）的创始人。——译者注

上说，他说得没错。因为老板异常善变，肖克利实验室就一直没有取得任何成就。由于没有任何成就，这八人的离开对肖克利也就没有任何损失可言。然而，八人的离开确实决定了肖克利公司的命运。后来，公司一蹶不振。1960年，该公司被出售，1965年再次被转售。1968年，在一帮快乐的同事在"黛娜的小屋"举杯庆贺肖克利获诺奖的12年后，肖克利半导体公司彻底关门了。

我们今天所谓的硅谷，其实就发端于一个由杏仓改造而成的肖克利半导体公司。在这里，人们将科学或工程的突破性成果商业化。在这里，人们敢想敢干。在这里，人们解决离奇费解的问题：他们研究的器件如此微小，粒子通过这些器件时流动的速度如此之快，以至于任何比喻都无法令人从常识的角度来理解所发生的现象。（诺伊斯以工程师的口吻说，在他生活的这个世界，人们必须"接受"难以想象的速度，人们不需要理解它。想想毫微秒是什么概念，1/1 000 000 000 或十亿分之一秒。再想想飞秒是什么概念，1/1 000 000 000 000 000 或1千万亿分之一秒。）在这里，人们雄心勃勃，超级自负。在这里，有人的智商和性格不相匹配。在这里，忠诚和背叛轮番上演。在这里，人们不仅渴望名利，还渴望为世界带来改变。在这里，人们愿意尝试新事物，开创新领域。在这里，人们不畏失败，努力前行。

与肖克利所发声明的内容相反，事实上，八位青年才俊的离开对他来说完全如五雷轰顶。他给他们贴上"八叛徒"的标签，此标签一直沿用至今。在未来岁月，硅谷成为测试人们忠诚与否的绝佳之地。至于肖克利，由于"觉得自己被抛弃和欺骗，之后几个月他抑郁不得志"。在硅谷，作为商人甚至作为科学家的肖克利已然成为过去。在余生，肖克利提出过一些丑陋的、伪科学的种族理论，成为知识界所不齿的人。

与肖克利半导体公司的创始人不同,公司留下的遗产却影响深远。1981年的一份公司图谱显示,有75家公司可以溯源至那处改造过的杏仓。在这些公司中,第一个声名鹊起的便是仙童半导体公司。

仙童和集成电路

从创立到20世纪60年代的大部分时间,仙童半导体一直是硅技术的领军者。回顾与诺伊斯一同离开仙童创建英特尔的这段日子,戈登·摩尔写道,"仙童开发了第一个可商业化制造的硅台面晶体管、第一个平面晶体管和第一个商业化的集成电路,还进行了相关研究,开发出了今天的金属氧化物半导体晶体管所需的稳定接口"。

摩尔解释说:

> 我们进行了分工,以契合各自的专业背景。罗伯茨负责硅晶体的培育和切片,并负责建立冶金分析实验室。诺伊斯和拉斯特负责光刻技术的开发,包括掩膜制造、晶片涂层、曝光、显影和蚀刻。格里希负责装配电气测试设备,就我们遇到的电子问题提供咨询,并教我们如何测量各种晶体管参数。克莱纳和布兰克负责维护和保养设施,他们建了一个机械车间来制造我们买不到的设备和装置。我负责扩散、镀金属和组装方面的技术开发。我们的理论家金·赫尔尼则负责坐在桌旁思考问题。

赫尔尼是来自瑞士的移民,拥有两个博士学位,一个来自日内瓦大学,另一个来自剑桥大学。摩尔在描述分工时最后提及他的职责,他一定会很开心。赫尔尼的一些想法后来被证明相当重要。其中之一是:开发"平面工艺",将晶体管电路扩散到硅的平整表面上，而不是使用沉积模式或台面模式（到那时为止这些是通行做法）。1958年1月，仙童公司已向位于纽约州奥韦戈（Owego）的IBM公司的政府系统部门交付了100个台面型晶体管。台面式工艺本身是新工艺，技术进展相当快。

更扁平、更小、更紧凑、更高效，这是1960年晶体管和半导体的发展方向，此后40年也一直如此。与肖克利实验室不同的是，仙童以从美国东部的投资人那里获得的很少的资金实现了产品的交付，它的首个客户就大名鼎鼎。

仙童的工作风格也可以用这几个词来描述：扁平、小型、紧凑和高效。尽管每位科学家或工程师的专业知识决定了他们各司其职，但他们乐意互相寻求帮助。例如，摩尔描述了有一次他"一筹莫展"的情况，当时他决定尝试诺伊斯的提议，尽管提议似乎不怎么样。诺伊斯的许多想法似乎都不怎么靠谱，但后来都奏效了，这次也如此。

他们关注的重点是事情成与不成，而不是一定要搞清楚事情的原理或方式。例如，在讨论与铝有关的一些实验时，摩尔说："虽然几年后我们才搞清楚其中的物理原理，但在当时那不重要，重要的是，我们有了一种可重复的接触晶体管的工艺流程。"

就管理而言，仙童似乎看不到太多管理的痕迹。"八叛徒"中无一人有经营企业的经验。显然，他们对钱也没想太多。他们以为，会跟以前的所有人一样为一份薪水干一辈子。在仙童，他们突然意识到，用诺伊斯的话说，"他们可以获得一家初创公司的部分股权。这是非常重要的领悟，也是非常强大的驱动力"。从那之后，股票取代了薪水，成为硅谷的动力源泉。

仙童摄影器材公司（Fairchild Camera）已向仙童半导体投了150万美元。人们越来越觉得，所有这些聪明的年轻人，也就是后来被称为"仙童"的人,只需年长者稍稍指导就行。据报道,1958年仙童半导体销售额达到50万美元,雇员达100人。仙童开始初具规模,像一个真正的企业。

真正的企业需要真正的企业管理者。1958年3月,休斯飞机公司半导体部门的埃德·鲍德温(Ed Baldwin)被任命承担这个管理角色。但他第二年就离开了仙童,不是被解雇了,而是受到了创业的诱惑。他和几个朋友一起创建了瑞姆(Rheem)半导体公司。于是,仙童公司提供了硅谷未来发展方式的又一范例。对公司忠诚是美国东部的概念。在硅谷,人们的想法是,要去做自己想做的事情,马上就去做。公司会崛起和消失,但人才始终还在那里打拼,这就是硅谷方式。

1958年或1959年(具体日期不详),仙童摄影器材公司总裁兼首席执行官约翰·卡特(John Carter)访问了仙童半导体公司。在汤姆·沃尔夫(Tom Wolfe)所写的一篇关于鲍勃·诺伊斯的文章中,他将这次访问看作体现东部方式和西部方式之间不同的另一个例子。沃尔夫的描述很有意思,值得详述。抵达山景城(Mountain View,仙童半导体公司在硅谷的总部)时,情况是这样的:

> 卡特坐在一辆黑色凯迪拉克豪华轿车的后座。车前排坐着他的司机,穿着全套的司机制服——黑色西装、白色衬衫、黑色领带、黑色的鸭舌帽。这情景本身足以令仙童半导体公司的员工侧目。人们从未在这里见过豪华轿车和开豪华轿车的司机。但这还不是那一天最令人难忘的。最令人印象深刻的是,那司机在外面待了将近8个小时,什么都没做。他穿着制服,戴着鸭舌帽,一整天都坐在那辆豪华轿车的前座上,什么事也不做,坐等去公司拜访的约翰·卡特返回。作为公司首席执行官,约翰·卡特自己这一天过得倒是很精彩。他到厂区转了

第七章　罗伯特·诺伊斯和硅谷：走向一个新的商业世界

转，与相关人员开了讨论会，看了看数据，频频点头表示满意。他举止彬彬有礼，展现出这位来自纽约57街大佬的魅力。他的司机头上顶着鸭舌帽，在外面坐了一整天。公司里的人开始离开工作台，跑到前窗看热闹。这看起来太奇怪了。这里有一个仆人，一整天他什么都不干，就等候在大楼外，等着随时侍奉他的主子，为他服务。无论何时，只要主子的腰、肚子和下颚一出现，他就立刻上前侍奉。这并不仅仅是说，在圣克拉拉谷棕色山丘上，人们很难见识这种纽约式的企业高管的高端生活，而是说，这好像很不对劲。

沃尔夫描绘的东部方式与西部方式戏剧性相遇的小片段有些夸张。在西部，许多硅谷高管也开始享受高端生活；在东部，有些人，比如创立数字设备公司（Digital Equipment Corporation）、曾领导公司走向卓越、后来却导致其倒闭的肯·奥尔森（Ken Olsen）则生活简朴。然而，总体而言，跟美国东部方式相比，美国西部方式更看重个人的工作成就而非他的特权，尤其是在20世纪50年代末和60年代初，尤其是在电子行业。很难相信，如果施乐帕克（Xerox PARC）研究中心当初落户纽黑文（New Haven，起初考虑的公司地点），它还会不会产生引起如此重大反响的学术成果。

在这次小型的社会变革当中，仙童半导体公司做出了极大的贡献。其中最重要的就是诺伊斯发明的集成电路。在这之前，金·赫尔尼把原本是三维的晶体管，变成了几乎是平面的。即使未能完全消除晶体管的高度，也算是降低了很多（晶体管的高度是晶体管发挥功效的制约因素）。1958年底，仙童半导体公司开始生产平面晶体管，而不是台面晶体管。此时的问题是：下一步如何实现晶体管更扁平、更小型、更紧凑、更高效的目标？实现这个目标面临一个困难：人们必须把晶体管的正负两极用导线连接起来，使电子的流动成为可能，这样一个个的晶体管就自行连接了起来。诺伊斯说："在工厂，我们把所有这些晶体管完美排列在单个硅片上，然后把它们切成一小块一小块的。我们得雇数千名女工用镊子把它们夹起来，然后把晶体管连接到一起。"

现在我们知道，诺伊斯是解决问题的能手。要成为解决问题的能手，你得能发现必须要解决的问题。"原来的做法看起来太愚笨，"谈到仙童的生产系统时他这样说，"成本高，不可靠，它明显制约了人们可以构建的电路的复杂性。这是个亟待解决的问题。答案当然是，一开始就不要把它们切开，但当时没人真正意识到这一点。"

诺伊斯开始一步一步地、一点一点地着手颠覆这个"愚笨的做法"。他的方法是试错、试验、归纳总结。他的方法更多是19世纪晚期那些独自搞发明的人的风格，而不是在大公司搞研发的科学家的风格。既然赫尔尼已经把晶体管转变成近似平面的元器件，那为什么不把导线从晶体管的顶部拉过去呢？任何金属丝，即使它只有人类头发丝几分之一那么细，都要比没有金属丝占用更多空间。也许可以在晶体管的氧化层上印上一种金属，这种金属可以起到导线的作用。这样，就不需要之前的那种导线了。

一个想法引出另一个想法。如果用印在晶体管上的一条金属线能连接晶体管的不同区域（如正极和负极），那为什么不把晶体管也像那样一个一个连接起来呢？而且，为什么不把电阻、电容和其他各种电子器件也连接起来呢？为什么不把一个完整的集成电路放在硅片上，纠正那个"愚笨"的做法：数百人将粗大的电线植入极其宝贵的空间。确实，为什么不呢？

20世纪50年代末，关于集成电路的想法就已有流传。诺伊斯的发明实际上与德州仪器公司（Texas Instruments）的杰克·基尔比（Jack Kilby）的发明基本同步，两种装置非常相似。基尔比具有非凡魅力，生活在自己的世界里，他不是那种能吸引狂热追随者的人。诺伊斯是那种人，有其追随者。集成电路极大地为诺伊斯锦上添花。集成电路也使仙童半导体公司远近闻名。到 20 世纪 60 年代中期，公司销售额达 1.3 亿美元，员工人数达 1.2 万人，在世界各地开有分公司。仙童使硅谷的半导体行业声名远扬。

集成电路的两位发明者从未碰过面。他们各自在不同的公司工作（德州仪器公司的总部在达拉斯），相距两千英里。两人所在的都不是那种有丰富资金支持的大型研发机构的大型公司。基尔比是一个特立独行的人，在一个特立独行的公司工作，其发明的一些关键性工作是他在其他人度假时完成的。仙童是初创公司，德州仪器公司则是自负的新贵公司，其体量比仙童大得多，但在 1959 年时不及通用电气或西屋电气（Westinghouse）的规模。

大型成熟公司的研发一般偏向于"对现有体系进行改进，而不是创立新体系"。当然，情况并不总是如此，也有例外。例如，尼龙是在杜邦公司（Du Pont）发明的，晶体管是在贝尔实验室发明的。

然而，总体而言，私人资助研发的情况是这样的：开始依靠直觉或天才，后来则转向依靠由大公司的懂行专家提供资金支持的科学研发。尼龙和晶体管的研发与其说符合此规律，不如说是例外。对于投巨资建起围绕传统技术而设计的生产体系的公司来说，根本性的技术突破未必是好事。许多公司因为晶体管的发明而获得了巨额利润；但对于投入大量资金建起基于真空管的生产体系的公司来说，如要转产，它们首先要投入巨额成本。集成电路是一项根本性突破。发明者基尔比和诺伊斯并非来自美国大型公司的实验室这个"专利机器"，这并不奇怪。由电线连接的台面晶体管过渡到蚀刻在硅片上的无线平面集成电路，仙童获利多多，几乎没有什么损失。

对大型公司来说，情况就不同了，它们会获大利，同时也会有大损失。

诺伊斯不喜欢称自己为工程师、科学家或商人，他喜欢称自己为技术专家。他认为技术专家是"敢想敢干的人"。他说："商人不可能发明电话。电话发明者必须是不走寻常路的人，他肯定是一直与聋人一起工作，然后有了疯狂的想法，认为真的可以通过电线传送人声……商人会先搞市场调查，因为市场还不存在电话这个产品，他们就会断定说，电话这个产品没有市场。"

这样的思路说明，为什么全新技术的发明和商业化有时（并非总是）需要在初创公司里完成，而且需要新的企业家、新的投资者以及新愿景。20世纪50年代末的仙童正是这样应运而生的。

诺伊斯解释说："一个问题的解决方案的出现，来自某人激发出了自己的想象力、尝试了一些新东西……如果想做点有价值的事，你必须跳出常规，想出新点子。"为了能"想出新点子"，首先必须能做到选择你想要解决的问题。与贝尔实验室相比，在仙童你更可能拥有这样的机会。

的确，正如刚才提到的，尼龙是在杜邦公司发明的，晶体管是在贝尔实验室发明的，它们都源于美国两家最大型公司的大型研发机构。但随着20世纪进程的推进，这些大型研发机构不再适合进行突破性的技术发明与创造。在一些研发部门，人们更关心获得专利，而不是挖掘专利的真正商业潜力。

我们有必要看看晶体管和尼龙的发明人后来怎么样了。肖克利没有在贝尔实验室继续干下去，他离开贝尔去创办自己的公司。尼龙的发明者华莱士·H. 卡罗瑟斯（Wallace H. Carothers）才华横溢，他比基尔比更特立独行。可悲的是，他情绪不稳定。他对将他从哈佛大学化学系招聘到杜邦的杜邦高管说，自己患有"神经性能力丧失发作症"。因为自认为是个失败的科学家,1937 年 4 月 29 日,卡罗瑟斯自杀身亡。当时,他年仅 41 岁,被人们认为是潜在的诺贝尔奖得主。

仙童的诺伊斯及其同事和贝尔的爱迪生及其同僚,这两者之间存在很大差异。事实上,仙童的顶尖人物不只是本能地喜欢琢磨问题、一个一个地"搜寻和尝试",这是一方面;另一方面他们还在最好的大学接受过正规教育。他们既具有独立发明家的内在动力和强烈的好奇心,也具有高端理论知识的底子,并且对知识有敬畏——尽管做学术研究不是他们追求的。他们兼具以上两个优势。其成果便是平面工艺、集成电路以及其他更多的技术进步。

"新炼金术士"没有点石成金,而是把地球上最常见的一些元素转变为比任何金属都更有价值的器件。戈登·摩尔说:

> 我们确实在寻找一些便宜且容易获得的材料。氧气到处都有,但它是气体,所以我们不能直接用。但是,我们知道,如果把氧气和地球上第二种常见元素硅元素按它们在自然界中出现的比例结合起来,最后就会得到二氧化硅这种绝缘体。如果我们加入铝,就会得到导体,而铝是地球上第三种最常见的元素。

诺伊斯喜欢说,集成电路是他对讨厌的情况感到不满的产物。"集成电路的想法源于我的懒惰。我们先将晶体管整齐排列在硅片上,再将它们切成小块,然后发送给客户。然后,我就想,为什么不去掉中间环节,在它们还在硅片上的时候就将它们都放在一起呢?然后,我们就那样做了。"

无论是此项创新的想法还是具体的实施,都不像诺伊斯说的那样简单。然而,此项创新的结果是,它成为日后世界发展的一块奠基石。纽约塞奥瑟的仙童摄影器材公司的高管对帕罗奥多的"仙童们"所发明的东西非常欣赏。1959年9月24日,他们行使了购回仙童半导体全部股票的权力。换句话说,仙童半导体公司此后不再是独立公司,它变成仙童摄影器材公司的全资子公司。这笔交易通过股权的交换得以完成。仙童半导体公司的股票持有者交出了他们在仙童的股份,作为回报,他们获得了仙童摄影器材公司总计19 901股的股票。

以上这段话的意思是,1957年以500美元"保证金"创立仙童半导体公司的"八叛徒",在不到24个月后,每人的身价就达到拥有价值25万美元的有价证券的水平。如考虑通货膨胀因素,1959年的25万美元在2000年就是150多万美元。这八位年轻人并非生于富贵之家,曾以为自己就是年复一年地赚一份薪水,他们想的更多的是手头的工作,而非金钱。转瞬之间,他们时来运转,发了笔小财。圣克拉拉谷(现在的硅谷)的街道上确实铺满了硅(比喻发财的机会)。

有了新获得的财富,最初离开肖克利的"八叛徒"中,有三人(赫尔尼、罗伯茨和克莱纳)离开仙童,去创办他们自己的公司。然而,有人很快离开,也有人很快加入。其中最引人注目的是查尔斯·斯波克(Charles Sporck)。来来去去的大多数人都才华横溢,他们累积起比他们早几年前料想的要多得多的财富。在评价20世纪计算机和通信技术的历史时,一位历史学家认为:

> 20世纪60年代初,通信技术受到严格控制,其程度比20世纪其他任何时候都更甚。三家电视网占据了电视屏幕,它们的节目都大同小异。美国电话电报公司(AT&T,垄断美国电话服务达半个多世纪)正迅速取代邮政服务,成为美国重要的个人通信服务提供商。计算机这种功能强大的数据处理新工具

催生了一个充满活力的行业，它却由一家公司主导：IBM 控制了美国 85% 的市场。通信似乎与这些公司以及这些公司所运行的大型系统紧密联系在一起。

就在计算机和通信似乎被五大巨头——美国电话电报公司、IBM、美国无线电公司、哥伦比亚广播公司（CBS）和美国广播公司（ABC）——像水泥一样坚固地包围着时，裂变和融合的力量正在硅谷悄然发生，并在 1960 年至 2000 年间给行业带来根本性变化。在 1960 年，如果观察计算机和通信行业，人们会感觉，这些行业结构牢固，如同巨型山脉难以撼动。人们可能没有意识到，这片山脉实际上是火山。在它下面，熔岩的压力在不断增大，直到火山熔岩喷涌而出。1982 年，美国电话电报公司第一个倒下。接着便是美国无线电公司，它被通用电气吞并。美国无线电公司旗下的美国全国广播公司（NBC）发现，它和它的竞争对手，即哥伦比亚广播公司和美国广播公司处在一个摇摆不定、不可预测的世界当中。20 世纪 80 年代末，IBM 还被认为是美国最不可战胜的公司，可是到 90 年代初，它就几近崩塌。

日后象征硅谷方式的公司裂变和融合的过程就始于肖克利和仙童。一些产品，尤其是微处理器（晶体管的产物）是这些公司裂变后一些新组建公司的创新带来的。它们是对熔岩进行加热的熔炉，最终计算机和通信产业被炽热的熔岩催化。1960 年，加热熔岩最重要的熔炉是仙童半导体公司，而仙童半导体公司最重要的人物是鲍勃·诺伊斯。

诺伊斯渴望刺激，讨厌单调生活。他喜欢看聪明的人表现出聪明劲，从增长才干中得到极大满足。归根结底，他是一个渴望自由的人。所有一切都表明，他渴望自由。最明显的外在表现是：他热爱飞行，自己购了一架飞机，成为具备飞机驾驶技术的飞行员。亚瑟·洛克曾说:"你不能告诉鲍勃·诺伊斯,'有些事情你做不了',因为他会把这看作挑战,他会自己去尝试以证明你错了。"再想想印在 T 恤衫上的那句话:"不要被过往历史捆住手脚,去干吧,展现你的精彩。"诺伊斯向这个国家最有才华的人(和他一样,这些人也害怕被美国东部传统企业的层级制度和形式主义所束缚)传递了充满活力、令人振奋和追求自由的信息。

诺伊斯似乎真的具有魔力。后来,在 20 世纪 80 年代,一些人跑到他办公室,想见他,哪怕只是看他一眼。和他握手后,有些人回去都舍不得洗手。他们会向别人讲述如何吻他的戒指。在 15 分钟的见面会中,他并没有做任何非常特别的事,却似乎能使人产生一切皆有可能的愉快感受。他身上这种神奇的特质非常突出。在研究其他商业领袖时,我从未见过这种情况。

一定程度上,诺伊斯对自由的渴望与实现目标所需的自律相冲突。驾驶自己的飞机在蓝天飞翔可能意味着你渴望自由。然而,要挣到足够的钱购买飞机则需要很强的自制力。而且,驾驶飞机时,专注和遵守操作规则十分重要。没有自控力的飞行员活不长。诺伊斯向《哈佛商业评论》描述说,英特尔是高度自律的组织,他为此感到自豪:

> 我们想吸引的是……能实现目标的人。这样的人喜欢接受评估……因为不那样的话,他们便无法向自己证明自己的成就。
>
> 是的,你对他们进行评估,这表明你确实认真对待他们。然后,他们就愿意工作……有些到我们公司工作的人,之前未曾接受过诚实客观的工作评估。

在仙童的鼎盛时期,规则意识尚未形成。相反,仙童的人们只知道努力做事,那是一个高风险和高回报同时存在的环境。用一位记者的话说:"这个地方压力大,工作时间长,员工需要展示超人的耐力和精力。然后,一天工作结束时,每个人都跑到附近的马车轮(Wagon Wheel)餐吧放松休息。他们开怀畅饮,谈论生意,直到夜深。"

仙童面对的外部环境瞬息万变。更大的竞争对手,如惠普、摩托罗拉、德州仪器、雷神(Raytheon)、美国无线电公司,都紧随其后。尽管在高科技的道路上不可避免地会遇到障碍,但是仙童在1957年到1968年的表现还是颇令人羡慕。到1967年,仙童半导体公司占母公司仙童摄影器材公司销售额的"一大半"。母公司那年的销售额将近2.1亿美元,因此仙童半导体在这十年间销售额会高达9位数。有些年份赚钱少,有些年份赚钱多,总体而言,仙童半导体在销售额、市场地位和技术进步方面的表现可圈可点。汤姆·沃尔夫写到,在1957年至1968年期间,仙童半导体公司"为东部的母公司创造了巨额利润"。但是,有关盈利情况(不同于销售情况)的统计数据并没有保留下来。有些极有才华的人离开了公司,但也有才华横溢的人加入进来。

在仙童,人们既严格自律又不拘形式,既高度专注又(在下班后)恣意放松。而诺伊斯是这些工作和生活都极端不寻常的一群人的核心。沃尔夫把他描述为"管理者或首席协调者,或任何其他称呼"。在诺伊斯的世界里,没有上传下达的体系,没有层级制度,没有豪华气派的办公室。诺伊斯招聘来聪明的人,告诉他们要尽一切努力把工作完成,然后就顺其自然,任其在水中沉沦或者学会游泳。

来仙童工作的年轻工程师几乎无法相信,他们突然需要承担很大的责任。刚刚研究生毕业的24岁左右的年轻人会发现,自己成了一个重大项目的负责人,却无人对自己进行监管。出现问题自己解决不了时,他会去找诺伊斯,紧张得气喘吁吁,问该怎么办。这时,诺伊斯会低下头,睁开他明亮的双眼,听着,然后说:"嗯,我的意见是,要考虑下 A 方案,要考虑下 B 方案,也要考虑下 C 方案。"然后,他会露出著名影星加里·库珀(Gary Cooper)式的微笑说:"如果认为我会替你拿主意,那你就错了。嘿,这是你自己的事。"

如果你年轻时一直渴望那样的自由,那仙童适合你。如果你的感受是"令人压抑",那它就不适合你。

随着时间的流逝,诺伊斯连连升职。1959 年,他晋升为仙童半导体公司的副总裁兼总经理;1962 年,他晋升为仙童母公司——仙童摄影器材公司的副总裁;1965 年,他晋升为集团副总裁;1967 年,他成为集团董事会成员。对一般组织内的人而言,这个上升通道金光闪闪,令人炫目。但是,对诺伊斯来说,这个通道却越来越没有吸引力了,他对企业高管职位不感兴趣。仙童摄影器材公司涉足了许多不同产品和服务领域,诺伊斯对这些都不感兴趣。高管的目的是确保公司赚钱。和其他人一样,诺伊斯也爱财,也知道怎么花钱,但他是杰出的产品专家。正如他自己所说,自己是一个技术专家,他想干自己喜欢干的事,以自己的方式赚钱。在他看来,美国东部企业臃肿、陈旧且惰性十足,那里的人们看重的不是实实在在的价值,而是其他一些他不感兴趣的东西。

20 世纪 60 年代,硅谷最有价值的既不是专利,也不是生产设备,而是鲍勃·诺伊斯。随着连连晋升,他距离自己钟爱的专业却越来越远,仙童变得越来越不再似从前,这也威胁到了仙童半导体公司的生存。诺伊斯走得越远,人们似乎越不满。像查理·斯波克这样的顶尖人才开始离开。

亚瑟·洛克认识诺伊斯,也很喜欢他(两人互相欣赏)。他说诺伊斯"有灵光乍现的本事"。诺伊斯确实如此,这个本事对他来说意义非凡,极其重要。但这些顿悟时刻一般会出现在实验室的工作台旁,出现在和其他技术人员碰头的会议室,或者在滑雪场,又或者在他驾驶飞机时。在董事会会议室,不会出现这些时刻。他并不特别想要仙童公司给他的升迁,因为他再也没机会获得顿悟时刻,而此前他因为这个优势而获得良好的声誉。

诺伊斯爱玩,他需要变化多样的工作和生活,所以他滑雪、驾驶飞机、潜水、表演、歌唱等。他受不了的是,身陷会议室,里面坐满了西装革履的人,自己也西装革履,大家埋头讨论公司的盈利情况。他忍受不了枯燥单调的日子。

英特尔

是时候另起炉灶了。那是 1968 年,世界动荡不安。在欧洲,巴黎发生了骚乱,一家报纸报道说,法国人对此感到厌倦。8 月,"布拉格之春"被苏联坦克制止了,捷克斯洛伐克自由主义者试图创建"有人性的社会主义",却遭到勃列日涅夫主义的压制。

越南毗邻中国南部边境。在那场灾难性的越战中,1968 年是个转折点。越南北部的越共于 1 月 30 日发动了春节攻势。虽然越共付出惊人的军事代价,但他们的胜利在心理上对美国冲击非常大。那年 4 月,哥伦比亚大学爆发了反对越战和针对其他问题的暴力骚乱。5 月,大学校园发生了更多骚乱,6 月 5 日,加州民主党总统预选的当晚,获胜者罗伯特·F. 肯尼迪(Robert F. Kennedy)在洛杉矶的竞选总部酒店附近被枪击,第二天身亡。8 月下旬,在民主党全国代表大会期间发生了更多骚乱,这可能是自 1860 年春天美国南北战争前夕在南卡罗来纳州查尔斯顿(Charleston)举行的民主党全国代表大会之后最乱的一次政治集会。

这个国家似乎正在撕裂。许多组织内弥漫着不安、困惑和愤怒的情绪，不仅在大学和政党中是这样，公司和家庭里也如此。也许，这种大氛围对诺伊斯产生了一定影响，让他觉得，仙童本该追求有吸引力的前沿技术，但它却没有。对于自己的升迁，他并不看重，他生来就不是为爬上公司最高管理层。于是，他辞职了。

他说：

> 我记得，那天我站在自家前院和戈登谈话，告诉他我要辞职。在仍然留在仙童的人当中，他可能是跟我走得最近的人；我的意思是，他是仙童创始团队的一员，我觉得必须告诉他这事。
>
> 我们开始讨论类似"要干些什么"的话题，也就是推测一下这个领域下面会出现什么大跨越。这就像在我们心里埋下了种子，也许我们可以一起合作。

英特尔公司于1968年7月16日成立。8月2日，《帕罗奥多时报》(Palo Alto Times)在头版刊登了一篇关于这家初创公司的文章。此后，诺伊斯和摩尔便"开始收到全美各地的优秀工程师的求职简历、电话和申请函。他们都了解诺伊斯在集成电路方面的造诣，也知道摩尔在仙童公司的成就。招募到愿意加入初创公司的优秀员工——这通常是多数创业者面临的最艰巨任务之———对英特尔来说显然不是问题……"

在1968年，为初创公司筹集资金是一项艰难的挑战。与20世纪90年代相比，那时筹集资金要艰难得多。但事实证明，对英特尔而言，这也不成问题。亚瑟·洛克离开了海登斯通公司，从纽约搬到了旧金山，成立了自己的风险投资公司。诺伊斯的名字像磁铁一样吸引了许多投资人。"鲍勃就简单给我打了个电话，"洛克后来回忆说，"我们是老朋友了。书面筹资文件？实际上什么都没有。诺伊斯的名声足矣。我们只刊发了一个只有一页半的小广告，但是在人们看到小广告前，我就已筹到了资金。"

这是诺伊斯喜欢的方式。"很多人也许会因此感到震惊，但我们没有写商业计划书，没有写招股说明书。我们只是说：'我们要创办公司了，你愿意支持吗？'"有人对将要干的事情胸有成竹，他们不需要借助繁冗的法律文书进行沟通。英特尔的投资者包括：诺伊斯、摩尔、洛克、诺伊斯的母校格林内尔及其他一些人。他们对投资英特尔都无怨无悔。

安迪·格鲁夫（Andy Grove）和摩尔一起从仙童跳槽到英特尔，任英特尔运营主管。记者蒂姆·杰克逊（Tim Jackson）曾很不看好格鲁夫。他指出，诺伊斯和摩尔完全可以选任何其他人任运营主管，选择格鲁夫"太出乎意料了，多数见证他们创立新公司的人都困惑不解。他们把运营主管之位交给一个完全没有制造业经验的人。他是工程师，但他更像一名物理学家；他是企业高管，但他更像一名教师；他是美国人，但他更像外国人"。

如果说，那些"见证英特尔创立过程的人"对于格鲁夫被选中担任运营主管困惑不解，那么格鲁夫本人也如此。他说：

> 来到英特尔时，我诚惶诚恐。我辞去一份很稳定的工作，开始在自己从未涉足过的领域管理一家全新企业的研发工作。这很吓人，我夜里真的做噩梦。我本来应该负责工程部的，但是我们的人太少了，所以他们让我当了运营主管。我的第一个工作任务是，先弄一个邮箱，这样我们就能收取一些我们买不起的设备的说明书。

英特尔最早的三位成员有截然不同的性格特点。诺伊斯早年具有高度的专注力，但随着年龄增长，他更喜欢追求自己广泛的兴趣爱好。洛克曾说，诺伊斯是"我见过的最复杂的人"，还说"他不会只专注于一件事"。在洛克看来，摩尔"恰恰相反"：他没有发明什么东西，但他确实会坚持不懈，锲而不舍；他比任何人都更专注于目标，会让每个人都努力达成目标。

谈到摩尔时，格鲁夫说，摩尔"明白自己在做什么，他给了我很多指导"。对于安迪·格鲁夫，人们谈论颇多，但从来没有人说他感性、温柔。不过，谈到摩尔，格鲁夫说他"有点像戈登叔叔"。很难想象格鲁夫会以如此亲密而又公开示弱的方式描述他与摩尔之间的工作关系。摩尔和格鲁夫都很棒，他们对技术都心怀敬意。然而，他们的个性却大不相同。他们看上去不一样，愤怒的爆发点也不同。他们有不同的忧虑。佩斯卡德罗（Pescadero，摩尔的出生地）与布达佩斯（格鲁夫的出生地）相距遥远。摩尔对英特尔的成功充满信心。他相信，如果失败了，他会缓过劲来；格鲁夫在逃脱纳粹和苏联的掌控后缓过劲来。现在，他再次将自己置于背水一战的境地，明智吗？他对新公司面临的挑战感到震惊。

和在硅谷待过的任何人一样，格鲁夫也目睹过由非常聪明的人运营的公司最终倒闭。确实，就在英特尔成立的1968年，肖克利半导体公司最终破产，遭到清算。曾获得诺贝尔奖的晶体管发明者肖克利失败了。对于任何初创公司的企业家来说，这都是一个警示。

至于诺伊斯，他创建英特尔，因为英特尔令他感到兴奋。在仙童这个初创公司，他已获得了成功。他在仙童待的时间够长，他知道要一直保持技术创新有多难，需要创建一家新公司——一家旨在"推动产品设计不断突破边界，并成为首个将最新产品推向市场的公司"。他想创立一家他能看到自己努力成果的公司——一个在其中不用忍受大型组织常有的"挫败感"和"巨大惰性"的公司。诺伊斯说，他知道他这样的性格意味着时时都可能会面临危机。但还有什么比这更令人兴奋的？

从英特尔创立之日起，负责为其融资的亚瑟·洛克就在董事会任职。他了解公司所有主要人员的情况，该知道的他都知道。他这样说："为了获得成功，英特尔需要诺伊斯、摩尔和格鲁夫。而且要按这个先后顺序来。"诺伊斯：有远见，天生有激发他人的才能。摩尔：技术天才，无私，风暴中心的压舱石，激情之海中的理性之岛——就像你身边一个很普通的同事，恰好他是个技术天才，恰好他积累了几十亿美元的财富（他从英特尔赚的钱比任何人都多）。格鲁夫：从技术专家转变为管理学家，后来对组织运作方式和沟通交流非常着迷；他并不需要深受员工喜爱；他明白优秀的公司也会出现状况。在其生命的早期，他曾历经坎坷——孩童时的他患过猩红热，长大后经历二战，青年时期适逢1956年的匈牙利事件，但他决心尽可能活出自己的精彩，以弥补之前生活所缺失的东西。

凭借其才华、天分、魅力、所取得的成绩和人脉，诺伊斯无疑是1968年该行业中创办新公司的最佳人选。他筹集资金、吸引人才、确立愿景，并且在公司早期出现不可避免的问题时保持定力，聚拢人心。事实上，英特尔于1969年推出的头两款产品虽然技术先进，但未获得商业成功。外界开始有"三击不中出局"（垒球或棒球运动术语）的传言。

然而，在1971年，英特尔推出了新产品1103，这是一种动态随机存取存储芯片。第二年，该芯片成为世界上最畅销的半导体产品。尽管在未来前进道路上会遭遇危机，但英特尔开始步入正轨。

1971年，英特尔上市，共发行了307 472股股票，募集到680

万美元。公司的首次公开募股说明书描述了公司从事的业务："英特尔的工作重点是大规模集成电路的开发和销售。大规模集成电路的用途是，在数字设备中执行存储功能。"在大型计算机主机中，半导体存储器正取代磁芯存储器。半导体存储器效率更高，有广阔的市场前景。

截至1971年8月31日，英特尔拥有职工382名，其中有88名是产品和工艺开发工程人员，242名是生产制造人员，34名是营销人员，18名是行政人员。在职员工中有9名博士。自三年前成立以来，公司累计亏损410万美元。此时，公司仍处于创业的投资模式阶段，它已募集足够资金，因此资产负债表上的累计赤字为180万美元。股东权益总额为720万美元，总资产为860万美元。

当然，不能保证一家创业公司一定会走出"投资"模式，让损益表上的墨水从红色（亏损）转变成黑色（盈利）。但是，公司有罗伯特·诺伊斯在，他令人们对英特尔的未来信心大增。公司上市时，他在英特尔担任总裁、首席执行官，并主管财务。他拥有419 000股公司股票，占1971年8月31日流通股票的18.6%。招股说明书发布之日，英特尔股价为23.50美元。诺伊斯在英特尔有将近1 000万美元的自有资金。他可能还有其他投资，但我们有理由相信，在英特尔的投资构成了他的大部分财富。英特尔对诺伊斯不错。三年前，也就是1968年8月，他向英特尔投了50万美元。

戈登·摩尔在1968年也向英特尔投了50万美元。1971年公司上市时，他任执行副总裁，比诺伊斯多持有2 500股股票，因此公司也给他带来很好的经济回报。时任董事会主席的亚瑟·洛克也是英特尔的重要投资人。其他投资人包括"八叛徒"中的至少四人（1957年，他们和诺伊斯及摩尔一起，离开了肖克利半导体公司）。

从英特尔成立之日一直到1975年，诺伊斯都深度参与了英特尔的日常运营,在这期间,他从总裁兼首席执行官晋升为董事会主席,戈登·摩尔接替了他前期的职位。这七年里,英特尔奠定了良好的基础,使其日后成为世界上最赚钱的公司之一,而且从推动技术进步的角度看,它也是世界上最重要的公司之一。诺伊斯才华横溢,既随和又严厉(他鲜明的特色),他这些特质在公司里留下了持久的印记。他与英特尔现如今的名誉董事长、最大股东戈登·摩尔的密切合作也令人印象深刻,难以忘怀。

早年的英特尔是怎样的情形?这取决于每个人的工作性质和自身的个性。对戈登·摩尔来说,工作辛苦,但他仍乐在其中。对安迪·格鲁夫来说,工作极其艰难,极其烧脑。对新来的普通员工来说,这是千载难逢的机遇。诺伊斯对员工优先认股这事持开放态度,他认为,利润分享对员工是一种激励,可以以小博大,提高公司绩效。优先认股权使人们开始考虑全垒打(垒球术语,得分较高的击打)。关于这一点,仙童母公司的高管要么不理解,要么主观上不想理解。

诺伊斯的父母都活到了 90 多岁,他说他也打算活到 90 多岁。然而,阅读与他相关的内容时,给人的感觉是,他时常觉得生命短暂。诺伊斯无时无刻都想要得分,他没有时间打一垒安打、自由上垒,也没有时间失误。他是争强好胜之人,轮到他上场击球时,他的目标便是击出全垒打。

以上说法既是象征性的,也是真正意义上的。他的女儿潘妮(Penny)记得父女一起打垒球的情景:他真的打了一个全垒打,他围绕着球垒奔跑时的感觉好极了,过了本垒板之后,他才想起要让孩子们好好表现,父母不要出风头。

在英特尔,年轻人待遇不错。不仅体现在他们有优先认股权,还有一点,那就是办公室的装饰朴素实在。在其他一些公司,办公室设计奢华，似乎令那些极度膨胀的人更加自负，而使那些需要被鼓励的新人望而生畏。在英特尔，没有豪华轿车，没有高管专用餐厅，没有豪华办公室，也没有专用停车位。诺伊斯说："如果来晚了，就只好把车停在后面的车位。"

诺伊斯喜欢开会，他到场的任何会议都令人兴奋。

> 他会确定议程。但是接下来，大家会平等地展开讨论。如果你是位年轻的工程师，想表达某个想法，你可以大胆说出来。如果诺伊斯或其他任何人没有很好地理解你的意思，你完全可以与他们争论。这种感觉有点不真实。你正在与集成电路的发明者或共同发明者面对面地讨论，他正当年，也就 41 岁，他正在听你说话。

这一切令人非常陶醉和兴奋。

到 1973 年，英特尔的销售额达 6 600 万美元，员工超过 2 500 人。那一年，诺伊斯的股票价值约为 1 850 万美元，按 2000 年的美元价格计算，相当于近 7 000 万美元。1103 型产品使他成为富翁，而刚刚发明的微处理器使他更加富有。英特尔连连获得成功。

遗憾的是，诺伊斯的个人生活并不顺利。他和妻子的关系日益恶化。亚瑟·洛克曾说，人们"不可能不喜欢"诺伊斯。在熟悉诺伊斯的所有人当中，他的妻子几乎是唯一的例外。据报道，她想要让自己的生活"独立于英特尔和鲍勃的成就之外"，她想要获得自己的身份和成就。在位于缅因州的避暑别墅"大吵了一架"之后，他们决定离婚。她获得了他们在缅因州的那处房产，他获得了洛斯阿尔托斯（Los Altos）的那处房产，他们均分了英特尔的股票。

1974 年，在经历了 21 年的婚姻、有了 4 个孩子（比尔、潘妮、波莉和玛格丽特）之后，诺伊斯，这个在外人眼中获得"一次又一次巨大成功"的人,却没能经营好自己的婚姻。20世纪六七十年代,离婚在硅谷很常见。关于他俩,坊间有许多玩笑,但并不怎么好笑。在商业生涯中,诺伊斯不像山姆·沃尔顿那样经常用家庭打比方。沃尔玛早期是家族企业,而英特尔从来不是。

无论如何,婚姻失败一定给诺伊斯带来了极大的痛苦。他不习惯失败,可是比这更糟的是,他对此无能为力。在外界看来,诺伊斯完美无缺。一位英特尔公司的经理曾这样说:"鲍勃可以站在满屋子的证券分析师面前,告诉他们我们的业务要解决若干大问题,然后我们的股价会上涨5个点。"但是,哪怕每天都接受满世界羡慕的眼光(如果不是彻头彻尾的偶像崇拜),回到家中的他却找不到安宁。

贝蒂·诺伊斯(Betty Noyce)最终回到了她的故乡新英格兰。谈到20世纪50年代中期全家搬到加州的情况时,她说:"我们原先好像明确约定,我们试住一年,如果我不喜欢,我们就搬走。后来,我们一直住了19年。"据她的律师兼朋友欧文·韦尔斯(Owen Wells)说,贝蒂·诺伊斯觉得,婚姻破裂令她身心都极度疲惫。

回到缅因州后不久,贝蒂·诺伊斯便深深爱上了那里。随着英特尔股票升值,她也变得非常富有。她捐了很多善款支持缅因州的一些慈善事业,许多得到她帮助的人都很喜欢她。1996年9月17日,贝蒂·诺伊斯在缅因州不来梅(Bremen)的家中(后来她常年住在那里,此处房产占地有50英亩)突发心脏病去世,终年65岁。

接下来的一周,在波特兰举行了悼念仪式。事实证明,缅因州深情接纳了她,就像她深情接纳了缅因州一样。有超过1 000人参加了悼念仪式,其中包括该州最高政治人物以及前总统乔治·布什。她的女儿潘妮说:"缅因州疗好了她的伤。她喜欢这里的草木、岩石和海岸。她告诉我,每天早上醒来她都会因身处这里而感到快乐。"她的遗赠中有 2 亿美元是捐给她于 1989 年设立的天秤座基金会（Libra Foundation）的，该基金会只向那些总部设在缅因州的慈善机构提供资助。

贝蒂·诺伊斯没有再婚，是一名看护者发现她在家中去世的。她的前夫诺伊斯于 1975 年再婚。诺伊斯的第二任妻子安·S. 鲍尔斯（Ann S. Bowers）出生在匹兹堡，曾在加州旧金山的梅西百货公司人力资源部工作过，后来从旧金山搬到了硅谷。1970 年，英特尔开始突飞猛进时，她成了英特尔人力资源部负责人。

鲍尔斯与诺伊斯的首次相遇并不怎么愉快。那时，扩张中的英特尔正要搬离原来的地方，新地址在圣克拉拉南边的山景城，是联合碳化物公司（Union Carbide）之前的一处厂房。那时，那里的房地产价格还比较合理，为建造圣克拉拉 I 芯片的生产工厂而选择的这片 26 英亩的土地上长满了果树，那些果树不得不被连根拔起。流行歌手琼尼·米切尔（Joni Mitchell）在谈到加州时说："他们铺就了天堂，还建了一个停车场。"

新厂址有它的问题。街道的照明不好，布局也差。对于一家新公司来说，那些街道的名字也不是朗朗上口、令人振奋。英特尔公司所在的路叫科芬路（Coffin Road①）。公司要求安·S. 鲍尔斯找人把此名改了。半导体大街或存储大道（当时英特尔正在生产存储芯片）听起来都不错。鲍尔斯向圣克拉拉地方政府申请变更街道名，地方政府只简单地采用了高速路（此高速路将公司一分为二）另一边的街道名。那边的街道名碰巧就是鲍尔斯。鲍勃·诺伊斯发现，要求更改公司所在街道名的结果却是：公司所在地名被改为鲍尔斯大道。他忙过去找安·S. 鲍尔斯，跟她说自己很不高兴。她回

---

① coffin 有棺材之意。——译者注

答说，她是第一次听说名字更改的结果，改成这个名字纯属巧合。他气消了，然而"人们似乎没有理由放过这样一个好故事。因此，多年后，公司多数员工都认为，安·鲍尔斯在圣克拉拉影响力非常大，她设法让公司的永久地址以她的名字命名"。

诺伊斯告诉摩尔和格鲁夫，他要离婚了。他以为，消息传到鲍尔斯那儿了。然而，摩尔和格鲁夫显然没有向公司其他人提及此事。他们谨慎对待此事，表明他们对他的尊重，特别是考虑到离婚不仅涉及个人，还涉及公司业务，因为离婚涉及诺伊斯所持股票的变更。摩尔（他妻子也叫贝蒂）和格鲁夫跟各自的妻子都是白头到老。他们知道，对诺伊斯来说，离婚意味着痛苦。这可不是在走廊上随便闲聊的事（他们俩都不爱八卦）。

鲍尔斯与诺伊斯相识于1970年；像其他许多人一样，她也被诺伊斯迷住了。但表面看来，他当时婚姻幸福，因此他可望而不可即，她便决定与他保持一定距离。突然之间，他是自由身了。离婚后不久，诺伊斯便与鲍尔斯结婚了。

与前任妻子不同，安·S. 鲍尔斯与诺伊斯结婚时，诺伊斯处于全然不同的人生阶段。前任诺伊斯夫人伊丽莎白·波顿利·诺伊斯出生于马萨诸塞州奥本（Auburn）的一个工人家庭，父亲在大萧条时期同时干两份工作，以维持生计。她可能是家里第一位大学生，或者至少是家里第一代大学生。当时，她20岁出头。在塔夫斯大学主修英语时，她希望能创作小说和短篇故事。因为戏剧，他们相遇相识，他给人以文科生的错觉。当时，他在麻省理工学院读研。在波士顿，研究生并不稀奇。他是穷学生，靠助学金完成了研究生学业。

当安·S. 鲍尔斯遇到诺伊斯时，诺伊斯已经很富有、很有名气，而且又是位经验丰富的企业领导者。她自己是一位职业女性——精明、勤奋、独立。她气势够足，必要时敢把安迪·格鲁夫的话顶回去。结婚时，鲍尔斯和诺伊斯已是成熟的商界人士。他们一直相爱相守。婚后，她选择从英特尔离职；老板的妻子担任人力资源部主管，这不怎么好。他们结婚的那一年，也就是1975年，从某种意义上说，也是诺伊斯开始从英特尔撤退的时候。那一年，他成为公司董事会主席，戈登·摩尔被选为公司总裁兼首席执行官。1979年，摩尔被选为公司董事会主席，诺伊斯成为副主席。总有两个人在经营着英特尔，一开始是诺伊斯和摩尔，1979年是摩尔和格鲁夫。那一年，格鲁夫成为总裁兼首席运营官，后来他逐渐成长为20世纪最伟大的首席执行官之一。

诺伊斯继续扮演着英特尔对外代言人的角色，他以无与伦比的绝佳姿态履行着这一职责。然而，他的兴趣和活动范围变得非常广泛。与其说英特尔是他全身心投入其日常运营的一个公司，不如说英特尔是他的一个运营基地。

行业的发言人

早在1983年，记者迈克尔·马龙（Michael Malone）就采访过诺伊斯。后来，他写道："他是一位不朽的工程师。"如果诺伊斯能活到2000年，他离永恒不朽就更近了。那年10月，76岁的杰克·基尔比因发明集成电路而获得了诺贝尔物理学奖。如果诺伊斯活到2000年，他就72岁了，他就会和基尔比分享这个诺奖（很久以前，他们俩就同意共享这项发明的荣耀）。此外，需要指出的是，诺伊斯版本的集成电路更适应大规模商业生产，从而对社会产生更广泛的影响（这并非是质疑基尔比的天赋）。诺贝尔奖不颁发给已去世的人，这比较遗憾。

到20世纪80年代初，诺伊斯已然成为行业的发言人；他不只

是美国公民,也成了世界公民。1983 年末,迈克尔·马龙请他描述他是如何分配时间的。他回答说:

> 就看看最近的大致情况吧。上周,我在华盛顿参加了一个关于高科技的会议,这是关于贸易和半导体行业协会的政府会议,会上我发布了一份关于日本市场的报告。在此之前的一周,我在阿斯彭(Aspen)至少滑了两次雪——周四和周五。本周,我周一、周二和周三都在这儿(英特尔公司)。我明天要参加董事会会议,周六在格林内尔学院还有一个会。接着,我将在周日上午前往日本,参加下周二和周三与客户的一系列会议。然后,我周三下午离开东京,周四和周五回到这里,参加加利福尼亚大学的董事会会议……

毫无疑问,他很忙。从这些各式各样的活动安排中,人们发现,在 70 年代到 80 年代,逐渐占据他更多时间和精力的主题是"定位日本"。

20 世纪 70 年代中期,在日本政府的大力协助下,日本企业开始进入美国半导体市场。在这个年代,美国不仅在失去全球市场份额,本土市场也被一些外国公司介入。从二战前开始,美国就一直认为,自己在某些产业具有似乎是天赐的领先优势,这些产业包括消费电子、与大众市场汽车相关的一系列产业。硅谷的高科技产业掌控着国家经济未来的平衡,如果这个产业被日本人领先,这是难以令人接受的。美国被日本超越,从而失去半导体电子产业的领先地位,这对美国的教育、经济和心理都会产生影响。这个产业可能的潜在损失也会给美国国防带来严重问题,同时也会给像"太空计划"这样备受瞩目、提升国家威望的项目带来严重问题。

谈到产业的定位,事实是,美国仍然是全球第一,即便它的发展方式与其他国家是不同的。联邦政府一直是半导体最重要的买方市场，实际上在 1964 年之前它也是集成电路唯一的买方市场。国防和"太空计划"的需要是两个关键因素。诺伊斯观察到，"导弹计划和太空竞赛正在升温，这意味着，国家会以非市场定价的价格来购买这些先进的设备。所以企业有极大的动力来生产这些先进设备"。

"以非市场定价的价格购买先进设备"——这样的需求并不是每天都有。客户要求是零缺陷，条件是不惜任何代价。约翰·F. 肯尼迪 1961 年发表声明说，美国要在 10 年内使载人飞船往返月球成为可能。这是不惜成本要获得先进设备的客户的声明。没有诺伊斯和基尔比及其公司的努力，登月目标无法想象。"要使阿波罗 8 号的登月飞行成为可能，需要一台 2 英尺长、1 英尺宽、6 英寸厚的微型计算机。这台计算机要比老的电子数字积分计算机（ENIAC）小整整三千倍，而且速度要更快，可靠性要更强。"如果没有集成电路，就不可能有如此小的计算机，难怪杰克·基尔比获得了诺贝尔奖。

至于国防那边，情况也一样。民兵Ⅱ型洲际弹道导弹是技术突破的结果。1962 年，有关方面决定用集成电路芯片制造这种武器。于是，此技术在海军和空军两方都得到利用，而且一发不可收。"1963 年，集成电路的销量约为 50 万套，第二年销量翻了两番，第三年又翻了两番，第四年又翻了两番。""从市场角度来看，阿波罗登月飞船和民兵Ⅱ型洲际弹道导弹是理想的客户，"基尔比说，"它们决定使用这些固态电路，这对许多购买电子设备的人产生了很大影响。这两个项目都被认为是重大工程，如果集成电路在这两个工程项目中表现够好，那么对民用来说它的表现也不会差。"

20 世纪 70 年代末，美国制造商对日本进军美国存储芯片市场有颇多不满。在看待美国制造商的抱怨时，应考虑以下背景。凭借廉价的资本、免费的研发和受到保护的国内市场，20 世纪 70 年代末和 80 年代，日本公司碾压了美国的半导体制造商。

美国的半导体公司抱怨日本的产业政策导致了"不公平竞争"，除此之外，他们还面临一个更严峻的问题：这个简单又悲伤的事实是，到 1980 年，日本公司制造的半导体产品质量已经超过了它们的美国竞争对手。

1980 年 3 月 28 日对美国半导体产业来说是"灰暗的一天"，在那一天，美国产品质量落后于日本这一事实非常戏剧性地展现出来。这一天，惠普的部门经理理查德·W. 安德森（Richard W. Anderson）公布了 30 万块内存芯片的性能测试结果，这些芯片一半来自惠普的三个日本供应商，另一半来自美国公司。测试结果是：所有日本公司生产的芯片都优于美国最好公司生产的芯片。安德森总结说："这样的结果值得注意，而且我认为，对美国供应商来说，此结果或许令人惊恐。"他说得对。他的报告被称为"安德森重磅炸弹"。即使是依靠存储芯片业务获得成功的英特尔公司，也不得不在 1984 年和 1985 年黯然退出市场。

作为业内最知名、人脉最广的人，诺伊斯发现，自己不得不关注日本对美国国内市场的渗透所导致的贸易和产品质量问题。他忧心忡忡，因为他对自己助力开创的这个行业备感自豪，也因为他相信，此行业会给人们带来无限美好的生活前景。诺伊斯也是一位爱国者，一想到美国可能在隐约可见的未来失去此产业的领导地位，他就感到很沮丧。"真正的问题不是关税和其他显而易见的问题，"他指出，"它更像是工业革命的情况。"他认为：

> 这个产业、这次产业革命的特点是：大量的创新、增长快速、竞争激烈，美国确实把控得很好。因为在美国开拓创新仍

受追捧,我们赢得了竞争,其他缺少创新精神和创业活动的社会落在了后面。但是,随着产业日渐成熟,从某种意义上说,它正变得更加资本密集化,成功的要素也在发生变化。日本很好地把控住了这些要素,赢得了第二轮竞争。

在诺伊斯和其他行业高管看来,日本的成功似乎有其历史必然性。正如我们在本书前面提及的,美国在钢铁行业赶超英国(英国曾长期领先),不是因为"关税和其他显而易见的问题"(借用诺伊斯的话),而是因为美国的商业体系更有利于产品的技术开发,因为在美国"开拓创新仍受追捧"。

20世纪80年代,在高科技领域取得持久成功的关键因素似乎包括:价格廉价的资本、对制造业高质量的执着追求、合作研发、在行业的周期性低谷期对劳动力的长期投入、政府的战略性支持以及全社会坚定的决心。在所有这些方面,日本的表现都好过美国。并非日本一家公司比美国的同行表现更好,而是日本人有计划地构建了一种合理的、完整的体系来攻克一个产业。

诺伊斯是争强好胜之人。这种产业前景令他不安,美国需要有人付出努力来协调此种状况,这种协调不仅要有政府的许可,还需要资金的支持。然而,一般说来,产业协会在美国起不到什么作用。早在19世纪70年代,约翰·D. 洛克菲勒就称产业协会是"一盘散沙"。

对产业进行协调需要关注的问题包括:法律约束、政治结盟,以及产业联盟中不同成员的不同利益。法律方面,有些协议与反垄断法背道而驰。实际上,同一产业中某些方面的商业信息的共享可能违背法律的。政治方面,美国不同地区的不同高管可能各自支持的政党不同,所信奉的传统不同。经济方面,处于同一产业中的不同公司必然存在不同的利益,这取决于企业的性质。比如,它们的业务是垂直一体的吗？它们在国外有业务吗？它们是聚焦完整产业链，还是仅生产特定细分领域的产品？它们是专注于产品生产，还是专注于研究开发？它们是大型公司还是小型公司？

在美国，除了最普遍意义上的"商界"，美国并不存在商业共同体。利益集团分分合合，一直处于变化当中。这并不是说企业不会对政府构成影响，或者，企业高管不会采取一致行动。浏览一下报纸就会发现，私人特殊利益集团会对公共政策形成重要影响。只是说，当业内出现不太容易解决的问题时，产业协会就完全无法发挥作用。只有行业内最有能力的经营者（通常是整个行业的少数人）才能设法达到他们的目的。

还有一个最重要的问题：即使行业内所有人一致认同，大家有必要团结合作，而且公共政策的制定不仅要考虑行业的福祉，也要考虑国家的利益，可问题是，谁愿意为行业协会工作？协会内的企业愿意派出它们最优秀的技术人才吗？技术人才愿意放弃前景光明、薪水丰厚的工作，为没有职业发展前景、乏味的行业协会工作吗？这些问题需要答案。

半导体行业协会早在 1977 年就成立了，由业内五家公司参与组成，旨在解决行业中大家共同关注的问题。这五家公司都有强大的竞争力，如果没有行业协会这个平台，它们会花去很多时间互打官司。1986 年 6 月，随着日本半导体不断攻入美国市场，半导体行业协会请半导体制造方面的专家查尔斯·斯波克调查美国半导体行业合作的必要性。斯波克曾在仙童在诺伊斯手下工作，后来创办了国家半导体公司（National Semiconductor）。

在接下来的两年内，（美国）半导体制造技术联盟（Semiconductor Manufacturing Technology）逐渐成形。研究该联盟的历史学家认为，成立半导体制造技术联盟是因为"日本当时几乎主宰了此行业，要应对来自日本的威胁，就需要统筹各类资源"。然而，从明白行业协作的必要性，到真正将行业协作付诸实施，这中间有很长的路要走。筹集资金、配备人员、落实总部地址，在这些问题以及更多其他问题上，人们都会产生大量分歧。

由于鲍勃·诺伊斯的兴趣和地位，在半导体制造技术联盟成立早期，他就深度参与其中。诺伊斯和高级微设备公司（Advanced Micro Devices，AMD）的首席执行官杰里·桑德斯（Jerry Sanders）共同主持猎头委员会，来挑选良才。半导体制造技术联盟最大的问题来了：人员从哪里来？谁来领导他们？

所有人都希望诺伊斯自己来领导这个机构（所有人，除了诺伊斯自己）。20世纪80年代，他终于找到了自己毕生追求的自由，有时间和财力沉浸在自己的兴趣爱好当中。他有了安·S.鲍尔斯这个伴侣，她知道如何做伟人的妻子。她支持他的这些兴趣爱好，并一起参与其中。他觉得，和她在一起够安全，可以袒露自己的弱点。他性格中有害羞的一面，在公众场合与他有一面之交的人几乎没人猜到这一点。但在她面前，他会袒露一切，毫无戒备。他拥有的一切都是他自己挣来的。半导体制造技术联盟的工作肯定矛盾不断，需要付出极大的努力。1987年，仍然充满朝气和活力的诺伊斯庆祝自己60岁生日。为什么还要承担这样的工作呢？不出意外的话，他还得在生命的这个阶段，离开位于洛斯阿尔托斯山谷的家，搬到半导体制造技术联盟总部所在地德州奥斯汀（Austin）。

"为了下定决心，我们特地去了一趟阿斯彭。"安·S.鲍尔斯回忆说。

> 我们拖到周日下午才去。我们往山上走去，在呼啸的大风中坐下，然后便拿定了主意。我们从山上下来后，鲍勃便跟查尔斯·斯波克通了电话，那是1988年7月。一周后，我们在

华盛顿宣布了这一消息。鲍勃于 8 月 1 日正式走马上任。从答应说"行"到"到这里上任",大约就两周时间。

这是一个完美例子,说明诺伊斯具有一种勇担大任的情怀。他并不想干这份工作,但他知道,如果自己毕生从事的行业真的像他相信的那样重要,如果他是个爱国者,他就必须干。他愿意成为美国半导体制造技术联盟的首席执行官,他的上任使该项目得以启动。人员配备是半导体制造技术联盟面临的最大挑战。一位高管说,诺伊斯的加入"让业内其他人觉得可以毫无顾虑地加入该机构。如果鲍勃·诺伊斯都愿意来……这说明这个联盟对这个产业真的很重要,那我也许应该离职两年,为国家做点贡献,这其实也是为自己公司的事业服务"。

诺伊斯举家搬到奥斯汀上任后,半导体制造技术联盟即刻就赢得了华盛顿和全球业界的信赖(前者意味着财政支持)。上任后,他有两个主要目标:一是游说华盛顿,使他们认识到半导体制造技术联盟的重要性;二是保证联盟内的公司对联盟工作的支持和投入。1990 年 4 月,也就是两年后,他觉得这些目标都已实现,于是通知半导体制造技术联盟董事会,他打算当年年底辞去首席执行官一职。

1990 年 6 月 1 日,半导体制造技术联盟举办了"鲍勃·诺伊斯日"以褒奖他为半导体制造技术联盟所做的贡献。组织内的每个人都得到了一件印有诺伊斯肖像的 T 恤,T 恤上印有"少年偶像"的字样。从活动当天的录音带和照片可以看出,所有人都度过了一段非常美好的时光,尤其是诺伊斯。

6 月 3 日上午,诺伊斯去自己的游泳池游泳。游完后,他觉得有点累,就躺在家里的沙发上,但他再也没能起来。诺伊斯死于突发心脏病,对此举世震惊。前一周他刚做了一次全面体检,结果表明他身体状况良好。然而,他是吸烟的,可能是烟草导致了他的死亡。

诺伊斯生于牧师之家，父亲和祖父都是牧师。他为半导体制造技术联盟工作完全是出于他对行业这个更大社区的责任感。但是，为什么各方都如此热切地希望他来执掌半导体制造技术联盟呢？

是因为他是著名的技术专家吗？是因为他是成功的企业家吗？是因为他具有超凡魅力吗？是因为他在工作中幽默风趣、举重若轻吗？是因为人们在他身上看到了安迪·格鲁夫（对所有事和包括诺伊斯在内的所有人他都明察秋毫）所说的"鲍勃总是比我们其他人领先6步、10步"吗？是因为所有这些吗？

也许是。

但在我看来，每个人都想加入罗伯特·诺伊斯团队的真正原因是，每个人都信任他。他赢得了人们的信任。在未确立规范的新产业中，他是先驱。然而，日复一日、年复一年，从一个交易到下一个交易，从一个项目到下一个项目，从一个企业到下一个企业，诺伊斯本能地知道如何行事。

参与英特尔公司上市的一位投行高管曾经把诺伊斯描述为"国家宝藏"。诺伊斯并非十全十美。但是，回顾他的一生时，人们觉得，他让人们遇见了美国最美好的时代。

好书推荐

中国人民大学出版社

马克思与孔夫子：一个历史的相遇

何中华 著
定价：65元　2021年7月出版

本书从思想层面回答了
马克思主义何以能在中国的土壤中生发、结果

- 揭示了马克思主义与儒学会通的条件和机缘
- 探讨了马克思主义如何激活中国传统文化中的思想精华
- 从哲学角度洞察马克思主义中国化的实质

大道之行：中国共产党与中国社会主义

鄢一龙 白钢 章永乐 欧树军 何建宇 著
定价：39元　2015年2月出版

京沪青年学者纵论中国优势、中国危机、中国创新
直面并回答干部群众关注和困惑的热点问题

- 上市一周三大网店全部售空　出版至今热销70万册
- 微信点击阅读量达千万次

天下为公：中国社会主义与漫长的21世纪

鄢一龙 白钢 吕德文 刘晨光 江宇 尹伊文 著
定价：39元　2018年6月出版

畅销70万册的《大道之行》之姊妹篇

- 中国学术少壮派团队推出的又一思想力作
- 从学术角度回应了中国进入新时代后
  所面临的矛盾和挑战
- 探讨了中国如何以社会主义的方式实现
  人民的美好生活和国家的高质量发展

信仰人民：中国共产党与中国政治传统

潘维 著
定价：39.00元　2017年4月出版

出版至今畅销10万册
入选中央国家机关"强素质・做表率"读书活动2018年
上半年推荐图书

- 从中西比较的视野聚焦如何解决
  老百姓养小、送老、住房等问题
- 探讨了中国的久安之道和当前国家治理的核心任务
- 分析了中共如何创新社会主义理论和话语

走向自主创新：寻求中国力量的源泉

路风 著　2019年7月出版

重温汽车、大飞机、柴油发动机、3G标准、VCD/DVD的往事

- 本书是路风教授"走向自主创新"系列的第1本
- 讲清了中国工业为什么一定要自主创新以及如何自主创新
- 一部高水平理论分析、鲜活案例、炽热激情三者合一的著作

新火（走向自主创新2）

路风 著　定价：99元　2020年3月出版

破解中国高铁、核电、液晶面板、数控机床发展之谜

- 讲述中国工业鲜为人知的历史和英雄故事
- 追寻中国技术进步之源
- 揭示产业升级和技术创新的逻辑
- 探寻中国经济增长的核心动力

国内大循环　经济发展新战略与政策选择

贾根良 著　定价：59元　2020年8月出版

深入探讨中国经济自主发展的战略与政策

- 一部挑战主流经济学思维的著作
- 反思我国出口导向型经济的弊端
- 剖析融资难、融资贵、地方债务风险的根源
- 为打赢中美科技战提出系统的新思路
- 出版4个月加印5次，引发经济学界和社会各界热议

国家何以兴衰：历史与世界视野中的中国道路

周文 著
定价：69元　2021年9月出版

揭示国家兴衰的逻辑和秘密

- 具体分析了国家能力如何影响经济发展
- 讨论了中国崛起在经济学理论上的重要意义
- 重新审视和批驳了"西方中心论"和新自由主义经济学

好书推荐

中国人民大学出版社

硬科技：大国竞争的前沿

国务院发展研究中心国际技术经济研究所　西安市中科硬科技创新研究院　著
2021年10月出版

讲透了硬科技的内涵、全球格局及其与大国博弈的关系

- 从历史视角探索科技创新与经济和社会发展的螺旋促进关系
- 系统讲述硬科技八大领域的前沿成果、全球格局，厘清了我国的"卡点""赌点"
- 回答硬科技时代需要怎样的金融
- 对比分析美国、日本、以色列在科技创新方面的行动举措，总结其可借鉴的经验

金融陷阱：金融史上的骗局解密

[法] 马里乌斯-克里斯蒂安·弗朗扎　编　年四伍　译
2021年10月出版

再现历史上的金融大案，穿过复杂的表象，解密资本操纵的真相

- 对金融大案的细节解析，体现金融市场中的人性弱点和机制缺陷
- 讲透了各种类型的金融欺诈的实施机制、道德问题、犯罪组织
- 金融欺诈亲历者的访谈实录，体现其心路历程和事后的深刻反思

实业强国：中国制造自强之路

观察者网·科工力量栏目组　编著
2022年4月出版

有历史、有故事、有细节，讲清23个产业的真相

- "工业党"观察者网科工力量团队厚积11年的心血之作
- 求索实业强国、科技强国的制胜之道
- 读懂制造和科技的全球格局

人工智能全球格局：未来趋势与中国位势

国务院发展研究中心国际技术经济研究所、中国电子学会、智慧芽　著
2019年9月出版

一本书读懂人工智能的发展脉络、当今全球格局、中国的真实实力

- 从本源出发思考人工智能的本质和发展历程
- 清醒认识中国人工智能的实力和世界位置
- 洞察人工智能的前沿趋势与全球格局

数字位移：重新思考数字化

胡泳 著
2020年10月出版

展望一个全新的数字世界

- 北大胡泳教授引进《数字化生存》25年之后重新思考数字化的力作
- 一部生动的数字经济说明书
- 一本理解数字未来的认知提升之作
- 数字经济进入新阶段每个人不可不读之书

企业生命周期

伊查克·爱迪思(Ichak Adizes) 著 王玥 译
2017年10月出版

豆瓣评分8.6分，京东7800条评论，一本畅销30年的商业经典

- 被翻译为20多种语言，畅销全球30年，影响了无数人
- 周期规律，是创业、投资、管理及任何工作的底层逻辑
- 了解周期并采取恰当的干预，能帮助我们避免很多不必要的问题

水平思考：如何开启创造力

[英] 爱德华·德博诺（Edward de Bono）著
2018年4月出版

全球创新思维大师德博诺博士教人们如何打开脑洞、成为善于创新的人

- 德博诺博士被评为对全球贡献最大的250人之一，《六顶思考帽》《水平思考》是他关于创新思维的两部代表作
- 好玩有趣的练习、清晰实用的方法，助你脑洞大开
- 奔驰等全球知名企业都在采用的创新思维训练方法

如果您喜欢这些书，
想与作者或其他读者交流，
可以扫描二维码添加编辑的微信，
我们邀请您进我们的读书交流群。

投稿邮箱：185130921@qq.com
联系电话：010-62510371

罗伯特·诺伊斯大事记

1927年12月12日	诺伊斯出生。
1949年	诺伊斯毕业于格林内尔学院。
1953年	诺伊斯与伊丽莎白·波顿利结婚；诺伊斯成为菲尔科公司的一名研发工程师。
1954年	诺伊斯在麻省理工学院获得物理学博士学位。
1956年	肖克利半导体公司开始运营，诺伊斯成为公司一员。
1957年	诺伊斯等人创立仙童半导体公司，诺伊斯任研发主管。
1958年至1959年	基尔比和诺伊斯各自独立发明集成电路。
1959年	诺伊斯成为副总裁兼总经理；仙童半导体公司成为仙童摄影器材公司的分公司。
1962年	诺伊斯成为仙童摄影器材公司副总裁。
1965年	诺伊斯成为仙童摄影集团副总裁。
1967年	诺伊斯加入集团董事会。
1968年	诺伊斯和摩尔共同创立英特尔公司，诺伊斯担任总裁。
1971年	英特尔推出1103型动态随机存取存储芯片；英特尔上市。
1974年	诺伊斯与妻子伊丽莎白离婚。
1975年	诺伊斯与安·S. 鲍尔斯结婚；诺伊斯成为英特尔董事会主席，摩尔接任总裁兼首席执行官。
1979年	诺伊斯成为英特尔董事会副主席。
1988年	诺伊斯成为美国半导体制造技术联盟（Sematech）的第一位首席执行官。
1990年6月3日	诺伊斯逝世。

结语　进步和繁荣

变与不变

有人说，过去的美国与今天的美国截然不同。我们会发现，从卡耐基时代到诺伊斯时代，已变化的事物远远超过未变化的事物，因此，列出未变化的事物会更容易。铁路和钢铁是卡耐基时代的新兴产业，那是一个人们可以碰触和感受"物质"的时代。没有人谈论虚拟这或虚拟那的。卡耐基时代标志着美国工业领域中真正大型企业的出现。他所构建的一切都规模空前，投入的资本、工人的数量、建立的工厂、运铁矿石的船、使用他的产品的客户——所有这些的量级都很大。纽约布鲁克林大桥以及其他巨型建筑物都是用卡耐基钢材建造的，无数的铁路也是如此。

在卡耐基时代，事物的量级由大变为超级大。为创建美国钢铁公司（United States Steel），卡耐基将自己的公司卖给 J. P. 摩根，当时他拥有的优质证券达 3 亿美元，据说这是世界上私人拥有的最大一笔财富。美国钢铁公司本身的规模前所未有。1901 年，该公司市值达 14 亿美元，相当于当时美国流通货币总量的三分之二。它是第一家资产总额达 10 位数的公司。成立后不久，美国钢铁公司的员工人数就达到了 25 万人，超过了当时在美国陆军和海军服役人数的总和。

为了更清楚地进行比较，我们可以将卡耐基与约翰·雅各布·阿斯特（John Jacob Astor）进行比较。阿斯特于1848年去世，同年卡耐基移居美国。和卡耐基一样，阿斯特踏上美国这片土地时，也是没有文化的移民。他以售卖乐器起家，去世时留下了价值约2 000万美元的财产，是当时美国最富有的人。在其美国皮草公司（American Fur Company）、投资曼哈顿房地产生意的巅峰期，阿斯特手下也只有少数几名员工，其中最重要的是他的儿子威廉·B.阿斯特（William B. Astor）。在他的公司"总部"，只有几个职员在一间酒店套房大小的房间工作。1812年战争①期间，英国对美国港口的封锁使对外贸易无法进行，他便停止了贸易生意，转而从事证券投机。1814年2月，他说打算"收缩几乎每样生意，我的意思是说，保持现状"。

卡耐基手下的员工人数达五位数。1901年，他退休时，为创建美国钢铁公司而进行的合并完成后，他的员工人数达六位数。即使相差半个世纪，美元价值发生变化，卡耐基3亿美元的财富也着实令阿斯特相形见绌。如此众多的员工和非常庞大的设施，卡耐基需要多层级的管理者：从指导一线工人的工头，到钢铁厂和熔炉车间的经理，到管钱的经理（会计师和理财师），再到销售人员和市场营销专家，一直到公司合伙人。拥有卡耐基公司股份的合伙人多达20多名。

19世纪下半叶，随着铁路发展的成熟，以及帮助构建这些铁路的大型企业（如卡耐基钢铁公司和洛克菲勒标准石油公司）开始崭露头角，美国诞生了职业经理人制度。在阿斯特时代，所有权和

---

① 又称美国第二次独立战争，是美国与英国之间发生于1812年至1815年的战争。——译者注

管理权是一回事。这种情况在当时是可行的,因为企业规模小,交易少,生活节奏普遍较慢。

随着铁路、电报和蒸汽船的出现,这一切都发生了根本性变化。突然之间,人们开始有能力经营全新规模的企业。人们可以开发新产品,并降低产品的成本和价格。为了实现这种新规模,企业家必须为购买特定目的的资产而投入巨额资本。

结果是,要取得商业成功,需要大体量和高市场份额,而非高边际利润。因此,卡耐基一直强调,"要将价格降下来,要挖掘市场潜力,让工厂满负荷运转……"他还说,"让机器开足马力,我们必须不惜任何代价让工厂运转"。

在1812年战争期间,阿斯特可以简单叫停自己的生意,而卡耐基却做不到。卡耐基的大部分成本是固定成本:无论卖出还是不卖出钢铁,钢铁厂的运转每天都很烧钱。罢工会令他损失惨重。而约翰·雅各布·阿斯特从商半个世纪以来,从未使用过"罢工"一词。

现在看来,一切似乎一目了然。但是,当时的商业转型,以及资本从投向可变成本转而投向固定成本,这些代表了一场最重要的认知革命,即关于如何竞争的认知变化。

随着世界的变化,给世界带来变化的人也变得超乎想象的富有。他们也变得闻名天下。19世纪80年代,卡耐基在全世界人尽皆知,洛克菲勒也是。他们影响深远,即使在21世纪,他俩的名字仍然广为人知。

我们将19世纪末的私营企业与政治和公共部门做一个对比。现如今,人们还了解19世纪80年代任职的那些总统吗?19世纪80年代,共有五人入主过白宫。此刻读者能说出他们的名字吗?谁能说出其中一位总统的名字?大企业,小政府。到20世纪90年代，商业仍然是我们生活中的重要力量，但是，即使是小政府的倡导者也明白，私营企业再也不会像19世纪末那样使公共部门相形见绌。

有趣的是，衡量企业规模大小的一些标准，或者至少是这些标准的前后排序，已发生了变化。到20世纪90年代，评估企业是否重要的首要问题不是员工数量，甚至也不是当前的利润。首要问题是它的市值——股价乘以股票数。在20世纪的最后25年，微软连续多年成为美国业绩最佳的公司，微软首席执行官比尔·盖茨成为美国最著名的人物之一。连续几年，盖茨一直是美国最富有的人。

然而，按照卡耐基时代的许多标准来衡量，人们会认为，微软公司既不大也不重要。与钢铁巨头和铁路公司相比，它的销售额和资产都不大，员工也不多。（当然，它的利润占销售额的比例很高，资产回报率也很高。）确实，人们无法触碰、感受微软的产品，它是一家服务公司，它出售信息。微软的高市值是一种指针，反映了从卡耐基时代的商品经济到今天总体注重服务的经济的嬗变。

在现代，尤为重要的是大量信息的快速传递。信息革命是微软高市值的原因之一。集成电路和罗伯特·诺伊斯是这场革命的核心。人们恰当地用"微型革命"一词来描述信息技术这个新世界的变化。它与卡耐基生活的世界形成了鲜明对照（在卡耐基的世界，一切都在往大的量级发展）。从真空管到晶体管，到集成电路，再到微处理器，计算机相关技术运用越来越小的元器件产生了越来越大的力量。从大型计算机，到微型计算机，再到个人计算机，世界各地的人们只要轻触鼠标，海量信息便触手可得。制造这些机器的人只用几微米，也就是比人类发丝还细的元器件，就令这一切成为可能。这场微型革命意味着，现如今任何人都可以在几乎没有资本的情况下，仅仅通过在互联网上建立网页，就可以创办一家全球性企业（该企业能维持多久则另当别论）。

关于从卡耐基时代到诺伊斯时代商业领域所发生的变迁，人们可以撰写大量文章。然而，当讨论那些引领变化的商业巨子时，我们发现了突出的一点。书中描述的七个人，还有其他一些人，他们或者创造了新技术，或者拥抱了新技术。与竞争对手相比，这些成功的企业家都更巧妙地利用了新技术。

在美国发生危机期间，亚伯拉罕·林肯曾说："由于我们面临全新的情况，所以我们必须采用全新思维，采取全新行动。"尽管林肯是在奋力维护联邦统一，但他的话是真正的革命性声明。大部分经商人士以及来自各行各业的民众，都会认为今天会和昨天一样。对于大部分人而言，面对未来，他们不是勇敢前进，而是向后倒退。相比之下，在本书描写的七位商业巨头的故事中，我们一次次地看到他们或创造全新的未来，或适应全新的未来。正是这种未来导向的能力（具有全新思维和采取全新行动）超越了其他人的想象。这种能力是真正具有远见卓识的人才有的特质。

通常，这些人的远见既是理性的产物，也是个人心灵的启示。有时候，就像亨利·福特一样，他们一开始便得到了启示。要开发出其商业潜力，汽车就必须大规模生产和大规模销售。有时候，就像乔治·伊士曼一样，他们只有在某行业干了一段时间后，才会有这样的启示。伊士曼数年后才明白，必须为照相机培育大众市场，而一旦市场培育起来，财富就会滚滚而来。有时，启示来自纯粹的烦恼，鲍勃·诺伊斯发明集成电路就是这样，因为他觉得手工连接元器件费时费力。

每一种情况中，都有某种特别的东西，像一束亮光照亮一片人们从未见识过的风景。这些商业巨头意识到，他们可以做出的变革或其他人正在进行的变革是朋友，不是敌人。

绝对权力

哈里·S. 杜鲁门（Harry S. Truman）总统的办公桌上有一个标牌，上面写着，"免谈钱财之事"。西奥多·罗斯福（Theodore Roosevelt）总统称总统宝座为"最佳讲坛"。从这些措辞中，我们可以了解这些总统对自己职责的看法。对罗斯福来说，总统是一个宣教之职；对杜鲁门来说，总统必须承担责任。

我们讨论的七位商界领袖各自对自己的职责都有独特的见解，但在权力方面他们有一个共同点：只有他们拥有绝对权力；只有他们知道，在自己的企业中拥有实质上的绝对权力意味着什么。

事实上，他们在公司里的权力比所有总统（除少数几位总统外）都大很多。这些商界领袖或者通过所有权，或者通过极易控制的董事会获得控制权。他们生活奢华，无须对任何人负责。这七个人都因为其金钱、地位和智慧，拥有很大的自由行事权。

这意味着，我们大部分人永远不会知道，他们眼中的世界是什么样的。他们身边的人都奉承讨好他们，情况只可能是这样。而作为普通人的我们行事却必须谨小慎微。没有哪位律师或公共关系主管愿意拿他的职业生涯冒险来收拾我们因任性行事而制造的残局。

商界最有权势的人给我们的社会出了个难题。自《独立宣言》以来，美国一直崇尚平等。美国人生而自由，但是在任何地方，人们的生活都分各种层级。本书中介绍的几位精选出的商界人物，他们处于层级的巅峰，以得天独厚的优势审视着一个崇尚平等的国家，拥有我们普通人梦寐以求的丰富特权。这意味着我们无法从他们的视角看世界。我们要知道，我们无法理解他们，这一点很重要。

出于同样的原因，这些处于权力巅峰的人们无法用我们的视角观察世界,即便是那些早期生活贫困无助的人,也是如此。1848年,安德鲁·卡耐基当时 13 岁,很穷。终其一生,他都认为,贫穷是他太熟悉不过的持续状态。但当他 1891 年撰写《贫困的好处》一文时,世界已发生变化,他也变了。1891 年他对贫穷的了解远远比不上 1848 年他对财富的了解。

绝对的权力会腐蚀一些异常精明的企业高管,老托马斯·J. 沃森就是一个生动案例。他会策划一个以他为中心的庆祝会,他会在贺词正式发表之前检查每一个赞美他的语句,然后在公开场合听到这些语句时,仍然会流下泪来。如果这只是一个有钱的花花公子想要听人们说他好话的故事,或者是一个情绪不稳定的男人以某种方式获得巨额财富后的行为,这可以理解。令人费解的是,他既对商业现实具有非常深刻的了解,又追求一些虚幻的东西。

沃森是白手起家,他没有接受过学校教育,没有得到父母有效的家教,没有人脉。然后,40 岁时,刚从可能要坐牢的阴影中走出来,他便开始履行一生中的真正使命——将国际商业机器公司(IBM)打造成信息处理行业的巨人。当沃森刚加入 IBM 的前身,即计算制表记录(CTR)公司,并担任高管要职时,董事会非常怀疑他的能力。如果从他加入 IBM 担任高管时你便投资 IBM,一直到 1956 年 82 岁高龄的沃森最终卸任,你会非常开心。正如我们在鲍勃·诺伊斯那一章中看到的,费尔柴尔德家人肯定非常开心。

因为沃森的儿子兼继任者小托马斯·J. 沃森在自传里无意间的爆料,我们才对沃森的权力错乱有了特别的了解。只要稍加思考,沃森就能阻止 1947 年那场灾难性的欧洲豪华游。在沃森的授意下,查尔斯·柯克陪同小托马斯·J. 沃森到欧洲旅行。他们俩的关系果然变得剑拔弩张,相互忍无可忍。此次旅行以柯克死于心脏病而结束。

这种刚愎自用、独裁专制的行事方式延续到了家中。以下是小托马斯·J. 沃森的痛苦回忆:"父亲对她(母亲)很粗鲁无礼,然而半小时后他会给我们上课,告诉我们应该如何善待我们的母亲。"小托马斯责备自己说:"我从来没有勇气说,'那你为什么不善待她呢'?"

小沃森不应该这样自责。(还有很多事情他确实有理由感到内疚,尤其是在对待弟弟这方面。)没有人会当面告诉沃森实情,他不能接受的实情肯定不能说。你可以对他大喊大叫,就像他儿子有时做的那样,但他只会还以大声呵斥,他不会改变自己的个性。毕竟,正是他的个性助他获得了卓越的、不可否认的世俗成功。这种成功让许多员工生活有了着落,他们由衷感激他。如果不过于苛求的话,这个事实值得我们牢记在心。

不受制约的权力或许是成就伟大的工具,可以助力一个人取得世俗的成功。俗话说,不打破鸡蛋就做不出煎蛋卷。

本书介绍的这些人打破了很多鸡蛋。但是,特别是到了晚年,他们处于权力的巅峰,能看到的只有煎蛋卷。尽管他们会写题为《贫困的好处》之类的文章,但他们已完全失去了从鸡蛋的角度看问题的能力,或许也失去了这种意愿。

权力导致错乱,这在大权在握的人当中很常见,也极具破坏性。当亨利·福特乘坐他的"和平之舟"奥斯卡Ⅱ抵达挪威并开始谈论拖拉机时,一位挪威人发现,说出这种蠢话的人必须得是非常伟大的人。事实上,挪威人有一个词形容这种综合征,这就是 stormannsgalskap,可以翻译为"伟人的疯狂"。

伟大与善良

企业家可以做到既伟大又善良吗?定义伟大和确认某人是否伟

大,并不那么困难。伟大意味着,在选择投身的领域中取得超出预期、超乎想象的成功。一个无人资助的穷小子在经济大萧条最厉害的时候成立指甲油公司,将其发展为行业领军者(其公司总部位于纽约第五大道的写字楼顶层的豪华办公室),并成为美容业的中坚力量。试问多少人能做到?答案显而易见。能做到的人极少。但是,查尔斯·郎佛迅做到了。在他生活的那个世界,在他帮助创造的那个世界,毫无疑问,人们可以称他为伟人。

他善良吗?善良比伟大更难定义。但我们可以肯定地说,善良的含义包括诚实、慷慨、公平和尊重他人。善良意味着,认可其他人有权以自己的方式追求幸福。善良意味着,明白有些要求和指示逾越了边界。尽管这些请求对请求者而言可能至关重要,但会对被请求者造成伤害。善良意味着,即使你不再需要那些助你实现目标的人,也依然将他们铭记在心。善良意味着,要回报社会,因为你能取得这样的成就要归功于这个社会。也许,归根结底,善良就是,你希望别人怎样对待你,你就怎样对待别人,即"己所不欲,勿施于人"。

本书所描述的七个人都称得上伟大,但是,当我们用上述善良的定义来检测时,结论就很难说了。

当然,金无足赤,人无完人。就连被一位作家称为"圣人鲍勃"的鲍勃·诺伊斯也会逃避一些不太愉快的首席执行官的职责。他不喜欢人际冲突。员工表现不佳需要被解雇时,他往往逃之夭夭。这可以理解——一般人都不愿意做坏消息的传递者。但另一方面,从来没有一个成功的企业不开除人,如果诺伊斯不去干,就意味着必须由别人来干这个为难的差事。

要想取得事业成功,就得狠心扮演一些厉害角色。对付效率低下的员工要厉害,对付那些希望获得更高职位和更高报酬(这对公司不利)的人才也是如此,对付工厂的工人可能也得厉害。卡耐基钢铁公司和钢铁工人联合会之间的紧张关系导致了霍姆斯泰德钢铁厂大罢工,工厂被迫关闭。

对竞争对手也要毫不留情。人们经常谈及商业双赢的情形。确实,如果足够仔细地寻觅,人们是可以在不经意的地方发现这种双赢的情形。但从另一方面看,做生意就是一天(或一季度或一年)结束时,看看赚了多少钱。当我得到一份合同或者做了一笔生意,就会有另一个人失去一份合同或者丢掉一笔生意。竞争对手经常处于跷跷板的两端:"我在上,你就在下。"商业关乎竞争,竞争本身没什么不好,竞争会激发出许多人最好的一面。商业问题便变成:"竞争规则是什么?""你愿意用何种方式赢得竞争?"

所有伟大的企业家在某种程度上都打破常规,不走寻常路。他们或者开拓创新,或者以创新方式解决原有问题。常规往往只不过是缺乏想象力的人无意识的设定。当常规从思维升格为法律时,这些法律总是对过去和现在表现良好的人有利。现有法律不能助力具有突破性思维的人去颠覆世界。

金融家迈克尔·米尔肯(Michael Milken)很伟大,堪称金融天才。他主导(或许有些人会说他单枪匹马)开创了一个新证券市场,新证券市场向这样的证券开放:由于反应迟缓的评级机构遵循常规分析得出结论,说这些证券不值得投资,它们被认为价值极低。米尔肯不是证券圈内人,他靠自己的分析而非传统智慧,创造了一个高收益证券(垃圾债券)市场,在20世纪80年代为许多企业提供了资金。没有这个新证券市场,这些企业就得不到投资。

米尔肯的问题是:为客户、同事以及自己赚的钱越多,他就越不愿或不能区分规则(及惯例)和法律之间的界限。规则和惯例因缺乏想象力而存在,法律对资本市场的有效运作至关重要。他搞过度竞争，越过了边界。他从事非法活动，最后锒铛入狱。他一直坚称自己没做错，只是被那些投资技巧没他熟练的人害了。从可获得的情况来看，他仍然不了解他违法行为的严重性。

沃伦·巴菲特或许是 20 世纪最成功的投资人。他说过，要取得商业成功，需要具备三项优势：头脑、精力和性格。接着，他补充说，如果没有第三项优势，前两项会置你于死地。性格是指对自我的认知，知道自己是谁，知道自己对他人有什么影响，以及他人如何看待自己。巴菲特提出了有趣的对商业成功的评判标准，然而究竟有多少商业大亨能达到此标准呢？

美国商业传统

在罗马共和国时期，在元老院获得晋升，有一个相当清晰的晋升通道，类似我们今天所说的"职业通道"，或者罗马人所说的晋升制度。一般来说，一个人要先干一段时间的财务官，然后才能晋升为保民官，然后是市政官，然后是裁判官，然后是执政官，最后是最高级别的监察官。如果从古罗马的严格标准或现代军队的标准这个角度来看，美国商业并不存在什么"传统"。然而，在更宽松的意义上，可以说这种传统是存在的，例如，在公司层级制度中有职业通道。然而，过去 25 年内，因为大型企业经历了重大重组，人们的职业通道常常受挫。本书记录的并非那些典型公司的首席执行官，而是一些在美国社会中几乎无人与之媲美的卓越人物。要成为这个小圈子里的一员，所需的条件反而较少而非较多，但这些条件确实非常严格。

如果一位年轻男士或女士足够聪明，在美国有良好的社会联系，那么他（或她）确实可以通过一定的通道获得某个期待的工作。他（或她）可以先进入私立走读学校或少数几个著名的私立预科学校学习；下一步便是进入一流的私立大学学习，如常春藤盟校、斯坦福大学或麻省理工学院，在大学，他们应该主修某门工科、硬科学或经济学；下一步，是应聘到咨询公司或投行，干3~4年，这期间应该到海外历练一番，在海外期间，他们至少应该能熟练掌握一门外语；接下来，在25岁或26岁时，他们应该申请进入商学院进修，哈佛是最佳选择，斯坦福大学当然也可接受；从商学院毕业后，是时候回到投行或咨询公司，开启从助理到合伙人的职业生涯了。薪水很丰厚，但工作时间会比较长。

我刚才概述的是20世纪末众所周知的美国精英的职业通道。事实上，步入政坛前，总统乔治·W. 布什走的就是这个通道。他出生在人脉资源丰富的家庭（祖父很富有，曾任康涅狄格州共和党参议员，是艾森豪威尔总统的高尔夫球友；父亲是成功的商人，后来成为美国副总统和总统）。乔治·W. 布什毕业于安多佛中学（Andover）和耶鲁大学。在空军国民警卫队（远离越南）工作了几年后，他进入哈佛商学院深造。在经商出了几次问题后，他终于进入成功的阶梯：最终，与父亲一样，乔治·W. 布什弃商，走上了政途。

美国商业传统有一个关键因素：要到达商界的巅峰，不一定要走完前面描述的晋升通道。本书所描写的七个人中，罗伯特·诺伊斯是最接近那个通道的人。他曾就读于格林内尔学院，在麻省理工学院获得了博士学位。他在找第一份工作时，麻省理工学院毕业生的身份确实为他打开了大门，但对他的职业生涯影响甚微。在他自己撰写或他人撰写的关于他的文章中，我没有看到任何关于他与其他麻省理工学院校友圈互动的内容。

对诺伊斯来说，格林内尔学院比麻省理工学院更重要。格林内尔学院是一所精英学府，但在普通美国人心目中，它的名气不如哈佛大学或斯坦福大学。格林内尔最重要的地方是，那里有诺伊斯的导师格兰特·盖尔——他较早就熟悉晶体管。确实，人们可以援引诺伊斯的例子来证明，要到达美国商界的巅峰，你不需要社会规定的一些资格证书。他的家庭也没什么人脉资源。盖尔了解晶体管，并非因为他认识麻省理工学院或加州理工学院（Caltech）的什么人，而是因为他认识威斯康星大学的一个叫约翰·巴丁的人。虽说威斯康星大学是一所伟大的学府，但这是一所由国家资助、政府拨地建造的大学，社会声望根本不及普林斯顿那样的大学。

　　本书中的几位商业巨头对美国高等学府而言很重要，其重要程度远超美国高等学府对这些大亨们的重要程度。安德鲁·卡耐基几乎没接受过正规教育，但他创立了美国最负盛名的大学之一——卡耐基梅隆大学（Carnegie-Mellon University）。乔治·伊士曼没有高中毕业，但他向麻省理工学院捐了一大笔钱。老托马斯·J. 沃森也未完成高中学业，但他是哥伦比亚大学的重要捐款人，在董事会干了近四分之一个世纪，并在德怀特·D. 艾森豪威尔成为该校校长（后来成了美国总统）的过程中发挥了关键作用。哥伦比亚大学需要沃森，其程度远远超过沃森需要哥伦比亚大学的程度。

　　这种传统现在依然存在。比尔·盖茨确实来自西雅图一个有影响力的知名上层家庭。他就读于湖滨中学——一所私立走读学校。湖滨中学对他来说非常重要，因为该学校比公立学校早几年让学生用上了电脑。在20世纪80年代末，他和微软联合创始人保罗·艾伦共同出资给湖滨中学建了一座楼。盖茨后来进入哈佛大学学习。他的发展似乎开始遵循晋升通道的模式。然而，他辍学了，他未完成大学教育。他不需要大学教育就能创立并经营自己的公司，他的公司后来征服了强大的IBM公司，并在永久改变计算机行业的过程中发挥了关键作用。我从未见过任何人提及盖茨利用哈佛人脉资源的事。2000年，比尔及梅琳达·盖茨基金会向哈佛大学公共卫生学院捐款2 500万美元。哈佛需要盖茨的程度远远超出盖茨需要哈佛的程度。

还有很多类似的故事。迈克尔·戴尔（Michael Dell）是戴尔电脑公司的创始人，同时也是美国最富有的人之一。在进入得克萨斯大学学习一年后，他退学了。苹果电脑背后的推动力量、硅谷核心人物史蒂夫·乔布斯也曾从里德学院辍学。里德学院位于俄勒冈州，在质量和声誉方面与格林内尔学院不相上下。

这些是特例，但关键是这样的特例确实存在。大型公司和专业服务公司的职员有明确的职业发展道路。但是，在美国商界，在商业人士追求卓越的竞争中，头脑、精力和性格——或者至少是头脑和精力——总是胜过出身。美国商业传统的一个重要部分是，你不需要出身名校不需要出身望族，也能登上商业巅峰。然而，在许多情况下，名校、望族可以让你在比赛中占得先机，这也是事实。所以，现如今进入哈佛商学院的竞争非常激烈。成功地走完晋升通道，将有助于你在职业生涯中追求高位的过程中占据优势。然而，走完晋升通道不能帮助你成为商业巨头，商业巨头也不一定需要这一传统的晋升通道。本书中的人物都有某方面的天赋，非后天造就的。至少，因为他们有天赋，他们的同伴愿意助力他们成就伟大。例如，诺伊斯拥有的魔力常人是无法学到的。

本章和全书都在用事实证明，开放是美国商业传统的重要组成部分。但是，我们该如何看待这七个故事的代表性问题？有些群体没有代表人物：书中没有妇女或非裔代表，也没有拉丁裔代表。如果看看现在和过去《财富》500强名单，我们会发现同样的情形。于是，问题来了："写谁，不写谁？"以及"对谁开放？"

为了回答这些问题，让我们扩大讨论范围：不仅讨论世界著名的人物，如卡耐基或福特，还讨论更大范围内的顶级商业领袖。如果我们观察多年来美国最重要公司的最重要的高管，就会发现，毫无疑问，这些高管的构成情况并没有反映出整个国家人口的构成情况。我自己对1917年美国200家最大工业企业的首席执行官的研究显示出许多反常现象：这些首席执行官大多出生在美国东北部和中西部，而生在南部的高管的比例非常低；他们来自城市，经济条件优越；他们都是白人男性，其中86％是共和党人，近三分之二是圣公会教徒（占比34％）或长老会教徒（占比28％），罗马天主教徒仅占7％；有趣的是，犹太人首席执行官的比例实际上高出其人数占比的5％。

任何粗略了解美国历史的人都知道，让女性或非裔经营一家公司（比如1917年的宾夕法尼亚铁路公司）根本就是令人匪夷所思的。不太为人所知的是人们对政治站位和宗教归属的偏见程度。从1913年到1925年，宾夕法尼亚铁路公司的首席执行官是塞缪尔·雷亚（Samuel Rea）。当初，公司一些董事坚决反对雷亚的晋升，因为他们"一想到铁路事务要交给一位没有宣誓效忠共和党，甚至连圣公会教徒都不是的人掌管（雷亚是长老会教徒），他们就犹豫了"。

很难相信，20世纪头25年内，在类似宾夕法尼亚铁路公司这样重要的现代公司，董事会成员居然会因雷亚的晋升提名而表达出不快的情绪。即使有人对此感到不快，说出来也是会承担很大风险的。以种族、性别或宗教为由否决晋升候选人是非法的。此项立法始于20世纪60年代。在撰写本书时，一位名叫卡莉·菲奥莉娜（Carly Fiorina）的女性是惠普公司的现任首席执行官。20世纪90年代最受尊敬的两位首席执行官安迪·格鲁夫和杰克·韦尔奇就打破了20世纪头25年的模式。韦尔奇的父亲是波士顿缅因铁路公司

(Boston and Maine Railroad)的列车长。他本人是罗马天主教徒，本科阶段在马萨诸塞大学（University of Massachusetts）接受教育，博士学位在伊利诺伊大学（University of Illinois）获得，这两所大学均是由政府出资、政府拨地建起的公立大学。英特尔首席执行官格鲁夫为英特尔的发展做出了重要贡献。他是外国人（出生地甚至不是西欧，而是匈牙利），是犹太人。他分别在纽约市立大学和加州大学伯克利分校接受了高等教育，这两所大学也都是公立大学。很少有股东会因为韦尔奇或格鲁夫没有"白鞋"背景①而对他们有怨言。

虽说如此，2001年美国全国500强中只有少数公司的首席执行官是女性、非裔或拉丁裔，这也是事实。如果开放是美国商业传统的核心，那么如何解释总人口构成情况和首席执行官构成情况之间的显著差异呢？答案（一样是事实，因为这显而易见）存在于这样的现实情况：在当今美国商界，开放一直都在与偏见做斗争。无论有无立法，大权在握的人都不愿看到弱势群体有进步和提升。另一种解释是上升"通道"问题。这里，我们有必要重新提一下大公司首席执行官与本书所涉及的那种杰出商业巨头之间的区别。和在任何官僚机构一样，在大公司里，某种程度上仍然存在着一种晋升通道——一种通向高层的既定方式。门第出身仍然至关重要。

就像本书描写的，如果一位全美闻名的企业家在他所从事的竞争行业带来了非常罕见和特殊的贡献，前述的职业通道对他而言就可有可无。正是在这方面，美国商业显示出最为戏剧性的开放一面。可以举出几十个例子说明这一点，而奥普拉·温弗瑞（Oprah Winfrey）的例子最能说明问题。

---

① 指上流社会背景。——译者注

虽然不具备传统意义上的上流社会背景，温弗瑞却成为美国最富有、最有权势的人之一，也是世界上最知名的美国人之一。她是一位黑人女性。她并非出身名门望族，没有上过埃克塞特大学（Exeter）、普林斯顿大学或哈佛法学院。但在商界，几乎没有人不钦佩她的智慧、成功和力量。

即使在一些老牌公司，在20世纪的最后25年，个人才华也已取代晋升制度。在20世纪中叶，甚至包括在大萧条时期，大部分大型公司的掌控者更多是经理人而非所有者。公司的所有权分散在数以千计的股东手中。这些股东对自己所投资的公司的实际运营情况知之甚少，对公司所实施的商业战略影响更小。

由于种种原因，20世纪的最后25年，公司所有者开始更有效地主张他们对公司的所有权。由于对所持股票的业绩感到失望，股东变得越来越焦躁不安。到1990年，即便是一些最大型的公司，公司股东也远比1975年前更为集中，情况披露也更多。养老基金积聚了大量公司股份，并且能用一种声音发声。股东们要求自己的投资能获得可接受的回报，对于给他们带来经济回报的首席执行官的人口学意义上的背景，他们并不关心，也不关心首席执行官为公司工作了多少年、干过几份工作、为公司牺牲了多少个人生活。在迈克尔·米尔肯（Michael Milken）等人创造的新型金融工具的推动下，所有权方面的新压力近年来给美国公司带来了转变。

乔治·伊士曼很少留意柯达的股价。但即使是像山姆·沃尔顿这样的商业巨头，也非常关注沃尔玛在华尔街的表现。发端于硅谷（始于鲍勃·诺伊斯）而后传遍全美的企业文化是，业绩而非血统才最重要。业绩出色的首席执行官会获得巨额财富报酬；业绩差的则被迫走人，即使他们经营的是像通用汽车、宝洁或IBM公司这样的美国传统中坚企业。

是否人人都有均等机会获得美国资本主义的财富？否。与半个世纪前的美国相比，现在的情况是否有所好转？是。与其他社会相比，美国这方面的情况是否更好些？美国的情况不错，现在的开放程度高于过去，也高于全球其他国家。

20世纪40年代，经济学家约瑟夫·A. 熊彼特（Joseph A. Schumpeter）将资本主义经济体系描述为："常年狂风"般的"创造性破坏"。20世纪90年代，《经济学人》刊登了《美国商业调查》一文，听起来很像熊彼特的观点：

> 所有这些（近来的生产力提高），靠的是美国社会独特的文化和政治。没有哪个富裕国家给予企业如此大的自由来裁撤工人（也许可补充说，也包括企业各级管理者），并将资源从夕阳产业调配至朝阳行业。没有哪个国家像美国一样，通过一波又一波的移民潮来进行自我更新……只要美国人愿意忍受大规模裁员和随之而来的社会混乱，上述这些都是创造财富无可比拟的优势。

《经济学人》的这篇文章对美国经济的描述是否正确？是的。这样好吗？这样的经济特点能构建良好的社会吗？对于后面两个问题，理性的人会给出不同的答案。

从1970年到2000年的美国商业情形可以用两个词来概括：衰落和重生。对于"常年狂风"，如果美国企业不是巧妙驾驭，而是顶风抗拒，很难想象它会如何重生。但重生的代价高昂。事实是，美国人"不愿意忍受大规模裁员和随之而来的社会混乱"。美国是一个充满暴力和犯罪（通常与枪支有关）的武装营地，在任何其他富裕国家这完全不可接受。《经济学人》的这篇文章提到人们接受裁员和混乱，其实这种情况不存在，因为，人们表达愤怒和反抗的方式通常是随意的违法行为,而不是有组织的政治方式。

美国商业传统的核心是矛盾和对立。商业关乎钱,在一个自创建开始就致力于人人平等的国度,金钱是其中最不平等的部分。社会贫富不均,有些人富可敌国,其他人却一贫如洗。

矛盾和对立还体现在如下的事实:从道德角度看,金钱本身无所谓好与不好,它毫无偏见。它并不管你属于什么种族、信仰什么宗教,也不管你的世系可以追溯到多远。在一美元钞票看来(如果它能表达自己观点的话),所有人都完全一样,没什么不同。

1754年,本杰明·富兰克林在《财富之路》(*The Way to Wealth*)一书中写道:"站着的农夫要比跪着的绅士更高贵。"

<<< 译者后记
只争朝夕

梅丽霞

2020年初，在武汉新冠疫情防控期间，我们开始翻译哈佛商学院理查德·S. 泰德罗教授的这本著作。

本书像是七位企业家的小传，但又不仅仅是人物传记。它刻画了七位企业家各自精彩的一生，以及他们对美国经济所产生的历史性影响。从19世纪中叶到20世纪末，在美国工业经济加速发展、创新创业此起彼伏的岁月里，安德鲁·卡耐基、乔治·伊士曼、亨利·福特、托马斯·沃森、查尔斯·郎佛迅、山姆·沃尔顿、罗伯特·诺伊斯七位企业家都是时代的探险家，相对于对失败的恐惧，他们有的更多是对成功的渴望。

面临美国铁路工业蓬勃发展的历史机遇，安德鲁·卡耐基于1873年在匹兹堡创办了自己的钢铁工厂。工厂经历不断扩张和变革，卡耐基也从一个穷小子华丽转身，变成了赫赫有名的"钢铁大王"。而当伟大和善良发生冲突的时候，卡耐基会选择伟大而不是善良。

乔治·伊士曼从小就对数字展现出惊人的天赋。热爱旅行的他自费学习摄影技术，然后自己动手发明了干板照相技术，还获得了专利证书。1881年，伊士曼从给他带来稳定高薪的银行辞职，创立了后来名满天下的伊士曼柯达公司。凭借售价仅1美元的柯达布朗尼相机和完美的市场营销，伊士曼开创了美国摄影的大众消费新时代。然而，谁能想到伊士曼一生未婚，几乎很少开怀大笑？

亨利·福特很早就洞察到，美国庞大的中产阶级需要更加廉价的汽车。于是,"为普通人造车"成为福特的创业梦想。1899年,福特在底特律创立了汽车公司;1908年,福特公司制造出第一辆T型车;1913年,福特公司启动了流水线生产。"福特主义"(Fordism)改变的不仅仅是汽车工业的生产方式,它还改写了全世界的管理学教材和企业管理制度。

托马斯·沃森不是IBM公司的创始人,但他是IBM发展史上最杰出的组织者和领导者之一。作为"世界上最伟大的推销员",沃森拥有销售方面的天赋,并继承了他的导师帕特森的销售经验,他成功地把IBM塑造成为一家具有全球影响力的公司,开创了那个时代最先进的人际销售管理法。

查尔斯·郎佛迅创立了露华浓公司,经受住了经济大萧条和第二次世界大战的考验,带领这家销售指甲油的小公司迅速成长为美国20世纪初化妆品行业最具活力的公司,并开创了美国个人消费品的新时代。最后,郎佛迅还把自己毕生财富的相当一部分捐赠给了高等教育机构,造福后人。

山姆·沃尔顿创造了现代零售业的神话。随着越战和石油危机爆发,美国进入了"摇摆的60年代"和"冷静的70年代",政治和商业环境开始不断恶化。到1980年,沃尔顿逆势而起,通过"全球买,本地卖"的商业营销策略,带领沃尔玛成为全球零售业霸主。

罗伯特·诺伊斯是硅基集成电路的发明者之一。1957年,硅谷历史上有名的"八叛徒"离开了肖克利的半导体公司,合伙创立了仙童半导体公司,而仙童公司后来衍生出大名鼎鼎的英特尔以及其他七十多家半导体公司,成为整个硅谷半导体企业图谱上的鼻祖。

本书也是一部美国近代大企业成长兴衰史。卡耐基的钢铁工厂标志着美国大型工业企业的出现。钱德勒所描述的"战略与结构""规模与范围",在卡耐基钢铁工厂处处可见。卡耐基的钢铁工厂投入的资本、雇用的工人数量都是巨大的。乔治·伊士曼创立的柯达公司、老托马斯·沃森所引领的 IBM 公司,以及山姆·沃尔顿所开创的零售帝国,则将美国大企业在制造、销售和管理这"三驾马车"上的商业特长表现得淋漓尽致。亨利·福特开创了流水线生产模式,实现了大规模生产。罗伯特·诺伊斯则打下了硅谷电子产业的根基,他追求卓越、永不止步、值得信赖、包容创新。正如经济学家约瑟夫·熊彼特所描述的那样,美国的经济就是"创造性毁灭",在不断摧毁那些不能适应时代需求的旧企业的同时,也在不断塑造推动历史进步的新企业。美国大企业的成长和兴衰,离不开以钢铁、汽车、照相机、集成电路等为代表的科学技术的创新,这背后则是那些伟大的企业家的驱动力。

本书用严谨的叙事和大量历史事实证明,开放和创新是美国经济发展的重要驱动力。七位企业家的故事表明:不论出身名门望族还是草根底层,只要心怀梦想,足够努力,就有机会登上商业巅峰,成为伟大的企业家。在今天的中国,同样如此——人民有信仰,民族有希望,国家有力量——实现中华民族伟大复兴的中国梦,正照亮每一个中国人脚下的路。

在本书即将出版之际,我必须感谢一些人:感谢泰德罗教授撰写了这本精彩非凡的著作。感谢我的研究生刘子菡、杨晓宇、胡佳佳和张宇,在疫情防控期间,他们通过在线会议(特别感谢罗伯特·诺伊斯发明的大规模集成电路技术和之后出现的互联网)积极参与了本书第一章、第二章和第四章的翻译工作;这个过程既提高了他们的英文水平,也增强了我们师生协同作战的"革命情谊"。感谢来自河海大学的杨义萍同学,她翻译了本书第六章,她的翻译准确又流畅。还要感谢刘露明、高娟做了认真的校译工作，使译文更严谨。最后，感谢我的家人，正是他们对我的爱与支持，使我能够集中精力完成这项翻译工作。

本书所描绘的七位企业家也曾在创业途中遭遇各种艰难险阻，但是他们都能够克服万难，成就伟大。我们是普通人，但我们也可以跋山涉水、跨越万难，成就更好的自己。新冠疫情终将过去，新的黎明总会来临。一万年太久，只争朝夕。与每一位读者共勉。

因时间和能力有限，本书的翻译可能存在诸多不足，敬请读者批评指正！

于武汉光谷

2021 年 6 月

Giants of Enterprise: Seven Business Innovators and the Empires They Built

By Richard S. Tedlow

Copyright © 2001 by Richard S. Tedlow

Published by arrangement with HarperCollins Publishers

Simplified Chinese version © 2022 by China Renmin University Press.

All Rights Reserved.

图书在版编目（CIP）数据

影响美国历史的商业七巨头/（美）理查德·S. 泰德罗（Richard S. Tedlow）著；梅丽霞，笪鸿安，吕莉译. --北京：中国人民大学出版社，2022.1
书名原文：Giants of Enterprise: Seven Business Innovators and the Empires They Built
ISBN 978-7-300-29348-6

Ⅰ.①影… Ⅱ.①理… ②梅… ③笪… ④吕… Ⅲ.①企业家－传记－美国 Ⅳ.①K837.125.38

中国版本图书馆 CIP 数据核字（2021）第 220617 号

影响美国历史的商业七巨头

[美] 理查德·S. 泰德罗（Richard S. Tedlow）　著
梅丽霞　笪鸿安　吕　莉　译
Yingxiang Meiguo Lishi de Shangye Qijutou

出版发行	中国人民大学出版社			
社　　址	北京中关村大街 31 号		邮政编码	100080
电　　话	010 - 62511242（总编室）		010 - 62511770（质管部）	
	010 - 82501766（邮购部）		010 - 62514148（门市部）	
	010 - 62515195（发行公司）		010 - 62515275（盗版举报）	
网　　址	http://www.crup.com.cn			
经　　销	新华书店			
印　　刷	德富泰（唐山）印务有限公司			
规　　格	148 mm×210 mm　32 开本		版　次	2022 年 1 月第 1 版
印　　张	16.625		印　次	2022 年 12 月第 3 次印刷
字　　数	391 000		定　价	89.00 元

版权所有　侵权必究　印装差错　负责调换